WITHDRAWN

HARVARD LIBRARY

WITHDRAWN

Denkender Glaube

Denkender Glaube

Festschrift
Carl Heinz Ratschow

zur Vollendung seines 65. Lebensjahres
am 22. Juli 1976 gewidmet
von Kollegen, Schülern und Freunden

Herausgegeben von Otto Kaiser

Walter de Gruyter · Berlin · New York
1976

CIP-Kurztitelaufnahme der Deutschen Bibliothek

Denkender Glaube : Festschrift ; Carl Heinz Ratschow zur Vollendung seines 65. Lebensjahres am 22. Juli 1976 gewidmet von Kollegen, Schülern u. Freunden / hrsg. von Otto Kaiser. — 1. Aufl. — Berlin, New York : de Gruyter, 1976. —
ISBN 3-11-004155-3

NE: Kaiser , Otto [Hrsg.] ; Ratschow , Carl Heinz : Festschrift

Copyright 1976 by Walter de Gruyter & Co., vormals G. J. Göschen'sche Verlagshandlung,
J. Guttentag, Verlagsbuchhandlung — Georg Reimer — Karl J. Trübner — Veit & Comp. — Printed in Germany
Alle Rechte des Nachdrucks einschließlich des Rechts der Herstellung von Photokopien — auch auszugsweise, vorbehalten.
Satz und Druck: Walter de Gruyter & Co., Berlin 30
Bindearbeiten: Lüderitz & Bauer, Berlin 61

„Wandelt sich rasch auch die Welt
wie Wolkengestalten,
alles Vollendete fällt
heim zum Uralten".

„Wolle die Wandlung. O sei für die Flamme begeistert,
drin sich ein Ding dir entzieht, das mit Verwandlungen prunkt;
jener entwerfende Geist, welcher das Irdische meistert,
liebt in dem Schwung der Figur nichts wie den wendenden Punkt".

Rainer Maria Rilke, Sonette an Orpheus

„Das Ereignis von Religion besteht in dem Hervortreten der Gottheit,
das in seiner ganzen Kontingenz erfahren Garant von Dasein, Leben und
Heil besagt. Es geht auch in der theoretischen Ausdrucks-Gestalt um
die Wiederfindung dieses Ereignisses als Lebens-Notwendigkeit".

*Carl Heinz Ratschow, Das Christentum als denkende Religion, Neue Zeitschrift
für Systematische Theologie und Religionsphilosophie 5, 1963, Seite 18*

Inhaltsverzeichnis

Grußworte von Hans Thimme und Erich Vellmer 1

1. Teil: Geschichte

HOLM-NIELSEN, SVEND: Die Sozialkritik der Propheten 7
KAISER, OTTO: Den Erstgeborenen deiner Söhne sollst du mir
    geben. Erwägungen zum Kinderopfer im Alten Testament . . 24
MÜLLER, GERHARD: Luthers Zwei-Reiche-Lehre in der deutschen
    Reformation 49
SCHMIDT, MARTIN: Das Geschichtsproblem in der Aufklärung und
    seine theologische Bedeutung 70
HORNIG, GOTTFRIED: Semlers Dogmengeschichtsschreibung und
    Traditionskritik. Zur Analyse der Argumente und Kriterien 101
HARMS, JULIUS: Vom Geist, der den Buchstaben tötet. Anmerkungen zu Lessings ‚Ernst und Falk', Gespräche für Freimaurer
    von 1778 114
KEIL, GÜNTHER: Begegnungen mit Fichtes „Anweisung zum seligen
    Leben" 134
GRASS, HANS: Die durch Jesum von Nazareth vollbrachte Erlösung.
    Ein Beitrag zur Erlösungslehre Schleiermachers 152

2. Teil: Gegenwart

LANDGREBE, LUDWIG: Faktizität als Grenze der Reflexion und die
    Frage des Glaubens 173
LØGSTRUP, KNUD E.: Die unerfahrbaren Voraussetzungen der Erfahrung 193
MANN, ULRICH: Mythos und Psyche. Erwägungen zur religionspsychologischen Interpretation der Mythologie 208
KÖBERLE, ADOLF: Das Weltbild der Parapsychologie. Wandlungen
    im Seelenverständnis der Gegenwart 225

LOHFF, WENZEL: Überlegungen zur gegenwärtigen Bedeutung der reformatorischen Lehre von „Gesetz und Freiheit" 237

WINGREN, GUSTAF: Heil und Wohl des Menschen in biblischer und aktueller Sicht 250

KÜNNETH, WALTER: Weltveränderung — Utopie oder Realität? Vorüberlegungen 259

SCHLOEMANN, MARTIN: Die Krise des utopischen Bewußtseins als Problem theologischer Ethik 276

BOUMAN, JOHAN: Ernest Andsermet über die Krise in Musik und Religion 293

MAHLMANN, THEODOR: Was ist Religionsphilosophie? 309

UEDA, SHIZUTERU: Das denkende Nicht-Denken. „Zen und Philosophie" bei Nishida unter besonderer Berücksichtigung seiner Frühphilosophie der reinen Erfahrung 331

BÜTTNER, MANFRED: Zur Geschichte und zum gegenwärtigen Stand der Religionsgeographie 342

Nachwort des Herausgebers 363

Grußworte zum 65. Geburtstag
von Prof. D. Dr. Carl Heinz Ratschow

Sehr verehrter Herr Professor Ratschow,
lieber Bruder und Freund!

Dein 65. Geburtstag gibt mir Anlaß, in großer Dankbarkeit der Zeit zu gedenken, da Du als Professor für Systematische Theologie an der Westfälischen Landesuniversität Münster nicht nur eine ganze Generation westfälischer Theologiestudenten mit der kirchlichen Dogmatik vertraut gemacht und in lehrverantwortliches theologisches Denken eingeübt hast, sondern weit darüber hinaus Deinen besonderen Lehrauftrag in das Ganze der Landeskirche eingebracht hast. Du warest Mitglied des Theologischen Ausschusses und stets bereiter Berater der Landeskirche in allen drängenden Fragen theologischer Relevanz. Unvergessen sind die überaus intensiven und ergebnisreichen Beratungen im »Wittekindshof« über der Ausarbeitung »Bekenntnis und Einheit der Kirche«, die nach fast sechsjähriger Arbeit von der Landessynode im Jahre 1959 dankbar entgegengenommen wurde und wesentlich dazu half, das Selbstverständnis einer bekenntnisgegründeten, konfessionell gegliederten Unionskirche theologisch abzusichern und in Verantwortung vor den Lehraussagen unserer Kirche überzeugend zu interpretieren. Aller Nivellierung und Relativierung der kirchlichen Lehrtradition im tiefsten abhold und von der Grundlage lutherischer Theologie ausgehend auf die Rechtfertigungsbotschaft als die wesentliche Mitte des reformatorischen Zeugnisses ausgerichtet, hat Dein theologischer Rat uns geholfen, Bekenntnisverschiedenheit und kirchliche Einheit von diesem Ansatz her als nicht im Widerspruch befindlich, sondern im Gegenteil als Befruchtung und Bereicherung zu verstehen. Darüber hinaus hast Du uns gelehrt, das Besondere unseres Kirchentums im Kontext einer umfassend konzipierten Theologie- und Religionsgeschichte zu sehen und dadurch der rechten Selbsteinschätzung sowie den unaufgebbaren Anliegen der Mission und Apologetik Maß und Ziel zu setzen. Indem Du mit voller Überzeugung und mit allen Konsequenzen ein kirchlicher und in der Kirche zu jedem Dienst bereiter Theologe warest, hast Du uns geholfen, unser Kirchesein theologisch zu durchdringen und als Zeichen und Zeugnis für die Welt zu verstehen, dazu die Fragen und Bewegtheiten der Welt im Kontext unserer Botschaft zu hören und dialogisch aufzunehmen. So stand Deine dogmatische Arbeit in unmittelbarem Zusammenhang mit Verkündigung und Unterricht, Seelsorge und Gemeindepraxis. Über die Zeit Deiner Wirksamkeit in der Evangelischen Kirche von Westfalen hinaus danken wir Dir das. Möchte Dein Lebenswerk weiterhin reiche Früchte tragen!

Bielefeld, den 16. Oktober 1975

D. Hans Thimme
Präses
der Evangelischen Kirche
von Westfalen

Verehrter Herr Professor Ratschow!

Die Evangelische Kirche von Kurhessen-Waldeck grüßt Sie an Ihrem 65. Geburtstag mit einem herzlichen Dank für alle Anregungen und Hilfen, die sie durch Ihre theologische Arbeit empfangen hat.

Sie haben einen bedeutsamen und interessanten Weg zurückgelegt, der Ihre Lebensarbeit bis jetzt bestimmt: von der Orientalistik über die allgemeine Religionsgeschichte zum Alten Testament und schließlich zur Systematischen Theologie. Diesen weiten Horizont spürt man Ihren Veröffentlichungen und Gesprächsbeiträgen ab.

Dabei ist Theologie für Sie niemals eine rein akademische Angelegenheit gewesen. Sondern bei aller theologischen Gründlichkeit standen Sie immer auch im Gespräch mit der konkreten Kirche. Ich denke an Ihre 1957 erstmals erschienene Einführung in Anfangs- und Grundprobleme der Dogmatik, »Der angefochtene Glaube«, die sich als eine in gleicher Weise biblisch begründete wie fundamentaltheologisch orientierte Arbeit auszeichnet; aber auch an Ihre hilfreichen Überlegungen, mit denen Sie den Irrwegen in der neueren Gotteslehre in der dogmatischen Studie »Gott existiert« begegnen. Dankbar erwähnen muß ich als einer, der für Gestalt und Praxis der Kirche Verantwortung trägt, Ihr Buch »Die eine christliche Taufe«, in dem Sie durch gründliche religionswissenschaftliche, exegetische, dogmatische und praktische Überlegungen dem Gespräch über die Taufe einen neuen Horizont gegeben haben.

Sie haben viele junge Theologen unserer Landeskirche in ihrem Denken geprägt und auch in den theologischen Examina geprüft. Da ich regelmäßig diesen Prüfungen beigewohnt habe, kann ich bekennen, daß ich es immer mit Spannung und eigener Bereicherung getan habe.

Sie haben auch sonst in der Evangelischen Akademie in Hofgeismar und auf Pfarrertagen sich keiner Bitte um einen Beitrag zur theologischen Förderung der Teilnehmer versagt. Daß es Ihnen aber auch immer um die Nähe zur Ortsgemeinde ging, haben Sie durch Ihren regelmäßigen Predigtdienst, zunächst in der Pauluskirche und dann in Marbach, bekundet.

Mit dem Dank für alles, was von Ihnen an Anregungen und Einsichten vermittelt worden ist, verbinde ich die herzliche Bitte, daß Sie auch in Zukunft helfen, die unübersichtliche theologische Situation unserer Tage aufzuhellen, indem Sie Ihre Schüler und die Leser Ihrer Bücher veranlassen, die Begriffe zu klären, und theologisches Bewußtsein stärken. Denn die Kirche wird ihre Zeugenschaft vor der Welt nur wahrnehmen können, wenn sie das ihr aufgetragene Wort unverfälscht neu hineinspricht in die Situation der Gegenwart.

In herzlicher Verbundenheit\
Ihr\
Erich Vellmer

Erster Teil

Geschichte

Die Sozialkritik der Propheten

Svend Holm-Nielsen, Kopenhagen
DK-1263 København K, Esplanaden 48

Im Jahre 1951 veröffentlichte H. H. Rowley den Sammelband »The Old Testament and Modern Study« mit dem Untertitel »A Generation of Discovery and Research«. In diesem Band geben verschiedene Gelehrte einen Forschungsbericht über die Arbeit innerhalb der verschiedenen Gebiete der alttestamentlichen Wissenschaft seit dem ersten Weltkriege. In vieler Hinsicht ist dieses Buch Dokument für eine Wende in der alttestamentlichen Forschung. Aber man spürt in dem Buche auch eine gewisse Unsicherheit beim Aufbruch aus den sicheren Bastionen der Literarkritik in eine Zukunft, die an nahezu allen bis dahin unerschütterten Positionen rütteln zu wollen schien. Diese Wende vollzog sich u. a. unter dem Eindruck der Funde von Qumran wenige Jahre zuvor.

In diesem Sammelband legte Otto Eißfeldt einen Artikel über die Prophetenforschung vor. Er hebt drei Themen hervor, die die Diskussion in den Jahren zuvor im wesentlichen bestimmt haben: das Verhältnis der Propheten zum Kult, die literarische Entstehungsgeschichte der Prophetenschriften und — drittens — die Bedeutung der Ekstase und der Offenbarung für die Propheten. Mit der sozialen Seite der Botschaft der Propheten beschäftigt sich Eißfeldt überhaupt nicht, und er brauchte dies auch nicht zu tun, denn diese Seite der prophetischen Verkündigung war für die Forschung bis dahin ganz ohne Probleme. Kraft ihrer Berufung durch Jahwe verstanden sich die Propheten als Verteidiger des Rechtes und der Gerechtigkeit. Deshalb verurteilten sie jegliches Unrecht, wo immer in der Gesellschaft es zu finden war. Die Sozialkritik war nur eine Seite der prophetischen Verkündigung, hervorgerufen durch die schlechten sozialen Verhältnisse. Zur eigentlichen Prophetie im engeren Sinne stand diese Verkündigung in keiner ursprünglichen Beziehung.

Diese Auffassung ist jedoch in den letzten 10 bis 15 Jahren fraglich geworden. Man hat gefragt, ob die soziale Kritik wirklich nur sozusagen ein Nebenprodukt der prophetischen Verkündigung darstellt, das gleichsam nur zufällig durch Mißstände veranlaßt war, oder ob sie nicht vielmehr die Hauptsache darstellt und ob die Propheten nicht eigentlich als Revolutionäre zu verstehen sind, die die bestehende Gesellschaft umstürzen wollten[1].

Die folgenden Ausführungen wollen keine erschöpfende Analyse der sozialen Botschaft der Propheten liefern. Ich möchte nur einige Aspekte hervorheben, die für eine Analyse der gesamten Problematik von Bedeutung sind. Auch strebe ich keine umfassende Behandlung des Themas auf der Grundlage der gesamten prophetischen Literatur an. Was die Diskussion über die Prophetie im Alten Testament oft in eine schiefe Bahn lenken kann, ist gerade dies, daß man von Prophetie überhaupt spricht, als wollten alle fünfzehn Prophetenschriften im AT völlig dasselbe. Allein schon der Umstand, daß diese Literatur einen Zeitraum von 300 Jahren umspannt, sollte vor einer solchen Methode warnen. Ganz abgesehen von der Sonderstellung, die das Buch Jona einnimmt, sind z. B. ein Amos und ein Ezechiel in ihrer Verkündigung so verschieden, daß man vielleicht zu dem Ergebnis kommen mag, daß die Unterschiede die Ähnlichkeiten überwiegen. Und auch hinsichtlich der sozialen Kritik finden sich beträchtliche Unterschiede in der prophetischen Literatur. Da es im Verhältnis zur sozialen Wirklichkeit in der gesamten prophetischen Literatur kaum einen Aspekt gibt, der nicht schon bei den Propheten des 8. Jahrhunderts v. Chr. angesprochen wird, gehen wir im folgenden von der Sozialkritik bei Jesaja, Micha, Hosea und Amos aus.

Will man eine Seite der Verkündigung eines Propheten analysieren, wie hier z. B. die soziale Komponente, so muß man methodisch daran festhalten, daß dieser Aspekt nur in seiner Beziehung zur Gesamtheit

---

[1] Eine solche Auffassung der Propheten in der neueren Theologie geht m. W. stark auf den Einfluß von E. Bloch zurück. In »Rettung und Moral«, in: Internationale Literatur, Moskau 1937, zitiert nach Gesamtausgabe 11, Frankfurt 1970, S. 250, sagt er: »Urkommunistische Erinnerung lebte erweisbar in dem Herrenhasse der israelitischen Propheten, von Amos bis Johannes dem Täufer«. Oder er spricht von der moralischen Verkündigung der Propheten als einem Erbe des nasiräischen demokratisch-pazifistischen Grundwillens, und davon, daß diese Verkündigung durch die sozial-apokalyptische Predigt explosiv geworden sei, Gesamtausgabe 14, S. 130f.

der Verkündigung dieses Propheten verstanden werden darf. Als Warnung gegen eine isolierte Betrachtungsweise mag der Hinweis auf die Art dienen, in der man früher sogenannte antikultische Passagen bei den Propheten isoliert betrachtete und dadurch mißverstand. Außerdem darf man nie übersehen, daß die prophetische Verkündigung an ihre eigene Zeit gebunden und von ihr her zu verstehen ist[2]. Man darf die prophetische Predigt nicht ohne weiteres aus ihrer Zeitgebundenheit herausreißen und in ganz andere Situationen übertragen. Mit anderen Worten: Man muß sich zunächst darüber klar werden, aus welchem Grunde und von welchen Voraussetzungen her man das sozialkritische Element in der prophetischen Verkündigung untersucht: Tut man es, um etwas über die eigene Zeit der Propheten zu erfahren, oder tut man es, um eine Antwort auf die Frage zu bekommen, was wir mit dieser Verkündigung anfangen sollen. Diese beiden Dinge sind nicht ohne weiteres identisch.

Drittens muß man beachten, daß die Verkündigung der Propheten — und also auch deren Sozialkritik — erst recht verständlich wird, wenn man auch ihren Hintergrund und ihre Wurzeln in der vorprophetischen Vergangenheit mit in Betracht zieht: Prophetengestalten wie Elia und Elisa, die Nomadenkultur der israelitischen Stämme während der Wüstenwanderung, aber auch die kanaanäische Kultur, auf die diese Stämme in Palästina trafen. Man darf nicht von vornherein davon ausgehen, daß die sozialethischen Ideale, denen wir in der Verkündigung der Propheten begegnen, von ihnen selbst und ausschließlich auf dem Hintergrund der Verhältnisse zu ihrer Zeit geschaffen worden sind[3].

---

[2] »Die prophetische Botschaft ist also je in ihrer Lage nie isoliert, nie ganz unberechenbar, zusammenhanglos oder gar verworren. Prophetische Rede ist nie Zungenrede, sondern vernünftige Rede«. S. Herrmann, Das Prophetische, in: Probleme alttestamentlicher Hermeneutik, hg. C. Westermann, München 1960, S. 385. — Dies gilt nicht ohne weiteres für die eschatologisch-apokalyptische Rede. Es ist aber fraglich, ob diese überhaupt zur Prophetie im eigentlichen Sinne zu zählen ist; bei den oben erwähnten Propheten aus dem 8. Jahrhundert spielt sie jedenfalls keine Rolle.

[3] Zur Frage nach diesen Voraussetzungen vgl. E. Hammershaimb, On the Ethics of the Prophets, in: Some Aspects of Old Testament Prophecy, Kopenhagen 1966. — N. W. Porteous, The Basis of the Ethical Teaching of the Prophets, in: Studies in the Old Testament Prophecy, hg. H. H. Rowley, Edinburgh 1950, S. 143 ff., behandelt das Verhältnis zu den mesopotamischen Omen-Texten. H.-J. Kraus, Die prophetische Botschaft gegen das soziale Unrecht Israels, EvTh 1955, S. 295 ff. hebt die Notwendigkeit hervor, die Voraussetzungen der Propheten zu kennen, um ihre soziale Verkündigung beurteilen zu können.

Wirtschattlich war die erste Hälfte des 8. Jahrhunderts eine Periode des Aufschwungs gewesen. Die Kämpfe gegen Aram waren überstanden, und ihr Resultat war, daß Israel die Herrschaft über das Ostjordanland wiedergewonnen hatte, nachdem Assyrien Aram besiegt hatte. Auch der Kriegszustand zwischen dem Nord- und dem Südreich war für eine Weile beendet worden. Aber der wachsende Wohlstand war ungleich verteilt. Mit dem Königshaus und der Priesterschaft an der Spitze hatte sich eine finanzstarke Oberklasse von Gutsbesitzern und Handelsfürsten gebildet. Auf der anderen Seite kann man vermutlich von einer gewissen Proletarisierung der breiten Bevölkerung auf dem Lande wie auch in der Stadt reden. Das autoritäre und zentralistische Königtum, das David und Salomo zwei Jahrhunderte zuvor geschaffen hatten, hatte dazu geführt, daß die alten gesellschaftlichen Einheiten, die Familie und der Stamm, an Bedeutung verloren hatten und dafür neue soziale Einheiten, Klans, entstanden, die eine Art Beamtenschaft unter dem Schutze des Königtums darstellten.

Diese ganze Wohlstandsentwicklung war nun durch eine neue Gefahr bedroht, die größer war als die überstandene aramäische Gefahr: Das assyrische Imperium richtete in seinem Streben nach der Weltherrschaft seinen Blick nach Ägypten, und auf dem Wege nach Ägypten lag Israel. Hier gab es Kreise, die dem assyrischen Druck nachgeben oder sich gar mit den Assyrern gegen den alten Erbfeind Aram verbünden wollten. Es gab andere Kreise, die umgekehrt ganz Westasien in einer gemeinsamen Front gegen Assur vereinigen wollten. Und kurz nach 750 prallen diese verschiedenen Interessen in einem Machtkampf aufeinander, vor allem im Nordreich, wo man fast von einem Bürgerkrieg sprechen kann; zwar nicht in dem Sinne, daß die gesamte Bevölkerung in zwei Parteien gespalten gewesen wäre, sondern der Kampf vollzog sich innerhalb der kleinen einflußreichen Oberklasse. In den Jahren nach 740 lösen sich mehrere Könige in rascher Folge nach einigen Militärputschs ab, aber schließlich setzt sich die assyrerfeindliche Partei unter einer Militärdiktatur durch. Diese Partei verbündet sich mit Aram, eine Allianz, an der sich das Südreich nicht beteiligt. Das führt zum syrisch-ephraimitischen Krieg, in dem die Alliierten gemeinsam Juda angreifen, ein Krieg, der Jes 9,20—21 knapp geschildert ist: »Ein jeder frißt das Fleisch seines Nächsten, Manasse den Ephraim, Ephraim den Manasse, und sie beide miteinander sind gegen Juda«. König Ahas von Juda ruft die Assyrer zu Hilfe, und gut ein Jahrzehnt später hat das

Nordreich aufgehört zu existieren und Juda ist ein assyrischer Vasallenstaat geworden.

Diese Ereignisse stellen den Hintergrund für das Wirken der vier erwähnten Propheten dar, und offensichtlich sind sie von dieser Entwicklung nicht unbeeinflußt. Mehr oder weniger direkt bringen sie die Überzeugung zum Ausdruck, die Assyrer seien das Werkzeug Jahwes, mit dem er sein ungehorsames und untreues Volk straft: »Ich habe Kinder großgezogen und hochgebracht, und sie sind von mir abgefallen! Ein Ochse kennt seinen Herrn und ein Esel die Krippe seines Herrn; aber Israel kennt's nicht, und mein Volk versteht's nicht« (Jes 1,2—3). Zur prophetischen Schilderung des Ungehorsams und des Abfalls des Volkes gehört nun auch das, was man die Sozialkritik der Propheten nennen könnte.

Ein hervorstechender Zug an dieser Kritik ist die Schilderung des Rechtszustandes: Die Richter »sprechen den Schuldigen gerecht für Geschenke und nehmen das Recht denen, die im Recht sind« (Jes 5,23), sie »machen unrechte Gesetze« (Jes 10,1). Hier ist offenbar teils von bürgerlichem Recht, teils von sakralem Recht die Rede[4], denn in gleichem Atemzug wird gegen weltliche Führer (שָׂרִים, רָאשִׁים) und gegen Priester protestiert: » ... seine Häupter richten für Geschenke, seine Priester lehren für Lohn« (Mi 3,11). In diesem Zusammenhang bedeutet »lehren« (הורה) nicht religiöse oder dogmatische Lehrsätze verbreiten, sondern in der Form des Orakels die Entscheidung Jahwes in Rechtsfragen offenbaren. Es ist die Aufgabe der Priester, die תורה[5], die Offenbarung des göttlichen Willens, zu verwalten, aber sie verwalten die Tora schlecht oder vergessen sie ganz (Hos 4,6, wo תורה analog zu דעת, Gotteserkenntnis, steht). Das spüren die Ohnmächtigen und Armen, Witwen und Waisen, die Wehrlosen. Besonders Amos und Micha heben das in starken Worten hervor: »Sie verkaufen den Unschuldigen für Geld und den Armen für ein Paar Sandalen. Sie treten den Kopf der Armen in den Staub und drängen Elende vom Wege« (Am 2,6—7). Die Armen und Elenden werden ausgebeutet. Die Anklage

---

[4] W. Zimmerli, The Law and the Prophets, New York 1965, S. 40 ff. (vgl. Das Gesetz und die Propheten, Göttingen 1963, S. 55 ff.) unterscheidet zwischen kasuistischer Gesetzgebung, die im Tor beheimatet ist, und dem apodiktischen Recht, das von einem Sprecher Jahwes in einer sakralen Handlung ausgesprochen wird. Beide Rechtsformen findet er im Bundesbuch vereint.

[5] Zur Etymologie des Wortes תורה vgl. N. W. Porteous, a. a. O., S. 148.

richtet sich gegen die Führer des Volkes. Von ihnen heißt es, daß sie das Recht hassen und das Unrecht lieben (Mi 3,2.9; Am 5,7.10). Zuweilen werden diese Menschen genauer als Gutsbesitzer beschrieben, die Felder und Häuser rauben (Jes 5,8; Mi 2,2); oder es handelt sich um Händler, die falsche Gewichte benutzen (Hos 12,8), das verfluchte, magere Maß und das Gewicht der Gottlosigkeit (Mi 6,10f.), oder es kann heißen, daß sie das Maß verringern und den Preis steigern (Am 8,5). Manchmal ist die Strafrede gegen die Reichen überhaupt gerichtet, aber doch in der Weise, daß man den Eindruck erhält, daß ihnen nicht der Reichtum als solcher zur Last gelegt wird, sondern die Art und Weise, wie sie ihn erworben haben. Jer 17,11 spricht von denen, die Reichtum durch Unrecht gewinnen, und Mi 6,10.12 von Schätzen in des Gottlosen Haus und von Reichen, die Unrecht tun[6]. Oft wird deren Lebensart als Luxus geschildert: sie strecken sich auf elfenbeingeschmückten Lagern, essen die erlesensten Tiere, trinken Wein aus Pokalen und salben sich mit dem besten Öl — und das auch noch zu Musikbegleitung (Am 6,4—6). Besonders raffiniert wird eine solche Lebensweise mit dem Kult verbunden (Am 2,6—8). Von Burgen und Palästen ist die Rede (Am 3,10; 6,8). Auch die Luxusweiber werden nicht geschont (Am 4,1; Jes 3,16f.). Unter solchen Umständen verwundert es nicht, daß eine Reihe von groben Schimpfwörtern gegen sie geschleudert werden: Diebe, Mörder, Betrüger, Dirnen, Hochmütige, Böse und Gottlose; Verbrecher, Meineidige und Lügner, Hurenböcke. Ja, sie schinden dem Volk die Haut ab, zerbrechen seine Knochen, essen sein Fleisch (Mi 3,2—3), sie bauen Jerusalem mit Blut (Mi 3,10), sie lauern auf Blut (Mi 7,2), ihre Hände sind voll von Blut (Jes 1,15).

Reißt man nun alle solche Passagen und Einzelaussagen aus ihrem Kontext, so erhält man eine isolierte Sozialkritik, und nichts kann einen daran hindern, diese Kritik als Ausdruck gesellschaftsverändernder revolutionärer Tendenz zu verstehen. Man kann sie auch mehr modifiziert und bedingt deuten. Aber nichts verbietet es also, diese Propheten als Revolutionäre zu verstehen. Die Deutung ist im Grunde von der eigenen politischen und gesellschaftlichen Auffassung abhängig.

Aber zum Bild gehört ja auch dies: Dieselben Menschen, die hier von den Propheten gegeißelt werden, besuchen die Heiligtümer, brin-

---

[6] Vgl. auch Jes 3,14.

gen Opfer dar, bezahlen ihren Zehnten und suchen Gott. Sie sind es, die sagen: Tempel des Herrn, Tempel des Herrn, Tempel des Herrn (Jer 7,4). Die Priester und Propheten des Volkes — die falschen also — geben den Ton an und lehren sie, Gott auf diese Weise zu ehren. Deshalb ärgern sich diese Menschen über die Gerichtsverkündigung und die Strafpredigt der Propheten; denn sie meinen allen Ernstes, daß sie mit Gott im Reinen sind (Mi 2,6—11; Am 7,10—17). Es ist kennzeichnend, daß zwischen sozialem und religiösem Verfall nicht unterschieden wird; hier ist von denselben Menschen die Rede, und beides wird oft im selben Atemzuge erwähnt. Jahwe schickt die Assyrer — in der Zeit Jeremias die Babylonier — als Strafe in gleicher Weise für die, die sich unter dem Schutz Gottes wähnen, weil sie ihn gebührend im Kulte ehren, wie auch für die, die sich in ihrem Reichtum und ihrer sozialen Stellung sicher fühlen.

Eine eingehendere Analyse der betreffenden Abschnitte zeigt auffallende Ähnlichkeiten zwischen den verschiedenen Prophetenschriften in Sprache und Terminologie. Das kann die Unterschiede nicht verdecken, die auch vorhanden sind, Unterschiede, die zu einem genaueren Verständnis des einzelnen Propheten beitragen. Es ist kein Zufall, daß das soziale Element im Buche Hosea mehr zurücktritt, wo mehr vom kultisch-religiösen Verfall die Rede ist. Es lohnt sich auch, auf die sowohl inhaltlichen als auch sprachlichen Ähnlichkeiten zwischen Hosea und Jeremia einzugehen; denn das führt zu Überlegungen, ob zwischen den beiden ein literarischer oder überlieferungsgeschichtlicher Zusammenhang besteht. Bemerkenswert ist aber besonders die Tatsache, daß der Sprachgebrauch bei Hosea an den Stellen, wo er über soziale Verhältnisse spricht, auffällig dem Sprachgebrauch gleicht, den wir auch bei Jesaja, Micha und Amos finden.

Ausgangspunkt für die soziale Predigt der Propheten sind die Worte צדק[7] und משפט. Recht und Gerechtigkeit sind der Hintergrund für die Strafpredigt der Propheten, nicht nur in sozialen Zusammenhängen, sondern auch in kultischen Zusammenhängen, ja, in allen menschlichen Beziehungen. Es ist Pflicht und Aufgabe der Führer des

---

[7] Porteous, a. a. O., S. 155, nimmt den Gedanken von A. R. Johnson auf, צדק habe im Unterschied zu משפט ursprünglich in einer besonderen Beziehung zu einem Jerusalemer El-Eljon-Kult gestanden, und verweist dabei auf Melchisedek und Jes 1,21.26. In den vorliegenden Texten scheinen beide Wörter synonym gebraucht zu werden.

Volkes, des Königs und des Richters, das Recht zu verwalten (שפט; הוכיח). Dies soll er von Gottes דבר oder תורה aus tun, in denen Gott seinen Willen kundtut, und es ist Aufgabe des Priesters und des Propheten, den Willen Gottes durch ihre Belehrung mitzuteilen (הורה). Die Menschen, die den Rechtsbruch zu erleiden haben, werden auch mit stets denselben Begriffen bezeichnet: אביון; עני; דל. Eine nähere Spezifikation, an wen hier gedacht ist, findet sich nur in den Worten אלמנה und יתום, Witwe und Waise. Es ist aber bemerkenswert, daß solche stereotypen Begriffe für Elend als Parallelen zu Worten auftreten können, die Gerechtigkeit bezeichnen. Der Arme und der Gerechte scheinen ohne weiteres identisch zu sein (Am 2,6; 5,12; Jes 10,2; vgl. auch Jes 11,4 und 32,7). Auch die Übergriffe gegen diese Personen werden in stereotypen Begriffen beschrieben: פשע; חטאה; חמס; און; עון. Von diesen Sündern wird eine Umkehr im Sinne einer Rückkehr zu Jahwe gefordert, Umkehr von den schiefen und bösen Wegen, auf denen sie in ihrem Abfall gehen; jetzt sollen sie Jahwe suchen (דרש; בקש), ihr Verhältnis zu Jahwe soll durch חסד gekennzeichnet sein, die im gleichen Atemzuge wie אהבה genannt wird, Mi 6,8, sowie durch דעת אלהים[8] Hos 4,1; 6,6. Nun braucht an sich darin noch nichts Bemerkenswertes zu liegen, daß Menschen gleicher Geistesrichtung und Menschen der gleichen Zeit sich in Bezug auf dieselben Themen nahezu desselben Wortschatzes bedienen. Bemerkenswert aber ist, daß dieselbe Terminologie auch in einer ganz anderen Literaturart im Alten Testament zu finden ist, in den Psalmen nämlich, genauer gesagt in Klage- und Dankliedern. Es gibt nicht *einen* Begriff aus der sozialen Botschaft der Propheten, der nicht auch in diesen Psalmen eine große Rolle spielte. Auch hier ist der Gedanke der Gerechtigkeit tragende Grundlage: Entweder ist sie übertreten worden, dann bittet man um die Gnade Jahwes[9], oder man meint auf dem Boden der Gerechtigkeit zu stehen und appelliert deshalb an die Gerechtigkeit Jahwes. In dieser letzteren Situation betont man dann alle die äußeren Folgen, die die eigene Gerechtigkeit gezeitigt hat. Es ist aber charakteristisch, daß so gut wie ausschließlich von der

---

[8] S. Mowinckel, Die Erkenntnis Gottes bei den alttestamentlichen Propheten, NTT Suppl., Oslo 1941, S. 6, hebt den Doppelcharakter der דעת אלהים als Erkenntnis Israels durch Gott, die zugleich Voraussetzung für die Erkenntnis Gottes durch Israel ist, hervor.

[9] Es ist kaum ein Zufall, daß das in den Psalmen häufige חן und חנן für die unverdiente Gnade Jahwes in der Prophetenliteratur fast gar nicht vorkommt.

Gerechtigkeit Jahwe gegenüber die Rede ist, nicht von der Gerechtigkeit unter den Menschen. Und auch umgekehrt stellt man seine Feinde und Gegner, die auch Gegner und Feinde Gottes sind, mit all den Begriffen dar, die bereits in der Prophetenliteratur den Abgefallenen kennzeichneten. Auch hier in den Psalmen ist davon die Rede, daß man Jahwe suchen müsse (דרש; בקש) und man erwartet das Urteil Jahwes über die Bösen, sein Heil aber für die Rechtschaffenen. Die betenden Rechtschaffenen bezeichnen sich selbst mit den aus der Prophetenliteratur bekannten Worten für Elend und Armut, ja sogar die Witwen und Waisen tauchen hier auf als die, die in besonderem Maße dem Unrecht und der Gewalt ausgesetzt sind, aber auch als die, denen die Fürsorge Jahwes gilt (Ps 10,14.18; 68,6; 78,64; 82,3; 94,6; 109,9; 146,9). In Mi 7,2 und in Ps 12,2 wird — teilweise mit denselben Worten — darüber Klage geführt, daß die Rechtschaffenen und Treuen ganz von der Erde verschwunden sind. Auffallende Ähnlichkeit in der Wortwahl besteht zwischen Jes 30,12 und Ps 62,11, zwischen Jes 3,15 und Ps 94,5, zwischen Jes 10,2, Mi 3,2 und Ps 35,10. Das in den Klageliedern so charakteristische פעלי און als Bezeichnung der Feinde und der Bösen wird in derselben Weise in Hos 6,8 verwendet.

Diese — und viele andere — Übereinstimmungen zwischen der Psalmen- und der Prophetenliteratur haben früher die Forschung zu der Annahme veranlaßt, daß die Verfasser der Psalmen von der Prophetenliteratur oder jedenfalls von prophetischen Traditionen abhängig seien, und man sprach zuweilen geradezu von prophetischen Psalmen, Psalmen also, deren Dichter Propheten gewesen sein sollen, so z. B. Pss 50; 51 und 82[10]. Bekanntlich hat sich diese Auffassung in den letzten Jahrzehnten gründlich geändert, nicht zuletzt auf Grund von orientalischen Parallelen zur alttestamentlichen Psalmenliteratur, die wahrscheinlich machen, daß auch der Sitz im Leben der alttestamentlichen Psalmen der Kult war[11]. Mithin scheint es sich so zu verhalten, daß sich die Propheten in weitem Umfange einer Sprache und einer Terminologie bedienen, die dem Kult entstammen. Es ist sogar möglich, daß die eigentliche Sub-

---

[10] Die Frage nach dem prophetischen Einfluß in den Psalmen oder nach direkten prophetischen Psalmen ist ausführlich von H. Gunkel und J. Begrich, Einleitung in die Psalmen, Göttingen 1933, S. 329ff. behandelt.

[11] Vgl. besonders G. Widengren, The Accadian and the Hebrew Psalms of Lamentation as Religious Documents, Stockholm 1937.

stanz der prophetischen Verkündigung, die Gerichtsdrohung und die Heilsverheißung, der Zusage von Gericht und Heil im Kult entstammt. Es ist umstritten, wie weit man die prophetische Verkündigung aus dem Kult ableiten kann; aber die Tatsache, daß sowohl die Verkündigung der Propheten als auch die der Priester תורה genannt werden können, und daß das Verb הורה, das oft für die Arbeit der Priester verwandt wird, auch die prophetische Verkündigung bezeichnen kann (Jes 9,14; 28,9)[12], diese Tatsache deutet doch — neben vielem anderen — darauf hin, daß zwischen Prophetie und Kult ein enger Zusammenhang bestanden hat. Ist aber dieser Zusammenhang auch nur insoweit richtig, daß sich die Propheten einer gewissen Formensprache bedienen, die dem Kult entlehnt ist, so bedeutet dies, daß man die prophetische Sozialkritik nicht so ohne weiteres wörtlich nehmen darf. Nun hat man schon immer gesagt, daß die Propheten in ihrer Gerichtsverkündigung übertrieben und die Sache — vielleicht aus pädagogischen Gründen — auf die Spitze getrieben haben. Niemand hat ernsthaft aus Jes 1,21—23 geschlossen, die Bevölkerung Jerusalems habe damals nur aus einer Menge armer und gerechter Menschen bestanden, denen nur steinreiche Lügner, Mörder, Dirnen und Hurenböcke, Trunkenbolde und andere Schurken gegenübergestanden hätten. Aber es genügt nicht, hier nur von Übertreibung zu reden. Denn dann bliebe es dem Ermessen des Betrachters selbst überlassen, wo die Grenze zwischen Übertreibung und Wirklichkeit zu ziehen ist. Wenn die Propheten eine Formensprache übernommen haben, so geht es in der Deutung nicht nur darum, den Inhalt der einzelnen Worte zu klären, dann muß man auch vom Kontext und von einem Gesamtverständnis der Prophetie her untersuchen, wie der Prophet die Begriffswelt verwendet, die er übernimmt.

Ich möchte das an einem Beispiel verdeutlichen. Aus der prophetischen Verkündigung könnte man unmittelbar den Eindruck gewinnen, Gerechtigkeit sei *per definitionem* an eine bestimmte soziale Stellung gebunden. Zwischen Reichtum und Gerechtigkeit bestehe ein absoluter Gegensatz. In einem Psalm nach dem anderen finden wir den betenden Gerechten, der Jahwe seine Not klagt. Er betont seine Rechtschaffenheit in dem Sinne, daß er sich keiner Schuld bewußt ist, die sein Elend rechtfertigen könnte. Dieser Gerechte nennt sich selbst arm und elend, mit genau den Worten, die wir aus den Propheten kennen. Ihm stehen

---

[12] Zum Propheten als Thoralehrer vgl. N. W. Porteous, a. a. O., S. 149.

seine Feinde gegenüber, die mit den traditionellen Wendungen geschildert werden. In der Psalmenforschung hat man es längst aufgegeben, nach der Identität dieser Feinde zu fragen; denn man hat erkannt, daß hier in der Regel (denn natürlich kann es Ausnahmen geben) nicht von konkreten Individuen die Rede ist. Vielmehr verhält es sich so, daß der, der in Not ist, *eo ipso* von Feinden verfolgt ist. Daß sich der gerechte Beter selbst arm und elend nennt, besagt denn auch nicht notwendigerweise etwas über seine soziale Stellung. Er tritt nur vor Jahwe in derselben Situation wie ein Armer und Elender, der um Hilfe fleht, denn er weiß, daß sich Jahwe der Armen und Elenden annimmt (Ps 140,13f.)[13].

In diesem Zusammenhang ist jedoch noch etwas anderes zu beachten. Die prophetische Gerichtsrede richtet sich einerseits gegen die Führer des Volkes, Könige und andere Mächtige, Richter, Priester und Propheten. Diese waren Repräsentanten des Unrechts, und ihnen steht das Volk gegenüber, die Armen und Gerechten. Ebenso oft aber richtet sich die Rede gegen das Volk als ganzes, gegen Jerusalem, gegen Samaria, gegen Ephraim und Juda, gegen ganz Israel, so daß man den Eindruck erhält, das ganze Volk gehe dem Untergange entgegen[14]. Auch dieses Problem kann man zu lösen versuchen, indem man von übertreibender Verallgemeinerung spricht. Trotzdem bleibt aber der Gedanke von dem kleinen Rest, der erlöst wird, nur ein kleiner Rest. Vielleicht muß man auch in dieser Hinsicht von einer gewissen traditionellen Formensprache reden. Es ist aber nicht undenkbar, daß diese Doppelheit eine Entwicklung in der prophetischen Bewegung anzeigt, die auf Elia, dessen Gerichtsverkündigung ausschließlich gegen das Königshaus gerichtet ist, und auf Nathan, der vermutlich ein regelrechter Hofprophet gewesen ist, zurückgeht[15]. In beiden Fällen ist der König Gegenstand der Züchtigung. Es ist die Aufgabe des am Hofe angestellten Propheten, dem König die Wege und den Willen Gottes

---

[13] Diese Doppelfunktion läßt sich vielleicht am besten am Buche Hiob verdeutlichen. Wir können die Klagen Hiobs über sein Schicksal kaum verstehen, ohne das Subjekt der Klagen mit dem Leidenden in der Erzählung zu identifizieren. Dies ist auch Sinn und Absicht des Buches in seiner jetzigen Gestalt. Wir können aber mit guten Gründen annehmen, daß die Klagen ursprünglich nicht mit dieser Gestalt als Subjekt gedichtet worden sind.
[14] Vgl. z. B. Hos 7,8—10; Jes 8,6 und besonders 6,11—13a.
[15] Vgl. Zimmerli, a. a. O., S. 63f. — 1 Kön 22 ist vielleicht Zeugnis einer bestimmten Krise zwischen Königtum und Prophetie.

zu verkündigen, und das muß ja zu einer Strafpredigt werden, wenn der König von den Wegen Jahwes abkommt. Das deutlichste Beispiel ist bekanntlich die Rede Nathans an David nach der Affäre mit Bathseba, 2 Sam 12. Anklänge an diese prophetische Funktion finden sich bei den Schriftpropheten: Amazja schickt einen Boten zu Jerobeam, um zu erreichen, daß Amos des Landes verwiesen werde, denn Amos hat prophezeit, daß Jerobeam durch das Schwert sterben werde (Am 7). Im Buche Jeremia sind mehrere Prophetenorakel gegen namentlich genannte Könige überliefert (z. B. Kap. 22). Jesaja wird von Jahwe zu König Ahas geschickt, damit er dem König den Willen Jahwes verkünde (Jes 7). In Jes 37 schickt König Hiskia nach Jesaja mit dem Auftrag zur Fürbitte. Man könnte auch in diesem Zusammenhang die Beziehung Jesajas zu Hiskia aus Anlaß der Krankheit des Königs erwähnen (Jes 38). Was bei Amos und seinen Nachfolgern jedoch neu ist, ist dies, daß die Funktion des Propheten nun nicht mehr auf den König und dessen Angehörige beschränkt ist. Jetzt kann der Prophet sich auch an das Volk wenden. Wie sich das jedoch in der Praxis vollzogen hat, ist eine Frage von untergeordneter Bedeutung. Man darf dies nicht in der Richtung mißverstehen, daß die Propheten nun in Form oder Inhalt ihrer Verkündigung volkstümlicher geworden wären. Es macht für sie ja gerade keinen Unterschied, ob sie zu Königen oder zum Volke sprechen. Man kann vielleicht in dieser Entwicklung ein Anzeichen dafür sehen, daß sich die politische Haltung in Richtung auf eine Demokratisierung geändert hat. Es ist nicht mehr nur das autoritäre Königtum, das für die Entwicklung verantwortlich ist. Das Volk trägt die Folgen der Politik, die die Könige machen. Deshalb muß auch das Volk selbst für sein eigenes Schicksal verantwortlich gemacht werden, es kann sich nicht länger auf die Könige als die Hüter der Gerechtigkeit verlassen. Wenn das Volk die Augen vor dieser Situation verschließt und sich nur auf das Königshaus und die Priesterschaft verläßt, muß das Urteil notwendigerweise auch das Volk treffen.

Wir sagten oben, daß die Grundlage der prophetischen Verkündigung die Gedanken des Rechts und der Gerechtigkeit sind. Woher aber haben die Propheten ihr Rechtsbewußtsein? Von welchen Voraussetzungen her sprechen sie, wenn sie feststellen, was Recht ist und was Unrecht? Wenn diese Verkündigung nur ihrer individuellen, persönlichen Auffassung darüber entspringt, was recht ist und was nicht, dann könnte diese Verkündigung weder für die damalige Zeit noch für die

Nachwelt verpflichtend sein. Oft hat man das Verhältnis der Propheten zu einer bestimmten Gesetzestradition erörtert. Gab es ein eigentliches Gesetz vor den Propheten, oder waren es in Wirklichkeit die Propheten, die bei der Gestaltung der israelitischen Gesetzestradition ausschlaggebend waren?[16]

Es ist nicht immer deutlich geworden, ob man in dieser Diskussion nur ein schriftlich fixiertes Gesetz im Auge hatte. Es dürfte aber kein Zweifel daran bestehen, daß es schon seit früher Zeit, ja schon seit der Nomadengesellschaft der Wüstenzeit, formulierte Rechtsregeln für das Leben in der Gesellschaft gegeben hat, Regeln, die mündlich überliefert wurden. So gibt es denn auch in der Prophetenliteratur Passagen, die als Hinweis auf ein solches Gesetzesmaterial verstanden werden können. So ist z. B. die Annahme nicht unbegründet, daß Hos 4,2 eine Gesetzessammlung zu Grunde liegt, die dem jetzigen Dekalog ähnlich gewesen ist[17]. Es ist kaum verfehlt, bei den Propheten von einem Rechtsbewußtsein zu sprechen, das auf alter anerkannter Rechtspraxis beruht, und die Reaktion der Propheten gilt gerade den Verstößen gegen diese Rechtsordnung. In diesem Zusammenhang ist zu bedenken, welche Bedeutung der Begriff der תורה bei den Propheten hat. Wenn sich der Prophet auf die תורה Jahwes als die Grundlage für seine Gerichtsrede beruft, meint er dann eine von Jahwe direkt mitgeteilte Offenbarung, oder meint er eine vielleicht schon längst bestehende Rechtsregel oder Gesetzessammlung, die in der Überlieferung als das seinerzeit von Jahwe verkündete Gesetz auftritt?

Wie immer auch diese Frage zu beantworten ist, entscheidend für das Verständnis ist es, daß die Propheten behaupten, einen משפט zu verkünden, der von Gott festgesetzt ist und der sich von dem משפט unterscheidet, dem die Gesellschaft unter ihren jetzigen Führern unterworfen ist. Es wäre oberflächlich, wenn man die prophetische Gerichtsrede nur als eine Kritik an der mangelnden Einhaltung geltenden Rechts verstünde. Es wäre oberflächlich, wenn man den Weheruf über die, die Gesetze des Unrechts machen (חקקי־און, Jes 10,1), so

---

[16] Zu dem Verhältnis der Propheten zur Gesetzestradition vgl. Zimmerli, S. 23 ff.

[17] Das gilt besonders für Ex 20,13.14.15, wo dieselben Worte für Übertretungen zu finden sind wie Hos 4,2, wenn auch nicht in derselben Reihenfolge. Über die Bedeutung von גנב vgl. A. Alt, Das Verbot des Diebstahls im Dekalog (1949), Kl. Schriften I, München 1953, S. 333 ff. — H. J. Kraus, a. a. O., S. 299, meint auch im Amosbuch dekalogische Rechtssätze als Voraussetzung aufspüren zu können.

verstehen würde, daß hier Gesetzgeber willentlich und voll bewußt in einer Weise Gesetze geben, die sie selbst für ungerecht halten. Man verzeichnet meiner Meinung nach die prophetische Verkündigung gänzlich, wenn man sie nur als gegen Mißbrauch gerichtet versteht. Als Elia seinerzeit das Gericht über den König Ahab in der Affäre mit Naboths Weinberg verkündete (1 Kön 21), galt die Anklage nicht nur dem Umstand, daß der König durch seine falsche Anklage gegen Naboth Justizmord begangen hatte, sondern in viel höherem Maße dem Umstand, daß sich der König an einem göttlich bestätigten Rechtsprinzip, dem der Unantastbarkeit des väterlichen Erbes, vergangen hatte.

Für das Verständnis von משפט ist es wichtig zu beachten, wie dieser Begriff mit Eigenschaften wie חסד; אהבה und דעת אלהים verknüpft ist (Mi 6,8; Hos 12,7)[18]. Der משפט, den Jahwe verlangt, läßt sich nur in der Einhaltung des Bundes vollziehen, den er mit Israel geschlossen hat. Es ist ein wesentlicher Zug in der prophetischen Verkündigung, daß Züchtigung und Gericht mit der Liebe Jahwes zu seinem Volke verknüpft sind. Er hat dieses Volk erwählt und ihm seine Liebe zugewendet. Jetzt ruft er das verirrte Volk, damit sein Verhältnis zu ihm nicht ganz zerbreche. Am stärksten ist das vielleicht Am 3,2 zum Ausdruck gebracht: »Aus allen Geschlechtern der Erde habe ich allein Euch erkannt, darum will ich auch an Euch heimsuchen all eure Sünde[19]«. Immer wieder hat Jahwe Israel gewarnt (vgl. Hos 12,11; Am 2,11, oder die beiden analogen, strophisch aufgebauten Reden Jes 9,8—10,4 und Am 4,6—11). Gerade seiner Liebe zu Israel wegen hat Jahwe all diese Anstrengungen unternommen. Israel ist der Weinberg Jahwes, Juda seine Lieblingspflanzung (Jes 5,1—7), Israel sind die Kinder, die er aufgezogen hat (Jes 1,2). Die Geschichte ist voll von Beispielen für seine Wohltaten an Israel: er führte Israel aus Ägypten, aus dem Knechtshause, er führte Israel in der Wüste, und er führte Israel in das Land Kanaan (Mi 6,4f.; Am 2,9f.). Besonders Hosea spricht von der Vergangenheit als einem Beweis für die Liebe Jahwes

---

[18] Vgl. auch Hos 4,1 und die Forderungen in Hos 6,6 mit Am 5,24.
[19] Jahwe verlangt von Israel keine spezielle Ethik, aber er straft Israel härter als andere Völker, wenn es der universellen Ethik nicht folgt. In der Prophetenliteratur finden sich zahlreiche Beispiele dafür, daß Jahwe fremde Völker bedroht oder verurteilt. Dies geschieht jedoch nicht auf Grund sozialer Ungerechtigkeit oder dergleichen innerhalb dieser Völker, sondern ausschließlich wegen ihres Verhältnisses zu Israel, und d. h. in Wirklichkeit wegen ihres Verhältnisses zu Jahwe.

zu Israel (11,1; 13,4—6). Dies hat zuweilen zu der Auffassung geführt, die Propheten — oder jedenfalls einige von ihnen — idealisierten die Wüstenwanderung und betrachteten die Nomadenkultur als die einzige legitime Lebensform für Israel, so daß das Ziel Israels geradezu eine Rückkehr in die Wüste sei[20]. Es ist zwar möglich, von einer gewissen Idealisierung der Wüstenzeit zu sprechen; dann aber von dem Gedanken her, daß die Jahwe-Verehrung damals nicht von kanaanäischem Kult infiziert war, wie es jetzt der Fall war. Auch läßt sich ein gewisser Puritanismus dem Luxusleben der kanaanäischen Wohlstandsgesellschaft gegenüber nicht ausschließen. Schließlich ist es auch nicht unwahrscheinlich, daß die stärkere Polemik gegen die Verlockungen des Stadtlebens bei Micha und Amos damit zusammenhängt, daß diese beiden bäuerlichen Ursprungs gewesen sind. Aber all dies sind im Grunde nur Nebensächlichkeiten. Denn für die prophetische Verkündigung steht fest, daß es Jahwe war, der Israel das Land Kanaan geschenkt hat; er selbst war es, der Jerusalem zu seiner Wohnung erkoren hat; er war es, der David rief und ihn zum König machte, und gerade das davidische Königtum in Jerusalem ist in der prophetischen Verkündigung zu einem Grundstein des Verständnisses von dem Verhältnis zwischen Jahwe und Israel geworden.

Wenn die Propheten von der Liebe Jahwes zum Volk sprechen, so ist es notwendig, das geschichtliche Moment hervorzuheben. Hier tritt nicht nur eine Geschichtsauffassung zutage, die zeitlich zurückgreift und so auf die Ereignisse der Vergangenheit als Beispiele für die Gegenwart verweisen kann, sondern eine Geschichtsauffassung, die das Verhältnis Jahwes zu Israel überhaupt unter geschichtlichem Aspekt sieht, auch was die Zukunft angeht. Dadurch erhält die Gottesauffassung eine andere Universalität als die kosmische, die im Kult beheimatet ist. Dadurch wird auch das Verhalten des Volkes zu einer treibenden Kraft in der geschichtlichen Entwicklung. Zwar kann das Volk diese Entwicklung nicht bestimmen, sie liegt in der souveränen Hand Jahwes. Aber Jahwes Führung der Geschichte geschieht in enger Beziehung zu der Art und Weise, wie sich Israel zu Jahwe verhält.

Es wird oft behauptet, der Bundesgedanke sei eine Voraussetzung für die Verkündigung der Propheten. Der Grund des Gerichts sei, daß das Volk immer wieder den Bund bricht, den Jahwe mit ihm geschlossen

---

[20] Vgl. besonders S. Nyström, Beduinentum und Jahwismus, Lund 1946.

hat. Demgegenüber hat man zwar eingewendet, daß bei den Propheten des 8. Jahrhunderts verhältnismäßig wenig vom Bunde, ברית, die Rede sei. Aber auch wenn man feststellen muß, daß die Bundesvorstellung selbst bei den Propheten nicht sehr stark hervortritt, und auch wenn man also die Sozialkritik der Propheten nicht als Kritik an Übertretungen der Rechtsregeln des Bundes verstehen kann, so besteht doch daran kein Zweifel, daß die Verkündigung der Propheten insgesamt, darunter auch die soziale Botschaft, Israels Verhältnis zu Jahwe als Ungehorsam versteht, als ein Verwerfen der Liebe Jahwes, einen Hohn gegen die Erwählung Israels durch Jahwe. Auf dieser Auffassung beruht die Sozialkritik der Propheten. Sie kommen nicht mit einer neuen Ethik, sie kommen im Grunde auch nicht mit einer alten Ethik, die sie jetzt sozusagen entstaubten und aufs neue zu rechtfertigen suchten[21]. Die Propheten geißeln nicht die gesellschaftlichen Verhältnisse um der Gesellschaft willen. Sie sprechen oft von den Armen, aber nicht ein einziges Mal hört man davon, daß sie sozial etwas für die Armen getan hätten. Sicher haben sie Mitleid mit den gesellschaftlich Benachteiligten gehabt; warum sollten sie dies nicht auch, und wer hat das nicht? Aber sie »tun« eigentlich nichts, um diesen Menschen zu helfen. Es geht den Propheten nicht darum, die Gesellschaft so zu verändern, daß die Armen reich oder auch nur etwas weniger arm als jetzt werden, sondern es geht ihnen darum, die Verantwortung des Menschen für seinen Nächsten einzuschärfen. Es geht darum, den Starken und den Reichen bei seiner Verpflichtung zu behaften, den Schwachen und Armen, Witwen und Waisen zu helfen, weil es sich um seine Volksgenossen handelt. Jahwe ist der Beschützer und Helfer der Armen, der Schwachen, der Elenden, der Kranken. Sowohl bei den Propheten als auch in den Psalmen finden sich unzählige Vertrauenserklärungen gerade zu diesem Jahwe. Und deshalb sollen in Israel die Starken die Schwachen beschützen, denn Israel ist als ganzes der Erwählte Jahwes.

Die sogenannte soziale Kritik in der Verkündigung der Propheten darf also nicht mit unserer gesellschaftlich bestimmten Sozialkritik gleichgesetzt werden. Die Propheten sind keine Umstürzler und Revolutionäre im marxistischen Sinne, und deshalb sollte man ihre Verkündigung nicht zur Untermauerung einer marxistischen Gesellschaftsauffassung benutzen. Die soziale Kritik der Propheten ist nicht von mensch-

---

[21] Dies hebt W. Eichrodt, Der Heilige in Israel, Stuttgart 1960, S. 76 hervor.

licher Rücksichtnahme bestimmt, geschieht nicht um des Armen und des Leidenden willen, sondern um Jahwes und Israels willen. Denn das Israel, das den Schwachen nicht hilft und ihn nicht beschützt, ist nicht mehr das erwählte Volk Jahwes, sondern das Israel, das Jahwe richten wird wie alle anderen Völker, ja mehr als diese.

Den Erstgeborenen deiner Söhne sollst du mir geben

ERWÄGUNGEN ZUM KINDEROPFER IM ALTEN TESTAMENT

Otto Kaiser, Marburg/Lahn
3550 Marburg 7 (Cappel), Auf dem Wüsten 10

Daß die alttestamentlichen Bestimmungen über die Behandlung der Erstgeburt eine mehrschichtige religionsgeschichtliche Dimension besitzen, ist offensichtlich. Geburt, Reife und Tod sind die kritischen Augenblicke im Leben des Einzelnen und der Gemeinschaft[1]. So kann es ernsthaft keinem Zweifel unterliegen, daß die Anschauung, die Leviten seien als Ersatz für alle männlichen Erstgeborenen in Israel von Jahwe mit Beschlag belegt und die Heiligung aller männlich-menschlichen und tierischen Erstgeburt in Israel sei in der Passanacht des Auszuges begründet, Num 3,11ff., eine späte Theorie darstellt. Lassen wir die Frage, wie urzeitliches Jägerritual und altpflanzerzeitliche rituelle Tötung als Erinnerung an die getötete Gottheit, die sich bei ihrer Tötung in die Nutzpflanzen verwandelt hat, mit dem späteren Verständnis ritueller Tötungen als Gabe zusammenhängen, außer Betracht[2],

---

[1] Vgl. G. van der Leeuw, Phänomenologie der Religion, Tübingen 1956², S. 209ff. und C. H. Ratschow, Magie und Religion, Gütersloh 1955, S. 41ff. und S. 50ff.

[2] Vgl. im erstgenannten Sinne K. Meuli, Griechische Opferbräuche, in: Phyllobolia für Peter von der Mühll, Basel 1946, S. 185ff.; W. Burkert, Homo necans. Interpretationen altgriechischer Opferriten und Mythen, RGVV 32, Berlin und New York 1972, S. 20ff. und dazu die Einschränkung der Nachwirkung des Jägerrituals auf das rein Rituelle bei A. E. Jensen, Mythos und Kult bei Naturvölkern, Wiesbaden 1962², S. 196f. — Zur Vorstellung vom Nachvollzug der Tötung der vorzeitlichen Gottheit vgl. A. E. Jensen, Hainuwele. Volkserzählungen von der Molukken-Insel Ceram, Frankfurt/Main 1939, S. 59ff.; ders., Über das Töten als kulturgeschichtliche Erscheinung, Paideuma 4, 1950, S. 23ff.; ders., Mythos und Kult, S. 107ff. und S. 185ff.; ders., Die getötete Gottheit (Das religiöse Weltbild einer frühen Kultur³), Urban 90, Stuttgart 1966, S. 125ff.; ferner H. Lommel, Mithra und das Stieropfer, Paideuma 3, 1944/49, S. 207ff. und besonders S. 212ff.; M. Eliade, Die Religionen und das Heilige, Darmstadt 1966, S. 377ff. —

bleiben immer noch genügend Probleme zu klären. Daß zwischen den Opferpraktiken der späteren Hochkulturen und jenen urzeitlichen Riten ein genetischer Zusammenhang besteht, ergibt sich allein daraus, daß die Gottheit als Geber eigentlich der Gabe nicht bedarf, teilweise nur wertlose Teile von dem Opfertier erhielt und es im Falle eines Ganz- oder Brandopfers gänzlich offen blieb, wie das Opfer der Gottheit zugute kam[3].

Beschränken wir uns auf die immanenten Probleme der alttestamentlichen Religionsgeschichte, gibt die Tatsache zu denken, daß die Bestimmungen über die Erstgeburt im Deuteronomium und im Heiligkeitsgesetz[4] auf die tierische eingeschränkt sind, Dtn 15,19ff.; Lev 27,26f., sonst aber von menschlicher und tierischer Erstgeburt die Rede ist, Ex 13,2; 13,11ff.; 22,28f.; 34,19f.; Num 3,11ff. 41ff.; 18,13ff. Man erinnert sich an Ez 20,25f. mit seiner Behauptung, Jahwe habe die Israeliten durch ungute Satzungen und Rechte verunreinigt, so daß sie alle Erstgeborenen durchs Feuer gehen ließen, und fragt sich, ob die Beschränkung die Absicht verfolgt, den Gedanken auch nur an die Möglichkeit auszuschließen, Jahwe habe von seinen Verehrern die rituelle Tötung der erstgeborenen Kinder verlangt[5]. Wendet man sich den allgemein als die ältesten angesehenen Bestimmungen in Ex 22,28f. und 34,19f. zu, steht man vor einem Paradox: Ex 22,28b lautet die Forderung בכור בניך תתן־לי; dabei ist im Zusammenhang mit keinem

---

Unter dem Gesichtspunkt des Nachwirkens des altpflanzerzeitlichen Mythologems wird man die Omophagie im Dionysoskult, vgl. z. B. M. P. Nilsson, Geschichte der griechischen Religion I, HAW V, 2, 1, München 1955², S. 570, — aber auch das christliche Mysterium vom Tode Gottes unter Berücksichtigung der Einsetzungsworte des Herrenmahls bedenken müssen.

[3] Vgl. dazu Jensen, Mythos und Kult, S. 189; Burkert, Homo necans, S. 14; ferner A. Lods, Israël des origines au milieu du VIIᵉ siècle, Paris 1930, S. 331, der anmerkt, die Semiten hätten sich über die Verwendung des Kinderopfers durch die Götter keine Gedanken gemacht. — Das Verständnis des Opfers als Gabe steht in den Hochreligionen und vor allem im modernen Bewußtsein von ihnen so im Vordergrund, daß es schwer fällt, zu seinem nicht utilitaristischen Kern vorzustoßen; vgl. schon Ov. Ars Am. III, 653, aber auch Ps 50,7ff.

[4] Vgl. jetzt aber den Einspruch gegen die Hypothese von der einstigen Sonderexistenz des Heiligkeitsgesetzes durch V. Wagner, Zur Existenz des sogenannten 'Heiligkeitsgesetzes', ZAW 86, 1974, S. 307ff.

[5] Vgl. O. Eissfeldt, Molk als Opferbegriff im Punischen und Hebräischen und das Ende des Gottes Moloch, BRA 3, Halle 1935, S. 52f.

Wort von der Auslösung die Rede. Ex 34,19f. verlangt sie dagegen ausdrücklich, geht aber von einem Rechtsgrundsatz aus, der mindest so verstanden werden kann, als reklamiere er die Erstgeburt ohne Differenzierung der Geschlechter für Jahwe[6]. Nimmt man Dtn 15,19 mit seiner Vorschrift hinzu, die erstgeborenen Rinder nicht zur Arbeit zu verwenden und die erstgeborenen Schafe nicht zu scheren, legt sich ein primär geschlechtsunspezifisches Verständnis des כל־פטר רחם לי von Ex 34,19a bzw. eines כל־פטר־רחם ליהוה Ex 13,12* nahe[7]. Aber auch wenn man hier eine stillschweigende Eingrenzung auf die männliche Erstgeburt unterstellt, wie sie offensichtlich Num 18,15f. vorliegt, bleibt es zunächst fraglich, ob man Ex 22,28b mit gleicher Selbstverständlichkeit die Auslösung unterstellen darf oder hier eine ältere und radikalere Rite erfaßt, die man, da sich von einer generellen Weihung der Erstgeborenen an Jahwe in den älteren Texten keine Spur findet[8], auf ein Knabenopfer beziehen müßte. Die Auslösung wäre demgegenüber erst Folge einer jüngeren Entwicklung, die Spannung zwischen Ex 22,28b und den übrigen Belegen religionsgeschichtlich aufzulösen[9].

Hat es auch nicht an Einsprüchen gegen eine solche Konstruktion gefehlt[10], ist sie doch mit im einzelnen unterschiedlichen Begründungen

---

[6] Vgl. weiterhin Ex 13,2.12.15; Num 3,12; 18,15; Ez 20,26; ferner Num 8,16.

[7] B. Stade, Biblische Theologie des Alten Testaments I, Tübingen 1905, S. 170; E. Dhorme, RHR 1933, S. 118f. = Recueil E. Dhorme, Paris 1951, S. 611.

[8] Gegen I. Benzinger, Hebräische Archäologie, Tübingen 1907², S. 361; E. Mader, Die Menschenopfer der alten Hebräer und der benachbarten Völker, BSt (Bardenhewer) 14, 5/6, Freiburg i. Br. 1909, S. 121ff., und M. Weinfeld, The Worship of Moloch and the Queen of Heaven and its Background, UF 4, 1972, S. 154. — Man braucht nur daran zu erinnern, daß sich abgesehen von der im Zusammenhang mit einem Gelübde stehenden Dedikation Samuels 1 Sam 1,21ff., vgl. dazu auch J.-G. Février, Le rite de substituion dans les textes de N'gaous, JA 260, 1962, S. 7f., und der, wie ich demnächst in anderem Zusammenhang zu zeigen hoffe, gänzlich unhistorischen Erzählung von der Bestimmung Simsons zum Nasiräer von Mutterleibe an Ri 13,2ff., keine positiven Belege für diese Theorie in der Früh- und der Königszeit erbringen lassen.

[9] Ein schönes Beispiel für eine entsprechende, immerhin partiell durch die Realität abgedeckte Theorie über die Ersetzung des Menschenopfers erst durch ein Pferd, dann einen Ochsen, ein Schaf und schließlich eine Ziege, die ihrerseits durch einen Reiskuchen ausgelöst wird, aus dem Aitareyabrāhmaṇa 2,8 teilt H. Gonda, Die Religionen Indiens I. Veda und älterer Hinduismus, RM 11, Stuttgart 1960, S. 147 mit.

[10] Vgl. z. B. B. Baentsch, Exodus-Leviticus, HK I,2,1, Göttingen 1900, S. 203; Stade, Biblische Theologie I, S. 170; A. Lods, Israël, S. 329f.; F. Blome, Die Opfermaterie in

und Ausgestaltungen bis in die Gegenwart vertreten worden. Die bereits erwähnte Stelle des Ezechielbuches schien zu sichern, daß es das Erstgeborenenopfer als einen rituellen Brauch in Israel gegeben hat. Vor allem aber spielte und spielt die Erzählung von Isaaks Opferung Gen 22,1 ff. in diesem Zusammenhang eine besondere Rolle. Unbeschadet ihrer jetzigen Absicht, von einer göttlichen Prüfung des Erzvaters zu berichten, scheint sie überlieferungsgeschichtlich vielmehr die Auslösung eines einst tatsächlich an einem israelitischen oder kanaanäischen Heiligtum praktizierten Knabenopfers zu begründen[11].

Babylonien und Israel, Rom 1934, S. 388 ff.; W. Eichrodt, Theologie des Alten Testaments I, Leipzig 1933; Stuttgart und Göttingen 1957[5], S. 89; H. Cazelles, Études sur le Code de l'Alliance, Paris 1946, S. 83; J. Henninger, Les fêtes de printemps chez les Arabes et leurs implications historique, Revista do Museu Paulista (Sao Paulo), N.S. 4, 1950, S. 389 ff.; ders., Menschenopfer bei den Arabern, Anthropos 53, 1958, S. 770; R. de Vaux, Studies in Old Testament Sacrifice, Cardiff 1964, S. 70 f. — Daß Ex 22,28 jedenfalls an Auslösung gedacht ist, betonten z. B. G. B. Gray, The Sacrifice in the Old Testament, Oxford 1925, S. 35 f.; O. Eissfeldt, Molk, S. 54; U. Cassuto, Commentary on the Book of Exodus (1951), trl. I. Abraham, Jerusalem 1967, S. 294; M. Noth, Das zweite Buch Mose, ATD 5, Göttingen 1959, S. 80, und B. S. Childs, Exodus, OTL, London 1974, S. 195, der die Frage im Blick auf die Vorgeschichte wie G. Fohrer, Geschichte der israelitischen Religion, Berlin 1969, S. 206, offen läßt. — Vermittelnd urteilte S. Mowinckel, Religion und Kultus, Göttingen 1953, S. 104. — Für ein ursprünglich realistisches Verständnis der Forderung setzten sich ein J. Wellhausen, Prolegomena zur Geschichte Israels, Berlin und Leipzig 1927[6], S. 85; R. Kittel, Geschichte des Volkes Israel II, Gotha 1917[3], S. 133 f.; R. Dussaud, Les origines cananéennes du sacrifice israélite, Paris 1921, S. 167; H. Gressmann, Die älteste Geschichtsschreibung und Prophetie Israels, SAT 2,1, Göttingen 1921[2], S. 232; C. Steuernagel, Das Deuteronomium, HK I, 3,1, Göttingen 1923[2], S. 100; O. Procksch, Die Genesis, KAT I, Leipzig und Erlangen 1924[2–3], S. 320; P. Volz, Die Biblischen Altertümer, Stuttgart 1925[2], S. 178 f.; A. Wendel, Das Opfer in der altisraelitischen Religion, Leipzig 1927, S. 154. Vgl. auch J. Hempel, Das Ethos des Alten Testaments, BZAW 67, Berlin 1964[2], S. 54 mit S. 283, Anm. 102. — W. Robertson Smith, Die Religion der Semiten, Tübingen 1899 (= Darmstadt 1967), S. 277, sah im Menschenopfer einen Ersatz für das nicht mehr verstandene Tieropfer, womit gleichzeitig eine Anerkennung ihrer Realität gesetzt ist. So dachte sich G. Hölscher, Geschichte der israelitischen und jüdischen Religion, Gießen 1922, S. 49 die Entwicklung vom Tieropfer über das Menschenopfer zurück zum Speisopfer oder stellvertretenden Tieropfer verlaufend. — Auch A. E. Jensen, Paideuma 4, 1950, S. 36 f. nimmt an, daß die tatsächliche Tötung im Rahmen der altpflanzerzeitlichen Rite angesichts der Möglichkeit einer symbolischen Darstellung, wie sie z. B. den Reifezeremonien eigen ist, eine Hypertrophie religiöser Eiferer und mithin eine sekundäre Entwicklungsstufe darstellt. Vgl. auch von dems., Die getötete Gottheit, S. 148 f.

[11] Vgl. in diesem Sinne schon A. Dillmann, Genesis, KeH, Leipzig 1886[5], S. 285: »Die Erinnerung, daß die Hebräer einst bezüglich des Kinderopfers auf gleicher Stufe mit

Und selbst wenn man in ihm nur einen in Ausnahmesituationen geübten Brauch sah, hielt man es nicht für ausgeschlossen, es als ein Erbteil der Väterreligion anzusprechen[12]. Weiterhin schienen die vor allem zu Beginn dieses Jahrhunderts entdeckten und entsprechend interpretierten Krugbeisetzungen von Kindern und Beisetzungen von

---

anderen Semiten und Kenaanäern gestanden haben, schimmert hier noch deutlich durch ...« Weiter führte die Vermutung Eduard Meyers, Die Israeliten und ihre Nachbarstämme, Halle 1906 (Tübingen und Darmstadt 1967), S. 255, die Geschichte beziehe sich auf die Ablösung des ursprünglich von dem Schrecken Isaaks genannten Stammesgott geforderten Erstgeborenenopfers. Am einflußreichsten erwies sich H. Gunkels, Genesis, HK I,1, Göttingen 1910³, S. 240, vgl. auch SAT 1,1, Göttingen 1920², S. 171, vorgetragene Hypothese. Von der Annahme ausgehend, das Erstgeburtsopfer sei trotz Ex 22, 28 nicht allgemeine Regel, sondern nur an manchen Orten entweder Regel oder häufiger vorgekommen, findet er im Hintergrund von Gen 22 eine ätiologische Sage für die Tatsache, daß am Heiligtum zu Jeruel statt des Kindes ein Widder geopfert wird. Diese Hypothese hat so kräftig auf die weitere Literatur gewirkt, daß es angemessener ist, ihre Opponenten als ihre Anhänger aufzuführen. So hat sich E. A. Speiser, Genesis, AB 1, Garden City/New York 1964, S. 154 entschieden dagegen ausgesprochen; vgl. auch R. de Vaux, Studies, S. 66f., und vorsichtiger dens., Histoire ancienne d'Israël des origines à l'installation en Canaan, Paris 1971, S. 270. — H. Graf Reventlow, Opfere deinen Sohn, BSt 53, Neukirchen 1968, bestreitet, daß eine ätiologische Erzählung im Hintergrund der Geschichte steht. Er sucht dort vielmehr eine folkloristische Überlieferung, ohne daß deutlich wird, wie er sich diese konkret vorstellt. Solange man an eine längere Vorgeschichte der Erzählung denkt, sollte man jedenfalls seinen Hinweis auf S. 65 und den entsprechenden von Fohrer, Geschichte, S. 51 auf ein kanaanäisches Vorbild im Auge behalten, da das Ganzopfer jedenfalls kein gemeinsemitischer Brauch gewesen ist, vgl. L. Rost, Erwägungen zum israelitischen Brandopfer, in: Von Ugarit nach Qumran, Festschrift O. Eissfeldt, BZAW 77, Berlin 1958, S. 177ff. = Das kleine Credo und andere Studien zum Alten Testament, Heidelberg 1965, S. 112ff.; de Vaux, Studies, S. 48ff.; ders., Histoire, S. 270. — R. Kilian, Isaaks Opferung, StBSt 44, Stuttgart 1970, S. 104 räumt die Möglichkeit ein, daß es sich bei dem Auslösungsmotiv um eine sekundäre Erklärung eines immer schon geübten Ersatzopfers handelt; vgl. Henninger, Anthropos 53, 1958, S. 788f. Vgl. schon de Vaux, Studies, S. 67, mit der Einräumung der Möglichkeit, Gen 22 "may have been first of all the narrative of the foundation of a sanctuary where, from the outset, only animal victims were offered, in contrast with other, Canaanite, sanctuaries, where human victims were also sacrificed". — Die Möglichkeit, aus Gen 22 irgendwelche stichhaltigen Rückschlüsse auf die Vorgeschichte des Stoffes zu ziehen, bestreitet energisch J. van Seters, Abraham in History and Tradition, New Haven und London 1975, S. 240. — Auf den spekulativen Charakter der Gunkelschen Schlüsse hatte schon J. Skinner, Genesis, ICC, Edinburgh 1930², S. 332, hingewiesen, sie aber gleichzeitig für nicht unwahrscheinlich erklärt.

[12] Vgl. z. B. Lods, Israël, S. 330f.; aber auch M. Buber, Königtum Gottes, Heidelberg 1956³, S. 57.

Erwachsenen und Kindern im Boden oder unter den Fundamenten der Häuser teils die rohe Sitte des Erstgeborenen-, teils des Bauopfers zu bestätigen[13]. Damit schien zugleich ein bezeichnendes Licht auf die an und für sich zweideutige Nachricht vom Tode des Ältesten und des Jüngsten des Hiel beim Wiederaufbau von Jericho unter Ahab zu fallen, 1 Kön 16,34[14]. Eine ähnliche Rolle spielte die Aufdeckung der großen, an der Tatsache des punischen Kinderopfers keinen Zweifel lassenden Urnenfriedhöfe in Nordafrika, Sardinien und Sizilien[15] für

---

[13] Zu angeblichen archäologischen Zeugnissen für Menschen und- Kinderopfer vgl. das Referat bei H. Vincent, Canaan d'après l'exploration récente, Paris 1907, S. 188ff.; weiter Benzinger, Archäologie², S. 364; R. Kittel, Geschichte des Volkes Israel I, Gotha 1916³, S. 158; 172 und S. 204; II, 1917³, S. 131 gibt er Zweifel an der Deutung der Kinderbeisetzungen zu erkennen, übernimmt sie dann aber S. 132 Anm. 1 unter Berufung auf Ex 22,28 doch; R. Dussaud, Origines, S. 168; R. A. St. Macalister, The Excavations of Gezer II, London 1912, S. 400ff. und S. 426ff.; Volz, Altertumskunde², S. 178ff.; Wendel, Opfer, S. 154f.; Lods, Israël, S. 102 und S. 112f.; Blome, S. 373ff.

[14] Zum Bauopfer vgl. Benzinger, Archäologie², S. 365, wo er sein zurückhaltendes Urteil über 1 Kön 16,34 aus KHC IX, Freiburg, Leipzig und Tübingen 1899, S. 105 nicht mehr wiederholt; Dussaud, Origines, S. 165; Gray, Sacrifice, S. 87; Volz, Altertumskunde², S. 178; Wendel, Opfer, S. 27f.; Blome, S. 377f.; R. de Vaux, RB 58, 1951, S. 401ff., widerrufen in: Studies, S. 60f.; J. Gray, I and II Kings, OTL, London 1970², S. 396; vgl. auch Fohrer, Geschichte, S. 46, der angesichts der hohen Kindersterblichkeit im Altertum die Verwendung bereits gestorbener Kinder erwägt. — Ohne Bezug auf die archäologischen Befunde haben die Nachricht 1 Kön 16,34 positiv gewertet G. Hölscher, Geschichte, S. 29 Anm. 7 und S. 78, sowie J. Pedersen, Israel, its Life and Culture III—IV, London und Kopenhagen 1940 (1953), S. 348. — Zurückhaltend äußerten sich z. B. R. Kittel, HK I,5, Göttingen 1900, S. 136; Eissfeldt, Molk, S. 48, Anm. 2; ders., RGG³ IV, Sp. 868; J. A. Montgomery und H. S. Gehman, The Book of Kings, ICC, Edinburgh 1951, S. 286ff.; V. Hamp, LThK² VII, 1962, Sp. 296; R. de Vaux, Studies, S. 60f. und H. Gese, Religionen Altsyriens, RM 10,2, Stuttgart 1970, S. 175. — Zur Kritik an der Deutung der archäologischen Befunde vgl. unten.

[15] C. F. A. Schaeffer, Ugaritica IV, Paris 1962, S. 81f. tritt freilich für das Verständnis dieser Urnengräberfelder als Kinderfriedhöfe ein. Gegen diese Annahme und zugunsten der Deutung der Friedhöfe als Beisetzungen von Kinder- und Ersatzopfern sprechen die folgenden Tatsachen: 1. die Votivinschriften der auf ihnen gesetzten Stelen, auch wenn man die immer noch umstrittene Opferterminologie außer Betracht läßt; 2. die durchgehende Verbrennung der Kinder und Tiere im mindestens zwei Jahrhunderte währenden absoluten Gegensatz zur Inhumationspraxis bei normalen Beisetzungen, vgl. D. Harden, The Phoenicians, Ancient Peoples and Places, London 1963², S. 105; 3. die Tatsache, daß Urnen gefunden wurden, in denen sich lediglich Tierknochen, offensichtlich von Ersatzopfern, fanden; vgl. dazu J. Richard, Étude médico-légale des urnes sacrificielles puniques et leur contenu. Thèse, Institut Médico-Légal de Lille 1961, referiert bei de

die Stützung der Theorie vom allgemeinsemitischen Erstgeburtsopfer, wobei es ganz offensichtlich zu einem Zirkelschluß von den alttestamentlichen Legalbestimmungen auf die archäologischen Befunde und von diesen zurück auf die Texte gekommen ist[16].

Wer aus anderen, später in die Überlegungen einzubeziehenden Gründen an einem generellen Erstgeburtsopfer der Israeliten zweifelte, meinte doch, sich den Nachrichten in 2 Kön 16,3 und 21,6 beugen zu müssen, nach denen die Könige Ahas und Manasse ihren Sohn geopfert haben, und in ihnen Zeugen entweder einer Neubelebung des Kinderopfers unter phönizischem Einfluß[17] oder gar für ein uns sonst von den

---

Vaux, Studies, S. 82f.; ferner P. Cintas, Le sanctuaire punique de Sousse, Rev. Africaine 91, 1947, S. 9 mit seinen Hinweisen auf P. Pallary, Note sur les urnes funéraires trouvées à Salammbô, Rev. Tun. 1922, S. 206; R. Anthony, A propos des ossements du sanctuaire de Tanit à Carthage, Rev. Tun. 1924, S. 174; weiter Cintas, S. 10, 25, 26, 35, 78 und S. 80; 4. die Darstellung der Stele im Bardo-Museum zu Tunis C. Picard, Catalogue du Musée Alaoui. Nouvelle série (Collections puniques) I, Tunis 1957 mit der Kennzeichnung Cb 229, vgl. dazu A. M. Bisi, Le stele puniche, Stud. Sem. 27, Rom 1967, S. 70ff. mit fig. 32, auch wiedergegeben bei Harden, pl. 35, G. Picard, Carthage, London 1964, S. 20; sie zeigt einen Priester, der mit der Rechten die nicht abgebildete Gottheit grüßt und auf dem angewinkelten linken Arm ein Kleinkind trägt, offenbar eine Szene aus dem Opferritual. — Gegen die Beziehung der Tophetstelen auf einen Totenkult vgl. J. Guey, Ksiba et à propos des stèles votives, MEFR 54, 1937, S. 88. — Zu den bisherigen Fundstätten vgl. die knappe Übersicht bei S. Moscati, New Light on Punic Art, in: The Role of the Phoenicians in the Interaction of Mediterranean Civilization, ed. W. A. Ward, Beirut 1968, S. 68; vgl. auch seine Beschreibung der Tophetanlagen, Il sacrificio dei fanciulli, Rendeconti della Pontific. Accad. Rom. di Archeologia 38, 1965/66, S. 63f.; ferner L. Poinssot et R. Lantier, Un sanctuaire de Tanit à Carthage, RHR 87, 1923, S. 32ff.; Cintas, Rev. Africaine 91, 1947, S. 1ff. und besonders S. 34f.; Antonia Casca u. a., Mozia V, Stud. Sem. 31, 1969, S. 35ff.; Mozia VI, Stud. Sem. 37, 1970, S. 79ff.; Mozia VII, Stud. Sem. 40, 1972, S. 89ff.; F. Barreca u. G. Garbini, Monte Sirai I, Stud. Sem. 11, 1964, S. 21ff.; M. G. Amadasi u. a., Monte Sirai II, Stud. Sem. 14, Rom 1965, S. 123ff.; 147ff. und besonders S. 151f.; G. Pesce, Sardegna Punica, Cagliari 1961, S. 68ff.; S. Moscati, Fenici e Cartaginesi in Sardegna, Milano 1968, S. 119ff.; A. di Vita, Les pheniciens de l'occident d'après les découvertes archéologiques de Tripolitaine, in: Role of the Phoenicians, S. 78f.; A. Berthier et R. Charlier, Le sanctuaire punique d'el-Hofra à Constantine, Paris 1955, S. 221ff.

[16] Vgl. z. B. Poinssot et Lantier, RHR 87, 1923, S. 66, und P. Cintas, Manuél d'archéologie punique I, Paris 1970, S. 386; vgl. dagegen J.-G. Février, Essai de reconstruction du sacrifice molek, JA 248, 1960, S. 177f.; ders., Le rite de substitution, JA 250, 1962, S. 4; ders., Les rites sacrificiels chez les Hébreux et à Carthage, REJ ser. IV,3, 1964, S. 15.

[17] Vgl. z. B. W. W. Graf Baudissin, Adonis und Esmun, Leipzig 1911, S. 518; Blome, S. 401, für den es sich jedoch nicht um eine Wiederbelebung eines älteren Brauches

Quellen vorenthaltenes Weiterleben des von den Kanaanäern übernommenen Opfers des Erstgeborenen in besonderer Situation zu erkennen, wie es Mi 6,7; Ri 11,30 ff. und — unter dieser Voraussetzung — auch Gen 22 zu belegen scheinen[18]. Hat die zuletzt erwähnte Lösung kaum Beifall gefunden[19], so schienen die Polemiken Jer 7,29 ff.; 19,1 ff.; 32,26 ff.; Ez 16,20 f.; 20,25 f. 31; 23,37 zusammen mit den Verboten Dtn 18,10; Lev 18,21; 20,2—5, vgl. auch Jes 66,3; Ps 106,37 ff., insgesamt die Nachrichten des Königsbuches über die mit dem letzten Drittel des 8. Jahrhunderts neuerwachten Kinderopfer zu bestätigen, denen erst die josianische Reform ein Ende gesetzt hätte, 2 Kön 23,10. Dabei wäre gegebenenfalls in der Tat zu fragen, ob sie von den Darbringenden als strengere Erfüllung einer göttlichen Forderung verstanden wurden[20]. — Nimmt man 2 Kön 17,29 ff. hinzu, scheint sich hier erneut der Einfluß eines westsemitischen Kinderopferbrauches in der späten Königszeit bemerkbar zu machen[21].

Es ist in der Tat unwahrscheinlich, daß sich der ganze Komplex allein als ein literarisch-theologisierendes Gebilde erweist. Es bleibt jedoch zu prüfen, in welchem Umfang und in welcher Richtung den Aussagen der Quellen ein primärer Beweischarakter zukommt. — Beginnen wir mit den archäologischen Befunden in Palästina. Schon Anfang der dreißiger Jahre war man sich weithin darüber im klaren, daß es sich bei den Krugbeisetzungen von Kindern um einen normalen Bestattungsbrauch aus der Mittleren Bronzezeit handelt. Zudem hätten

---

handelt; Eichrodt, Theologie I⁵, S. 124; de Vaux, Studies, S. 74 f.; H. Ringgren, Israelitische Religion, RM 26, Stuttgart 1963, S. 159. — Gegen den Versuch von Mader, Menschenopfer, S. 96, die mit dem 'Molochkult' zusammenhängenden Kinderopfer aus Ägypten abzuleiten vgl. Blome, S. 396 ff. und Henninger, Anthropos 53, 1958, S. 785. Zu dem Versuch von Wendel, Opfer, S. 209, ihn von den Ammonitern zu deduzieren vgl. das zurückhaltende Urteil über das Kinderopfer bei den Ammonitern bei Henninger, ebenda, S. 777 f.

[18] Eissfeldt, Molk, S. 58 f., vgl. S. 60 f.; ferner Gray, Sacrifice, S. 86 f., und Dussaud, Origines, S. 170 f.

[19] Vgl. dagegen Buber, Königtum³, S. 174; Eichrodt, Theologie I⁵, S. 90 Anm. 258; F. Nötscher, Biblische Altertumskunde, Bonn 1940, S. 269; W. F. Albright, Die Religion Israels im Lichte der archäologischen Ausgrabungen, München und Basel 1956, S. 181; ders., Yahwe and the Gods of Canaan, London 1968, S. 211.

[20] Vgl. Pedersen, Israel III—IV, S. 319.

[21] Vgl. W. Kornfeld, Der Moloch, WZKM 51, 1952, S. 308 ff., und M. Weinfeld, UF 4, S. 141 ff. und zur Problematik der religionsgeschichtlichen Befunde vorerst Henninger, Anthropos 53, 1958, S. 783 ff.

bei einer Verbrennung ganz andere Dislozierungen und Zerstörungen der Gebeine eintreten müssen als dies der Fall ist[22]. Eine ähnliche Ernüchterung läßt sich hinsichtlich der Annahme menschlicher Bauopfer feststellen. Zum einen dürfte es sich bei den entsprechend gedeuteten Befunden um Kinderbeisetzungen im Hause aus der gleichen Epoche, zum anderen um mangelhafte stratigraphische Beobachtungen gehandelt haben[23]. Der Umstand, daß die 'Bauopfer' seit der Verfeinerung der archäologischen Methoden fast ganz aus der Literatur verschwunden und für Mesopotamien eindeutig festgestellt worden ist, daß menschliche Bauopfer hier überhaupt nicht nachweisbar sind, sollte zu genereller Vorsicht warnen[24]. Auf diesem Hintergrund verliert die Hypothese, 1 Kön 16,34 habe ein doppeltes Bauopfer im Auge, a priori an Wahrscheinlichkeit. Es dürfte sich vielmehr um den Verlust des

---

[22] Vgl. dazu P. Thomsen, Palästina und seine Kultur in fünf Jahrtausenden, AO 30, Leipzig 1931, S. 50f.; C. Watzinger, Denkmäler Palästinas I, Leipzig 1933, S. 72; K. Galling, Biblisches Reallexikon, HAT I,1, Tübingen 1937, Sp. 248ff.; F. Nötscher, Altertumskunde, 1940, S. 99f. — Zu einem möglichen Beleg für ein Menschenopfer aus dem Natufian vgl. E. Anati, Palestine Before the Hebrews, London 1963, S. 172f. nach J. Perrot, IEJ 7, 1957, S. 126. — Zum vorgeschichtlichen Menschenopfer vgl. J. Maringer, Vorgeschichtliche Religion. Religionen im steinzeitlichen Europa, Einsiedeln, Zürich, Köln 1956; hier zum Problem des Kannibalismus der Peking-Urmenschen S. 57ff. und S. 81ff., im Jungpaläolithikum S. 125ff., im Neolithikum S. 220ff. und S. 248; zu Begleitopfern S. 284f. und S. 289f. Zu den mittelpaläolithischen Schädelbefunden vgl. aber auch H. Müller-Karpe, Geschichte der Steinzeit, Becksche Sonderausgabe, München 1974, S. 253. — Mit dem Entstehen des Tötungsrituals im frühen Pflanzertum des Neolithikums rechnet Jensen, Paideuma 4, 1950, S. 25.

[23] Vgl. dazu Thomsen, S. 51f., der nebenbei nicht daran zweifelte, daß 1 Kön 16,34 ein Bauopfer meint; Watzinger, S. 72; Galling, Reallexikon, Sp. 250, hielt damals noch an der Realität der Bauopfer fest.

[24] Vgl. R. S. Ellis, Foundation Deposits in Ancient Mesopotamia, New Haven 1968, S. 35ff.; K. M. Kenyon, Digging up Jericho, London 1957, S. 193f. spricht mit aller Vorsicht eine Kinderbeisetzung der EB-MB-Periode als mögliches Bauopfer an. Unter einer Mauer fand sich »what locked like a foundation sacrifice«. — Vgl. auch den Befund bei P. L. O. Guy, Megiddo Tombs, OIP 33, Chicago 1938, S. 57. Die Kinderbeisetzung (Tomb 247) unter der Mauer von Raum 238 ist in einem Krug der MB-II erfolgt, die Keramik in dem Raum gehört der Spätbronzezeit an. Mithin spricht alle Wahrscheinlichkeit für ein zufälliges Zusammentreffen eines jüngeren Gebäudes mit einer älteren Beisetzung. Bezeichnend für den Stand der archäologischen Diskussion ist, daß Y. Yadin, Hazor, Schweich Lectures 1970, London 1972, S. 29 und S. 48 entsprechende Kinderbeisetzungen in Krügen aus der MB II unter dem Fußboden als solche behandelt, ohne die Frage nach Bauopfern auch nur noch aufzuwerfen.

ältesten und jüngsten Sohnes bei Beginn und Abschluß der Wiederaufbauarbeiten von Jericho handeln[25]. Ist die Ansicht Grays, die Notiz stamme aus den Annalen Ahabs, in sich unwahrscheinlich[26], stößt die Annahme der Historizität oder doch der historisch zutreffenden Einordnung der Nachricht im Königsbuch derzeit angesichts der Tatsache auf unüberwindliche Schwierigkeiten, daß die Neubesiedlung Jerichos den neuesten Grabungsergebnissen entsprechend erst für das 7. Jahrhundert nachgewiesen werden kann[27]. Damit dürfte 1 Kön 16,34 künftig aus der Diskussion über das Kinderopfer bei den Israeliten ausscheiden.

Wir werden sogleich sehen, daß es sich mit den angeblich gesicherten Belegen für das Kinderopfer in der Königszeit mit Ausnahme von 2 Kön 3,27 nicht anders verhält. Bekanntlich gehört die Konkordanz zwischen Dtn 18,10 und 2 Kön 23,10 zu den angeblich bewährten Argumenten für die Ansicht, das Deuteronomium sei das von König Josia seiner Reform zugrunde gelegte Gesetzbuch gewesen[28]. Inzwischen haben L'Hour, Merendino und Gottfried Seitz festgestellt, daß Dtn 18,10aβ mit seinem מעביר בנו ובתו באש nicht in den Kontext des Prophetengesetzes paßt und daher als spätere Zufügung beurteilt werden muß, ist doch das Kinderopfer im Alten Testament an keiner Stelle als Mittel für die Orakeleinholung kenntlich gemacht[29]. Die Wendung העביר בן באש als bloßen Weiheritus zu verstehen, wie es neuerdings Moshe Weinfeld wieder geltend gemacht hat[30], scheitert schon deshalb,

---

[25] Vgl. dazu auch die oben Anm. 14 notierten zurückhaltenden Stimmen zu 1 Kön 16,34.
[26] Vgl. Gray, Kings², S. 396, der offensichtlich noch unter dem Eindruck der inzwischen widerrufenen Deutung eines entsprechenden Befundes vom Tell el-Faraʿ bei Nablus durch de Vaux, RB 58, 1951, S. 401ff., vgl. Studies, S. 60f., steht. — Zur literarischen Zuweisung an DtrP vgl. W. Dietrich, Prophetie und Geschichte, FRLANT 108, Göttingen 1972, S. 110ff., zur Problematik der Datierung dieser Schicht O. Kaiser, Einleitung in das Alte Testament, Gütersloh 1975³, S. 155 und S. 161.
[27] Kenyon, Digging up Jericho, S. 263ff.; dies., Jericho, in: Archaeology and Old Testament Study, ed. D. W. Thomas, Oxford 1967, S. 274. — Zur Überlieferungsgeschichte von 1 Kön 16,34 vgl. demnächst E. Würthwein, ATD 11,1 z. St.
[28] Vgl. Kaiser, Einleitung³, S. 120.
[29] Vgl. J. L'Hour, Les interdits toʿeba dans le Deutéronome, RB 71, 1964, S. 489; R. P. Merendino, Das Deuteronomische Gesetz, BBB 31, Bonn 1969, S. 192ff., und G. Seitz, Redaktionsgeschichtliche Studien zum Deuteronomium, BWANT 93, Stuttgart 1971, S. 235ff. — Zum sekundären Charakter von Dtn 12,31 vgl. Merendino, S. 41, und Seitz, S. 152.
[30] UF 4, 1972, S. 140ff. — Vgl. dagegen schon M. Buber, Königtum³, S. 58 und S. 169, Anm. 34; doch kam bereits Buber unter dem Einfluß der rabbinischen Auslegung zu einem,

weil in dem Referenztext 2 Kön 23,10 die Rite mit dem Tophet verbunden wird, deren Identität mit der Jer 7,31 und Jes 30,31 vorausgesetzten unterstellt werden kann. Jer 7,31 ist eindeutig von einem שׂרף die Rede[31]; die Schilderung des Tophet Jes 30,31 fügt sich in das archäologisch gewonnene Bild der punischen Kinderopferstätten ein[32]. — Wendet man sich mit diesem Ergebnis 2 Kön 23,10 zu, wird man mit Recht bei dem Einsatz der Erzählung mit einem als tempus historicum gemeinten וְטִמֵּא stutzig, eine Erscheinung, die in V. 14 wiederkehrt, und die man mit Paul Joüon als regelwidrig und mithin als einen Hinweis auf die Hand eines durch das Aramäische oder nachbiblische Hebräisch beeinflußten Ergänzers werten darf[33]. Die Beobachtungen im Deuteronomium und im Reformbericht stützen sich wechselseitig. So ist man zu dem Schluß berechtigt, die Verunreinigung des Tophet durch Josia in den Akten der Geschichte zu streichen.

Wenden wir uns 2 Kön 21,6a zu, fällt auf, daß Manasse hier mit dem leicht gekürzten Sündenkatalog von Dtn 18,10f. charakterisiert wird. Die geringfügigen Auslassungen offenbar als tautologisch empfundener Aussagen, des letzten Gliedes von 10bβ, von 11a und bβ, sollten nicht darüber hinwegtäuschen, daß das Prophetengesetz von Dtn 18,9—12 in seiner jetzigen Gestalt für die Qualifikation des Königs verantwortlich ist; so wird ihm denn auch in V. 2 der aus Dtn 18,9b und 12b gespeiste Vorwurf der Greueltaten nach der Weise der von Jahwe vertriebenen Völker angehängt. Als einziger belangvoller Unterschied gegenüber der Vorlage ist festzustellen, daß statt von der Darbringung von Sohn und Tochter hier allein von der des Sohnes die Rede ist. — Die gleiche Auswahl trifft 2 Kön 16,3, die Ahas im Begehen derselben Sünde zum Vorläufer des Enkels macht. Aber auch hier ist

---

nun bei Weinfeld zur Eindeutigkeit gekommenen Schwanken zwischen symbolischer und tatsächlicher Tötung, zwischen Weihe und Darbringung.

[31] Vgl. auch Ex 13,12 mit seinem העביר כל־פטר־רחם ליהוה, Ez 23,37bβ mit seinem העביר לאכלה und Num 31,23.

[32] Vgl. P. Cintas, Rev. Africaine 91, 1947, S. 34f., referiert bei de Vaux, Studies, S. 81; weiter Février, JA 248, 1960, S. 180ff.; Moscati, Rendeconti della Pontific. Accad. Rom. die Archeologia 38, 1965/66, S. 63f.

[33] Grammaire de l'Hébreu biblique, Rom (1923) 1965 § 119z; anders R. Meyer, Auffallender Erzählungsstil in einem angeblichen Auszug aus der 'Chronik der Könige von Juda', in: Festschrift F. Baumgärtel, hg. L. Rost, Erlanger Forschungen A, 10, 1959, S. 114ff. — Zur Abhängigkeit von 2 Kön 23,10 von Jer 7,31 und Lev 18,21 vgl. künftig Chr. Levin, Das Kinderopfer im Jeremiabuch.

die Abhängigkeit für V. 3b von Dtn 18, 10aβ. 12b zu unterstellen[34]. Ahab erhielt die schlechte Note offensichtlich im Blick auf das in 16, 10ff. Berichtete[35], für Manasse bot sich die Anknüpfung in 21, 3. Historisch dürfte er vor allem das Pech gehabt haben, das politische Erbe seines Vaters übernehmen zu müssen und, was seinem Ruf schadete, einen in eine zunächst günstigere außenpolitische Situation hineinwachsenden Enkel besessen zu haben[36]. Nach dem hermeneutischen Grundsatz, daß, wer vom Hauptgebot abweicht, auch der anderen Sünden schuldig wird, hat ein späterer in gutem Glauben beiden Königen die rituelle Tötung des Sohnes angehängt. Dabei stand er offenbar primär unter dem Einfluß des zu einem ganzen Theologumenon angewachsenen Vorwurfes der Verschuldung des vorexilischen Israel durch das Kinderopfer wie es uns im Jeremia- und Ezechielbuch begegnet; bei der Konkretion könnte ein Seitenblick auf 2 Kön 3, 27 eine Rolle gespielt haben.

Lassen wir 2 Kön 3, 27 vorerst auf sich beruhen, bleibt vordringlich die Frage zu beantworten, welcher historische Wert der Behauptung von 2 Kön 17, 31 zukommt, die nach dem Zusammenbruch des Nordreiches von den assyrischen Königen unter anderen dort angesiedelten Sepharwiter hätten ihre Kinder den heimischen Göttern Adrammelek und 'Annamelek verbrannt[37]. Der Vorwurf entspricht grundsätzlich Dtn 12, 31, das בניהם hier könnte das בניהם und בנותיהם dort abdecken[38]. In dem literarisch vielschichtigen Kapitel stehen die V. 24—28, welche die Teilnahme der samarischen Mischbevölkerung am Jahwekult erklären wollen, in Konkurrenz zu der in V. 29—34a folgenden Schilderung ihrer heidnischen Praktiken. Wie Stade gesehen hat,

---

[34] Vgl. B. Stade, Anmerkungen zu 2. Kö. 15—21, ZAW 6, 1886, S. 161 = Akademische Reden und Abhandlungen, Gießen 1899, S. 206; Hölscher, Geschichtsschreibung in Israel, SKHVL 50, Lund 1952, S. 404 und S. 401.

[35] Vgl. dazu zuletzt J. McKay, Religion in Judah under the Assyrians, StBTh II, 26, London 1973, S. 7f.

[36] Vgl. die m. E. angemessene Beurteilung seiner Regierung durch M. Noth, Geschichte Israels, Göttingen 1956³, S. 243, und A. H. J. Gunneweg, Geschichte Israels bis Bar Kochba, ThW 2, Stuttgart 1972, S. 108.

[37] Zur Lage von Sepharwajim vgl. G. Sauer, BHW III, Sp. 1772. — Zu den Gottesnamen vgl. O. Eissfeldt, Adrammelek und Demarus, AIPO 13, 1953, S. 153ff. = Kleine Schriften III, Tübingen 1966, S. 335ff.; Gese, Religionen, S. 110; zu ihrem außerbiblischen Nachweis auch K. Deller, Or 34, 1965, S. 382f.

[38] Zu Dtn 21, 31 vgl. oben Anm. 29.

führt die Linie von V. 25 über V. 28 direkt zu V. 41[39]. Die Verse 29—34a dürften entsprechend als jüngerer, jedenfalls nicht der ältesten deuteronomistischen Fassung des Königsbuches angehörender Zusatz zu beurteilen sein. Daß man ihn keinesfalls vorexilisch ansetzen kann, ergibt sich bereits aus der Geschichte des Deuteronomistischen Geschichtswerkes[40], erweist sich aber auch durch die auffällige und in dieser Weise im Alten Testament einmalige Rede von den שמרנים[41], deren Charakter als Mischbevölkerung durch ein nachgesetztes גוי גוי kräftig unterstrichen wird. Es liegt nahe, den Abschnitt in die fortgeschrittene Perserzeit zu datieren, in der sich der Gegensatz zwischen den Bewohnern der Provinzen Juda und Samaria unter dem Einfluß der Gola zu verfestigen begann, vgl. Neh 3,34[42]. Damit wird der Quellenwert von 2 Kön 17,31 für die Rekonstruktion der Zustände im Gebiet des ehemaligen Nordreiches jedenfalls im Blick auf die vorexilische und selbst noch exilische Epoche problematisch. Ehe man den Vers als Zeugen für ein in nachexilischer Zeit in Samarien geübtes Knaben- oder Kinderopfer in Anspruch nimmt, muß man die Möglichkeit ausschließen, daß hier weder eine freierfundene Unterstellung noch eine gelehrte, auf die Kunde von Kinderopfern in Nordsyrien zurück-

---

[39] ZAW 6, 1899, S. 167ff. = Reden, S. 211f.; vgl. auch R. Kittel, HK I, 5, 1900, S. 275; A. Šanda, Die Bücher der Könige, EH 9,2, Münster 1912, S. 235; O. Eissfeldt, HSAT I, Tübingen 1922², S. 570f.; Hölscher, Geschichtsschreibung, S. 401, rechnet für die V. 24 bis 34a nur mit einem einzigen, von ihm als E_2 angesprochenen Verfasser; ebenso A. Jepsen, Die Quellen des Königsbuches, Halle 1956², Tabelle. M. Noth, Überlieferungsgeschichtliche Studien, Tübingen (und Darmstadt) 1957², S. 78, Anm. 2, denkt bei V. 29 bis 31 an einen Auszug aus den 'Tagebüchern der Könige von Israel', die er freilich für eine nichtamtliche Bearbeitung der offiziellen Annalen hält. Ob diese Vermutung einer tendenzkritischen Analyse standhält, ist ebenso fraglich wie die Erwägung von Gray, Kings², S. 640, in den V. 24—33 den 17,27 genannten aus der Deportation zurückgekehrten israelitischen Priester von Bethel am Werke zu sehen.

[40] Vgl. dazu Kaiser, Einleitung³, S. 160f.

[41] Vgl. schon J. Wellhausen in: F. Bleek, Einleitung in das Alte Testament, Berlin 1878⁴, S. 263. — Zur Sache vgl. H. G. Kippenberg, Garizim und Synagoge, RGVV 30, Berlin und New York 1971, S. 33f., Anm. 1.

[42] Dabei verbietet man sich die Frage, ob sich hinter V. 29 bereits eine Polemik gegen die Zustände in Samarien in frühhellenistischer Zeit verbirgt, in der Kinderopfer in Samarien sowenig wie in Tyros denkbar gewesen sein dürften, vgl. Curtius, Hist. IV, III, 23. — Zur Herkunft der Götternamen in 17,31 vgl. G. Hölscher, Das Buch der Könige, seine Quellen und seine Redaktion, in: Eucharisterion H. Gunkel, FRLANT 36,1, Göttingen 1923, S. 197.

gehende Konstruktion vorliegt, deren Absicht nicht weniger polemisch wäre[43].

Bei der unter den Gründen für die Preisgabe des Nordreiches durch Jahwe erhobenen Beschuldigung, die Israeliten hätten ihre Söhne und Töchter durch das Feuer gehen lassen, 2 Kön 17,17, brauchen wir nicht lange zu verweilen. Die Beziehung zu Dtn 18,10 liegt auf der Hand, auch wenn aus 10b nur das נחש aufgenommen ist. Ob man 2 Kön 17,7—17 nun mit der älteren Exegese insgesamt für jünger als V. 20—23 hält[44] oder mit Dieterich allein V. 12—19 zu der dritten und letzten

---

[43] Erst unter diesem Vorbehalt sind die Überlegungen vom Grafen Baudissin, Adonis, S. 35 Anm. 1 neu aufzugreifen und die Frage nach dem allgemein-nordwestsemitischen Substrat des Kinderopfers bei den Syrern, Phöniziern, Puniern, Israeliten und Moabitern zu stellen; vgl. auch Gese, Religionen, S. 175. — Mader, Menschenopfer, S. 96, hat den Wert von 2 Kön 17,30f. sicher überschätzt; zu seinen auf S. 40ff. beigebrachten Belegen vgl. Blome, Opfermaterie, S. 407ff.; de Vaux, Studies, S. 56ff.; Deller, Or 34, 1965, S. 385. Man wird gegen Dellers Rückschluß, 2 Kön 17,31 sei als Dedikation zu verstehen, den Einwand vorbringen dürfen, daß der keilschriftliche Befund erst nach einer gleichkritischen Beurteilung des biblischen zu dessen Auswertung herangezogen werden kann. — Zu שרף באש vgl. übrigens Dtn 12,31; Jer 7,31 und besonders 19,5 (im Zusammenhang mit Kinderopfern); daß die Wendung Vernichtung durch Feuer im Auge hat, geht aus z. B. Ri 15,6 (Menschen zusammen mit ihrem Haus); 2 Kön 25,9; Jer 52,13; Ri 9,52 (Häuser oder deren Teile); Jos 11,11 (Städte); Jes 44,16 (Holz); Jos 11,9; 2 Kön 23,11 (Wagen); Jer 36,32 (Schriftrollen bzw. deren Teile); Lev 7,17; 8,17; 9,11 (Opfer oder dessen Teile) und Dtn 7,5.25 (Götzen) hinreichend hervor. — Ihm hat Weinfeld, UF 4, 1972, S. 144ff., beigepflichtet und auch 2 Kön 16,3; 21,10 und die übrigen Zeugnisse für den mlk-Dienst in diesem Sinne interpretiert. Man hätte demnach zu unterstellen, daß die dem Ritus unterworfenen Kinder sämtlich dem Heiligtum geweiht worden wären. Aber vielleicht hat Weinfeld die Zuverlässigkeit der Nachrichten des Königsbuches über- und die Beweiskraft der prophetischen Belege für die zugrundeliegende Vorstellung unterschätzt. — Zur Bezeugung von Kinderopfern in Syrien vgl. die bei Henninger, Anthropos 53, 1958, S. 783f. angeführte Literatur; Luc. Syr. D. 58 und dazu C. Clemen, Lukians Schrift über die syrische Göttin, AO 37,3/4, Leipzig 1938, S. 49; zu der in Hierapolis/Bambyke verehrten Atargatis und ihrer Verbindung zu Hadad vgl. auch W. Helck, Betrachtungen zur großen Göttin und den ihr verbundenen Gottheiten, München und Wien 1971, S. 270ff. — Zur Frage ritueller Menschentötungen im ugaritischen Kult vgl. J. C. de Moor, The Saesonal Pattern in the Ugaritic Myth of Baᶜlu, AOAT 18, Kevelaer und Neukirchen 1971, S. 95; de Vaux, Studies, S. 61, und dagegen de Moor, S. 213.

[44] Nachdem Stade, ZAW 6, 1886, S. 163ff. = Reden, S. 208ff. für das höhere Alter von 17, 20—23 gegenüber V. 7—17 (19f.) plädiert hat, läßt sich diese Hypothese von I. Benzinger, KHC 9, 1899, S. 174, über R. Kittel, HK I, 5, 1900, S. 274; O. Eissfeldt, HSAT I², S. 569f.; Hölscher, Eucharisterion I, S. 205; Geschichtsschreibung, S. 401; J. Debus, Die Sünde

deuteronomistischen Redaktion (Dtr N) rechnet[45], bleibt für unsere Fragestellung unerheblich: Eine Abfassung von 17,17 im 6. Jahrhundert scheidet damit jedenfalls mit einer an Sicherheit grenzenden Wahrscheinlichkeit aus[46]. Historische Erinnerung ist nicht zu unterstellen, vielmehr eine Folgerung aus dem Vorwurf der Verletzung des Hauptgebotes in V. 7 anzunehmen.

Bleiben wir bei den Belegen für das angeblich in der späten Königszeit praktizierte Kinderopfer, beanspruchen die einschlägigen Aussagen des Jeremiabuches schon aus chronologischen Gründen vorrangig unsere Aufmerksamkeit. Daß alle hier zur Debatte anstehenden Belege, Jer 7,31; 19,5 und 32,35, in den Bereich der deuteronomistisch geprägten Texte gehören, will von vornherein im Auge behalten werden, erschwert es doch angesichts der mit ihnen verbundenen ungelösten literarkritischen und -historischen Probleme die sachliche Auswertung[47]. Dabei dürfen wir mit Christoph Levin unterstellen, daß es sich bei 19,5 und 32,35 um zwei von 7,31 abhängige »Fortschreibungen schriftgelehrter theologischer Reflexion« handelt[48]. Während 7,31 davon spricht, daß die Judäer das Tophet[49] im Tal Ben Hinnom gebaut haben, um ihre Söhne und Töchter mit Feuer zu verbrennen, obwohl Jahwe dies nicht geboten hatte, spricht 19,5 von dem Bau der »Baals-Höhen« für die Verbrennung der Kinder als Brandopfer für Baal (עלות לבעל). Die nachgestellte Bemerkung, daß Jahwe dies nicht geboten habe, wirkt paradox. Gerade dadurch macht sie uns nachdrücklich bewußt, daß 7,31

Jerobeams, FRLANT 93, Göttingen 1967, S. 98ff., bis zu J. Gray, Kings², S. 645ff. verfolgen. M. Noth, Überlieferungsgeschichtliche Studien, S. 85, steht demgegenüber mit seinem Einspruch isoliert da.

[45] Prophetie und Geschichte, 1972, S. 41ff., 105 und S. 138. Danach gehörten V. 7—11.20 zu DtrG, V. 21—23 zu DtrP und V. 12—19 zu DtrN.

[46] Vgl. dazu Kaiser, Einleitung³, S. 161.

[47] Zum Stand der Forschung vgl. Kaiser, Einleitung³, S. 221ff. — Zum dtr Charakter von 7,29—34 (8,3) vgl. zuletzt W.Thiel, Die deuteronomistische Redaktion von Jeremia 1—25, WMANT 41, Neukirchen 1973, S. 121ff. und S. 128ff.; zur Literarkritik von c. 19 mit den V. 1—2a^x.10—11a.14—15 als Grundbestand G.Wanke, Untersuchungen zur sogenannten Baruchschrift, BZAW 122, Berlin 1971, S. 8ff.; zum dtr Charakter der Ergänzungen Thiel, WMANT 41, S. 219f.; zum dtr Charakter von Jer 32,16—44 vgl. W. Thiel, Die deuteronomistische Redaktion des Buches Jeremia, Diss. masch. Berlin-DDR 1970, S. 512ff.

[48] Vgl. dazu künftig Chr. Levin, Das Kinderopfer im Jeremiabuch.

[49] במות dürfte zum Ausgleich mit 19,5 eingetragen sein.

voraussetzt, daß die Kinderopfer im Tale Hinnom keinem anderen Gott als Jahwe dargebracht worden sind[50]. — 32,35 tauscht das שרף באש durch ein העביר למלך[51] aus und belegt mit diesem Rückgriff auf Lev 18,21 die Tatsache, daß Jahwe dies Opfer nicht verlangt hat[52]. An der Ursprünglichkeit von 7,31 in seinem Kontext wird man trotz der mit 30b einsetzenden, von 31a aufgenommenen Suffixkonjugation anders als bei 2 Kön 23,10 keinen Anstoß nehmen, weil sowohl das שמו wie das ובנו noch unter der Rektion des כי von 30a stehen dürften[53]. — Blicken wir von Jer 7,31 auf die bereits erörterten Belege des Deuteronomistischen Geschichtswerkes zurück, ist deutlich, daß wir hier die Ausgangsstelle für die in 2 Kön 23,10 aufgenommene Angabe von der im Tal Ben Hinnom liegenden Kinderopferstätte des Tophet haben, obwohl die dort und an allen deuteronomistischen Belegstellen — die über das Opfer der Vor- und der Nachbewohner des Landes in Dtn 12,31 und 2 Kön 17,31 ausgenommen — verwandte Opferterminologie der von Lev 18,21 entspricht. Da eine gewisse Ortskenntnis des Redaktors von Jer 19,2a in Rechnung gestellt werden darf, lag das Tophet in der Nähe des »Scherbentores«, das unter Umständen mit dem »Dungtor« gleichgesetzt werden kann, Neh 2,13; 3,13 u. ö.[54]. Nach Jes 30,33 handelt es sich bei dem Tophet um eine mit Stroh und Holz ausgefüllte

---

[50] Vgl. in diesem Sinn z. B. B. Duhm, KHC XI, Tübingen 1901, z. St.; Eissfeldt, Molk, S. 41; W. Rudolph, HAT I,12, Tübingen 1968³, z. St.; K. Dronkert, De Molochdienst in het Oude Testament, Leiden 1953, S. 83; R. Hentschke, Die Stellung der vorexilischen Schriftpropheten zum Kultus, BZAW 75, Berlin 1957, S. 113. — P. Volz, KAT X, Leipzig und Erlangen 1922, S. 200 und A. Weiser, ATD 20/21, Göttingen 1966⁵, S. 163 deuten 19,5 als objektives, nicht die Intention der Opfernden meinendes prophetisches Urteil; ähnlich McKay, Religion, S. 41. — Anders z. B. Blome, Opfermaterie, S. 382, und Kornfeld, WZKM 51, 1952, S. 302f.

[51] Zum Problem vgl. unten 43.

[52] Vgl. dazu auch Levin.

[53] Zum syntaktischen Phänomen vgl. H. Bobzin, Die 'Tempora' im Hiobdialog, Diss. phil. Marburg 1974, S. 43ff. und besonders S. 44 unter Ziffer 4.

[54] Zum Befund Jer 19,2a vgl. Rudolph, HAT, z. St. — Zu den topographischen Problemen und Befunden vgl. H. Kosmala, BHW II, Sp. 840 und Sp. 723; zum speziellen Problem des Mauerverlaufs in der späten Königszeit vgl. die Pläne bei K. M. Kenyon, Digging up Jerusalem, London 1974, S. 146 Fig. 26 und M. Brosh, The Expansion of Jerusalem in the Reign of Hezekiah and Manasse, IEL 24, 1974, S. 24 Fig. 1. — Vgl. aber auch R. P. S. Hubbard, The Topography of Ancient Jerusalem, PEQ 98, 1966, S. 141, Fig. 4, und S. 145, Fig. 5 mit Kenyon, S. 186, Fig. 28, und R. Grafman, Nehemiah's Broad Wall, IEJ 24, 1974, S. 50f. mit Fig. 1.

Brandgrube[55]. — Da Jer 7,32ff. die Ereignisse bei der Belagerung und Eroberung Jerusalems 588/87 unter anderem als Strafe für die Kinderopfer angesehen wissen will[56], wird man unbeschadet der offenen Probleme der Datierung von 7,29ff. den Schluß ziehen dürfen, daß dem Verfasser eine Überlieferung von dem im Hinnomtal gelegenen Tophet und in ihm geübten Brauch, Kinder beiderlei Geschlechts Jahwe als Brandopfer darzubringen, zur Verfügung stand. Da Jer 7 keine Datierung enthält, bot Jer 1,1 dem Verfasser von 2 Kön 23,10 die Möglichkeit, Josia auch die Entweihung des Tophet zuzuschreiben.

Die Belegstellen für das Kinderopfer in Ez 16,20f.; 20,25f.31 und 23,37 dürften, wie die neuesten Untersuchungen gezeigt haben, sämtlich dem im 6. Jahrhundert wirkenden Propheten Ezechiel abzusprechen sein. Zu unterschiedlichen, aber wohl insgesamt späten Stufen der literarischen Fortschreibungen des zu Beginn des 5. Jahrhunderts konzipierten Prophetenbuches gehörend[57], sind sie demnach primär als Zeugnisse für das spätere Verständnis der Kinderopfer als Mitursache für den Zusammenbruch des judäischen Reiches relevant. Wenn 16,20 die geopferten Knaben und Mädchen den Götzen als Fraß zukommen läßt und V. 21 betont, daß die Kinder erst geschlachtet wurden, ehe man sie den Idolen mittels des העביר באש übereignete, wird vorab deutlich, daß letzteres nicht als Weiheritus verstanden wurde[58]. Weiter-

---

[55] Vgl. auch die Beschreibung der Opferbrandgrube, die P. Cintas in Sousse gefunden hat Rev. Africaine 91, 1947, S. 34f. — Zur Datierung von Jes 30,33 vgl. einerseits H. Barth, Israel und das Assyrerreich in den nichtjesajanischen Texten des Protojesajabuches, Diss. Hamburg 1974, S. 78f., der den Abschnitt nach 621 und vor dem Untergang des assyrischen Reiches ansetzt, und andererseits O. Kaiser, ATD 17, Göttingen 1973, S. 243f., der für nachexilische Plazierung plädiert.

[56] Zur Chronologie vgl. E. Kutsch, Das Jahr der Katastrophe: 587 v. Chr., Bib 55, 1974, S. 520ff.

[57] 16,20f. werden von W. Zimmerli, BK XIII,1, Neukirchen 1969, S. 365 und J. Garscha, Studien zum Ezechielbuch, Europäische Hochschulschriften XXIII,25, Bern und Frankfurt/Main 1974, S. 272 als sekundärem Kontext angehörend betrachtet. 20, 26.31 werden von Zimmerli, S. 493 für ezechielisch gehalten; doch scheint mir der sekundäre Charakter der ganzen Schicht durch H. Schulz, Das Todesrecht im Alten Testament, BZAW 114, Berlin 1969, S. 184 und J. Garscha, S. 113ff. erwiesen. Zum sekundären Charakter von 23,37 vgl. Zimmerli, S. 553f.; Schulz, S. 184 und Garscha, S. 54f. — Garscha, S. 308, gelingt es nicht, auch nur einen dieser Belege mit einer der drei, von ihm im wesentlichen für das Entstehen des Buches verantwortlich erkannten Schichten zu verbinden.

[58] Vgl. dazu oben S. 26 mit Anm. 8, S. 33 mit Anm. 30 und S. 36f. mit Anm. 43.

hin dürfen wir die Angabe, die Kinder seien vor der Verbrennung geschlachtet, auch dann als sachlich zutreffende Ergänzung unserer Kenntnis des Vollzuges der primär Jer 7,31 und Lev 18,21 bezeugten Rite gelten lassen, wenn es sich dabei um einen exegetischen Schluß des für den Eintrag verantwortlichen Schriftgelehrten handeln sollte. Unbeschadet der Poesie der Stelle dürfen wir Gen 22,10f. und die entsprechende phönizisch-punische Opferpraxis als Zeugen für die der Verbrennung vorausgehende Schlachtung der Kinder aufrufen[59]. — 23,37—39 wirkt, wovon ein Vergleich schnell überzeugt, wie ein Kommentar zu Lev 20,3b[60]. Indem der hier tätige Schriftgelehrte das נתן למלך von Lev 20,3b unter Rückgriff auf 16,20f. durch das העביר לגלולים לאכלה ersetzte, bezeugt er, daß man das מלך in seiner Zeit personal verstand. — Am bedeutendsten in unserem Zusammenhang ist zweifellos 20,25f., findet man doch hier bis in die Gegenwart einen vermeintlich sicheren Beleg für die Annahme, das spätvorexilische Kinderopfer sei als buchstäbliche Auslegung von Ex 22,28 zu verstehen[61]. Es kann keinem Zweifel unterliegen, daß der für die Einfügung des בהעביר באש בניכם in 20,31 verantwortliche Lehrer die V. 25f. auf das Kinderopfer bezogen wissen wollte und in der Tat meinte, sie seien die Folge eines unguten, zweideutigen Jahwegebotes. Hätte er damit die Absicht von 20,25f. getroffen, besäßen wir angesichts der literarischen Qualität der Bezugsstelle allein eine späte Kombination, die sich die Nachrichten im Deuteronomistischen Geschichtswerk, im Jeremiabuch und in den Legalpartien des Pentateuch, und hier besonders Ex 34,19a; 13,2.12 und Lev 20,1—5, entsprechend zurechtlegte. Aber selbst das ist nicht ausgemacht. Jörg Garscha hat darauf hingewiesen, daß man 20,25f. im Blick auf V. 28 und V. 40 auch auf ein unter gewissen Umständen nicht durchführbares oder angesichts partiell mangelnder Präzision der Bestimmungen am falschen Ort dargebrachtes Tieropfer beziehen kann[62], eine Hypothese, die mindestens der Beachtung wert ist.

[59] Vgl. J. Guey, Ksiba et à propos de Ksiba II, MEFR 54, 1937, S. 95; J. G. Février, JA 248, 1960, S. 179f.; ders., REJ ser. IV,3, 1964, S. 16, dazu Plut. de superstit. 171 C—D; Diod. XVIII, 86, 3; Porph. de abst. II,27; Min. Fel. Oct. XXX,3; Tert. Apol. 9 gegen Kleitarch, Schol. Pl. Resp. 337a (FGHist Jac II B 137 F 9) und St. Gsell, Histoire ancienne de l'Afrique du Nord, Paris 1924² (Osnabrück 1972), S. 410.
[60] Vgl. dazu auch unten S. 42.
[61] Vgl. in diesem Sinne noch Zimmerli, S. 449, vgl. auch S. 357.
[62] S. 119ff.

Wenden wir uns endlich den mehrfach aufgerufenen Belegen Lev 18,21 und 20,2—5 zu, können wir 20,2—5 vorab als formgeschichtlich geurteilt späte Komposition einer durch und durch literarischen Kasuistik charakterisieren, bei der es nicht einmal ausgemacht ist, ob ihr ein alter, hier nur in Formauflösung erscheinender Todessatz zugrunde liegt oder ob es sich bei ihm um eine freie Bildung des Verfassers handelt[63]. Damit ist, gleichgültig ob wir den Abschnitt in seiner gegenwärtigen Gestalt als Einheit betrachten[64] oder seine materiellen Überschneidungen und verbalen Differenzen zum Anlaß literarkritischer Erwägungen machen[65], festgestellt, daß wir von diesem Text keine Primärinformation zu erwarten haben. Ob 3bβ in Ez 32,39 richtig interpretiert ist, so daß hier lediglich an eine mittelbare Verunreinigung des Heiligtums durch die Vollzieher des Kinderopfers gedacht ist, was ich für das wahrscheinlichste halte, braucht daher nicht ausführlich erörtert zu werden. Fest steht jedenfalls, daß 1. die Wendung נתן למלך aus 3bα nicht zum ursprünglichen Formelbestand der Opfersprache gehört und 2. V. 5b mit seinem im Zusammenhang mit der durch Eissfeldt ausgelösten Kontroverse über מלך als Opferbegriff oder Gottesnamen viel zitierten לזנות אחרי המלך keinen Rückschluß auf die primäre Bedeutung des מלך erlaubt, sondern wie Ez 23,37—39 lediglich bezeugt, daß man in der fortgeschrittenen Perserzeit Lev 18,21 personal interpretierte[65a]. Lev 18,21 besitzt seine eigenen Schwierigkeiten. 21b

---

[63] Zur Formauflösung des môt-Satzes vgl. H. Schulz, Todesrecht, S. 46f.; zum Fehlen eines entsprechenden môt-Satzes in der Ex 21 und Lev 20 verarbeiteten Reihe vgl. V. Wagner, Rechtssätze in gebundener Sprache und Rechtssatzreihen im israelitischen Recht, BZAW 127, Berlin und New York 1972, S. 16ff.

[64] So K. Elliger, HAT I,4, Tübingen 1966, S. 265ff.

[65] So M. Noth, ATD 4, Göttingen 1962, S. 127.

[65a] Seit der von St. Gsell vorgelegten Mitteilung von Jeanne und P. Alquier über die Stelenfunde von N'gaous mit dem Opferterminus molchomor, CRAI 1931, S. 21ff., der Interpretation von J. Carcopino, Survivances par substitution des sacrifices d'enfants dans l'Afrique romaine, RHR 106, 1932, S. 592ff., der die Vermutung von R.-B. Chabot, Punica, JA 10, 1917, S. 160 bestätigte, und dem Brückenschlag von O. Eissfeldt, Molk, 1935, vom punischen zum alttestamentlichen Opferbegriff, — vgl. weiter W. v. Soden, ThLZ 1936, Sp. 45f.; J. Guey, Ksiba et à propos de Ksiba II. 'Moloch' et 'Molchomor'. A propos des stèles votives, MEFR 54, 1937, S. 83ff.; A. Alt, WO 1, 1946, S. 282f.; R. Dussaud, Précisions épigraphiques touchant les sacrifices puniques d'enfants, CRAI 1946, S. 371ff.; J. G. Février, Molchomor, RHR 143, 1953, S. 8ff.; ders., Le vocabulaire sacrificiel punique, JA 243, 1955, S. 49ff.; J. Hoftijzer, Eine Notiz zum punischen Kinderopfer, VT 8, 1958, S. 288ff.; F. Barreca, La civiltà di Cartagine, Cagliari 1964,

dient offensichtlich als Begründung und gehört als solche nicht ursprünglich zum Prohibitiv in 21a⁶⁶. In diesem überrascht das vorgezogene Objekt מזרעך; doch mag eine Umstellung im Interesse einer Unterstreichung der Stichwortverbindung zu V. 20 (לזרע) vorliegen. Die Zuordnung zum Kontext der sexuellen Prohibitive in 17b—23 ist lose, es sei denn man wollte die unbeweisbare Hypothese ins Spiel bringen, es habe sich bei den geopferten Kindern um die Frucht eines kultischen Beilagers gehandelt⁶⁷. Aber angesichts des literarisch späten Charakters des ganzen Abschnittes⁶⁸ wäre das wiederum zunächst nichts anderes als eine Vermutung des Sammlers und Bearbeiters! Da 2 Kön 23,10 wie Jer 32,35 auf Jer 7,31 und Lev 18,21a zurückweisen, und Lev 20,2ff. keinen sicheren Anhaltspunkt für ein weiteres, uns sonst nicht tradiertes Material zu bieten scheint, werden wir Lev 18,21a als Grundstelle für die Wendung העביר למלך betrachten. Dabei können wir unter-

---

S. 52, 134 und S. 155; H. Donner und W. Röllig, KAI II, Wiesbaden 1964, S. 76, und M. G. G. Amadasi, Le iscrizioni fenicie et puniche della colonie in occidente, Stud. Sem. 28, Rom 1967, S. 22f. —, haben sich gegen einen punischen Opferbegriff molk ausgesprochen M. Buber, Königtum³, S. 170ff.; W. Kornfeld, Der Moloch, WZKM 51, 1952, S. 287ff.; R. Charlier, La nouvelle serie des sacrifices dits 'Molchomor', en relation avec l'expression 'BSRM BTM', Karthago 4, 1953, S. 3ff.; vgl. A. Berthier und R. Charlier, Le sanctuaire punique d'el-Hofra à Constantine I, Paris 1955, S. 29ff. und M. Weinfeld, The Worship of Molech and of the Queen of Heaven, UF 4, 1972, S. 133ff. — Die Stimmen zur Bestreitung der Eissfeldtschen Hypothese von der Wiederkehr des punischen Opferbegriffs im alttestamentlichen מֹלֶךְ notiert J. Henninger, Les fêtes de printemps chez les Arabes et leurs implications historique, Revista do Museu Paulista N.S. 4, 1950, S. 419, Anm. 139. Ich füge ohne Anspruch auf Vollständigkeit hinzu M. Buber, Königtum Gottes (Berlin 1936²) Heidelberg 1956³, S. 58 und S. 170ff.; J. Pedersen, Israel III—IV, 1940 (1953), S. 697; K. Dronkert, De Molochdienst in het Oude Testament, Leiden 1953, S. 27ff.; W. Eichroft, Theologie I, 1957⁵, S. 89f.; J. Henninger, Anthropos 53, 1958, S. 772ff.; M. Noth, ATD 6, Göttingen 1962, S. 127f.; K. Elliger, HAT I,4, Tübingen 1966, S. 273; W. Rudolph, HAT I, 12, Tübingen 1968³, S. 212 (sub 32,35, Anm. b); W. Zimmerli, BK XIII,1, Neukirchen 1969, S. 357. — Eissfeldts Hypothese ausdrücklich angeschlossen haben sich z. B. H. Cazelles, Artikel 'Molok', DBS V, 1957, Sp. 1337ff.; K.-H. Bernhardt, BHW II, 1964, Sp. 1232; H. Gese, Religionen, 1970, S. 175ff. Vermittelnd äußert sich jetzt de Vaux, Studies, S. 89f., dem sich Kaiser, ATD 18, 1973, S. 246f. anschloß. Vgl. auch H. Ringgren, Israelitische Religion, 1963, S. 160. — Ich behalte mir vor, auf das Problem gesondert zurückzukommen.

⁶⁶ Vgl. auch W. Richter, Recht und Ethos, StANT 15, München 1966, S. 115f.
⁶⁷ Vgl. K. Elliger, Das Gesetz Leviticus 18, ZAW 67, 1955, S. 18 = Kleine Schriften zum Alten Testament, ThB 32, München 1966, S. 249f.; HAT I,4, S. 241.
⁶⁸ Vgl. Elliger, ZAW 67, S. 15f. = ThB 32, S. 248f.; HAT I,4, S. 232f.

stellen, daß der Prohibitiv die Opfersprache aufgriff, um so gegen das Kinderopfer Front zu machen. Erinnern wir daran, daß man solche Opfer nach Jer 7,31 Jahwe darbrachte, kann immerhin vermutet werden, daß es sich um ein Verbot post festum handelt. Vergegenwärtigen wir uns gleichzeitig den Charakter von Jer 7,29 ff. und das damit gesetzte überlieferungsgeschichtliche Problem, ob und in welcher Weise diese Predigt mit der Verkündigung Jeremias zusammenhängt, stellt sich die Frage nach der Aktualität solcher Predigt wie des ausdrücklichen Verbotes. Vielleicht fragte man sich in der exilischen und in der frühnachexilischen Gemeinde des Mutterlandes, ob sich die Not des Einzelnen wie des Volkes nicht durch ein außerordentliches Opfer wenden lasse, wie es das Alte Testament selbst für den moabitischen König Mescha im 9. Jahrhundert bezeugt und wie es in Tyros vielleicht bis ins 6. Jahrhundert gepflegt worden ist[69]. Mi 6,7 kann mit seiner berühmten Frage als entsprechender Beleg gewertet werden[70]. Von 2 Kön 3,27 und Mi 6,7 her ist jedoch bereits entschieden, daß weder die Nachbarn Israels noch dieses selbst ein generelles, sondern nur ein exzeptionelles Erstgeborenenopfer kannten[71]. Gleichzeitig ist es jedoch bei den jedenfalls in Rechnung zu stellenden Votivopfern nicht ausgemacht, daß das zum Opfer bestimmte Kind immer das erstgeborene und nicht das beste gewesen ist[72]. Daß nach Jer 7,31 auch Mädchen geopfert wurden, sei angemerkt[73]. Im übrigen tut der Exeget wohl daran, nicht mit Flaubert

---

[69] Curt. Hist. IV, III, 23. Vgl. auch Just. Epit. XIX,1,10, nach dem Dareios I. den Puniern das Menschenopfer untersagt hätte.

[70] Zur Datierung vgl. Kaiser, Einleitung³, S. 211; zur Sache auch Gray, Sacrifice, S. 87f.

[71] Zu 2 Kön 3,27 vgl. H. Chr. Schmitt, Elisa, Gütersloh 1972, S. 32ff.; de Vaux, Studies, S. 62 mit Anm. 49. — Zum Ausnahmecharakter der Opfer vgl. Philo Byb. (Euseb, Praep. Ev. IV,16,11; FGR Hist Jac III C 790 F3b, vgl. F2 (C. Clemen, Die phönikische Religion nach Philo von Byblos, MVAG 42,3, Leipzig 1939, S. 31f.); Porph. de abst. II,56. Auf die Tatsache ist mit ihren Konsequenzen wiederholt hingewiesen; vgl. z. B. Gray, Sacrifice, S. 88; Eichrodt, Theologie I¹, S. 69; I⁵, S. 89; Carcopino, RHR 106, 1932, S. 599; Kornfeld, WZKM 51, 1952, S. 305; Février, JA 248, 1960, S. 177ff.; REJ N.S. IV,3, 1964, S. 15; V. Hamp, LThK² VII, 1962, Sp. 296.

[72] Anders Cazelles, DSB VI, Sp. 1342. Vgl. aber Porph. de abst. II, 56 und Février, REJ N.S. IV,3, 1965, S. 15.

[73] Zu den literarischen und sachlichen Problemen von Ri 11,30ff. vgl. W. Richter, Die Überlieferungen um Jephtah, Bib 47, 1966, S. 503ff. und besonders S. 512ff. Nach ihm wäre die Erzählung aus einer in ein Menschenopfer ausmündenden Geschichte von einem Gelübde und einer anderen, die einen Jungfrauenbrauch mit einem Mädchenopfer verbindet, komponiert, ohne daß der fragmentarische Charakter der Überlieferungen einen

in Konkurrenz zu treten. Daß man von dem Kinderopfer je nach Anlaß sühnende oder gnädig wirkende Kraft erwartete, liegt nach dem eben Gesagten ohne Spekulationen auf der Hand.

Kehren wir abschließend noch einmal zu unserer Ausgangsfrage zurück, welchen religionsgeschichtlichen Hintergrund die Erstgeburtsbestimmungen Ex 13,2.11ff.; 22,28f. und 34,19f. besitzen, steht aufgrund unserer bisherigen Untersuchung fest, daß es in Israel so wenig ein generelles Erstgeborenenopfer gegeben haben kann wie bei den Phöniziern und Puniern. Daß dies in geschichtlicher Zeit nicht der Fall war, ist wiederholt unter Verweis auf die faktische Rolle des Erstgeborenen im Alten Testament betont worden[74]. Daß es etwa in der nomadischen Zeit anders gewesen sein könnte, hat Joseph Henninger mit dem Vermerk ausgeschlossen, daß sich ein derartiges Opfer weder in irgendeinem auf nomadischer Kulturstufe stehenden semitischen noch bei irgendeinem anderen nomadischen Hirtenvolk nachweisen läßt[75]. Da die Darbringung der Erstlinge der Herden dagegen sehr wohl in die nomadische Welt gehört[76], bleibt bei unserer derzeitigen Kenntnis der kanaanäischen Religion[77] nur der Schluß, daß die Einbeziehung der

---

stichhaltigen Rückschluß auf ihren Hintergrund erlaubt. Vgl. auch seine Kritik an W. Baumgartner, Zum Alten Testament und seiner Umwelt, Leiden 1954, S. 152ff. auf S. 511, Anm. 1. Richter betont die Nähe zu Gen 22 und anderen elohistischen Texten. — Zum Jungfrauenopfer vor dem Auszug zu Fischfang, Jagd und Krieg vgl. Burkert, Homo necans, S. 76ff.; zu solchen im Zusammenhang mit der Initiation von Knaben K. Kerényi, Die Jungfrau und Mutter in der griechischen Religion, Albae Vigiliae NF 12, Zürich 1952, S. 36f.

[74] Vgl. die oben S. 26, Anm. 10 an erster Stelle gegebenen Nachweise. — Zur Rolle des Erstgeborenen in Israel vgl. mit J. Scharbert, LThK² III, Sp. 1052f. z. B. Dtn 21,17; Gen 27,30ff.; 49,3;48; vgl. auch Ps 78,51; Sach 12,10, ferner Ex 4,22; Sir 36,14; Jer 31,9; Ps 89,28 und Hb 1,6; zur Sache auch M. Tsevat, Artikel »bekôr«, ThWAT I, Sp. 643ff. — Vgl. ferner A. v. d. Selms, Marriage and Family Life in Ugaritic Literature, POS 1, London 1954, S. 140f.; R. Levy, The Social Structure of Islam, Cambridge 1969², S. 91f.; A. Musil, The Manners and Customs of the Rwala Bedouins, New York 1928, S. 243.

[75] Les fêtes de printemps chez les Arabes, Revista do Museu Paulista N.S. IV, 1950, S. 419; ähnlich Anthropos 53, 1958, S. 757; vgl. auch R. Ryckmans, Les religions arabes préislamique, Bibliothèque du Muséon 26, Louvain 1952², S. 31ff. und Maria Höfner, Die vorislamischen Religionen Arabiens, RM 10,2, Stuttgart 1970, S. 333f.

[76] Vgl. J. Wellhausen, Reste arabischen Heidentums, Berlin 1961², S. 121 und jetzt Henninger, Fêtes de printemps, S. 412ff.

[77] Ist das ptr CTA 41,9 vom Kontext her kaum zu deuten, vgl. J. Gray, The Legacy of Canaan, SVT 5, Leiden 1957, S. 145, hat es Ugaritica V, Text 8,34 vermutlich eine

menschlichen, männlichen Erstgeburt eine sekundäre, rationalistische Erweiterung der von der alten Rite geforderten Darbringung der Erstlinge des Klein- (und sekundär des Rind-)viehs darstellt[78]. Bei der Erklärung der Bevorzugung der männlichen Tiere wird man vorsichtig sein müssen und die naheliegende soziologisch-ökonomische Deutung vielleicht doch zugunsten der Annahme zurückstellen, daß sich darin eine uralte männliche Schutzgottheit der Nomaden spiegelt[79].

Ohne uns auf die von Jörn Halbe gezogenen Konsequenzen einzulassen, meinen wir seiner Feststellung des gegenüber Ex 34,19f. jüngeren Alters von Ex 22,28f. unbedingt zustimmen zu müssen[80]. Die Verbindung einer vermutlich als pars pro toto gedachten Bestimmung über die Abgabe landwirtschaftlichen Ertrages in 22,28a mit der im Stil der Gottesrede gebildeten privilegrechtlichen Bestimmung über den Erstgeborenen in 28b; die auf dem Wege des Rückverweises erhobene Heischung der Erstgeburt von Rindern und Kleinvieh in 29a samt der

---

ähnliche Konnotation wie Ps 22,8, vgl. Chr. Virolleaud, ebenda, S. 578. — Zum Opfer in Ugarit vgl. auch die Texte Ug. V Nr. 9; 11; 12 und 13. — Zur Bedeutung des Esels bei den Kleinviehnomaden vgl. J. Henninger, Über Lebensraum und Lebensformen der Frühsemiten, AFLNW 151, Köln und Opladen 1968, S. 30ff. Zur kultischen Unreinheit des Esels bei Ägyptern, Kanaanäern und in Mesopotamien vgl. E. Nielsen, Ass and Ox in the Old Testament, Studia Orientalia J. Pedersen, Kopenhagen 1953, S. 268ff.; H. Bonnet, Reallexikon der ägyptischen Religionsgeschichte, Berlin und New York 1971², Sp. 171ff.; zur Rolle der Eseltötung in einem Fluchsetzungsritus in Mari vgl. zuletzt E. Kutsch, Verheißung und Gesetz, BZAW 131, Berlin und New York 1973, S. 12f. (ARM II,37,9ff.), zu einem weiteren Beleg aus Mari G. Dossin, Syria 19, 1938, S. 108 und Kutsch, S. 45, Anm. 28. Zu einer vermuteten entsprechenden Rolle in einem altsüdarabischen Bundesformular vgl. Maria Höfner, WZKM 54, 1957, S. 77ff. und besonders S. 82f. Zur Bedeutung des Esels in der griechisch-römischen Religion vgl. Will Richter, KP II, 1967, Sp. 370ff.

[78] Vgl. Eissfeldt, Molk, S. 52; ferner Pedersen, Israel III—IV, S. 318f.

[79] Vgl. einerseits Février, JA 1248, 1960, S. 176 und andererseits Blome, Opfermaterie, S. 155 und K. Latte, Römische Religionsgeschichte, HAW V, 4, München 1967², S. 210, nach denen in Babylonien wie bei den Römern männliche Gottheiten bevorzugt männliche und weibliche Gottheiten weibliche Tiere geopfert bekamen. Vgl. auch b. Pes. VIII, II.

[80] J. Halbe, Das Privilegrecht Jahwes Ex 34,10—26, FRLANT 114, Göttingen 1975, S. 444f. und S. 448f. Anders zuletzt F.-E. Wilms, Das jahwistische Bundesbuch in Exodus 34, StANT 32, München 1973, S. 164f. — Gegen den zuletzt von A. Jepsen, Untersuchungen zum Bundesbuch, BWANT 41, Stuttgart 1927, S. 11 und S. 50f. vorgetragenen Versuch, das ganze uns beschäftigende Problem von Ex 22,28b aus der Welt zu schaffen, vgl. H. Cazelles, Études sur le Code de l'Alliance, Paris 1946, S. 83b.

den Termin der Übereignung der Tiere festhaltenden Ergänzungsbestimmung in 29b läßt weder vom Inhalt noch der Art der Formulierung und Komposition einen Zweifel an dem m. E. literarisch späten Charakter des ganzen Abschnitts[81]. So besteht weder ein religions- noch ein literargeschichtlicher Grund, Ex 22,28b als Zeugen für ein vor- oder nach der Landnahme allgemein geübtes Erstgeborenenopfer in Anspruch zu nehmen. Hinter die Ex 34,19a[82], vgl. 13,2, als Gebot überlieferte und aus 13,12a als Rechtsgrundsatz auszuziehende[83] privilegrechtliche Bestimmung kommen wir nicht zurück. Dabei dürfen wir unterstellen, daß sie der Praxis der nomadischen Vorzeit Israels entspricht und notwendig und selbstredend den Menschen und den Esel ausschließt[84].

Hat Israel, wenn es die Erstlinge von Pflanze, Tier und Mensch seinem Gotte weihte, noch darum gewußt, daß um sie »das Geheimnis der Fruchtbarkeit sowohl in gesammelter Energie wie in der Potenz des fortsetzenden Fruchtbarseins« west[85] oder hätte es mit dem berühmten Diktum Rabbi Jochanan ben Zakkais in der Reinheitsfrage alle Begründungsversuche abwehrend geantwortet: »Der Heilige, gepriesen sei er, hat gesagt: Eine Satzung habe ich gegeben, einen Beschluß gefaßt; kein Mensch soll meinen Beschluß übertreten«[86]? Das נתן in Ex 22,28b scheint auf ein Verständnis der Erstlingsdarbringung als Gabe hinzuweisen; aber generalisieren dürfte man es im Blick auf die Primitialopfer

---

[81] Läßt man die Verwendung von נתן in der Priestersprache zur Bezeichnung von allerlei Manipulationen außer Betracht, vgl. z. B. Lev 2,1; 4,7 u. ö., fällt auf, daß das Verb im Kontext hier zu berücksichtigender Belege außer in den von uns als exilisch-nachexilisch beurteilten Stellen Lev 18,21; 20,4 nur im Zusammenhang von Ablösungsbestimmungen vorkommt, vgl. Lev 27,23; Num 3,48 und 5,7. So bleibt Ex 22,28b eigentümlich isoliert. Vielleicht ist es nicht zu kühn zu vermuten, daß Ex 22,28b bereits die von Num 3, 11ff. 40ff. vertretene Theorie im Auge hat.

[82] Vgl. zum literarischen Befund Halbe, S. 176ff.

[83] E. Otto, Das Bundes-Mazzotfest in Gilgal, Diss. Hamburg 1973, S. 302 sucht hinter Ex 13,12 und 34,19 eine beiden gemeinsame Überlieferung. Ob sich seine Zuweisung von Ex 13,3—16 S. 340ff. an den Jahwisten gegenüber der zuletzt von W. Fuß, Die deuteronomistische Pentateuchredaktion in Exodus 3—17, BZAW 126, Berlin und New York 1972, S. 289f. vertretenen Ansicht einer deuteronomistischen Bearbeitung durchzusetzen vermag, bleibt abzuwarten.

[84] Vgl. in diesem Sinne schon B. Stade, Biblische Theologie I, S. 170.

[85] C. H. Ratschow, Artikel »Erstlinge«, RGG³ II, 1958, Sp. 608.

[86] Bei A. Nissen, Gott und der Nächste im antiken Judentum, WUNT 15, 1974, S. 172.

nicht, zeigt doch Dtn 26,10, daß man Gott als den Geber der Gabe wußte, vgl. auch Ps 50,7ff. So möchte man, von Spr 3,8f. geleitet, auf Anerkennung des Gebers als primäres und Dankbarkeit als sekundäres Motiv plädieren, vgl. Ps 111,1 und 5[87]. Aber das כל־פטר־רחם לי von Ex 34,19a weist auf eine tiefere Schicht hin, in der die Erstlinge wesenhaft zu Jahwe gehören, ihre Heiligkeit als Grund der Primitialopfer erscheint[88]. In der späten Theorie lösen die Leviten als Diener im Heiligtum die Erstgeborenen des ganzen Volkes ab, vgl. Num 3,5ff. mit 10ff. und 40ff. In dieser Zusammengehörigkeit von Gottheit und Erstlingen klingt das altpflanzerzeitliche Mysterium der Zusammengehörigkeit von Gottheit und Leben, Gottestod und Leben nach, ein ursprüngliches Wissen darum, daß Leben nicht in sich selbst gründet und nur durch das Sterben anderen Lebens wach bleibt[89]. Daß der Mensch sich darein geben und schicken muß, wenn er Fülle erfahren will, klingt im Alten Testament nach, wenn es die pflichtgemäße Abgabe befiehlt, לְהָנִיחַ בְּרָכָה אֶל־בֵּיתֶךָ, Ez 44,30. Daß in diesem Geheimnis auch die Hingabe des Liebsten beschlossen ist, bezeugt auf seine urtümliche Weise das in Israel offenbar überaus selten geübte Knaben- und Kinderopfer. Dem Verfasser von Gen 22 war es nicht zweifelhaft, daß Gott es vom Menschen fordern könnte; wohl aber war er davon überzeugt, daß Gott es als des Menschen Tat nicht verlangt.

---

[87] Vgl. auch C. Westermann, Genesis, BK I, 1, Neukirchen 1974, S. 402.
[88] Vgl. Gray, Sacrifice, S. 34.
[89] Vgl. A. E. Jensen, Die getötete Gottheit, S. 125f. und S. 142ff. und nicht zuletzt C. H. Ratschow, Von der Religion in der Gegenwart, Kirche zwischen Planen und Hoffen 6, Kassel 1972, S. 14: »Das Leben nämlich, und das ist das eigentliche Wissen von Religion in den Religionen, das Leben bleibt nur durch das Sterben wach.«

Luthers Zwei-Reiche-Lehre in der deutschen Reformation

Gerhard Müller, Erlangen

8520 Erlangen, Sperlingstr. 59

Es ist das Recht des »schwerds ... von anfang der welt gewest. Denn da Kain seynen brůder Habel erschlůg, furcht er sich so fast, man wůrde yhn wider tödten, das auch Gott eyn besonders verpott draufflegt und das schwerd umb seynen willen auffhub, unnd niemandt sollt yhn tödten«[1]. Diese Worte Martin Luthers aus seiner Schrift 'Von weltlicher Obrigkeit' aus dem Jahr 1523 machen klar, daß Strafe und Vergeltung, Ahndung oder Gnadenerlaß nicht immer so geregelt waren, wie dies der moderne Verwaltungs- und Polizeistaat uns glauben lassen könnte. Einerseits herrschte das Gesetz von Auge um Auge und Zahn um Zahn, andererseits gab es aber auch kultische Zufluchtsstätten, die 'das Recht des Schwertes' begrenzten oder aufhoben. In der Erzählung von Kain und Abel wird durch die Schaffung des Kainszeichens auf die Begrenzung des Schwertrechtes hingewiesen. Verbreiteter jedoch war der Versuch, sich selber mit Gewalt sein Recht zu suchen. Das gilt noch für das späte Mittelalter.

Erst im Jahr 1486 war die Fehde verboten worden[2]. Damit hörte der Privatkrieg zur Durchsetzung persönlicher Rechtsansprüche auf. Wer jetzt sein Recht suchte, mußte sich an die Gerichte halten. Bedenkt man aber, welche Unsicherheit im gerichtlichen Verfahrensrecht damals vorhanden war[3], dann ist es verständlich, daß das Verbot der Fehde

---

[1] Weimarer Ausgabe (= WA), Bd. 11, S. 247, 31—248, 3.

[2] Fritz Hartung, Die Reichsreform von 1485 bis 1495. Ihr Verlauf und ihr Wesen, in: Historische Vierteljahrschrift, 16. Jahrgang, 1913, S. 27—30.

[3] Ingeborg Most, Schiedsgericht, Rechtlicheres Rechtgebot, Ordentliches Gericht, Kammergericht. Zur Technik fürstlicher Politik im 15. Jahrhundert, in: Aus Reichstagen des 15. und 16. Jahrhunderts. Festgabe (Schriftenreihe der Historischen Kommission bei der Bayerischen Akademie der Wissenschaften, Schrift 5), Göttingen 1958, S. 118f.

und die Errichtung des Landfriedens auf zehn Jahre begrenzt sein sollten. Weder die einzelnen Stände noch die einzelnen Personen waren sich sicher, wie sie ihre Ansprüche ohne das Fehderecht durchsetzen konnten. Aber dann wagte man doch nicht mehr, zum Faustrecht zurückzukehren. Es hatte sich nämlich inzwischen als positiv erwiesen, nicht durch Fehden behelligt werden zu können. Deswegen war es folgerichtig, daß man die Dekade nicht verstreichen ließ, ohne einen zeitlich unbegrenzten Landfrieden auszurufen. So geschehen im Jahr 1495[4], an der Schwelle zum 16. Jahrhundert. Erst von nun an hörte in Deutschland das Fehdewesen endgültig auf, eine legitime Form der Auseinandersetzung zu sein, die doch immer nur das Recht des Stärkeren zum Ausdruck hatte bringen können. Trotz mancher Rückfälle erwies sich der ewige Landfriede als ein wertvolles Rechtsgut[5], das man je länger desto weniger missen wollte.

Von diesem Hintergrund her müssen wir uns Gedanken machen über Luthers Aussagen von Staat und Kirche, vom Schwert, das der Obrigkeit gegeben ist, und von Ordnung und Friede, die der Staat im Auftrag Gottes herzustellen und zu bewahren hat. Handelt es sich hier doch um Rechtsgüter, die erst seit wenigen Jahrzehnten vorhanden waren. Was manchem aus heutiger Sicht negativ erscheinen mag, war für die Menschen des 16. Jahrhunderts eine Befreiung aus Unsicherheit und ein Fortschritt auf dem Weg zu einem freieren Leben. Aber vielleicht ist nicht einmal die Legitimation der Gewalt, die der Wittenberger Reformator dem Staat zuspricht, heute das Anstößigste. Viel ärgerlicher kann sein, daß er der Obrigkeit im landesherrlichen Kirchenregiment de facto die Macht auch in der Kirche eingeräumt hat. Dem sollte gerade die Zwei-Reiche-Lehre einen Riegel vorschieben. Es wird aber zu fragen sein, ob diese Theorie wirklich Praxis geworden ist. Wir werden dabei so vorgehen, daß Luthers Lehre nicht im ganzen analysiert wird — an Darstellungen derselben mangelt es bekanntlich nicht — und daß

---

[4] Der Text des Landfriedens bei Karl Zeumer, Quellensammlung zur Geschichte der Deutschen Reichsverfassung in Mittelalter und Neuzeit, 2. Teil (Quellensammlungen zum Staats-, Verwaltungs- und Völkerrecht, 2. Bd.), Leipzig 1904, S. 225—228.

[5] Willy Andreas, Deutschland vor der Reformation. Eine Zeitenwende. 6. Aufl. Stuttgart 1959, S. 216. Daß Luther mithalf, das Fehdezeitalter zu überwinden, betont auch Gottfried Maron, »Niemand soll sein eigener Richter sein.« Eine Bemerkung zu Luthers Haltung im Bauernkrieg, in: Luther. Zeitschrift der Luther-Gesellschaft 46. Jg., 1975, S. 69.

auch nicht die unterschiedlichen Deutungsversuche erörtert werden. Vielmehr gehen wir von einigen Äußerungen des Reformators aus und untersuchen, ob sie oder andere Anschauungen sich in der deutschen Reformation durchgesetzt haben.

1. LUTHERS ANFORDERUNGEN AN DEN ADEL 1520

Als sich von 1519 an abzeichnet, daß die Bischöfe und Prälaten nicht willens sind, Mißstände in der Kirche zu beseitigen, die Luther angeprangert hatte und deren Ausmerzung viele fordern, deutet er im Sermon von den guten Werken im Jahr 1520 an, daß diese Aufgabe vom Adel angegangen werden könne[6]. Luther erwartet nämlich auch nicht viel von einem Konzil und meint, daß Könige, Fürsten, Adel, Städte und Gemeinden selber die Initiative ergreifen sollen. Er glaubt, daß sich die Bischöfe und Geistlichen fürchten und daß sie bei einer Reform schon mitmachen werden, wenn der Adel, die Räte der freien Reichsstädte und auch die Gemeinden die Abstellung von Mißständen in der Kirche selber in die Hand nehmen[7]. Der Gedanke, daß weltliche Amtsträger etwas innerhalb der Kirche tun dürfen, ist von mittelalterlichen Anschauungen her gut verständlich. Hatte man sich doch z. B. im späteren Mittelalter gefragt, was geschähe, wenn die Kirche selber nicht fähig sei, Irrlehren abzustellen. Wenn etwa ein Papst seine Pflicht verletzt und ein notwendiges Konzil nicht einberuft, dann geht das Recht hierfür nach Meinung vieler Juristen auf den Kaiser über[8]. Der Zusammenhang des corpus ecclesiae fordert dann vom Kaiser als dessen advocatus und erstem Sohn sein persönliches Eingreifen. Auf diesem Hintergrund läßt sich die Anregung Luthers, daß die deutschen Fürsten und Stände die Reform der Kirche zu ihrer eigenen Sache machen sollen, als ganz sinnvoll ansehen. Man wird daraus nicht ohne weiteres folgern können, daß »die Obrigkeit als solche eine kirchliche Funktion auszuüben vermag«[9]. Aber es wird doch zu fragen sein, ob das Neben-

---

[6] WA 6, 258, 5—11; vgl. Karl Müller, Kirche, Gemeinde und Obrigkeit nach Luther, Tübingen 1910, S. 13, und Karl Holl, Gesammelte Aufsätze zur Kirchengeschichte Bd. 1, 2. und 3. Aufl. Tübingen 1923, S. 326, Anm. 3.

[7] WA 6, 258, 24—27.

[8] Gerhard Müller, Zur Vorgeschichte des Tridentinums. Karl V. und das Konzil während des Pontifikates Clemens' VII., in: Zeitschrift für Kirchengeschichte Bd. 74, 1963, S. 87f.

[9] Heinrich Bornkamm, Luthers geistige Welt, 2. Aufl. Gütersloh 1953, S. 279. Ganz scharf wurde der Gedanke, daß Luther noch von einem corpus christianum ausgehe, abgelehnt

einander von Staat und Kirche stets gewahrt bleiben kann, wenn am Anfang des Weges die Stände um hilfreiche Maßnahmen in den Gemeinden gebeten werden.

Bereits in der Schrift an den christlichen Adel aus demselben Jahr entwickelt der Wittenberger Exeget sein Reformprogramm, das er den deutschen Adligen als ihre Aufgabe anvertraut. Karl Holl hat zwischen den Angelegenheiten, die die Fürsten als Fürsten übernehmen, und jenen, die sie als Christenmenschen anpacken, streng unterschieden[10]. Es ist zuzugeben, daß Luther auch in diesem Werk zwischen weltlichen und geistlichen Aufgaben differenziert. Aber die Akzente werden doch wohl anders gesetzt werden müssen, als Holl dies getan hat. Die Grundlage, von der Luther ausgeht, ist ja die, daß er sich an den *christlichen* Adel wendet. Er spricht vom Priestertum aller Getauften, das die höchste Würde aller Christenmenschen bildet und das auch den deutschen Fürsten eignet. Außerdem liegt ein Notfall vor. Da die geistlichen Prälaten versagen, sollen die weltlichen Herrscher eingreifen. Sie sollen nicht nur Räuberei und Dieberei beseitigen, sondern auch ein Konzil einberufen, das die Reform der Kirche durchführt. Dabei macht sich der Wittenberger keine Illusionen: Es gibt nur wenige wahre Christen unter den Fürsten[11]. Wenn er sie trotzdem auffordert, in ihrer Eigenschaft als Obrigkeiten zu handeln, dann deswegen, weil er ihnen ihre Verantwortung und auch ihre Möglichkeiten klarmachen will. Angesichts der Tatsache, daß der Adel bereits im späteren Mittelalter in das Leben der Kirche eingegriffen hatte[12], konnte Luther annehmen, daß die Fürsten ihre Chancen erkennen und — mochten sie dabei auch

---

von Johannes Heckel, Lex charitatis. Eine juristische Untersuchung über das Recht in der Theologie Martin Luthers (Abhandlungen der Bayerischen Akademie der Wissenschaften, Phil.-hist. Klasse, Neue Folge, Heft 36), München 1953, S. 167—180. Anders dagegen Franz Lau, Die lutherische Lehre von den beiden Reichen, in: Luther und die Obrigkeit, hg. von Gunther Wolf (Wege der Forschung, Bd. 85), Darmstadt 1972, S. 372.

[10] Holl, S. 327—329.

[11] WA 6, 468, 25—27 und WA 11, 267, 30—268, 5; vgl. auch a. a. O., S. 257, 35—258, 3.

[12] Vgl. Justus Hashagen, Staat und Kirche vor der Reformation. Eine Untersuchung der vorreformatorischen Bedeutung des Laieneinflusses in der Kirche, Essen 1931; Fritz Hartung, Deutsche Verfassungsgeschichte vom 15. Jahrhundert bis zur Gegenwart, 8. Aufl., Stuttgart 1950, S. 69f., und Walter Heinemeyer, Territorium und Kirche in Hessen vor der Reformation, in: Hessisches Jahrbuch für Landesgeschichte, Bd. 6, 1956, S. 138—163.

nicht immer uneigennützig handeln — zum Wohl der Christenheit aktiv werden.

Der Anlaß für die Schrift an den Adel ist ein aktueller. Luther entwickelt keine Lehre, über deren Richtigkeit man diskutieren soll, sondern er fordert den Adressaten zum Handeln auf. Seine Äußerungen haben ein praktisches Ziel. Sie sind Aufruf und Bitte. Den Hintergrund bildet die Tatsache, daß alle deutschen Fürsten als Glieder des corpus universitatis fidelium angesprochen werden können, von dem die mittelalterlichen Kanonisten geredet hatten. Von einem Gottes- und einem Satansreich, von einer Trennung zwischen weltlicher und geistlicher Gewalt ist hier nicht die Rede. Zwar wird auch hier betont, daß die Fürsten nur wegen der besonderen Erfordernisse in das Leben der Kirche eingreifen sollen, aber daß sie es als Christen überhaupt können und dürfen, das sollte sich als eine folgenschwere Entscheidung erweisen.

2. DIE GEHORSAMSGRENZE GEGENÜBER DER OBRIGKEIT

Bereits 1523 muß Luther das Büchlein »Von welltlicher Uberkeytt, wie weyt man yhr gehorsam schuldig sey«[13] schreiben. Wie dem Titel zu entnehmen ist, den man häufig nur unvollständig zitiert, soll hier die Grenze aufgezeigt werden, die ein Christ gegenüber dem Staat einzuhalten hat. In dieser Schrift hat Luther seine Zwei-Reiche-Lehre in ihrer klarsten Form entwickelt[14]. Sie liefert ihm die Grundlage für die Gehorsamsgrenze des Christen gegenüber der Obrigkeit. Ohne uns in den Irrgarten der Interpretationen der Zwei-Reiche-Lehre zu verlieren, kann doch soviel gesagt werden, daß es das Reich Gottes gibt, zu dem die Christen gehören, die weder Schwert noch Recht brauchen, und daß es das Reich der Welt gibt, in dem das Gesetz regiert und in dem alle Nichtchristen leben. Auch das Reich der Welt geht auf Gott

---

[13] Gedruckt WA 11, 245 ff.
[14] Vgl. Reich Gottes und Welt. Die Lehre Luthers von den zwei Reichen, hg. von Heinz-Horst Schrey (Wege der Forschung, Bd. 107), Darmstadt 1969; Luther und die Obrigkeit (vgl. Anm. 9), Ulrich Duchrow, Christenheit und Weltverantwortung. Traditionsgeschichte und systematische Struktur der Zweireichelehre (Forschungen und Berichte der Evangelischen Studiengemeinschaft, Bd. 25), Stuttgart 1970, und: Die Vorstellung von Zwei Reichen und Regimenten bis Luther, hg. von Ulrich Duchrow und Heiner Hoffmann (Texte zur Kirchen- und Theologiegeschichte, Heft 17), Gütersloh 1972.

zurück. Er hat es geschaffen, um der Bosheit der Menschen zu wehren. Sie müssen nun äußerlichen Frieden halten — oder entsprechender Strafen gewärtig sein[15].

Bekanntlich scheidet Luther beide Reiche. Man darf sie nicht vermischen, denn sie haben unterschiedliche Aufgaben. Aber sie bestehen nebeneinander und sind einander zugeordnet, solange Menschen leben[16]. Denn auch die Christen können nicht ohne Gesetz leben. Ja, sie sollen sogar besonders aktiv sein im Reich der Welt, weil niemand besser mit Schwert und Gewalt umgehen kann als ein Christ. Darum sollen Stand und Beruf der Obrigkeit nicht geringer eingeschätzt werden als andere Stände und Berufe, die Gott ebenfalls eingesetzt hat[17]. Die Grenze des Gehorsams liegt nun dort, wo der Staat in den Bereich der Kirche, in Evangelium und Seligkeit eingreifen will. Befaßt sich der Staat mit den »Seelen«, dann überschreitet er den ihm von Gott gesetzten Auftrag. Dies wird auch nicht dadurch legitim, daß sich Papst und Bischöfe bisher nicht um ihre geistlichen Aufgaben kümmerten, sondern sich ihrerseits in *weltliche* Belange einmischten[18]. Luther ruft den Fürsten zu: »Man wirt nicht, man kan nicht, man will nicht ewer tyranney und mutwillen die lenge leyden. Lieben fursten und herrn, da wisset euch nach zů richten, Gott wills nicht lenger haben ... Lasst Gottis wort seynen gang haben, den es doch will, muß und soll und yhrs nicht weren werdet«[19].

Sagt Luther hier etwas anderes als 1520? Sollten die Erfahrungen des Wormser Reichstages von 1521[20] ihn veranlaßt haben, die Fürsten aus dem Bereich der Kirche auszuschalten, um den sie sich nach seinen früheren Äußerungen doch gerade kümmern sollten? Luther sagt in beiden Schriften, daß auch die Obrigkeit mit Gott zu tun hat, daß sie auf ihn zurückgeht. Und die Erfahrungen von Worms bestanden ja nicht nur in der Ablehnung der Reformation durch Kaiser Karl V. und andere Fürsten, sondern auch in dem Schutz, den sein eigener Landesherr ihm als Gebannten und Geächteten zuteil werden ließ. Man wird

---

[15] WA 11, 247,21—251,31.
[16] WA 11, 252,12—23.
[17] WA 11, 257,29—258,11.
[18] WA 11, 265,4—27.
[19] Vgl. WA 11, 270,20—27.
[20] Vgl. zuletzt: Der Reichstag zu Worms von 1521. Reichspolitik und Luthersache, hg. von Fritz Reuter, Worms 1971.

sich also die Deutung nicht zu leicht machen dürfen. Es gibt auch noch eine weitere Verbindungslinie zwischen den Aussagen von 1520 und 1523. In beiden Dokumenten mahnt Luther die Fürsten, nichts gegen das Evangelium zu unternehmen. 1520 ist er der Meinung, daß sie gegen Gottes Wort handeln, wenn sie offenbare Mißstände nicht abstellen. 1523 dagegen fordert er sie auf, die Verkündigung der rechten Lehre nicht zu unterdrücken. Hätten die Fürsten 1520 durch aktive Eingriffe in das Leben der Kirche die Mißstände vermehrt, dann hätte er ihnen schon damals entgegentreten müssen. Auch 1523 spricht Luther de facto Christen an, die als Fürsten eine besonders hervorgehobene Stellung einnehmen. Jetzt wie vorher geht es ihm darum, daß sie nichts gegen Gott tun dürfen. Was gegen Gott sei, daran scheiden sich allerdings die Geister[21]. Daß die Blickrichtung 1520 eine andere ist als 1523, ist offensichtlich. Aber jedes Mal möchte Luther den Fürsten ihre Verantwortung deutlich machen. Seine Zwei-Reiche-Lehre war geeignet, die Grenzen von Staat und Kirche aufzuzeigen, um die es 1523 ging, und dem Staat eigene Verantwortung, losgelöst von kirchlicher Bevormundung, aufzutragen[22]. Der Gedanke vom corpus christianum dagegen, von dem Luther 1520 ausgegangen war, brachte mehr die bestehende Verbindung beider Gebiete zum Ausdruck. Diese Vorstellung sollte sich neben der Zwei-Reiche-Lehre durchhalten und sogar noch an Gewicht gewinnen.

3. LUTHERS DREI-STÄNDE-LEHRE UND DIE EINFÜHRUNG DER REFORMATION

Nachdem die Reformation nicht nur durch die Bischöfe abgelehnt worden war, sondern auch Kaiser Karl V. Luther und seine Anhänger geächtet hatte, waren es faktisch die politischen Instanzen, die durch den Nichtvollzug der Acht das Weiterbestehen der evangelischen Bewegung und ihre Ausbreitung ermöglichten. Als sie sich sogar aktiv für die Annahme der Reformation einsetzten, wurde ihr Gewicht für

---

[21] Aktueller Anlaß, über die Grenze des Rechtes der Obrigkeit 1523 zu schreiben, war für Luther die Tatsache, »daß im Herzogtum Sachsen und anderen Territorien seine Übersetzung des Neuen Testaments verboten und ihre Auslieferung verlangt wurde« (Heinrich Bornkamm, Luthers Lehre von den zwei Reichen im Zusammenhang seiner Theologie, in: Reich Gottes und Welt, S. 168).

[22] a. a. O. S. 171f.

das Geschehen innerhalb der Kirche noch größer. Luther hat sich dem nicht widersetzt. Er hat vielmehr sogar seinen Landesherrn um die Ernennung von Visitatoren gebeten, die nicht nur die weltliche Seite in den Pfarreien in Augenschein nehmen sollten, sondern auch die theologische Verkündigung[23]. Ist es hier nicht zu einer Vermischung der beiden Reiche gekommen? Man hat das bestritten[24]. Aber viel wichtiger wäre es gewesen zu sehen, daß von der Mitte der zwanziger Jahre an andere Vorstellungen von Luther vertreten werden, in denen er von mehreren Regimenten, Ständen oder Hierarchien spricht[25]. Teilweise handelt es sich um gelegentliche Äußerungen, aus denen deutlich wird, daß der Wittenberger Professor sich mit dem bisher über die beiden Reiche Geäußerten nicht zufrieden gibt, sondern noch weitere Erläuterungsmöglichkeiten für das Miteinander von Kirche und Welt entwickelt[26]. Eine dieser Vorstellungen aber wird häufig wiederholt. Es ist die von den drei Ständen oder Hierarchien. Luther versteht darunter den Stand der Ökonomie, nämlich Familie und Beruf, der Politik und der Kirche. Alle diese drei Ordnungen sind »Stiftungen Gottes«. Sie »repräsentieren ... das ewig gültige Naturrecht«[27]. In allen diesen drei Ständen wirkt Gott allein[28]. Dadurch ist nach Luthers Meinung »jeder Stand ... unmittelbar zu Gott«[29]. Keiner darf den anderen unterjochen, weder der Staat Familie und Kirche, noch die Kirche Staat und Familie. Sie haben zwar eine unterschiedliche Fülle der Macht — am geringsten ist die der Familie —, aber deswegen keinen unterschiedlichen Wert. Es kommt ihnen auch »keine Heilsbedeutung

---

[23] Holl, S. 366.
[24] Vgl. Holl, S. 369.
[25] Ernst Wolf hat darauf hingewiesen, daß Luther schon 1519 von drei Ständen gesprochen hat: Im Sermon von dem Sakrament der Taufe, WA 2, 734,24—27 (Politia Christi. Das Problem der Sozialethik im Luthertum, in: Ernst Wolf, Peregrinatio. Studien zur reformatorischen Theologie und zum Kirchenproblem, München 1954, S. 232). Diese Gedanken über den ehelichen, den geistlichen und den regierenden Stand werden aber erst von der Mitte der zwanziger Jahre an weiterentwickelt und gewinnen Gewicht.
[26] So spricht Luther z. B. 1527 von drei Regimenten Gottes, vgl. WA 23, 513, 36ff.; auch abgedruckt in: Die Vorstellung von den Zwei Reichen S. 112f.; vgl. auch Lau, Die lutherische Lehre, in: Luther und die Obrigkeit, S. 373.
[27] Wilhelm Maurer, Luthers Lehre von den drei Hierarchien und ihr mittelalterlicher Hintergrund (Bayerische Akademie der Wissenschaften, Phil.-hist. Kl., Sitzungsberichte Jg. 1970, Heft 4), München 1970, S. 26.
[28] a. a. O., S. 33.
[29] a. a. O., S. 36.

zu ... Sie dienen ausschließlich dazu, die Welt zu heiligen und zu ordnen, so daß sich in ihr Christi Heil verwirklichen kann«[30]. Aber diese Aufgabe ist so groß, daß jedermann ihr an seiner Stelle gewissenhaft nachzukommen hat.

Man wird festhalten müssen, daß hier entscheidende Erkenntnisse der Zwei-Reiche-Lehre aufgenommen worden sind. So werden z. B. die unterschiedlichen Aufgaben der Stände betont. Aber schon durch die Tatsache, daß nun eine Drei- oder Mehr-Stände-Lehre entwickelt wird, wird die Polarisierung von Staat und Kirche relativiert, die durch die Zwei-Reiche-Lehre provoziert worden war. Um so stärker tritt dagegen die Herrschaft Gottes über alle Ordnungen hervor. Man kann ihm in den verschiedenen Ständen dienen, wo immer er einen hinstellt. Manche Landesfürsten ließen sich nur zu gerne in die Rolle eines Notbischofs drängen, konnten die Notwendigkeiten moderner Verwaltung doch leichter in Angriff genommen werden, wenn man sich auf den kirchlichen Apparat zu stützen vermochte. Luther hat aber keine andere Möglichkeit gesehen als diese, die Konsolidierung der Reformation mit Hilfe christlicher Fürsten und Obrigkeiten zu erreichen[31]. Es sollte nicht lange dauern, bis diese sich wehrten, ihre neuen Rechte den Bischöfen wieder zurückzugeben. Als in Augsburg 1530 diskutiert wurde, ob die bischöfliche Jurisdiktion in den Gebieten der Protestanten wiederhergestellt werden solle, waren es besonders die Reichsstädte, die sich heftig gegen solche Bestrebungen zur Wehr setzten[32]. Die Einführung der Reformation ist also alles andere als ein Paradebeispiel für eine Anwendung der Zwei-Reiche-Lehre. Auch die Unterscheidung zwischen Person und Amt, Christperson und Weltperson[33] war zu diffizil für eine Zeit, die von dem Bild einer kirchlich einheitlichen Welt

---

[30] a. a. O., S. 41 f.
[31] Holl, S. 366 f.; vgl. auch Hans-Walter Krumwiede, Zur Entstehung des landesherrlichen Kirchenregimentes in Kursachsen und Braunschweig-Wolfenbüttel (Studien zur Kirchengeschichte Niedersachsens, Bd. 16), Göttingen 1967.
[32] Johannes von Walter, Der Reichstag zu Augsburg 1530, in: Luther-Jahrbuch 12, 1930, S. 80 f. Melanchthon dagegen hielt die bischöfliche Jurisdiktion für ein »politisch Ding« und war bereit, sie anzuerkennen, vgl. Gerhard Müller, Die römische Kurie und die Reformation 1523—1534. Kirche und Politik während des Pontifikates Clemens' VII. (Quellen und Forschungen zur Reformationsgeschichte, Bd. 38), Gütersloh 1969, S. 103.
[33] Walther von Loewenich, Luthers Stellung zur Obrigkeit, in: Luther und die Obrigkeit S. 437 f., und Duchrow, S. 536 ff.

ausging — darin wirkte die mittelalterliche, christliche Einheitskultur noch allzu deutlich nach. Der Gedanke, daß die gesamte Gesellschaft aus mehreren Ständen besteht, denen Gott spezifische Aufgaben zugewiesen hat, konnte sehr viel leichter zur Begründung in Staaten dienen, die das Christentum als religiöse Grundlage für alle Bürger voraussetzten, als die Zwei-Reiche-Lehre, die die unterschiedlichen Kompetenzen herausstellte.

Wir werden aber noch ein weiteres Moment im Auge behalten müssen, das geeignet war, einer strengen Anwendung der Zwei-Reiche-Lehre zu widerlaufen. Fragt man sich, was für ein Dokument die wichtigste protestantische Bekenntnisschrift, die Augsburgische Konfession, gewesen ist, dann fällt die Beantwortung nicht leicht. Sie war ein theologisches und ein kirchliches Dokument, weil sie als theologisches Bekenntnis formuliert war und weil sie sich kirchenbildend auswirkte. Sie war zugleich aber auch von großer politischer Bedeutung, weil sie auf einem Reichstag vor Kaiser und Ständen verlesen wurde. Unterschrieben wurde die Confessio Augustana bekanntlich von Obrigkeiten, von Fürsten und Räten von freien Reichsstädten, nicht aber von Theologen! Was 1521 in Worms begonnen hatte, die Beschäftigung der politischen Stände mit der Luther-Sache, das führte 1530 zu einem eigenen Bekenntnis der wichtigsten protestantischen Obrigkeiten. Wieder verschaffte sich die Verbindung von Staat und Kirche einen deutlichen Ausdruck, die zu einer Vermischung der beiden Reiche im Sinne von Luthers Lehre führen konnte. Man muß aber zugeben, daß sich die Unterzeichner dieses Bekenntnisses in erhebliche Gefahren begaben. Zwar behaupteten sie, »katholisch« zu lehren. Aber das Urteil der Kirche über Luthers Katholizität war durch den Bann, der über ihn und seine Anhänger ausgesprochen worden war, längst gefällt worden. Konnte nicht Rechenschaft von ihnen gefordert werden, weil sie als seine Anhänger de iure in Bann und Acht waren? Daß dies keine müßige Spekulation ist, geht aus der Erneuerung des Wormser Ediktes im Augsburger Reichstagsabschied von 1530 hervor[34]. Die Fürsten und Räte, die sich persönlich so stark exponiert hatten, mußten damit rechnen, dafür an Leib, Ehre und Gut gestraft zu werden[35]. Konnte man es

---

[34] Müller, Die römische Kurie, S. 134.
[35] Diese Frage wurde bei den Vorbereitungen zur Wahl Ferdinands als römischer König akut: Sollte Kurfürst Johann von Sachsen als notorischer Ketzer von der Wahl ausge-

ihnen verdenken, wenn sie nicht nur auf dem Reichstag die Fragen der Kirche zu ihrer eigenen Sache machten?

Aber zu den handelnden Personen gehörten nicht nur die Obrigkeiten, sondern auch die Theologen. Besonders Luther hat einen erheblichen Einfluß besessen. Kein geringerer als Philipp von Hessen schickte ihm die erste Kirchenordnung seines Landes zu und bat um seine Stellungnahme. Als sie negativ ausfiel, ließ der hessische Landgraf die Vorlage seiner Beamten und Ratgeber fallen — Luthers Urteil war ihm wichtiger als das seiner eigenen Untergebenen[36]. Besonders in Kursachsen hat Luther großen Einfluß besessen[37]. Kurfürst Johann hörte auf seinen Rat und machte bei der Gründung des Schmalkaldischen Bundes erst mit, als der Wittenberger Theologe seine Bedenken aufgegeben hatte[38]. Kurfürst Johann Friedrich hat noch mehr als sein Vater Luthers Meinung berücksichtigt. Zum Beispiel war es dem Einspruch des Wittenbergers zu verdanken, daß »das 1539 eingesetzte« kursächsische Konsistorium keine »landesherrliche Behörde«, sondern »ein reines Ehegericht wurde«, das lediglich die Lücke zu füllen hatte, »die durch den Wegfall des kanonischen Eherechtes« entstanden war[39]. Auf weitere Vorgänge dieser Art soll hier nicht hingewiesen werden. Aber sie sind für das Geschick der Zwei-Reiche-Lehre wichtig. Sie zeigen

---

schlossen und seine Stimme auf einen katholischen Fürsten übertragen werden oder sollte der Papst ihn als stimmberechtigt anerkennen? Vgl. Eduard Wilhelm Mayer, Forschungen zur Politik Karls V. während des Augsburger Reichstages von 1530, in: Archiv für Reformationsgeschichte, Bd. 13, 1916, S. 124 ff., und Nuntiaturberichte aus Deutschland, 1. Abt., 1. Ergänzungsband 1530—1531, bearbeitet von Gerhard Müller, Tübingen 1963, S. 153 f., 162 und 174.

[36] Gerhard Müller, Franz Lambert von Avignon und die Reformation in Hessen (Veröffentlichungen der Historischen Kommission für Hessen und Waldeck 24, 4), Marburg 1958, S. 46.

[37] Wilhelm Maurer, Die Entstehung des Landeskirchentums in der Reformation, in: Staat und Kirche im Wandel der Jahrhunderte, hg. von Walther Peter Fuchs, Stuttgart 1966, S. 74 f.

[38] Ekkehart Fabian, Die Entstehung des Schmalkaldischen Bundes und seiner Verfassung 1524/29—1531/35. Brück, Philipp von Hessen und Jakob Sturm, 2. Aufl. (Schriften zur Kirchen- und Rechtsgeschichte, Heft 1), Tübingen 1962, S. 118—124.

[39] Heinrich Bornkamm, Das Ringen der Motive in den Anfängen der reformatorischen Kirchenverfassung, in: Heinrich Bornkamm, Das Jahrhundert der Reformation. Gestalten und Kräfte, Göttingen 1961, S. 207 f.; vgl. auch Karl Müller, Die Anfänge der Konsistorialverfassung im lutherischen Deutschland, in: Historische Zeitschrift, 102. Band, 1909, S. 1—30, und Holl, S. 377.

nämlich, daß über und neben allen Theorien das Gewicht von Individuen von erheblicher Bedeutung bleibt. Die persönliche Beteiligung der Theologen und Politiker bei der Ein- und Durchführung der Reformation konnte Regulative wie die Zwei-Reiche-Lehre zurückdrängen. Das ist faktisch an vielen Stellen geschehen.

4. ERASMUS UND DER STAAT

Es kommen aber noch weitere Elemente hinzu, die diesen Vorgang beschleunigen. In der Diskussion um das Problem von Staat und Kirche melden sich nämlich nicht nur die reformatorischen Theologen zu Wort. Vor allem tragen auch die Humanisten ihre Meinung vor, die sich besonders bei den Gebildeten und den gelehrten Räten auswirkt. Hier soll nur von Erasmus die Rede sein, dessen Äußerungen besondere Aufmerksamkeit fanden. Er hatte bereits 1516 seine Ansicht über die Verantwortung christlicher Fürsten für die Kirche vorgetragen[40]. Wie die mittelalterlichen Scholastiker so möchte auch er eine Synthese von Kultur und Christentum, von Philosophie und Theologie, von Staat und Kirche erreichen. Während im hohen Mittelalter aber der Vorrang der Seele vor dem Körper und des ewigen Heils vor dem zeitlichen Heil die Überordnung der Kirche über den Staat und der Offenbarung über die Vernunft zur Folge haben sollte, entwickelt Erasmus eine christliche Philosophie, in der natürliche und christliche Sittlichkeit identisch sind[41]. Kirche und Staat haben die Aufgabe, zur Erziehung des Menschengeschlechtes beizutragen und sich dabei gegenseitig zu unterstützen. Sie arbeiten mit verschiedenen Erziehungsmitteln, und es »ist nur eine Frage der Zweckmäßigkeit, welches Mittel am wirksamsten ist«. Die Entscheidung darüber wird dem Staat anvertraut, denn seine Erziehungsaufgabe ist die umfassendere. Diejenige der Kirche hat sich nicht nur ein-, sondern auch unterzuordnen. Die Kirche geht letztlich in diesem christlichen Staat völlig unter[42]. Die mittelalterlichen Vorstel-

---

[40] In seiner Schrift »Institutio Principis Christiani«, gedruckt in: Desiderii Erasmi Roterodami Opera omnia, hg. von Johannes Clericus, Bd. 4, Nachdruck Hildesheim 1962, Sp. 561 ff. bzw. Opera omnia Desiderii Erasmi Roterodami, Bd. IV, 1, Amsterdam 1974, S. 95 ff., bearbeitet von Otto Herding.

[41] Wilhelm Maurer, Das Verhältnis des Staates zur Kirche nach humanistischer Anschauung, vornehmlich bei Erasmus (Aus der Welt der Religion, Heft 14), Gießen 1930, S. 20.

[42] a. a. O., S. 25.

lungen werden hier also mit umgekehrtem Vorzeichen vertreten. Nicht mehr die Kirche, sondern der Staat hat die letzte Entscheidung. Offenbar traut Erasmus den Fürsten seiner Zeit die Wahrnehmung solch hoher Aufgaben zu. Es ist bezeichnend, daß er diese Verantwortung auf Personen lädt[43] und sie nicht etwa durch Systeme und Strukturen sichern will. Der Fürst hat die Aufgabe, sich so zu verhalten, daß eine wahrhaft christliche und gebildete Menschheit geschaffen wird.

Diese Gedanken konnten humanistischen Räten nur einleuchten. Dem Herrscher war zu empfehlen, lenkend in das Gesamtgeschehen einzugreifen, auch in das der Kirche. Und gerade in den protestantischen Gebieten brachten die Vielfalt der Meinungen der Theologen, ihre Streitigkeiten und ihre Führungslosigkeit nach Luthers Tod es mit sich, daß Fürsten, die ihre Verantwortung als Christen wahrnehmen wollten, sich gezwungen sahen, auch in das innerkirchliche Leben einzugreifen und es möglicherweise zu lenken. Die Konsistorien blieben nicht Ehegerichte, sondern wurden zu jenen landesherrlichen Behörden, die Luther abgelehnt hatte[44]. Es wäre falsch, wollte man diese Entwicklung allein auf humanistisches Gedankengut zurückführen. Wir haben bereits Äußerungen Luthers zur Kenntnis genommen, die es den Behörden legitim erscheinen lassen konnten, die durch die Zwei-Reiche-Lehre aufgezeigten Grenzen zu relativieren oder zu übertreten. Wir werden aber fragen müssen, ob diese Entwicklung nicht auch von anderen Faktoren begünstigt worden ist. Man wird dabei vor allem an den Einfluß von Luthers Mitarbeitern zu denken haben.

5. MELANCHTHON UND DIE OBRIGKEIT

Luthers wichtigster Kollege in Wittenberg, Philipp Melanchthon, hat in einer eigenen Schrift aus dem Jahr 1539 den Fürsten vorgehalten, Gott habe ihnen die Pflicht auferlegt, kirchliche Mißstände zu beseitigen. Wie Luther so hat auch Melanchthon den aktuellen Anlaß betont, der diese Pflicht der Obrigkeit besonders dringlich macht: Wenn es keine Bischöfe gibt oder sie dem Evangelium entgegenhandeln, dann sind die

---

[43] Die Schrift »Institutio Principis Christiani« wurde dem Enkel Kaiser Maximilians I. gewidmet, Karl (vgl. Desiderii Erasmi Roterodami Opera omnia, Bd. 4, Sp. 559f.), der 1519 Kaiser werden sollte.
[44] Bornkamm, Das Ringen, S. 215f.

Fürsten gehalten einzugreifen[45]. Hier werden die christlichen Fürsten also wie bei Luther als Notbischöfe angesprochen.

In seinen Loci von 1559 verändert sich aber Melanchthons Terminologie. Hatte er 20 Jahre vorher vom officium principum, der Pflicht der Fürsten, gesprochen, so redet er jetzt vom officium magistratus[46]. Der Magistrat, die Obrigkeit, kann aber als Behörde verstanden werden. An die Stelle der persönlichen Verantwortung christlicher Fürsten tritt damit das Einspruchsrecht von Behörden. Man wird diese sprachliche Veränderung nicht bagatellisieren dürfen. Denn einerseits zeichnet sich aus diesem Wortwechsel ab, daß die persönliche Verantwortung des Fürsten auf Behörden wie Konsistorien delegiert wird, und andererseits werden von Melanchthon diese frommen Obrigkeiten als wahre Glieder der Kirche angesehen, so daß die staatlichen Behörden als solche bei dogmatischen Fragen mitreden können. Melanchthon sagt wörtlich: »Wenn ... einige sagen, die weltliche Obrigkeit sei nicht zur Richterin in dogmatischen Streitigkeiten bestellt, so ist darauf die wahre und leicht einzusehende Antwort: Die Kirche ist Richterin und hat sich bei diesem Richteramt an die Norm des Evangeliums zu halten. Wenn aber die fromme Obrigkeit ein wahres Glied der Kirche ist, wird sie selbst mit anderen Frommen und Gebildeten nach dieser Norm ... richten ... Deshalb soll auch die Obrigkeit, wie alle anderen Gläubigen, die Lehrsätze der Kirche genau untersuchen, und wenn einer falsche oder ungläubige Meinungen ausstreut oder verteidigt, den sollen sie als verflucht betrachten oder gefangen halten«[47]. Selbst wenn man unterstellt, daß bei dieser Prüfung Fromme und bezeichnenderweise auch Gebildete wirklich mitwirken, dann ist unmittelbar einleuchtend, daß die staatliche Behörde ein ungleich größeres Gewicht besitzt. Sie allein kann dogmatisch Irrende gefangen-

---

[45] Die Schrift »De officio principum, quod mandatum Dei praecipiat eis tollere abusus Ecclesiasticos« wurde gedruckt in: Melanchthons Werke in Auswahl, hg. von Robert Stupperich, 1. Bd., Gütersloh 1951, S. 388—410 (zit.: Studienausgabe).

[46] a. a. O., 2. Bd., 2. Teil, Gütersloh 1953, S. 729, 18f.

[47] a. a. O., S. 729,20—730,4. Dieses Wort Melanchthons zeigt, daß man nicht sagen kann, daß die Obrigkeit »kein eigenes Urteil in Lehrfragen hat und infolgedessen in dieser Hinsicht auf das Urteil der theologischen Sachverständigen angewiesen ist« (Werner Elert, Morphologie des Luthertums, 1. Bd., 2. Aufl. München 1952, S. 332. Die hier gezogene Folgerung, Melanchthon habe eine Theokratie gewünscht, läßt sich dann auch nicht aufrecht erhalten).

setzen — die Kirche hätte keine Möglichkeit dazu, und Fromme und Gebildete noch weniger. Wenn aber diese Polizeimittel angewendet werden, dann hat man darauf verzichtet, nur das Schwert des Geistes gegen Ketzer anzuwenden, wie Luther das einst gefordert hatte[48].

Wir stellen bei Melanchthon also ein Anwachsen des staatlichen Einflusses auf innerkirchliche Verhältnisse fest. Das liegt daran, daß bei ihm — ähnlich wie bei Erasmus — die Erziehungsaufgabe des Staates hoch geachtet wird. Er ist Wächter über beide Gesetzestafeln[49], hat also die Beachtung aller 10 Gebote zu kontrollieren. Dazu gehört dann auch, wie Melanchthon 1559 sagt, daß die Obrigkeiten »dafür sorgen, daß dem Bürger Gott in rechter Weise verkündigt wird ... und daß die Bürgerschaft eine äußerst sittsame Schule ist, in welcher die Kenntnis von Gott leuchtet und die Pflichten der Tugend ... eingeübt werden«[50]. Hier werden Predigt und Sittlichkeit, Gotteserkenntnis und Moral in einen unmittelbaren Zusammenhang gebracht. Deswegen hat der Staat sich beider Gebiete direkt anzunehmen. Melanchthon verlangt nicht nur, daß »politische Dinge, Reiche, Obrigkeiten, Gesetze« und anderes »als Gaben Gottes zu achten« sind — das hätte auch Luther in ähnlicher Weise tun können —, sondern daß alle Werke des öffentlichen Lebens auf diese religiösen Ziele ausgerichtet werden und »daß wir Gott in diesen Ordnungen gehorchen«[51]. Wer sich nicht gegen die bestehende Ordnung wendet, ist demnach — so konnte man dies verstehen und hat es auch so verstanden — ein guter Christ. Es darf nicht verschwiegen werden, daß auch Melanchthon die Grenze der staatlichen Legitimität aufweist: Wo etwas gegen Gottes Ordnungen verstößt, da muß man Gott mehr gehorchen als den Menschen. Aber dieses Problem steht längst nicht mehr so im Mittelpunkt wie bei Luther. Wie stark die Akzente jetzt verschoben sind, wird daraus deutlich, daß es nach Melanchthon »eine Todsünde« sein soll, »den (legitimen) Anordnungen einer

---

[48] Vgl. WA 6, 455, 20—22 und 11, 270, 27f.
[49] Corpus Reformatorum, Bd. 16, Halle 1850, Sp. 87; Melanchthon betont zwar, daß es dabei nur um äußere Delikte gehe, rechnet dazu aber auch falsche Lehre und gottlose Kulthandlungen (a. a. O. Bd. 2, Halle 1835, Sp. 711, und Bd. 3, Halle 1836, Sp. 225); vgl. auch Elert, S. 331. Maurer stellt fest, daß Philipp von Hessen die custodia primae tabulae durch sich ablehnte (Entstehung, S. 73f.).
[50] Studienausgabe, 2, 2, 693,38—694,2.
[51] a. a. O., S. 705, 32—36.

gesetzlichen Obrigkeit nicht zu gehorchen«[52]. Es scheint also der Verlust des Seelenheils die Folge von Übertretungen rechtmäßiger staatlicher Anordnungen zu sein. Dies mußte zu jener früher viel gerühmten und heute scharf kritisierten Loyalitätsmentalität deutscher Lutheraner führen.

Aber auch Melanchthon wendet sich gegen eine Vermischung von Geistlichem und Weltlichem. Er betont, daß es nicht angehe, die Welt nach »den Gerichtssatzungen Moses« lenken zu wollen. Nach seiner Meinung muß man zur Bewältigung der irdischen Probleme auf das Naturrecht zurückgreifen: Was dem nicht entgegensteht, kann und muß anerkannt werden. Das gilt auch für die gegenwärtige Staatsform: Weder widerstreitet sie in den patriarchalisch regierten Territorien noch in den Reichsstädten, wo Ansätze demokratischer Verfassungsformen vorhanden sind, dem Naturrecht. Deswegen ist der Christ gehalten, die staatliche Verfassung, in der er lebt, »zu schützen und ihr Ehre zu erweisen«. Wir werden hier einwenden, daß es zwar richtig ist, daß das Evangelium »nicht eine bestimmte Staatsform einsetzt, sondern gestattet, daß wir uns der verschiedenen politischen Gebilde der Völker bedienen«[53]. Aber einem zu großen Einfluß des Staates auf die Kirche wird bei ihm kein Riegel vorgeschoben. Man muß feststellen, daß fast ängstlich betont wird, daß keine Übergriffe von seiten der Kirche in den Bezirk des Staates vorkommen dürfen, während umgekehrt der Obrigkeit Eingriffsmöglichkeiten selbst in Fragen des Glaubens zugestanden werden. Dadurch wurden die Voraussetzungen für den konfessionellen Obrigkeitsstaat geschaffen, der sich bemühte, die hohen kulturellen und sittlichen Ziele zu erreichen, die ihm angegeben worden waren, der

---

[52] a. a. O., S. 723,35—724,2. Kurt Dietrich Schmidt hat den Unterschied zwischen Luther und Melanchthon mit folgenden Worten zum Ausdruck gebracht: »Was bei Luther um praktischer Notwendigkeiten willen als Notmaßnahme auftritt, ist bei Melanchthon die normale, aus den dogmatischen und rechtlichen Prinzipien sich zwingend ergebende Folge ... War es nach Luther ein Liebesakt, wenn der christliche Fürst der Kirche half, so ist es nach Melanchthon eine Pflichtverletzung, wenn er es nicht tut« (Staat und evangelische Kirche seit der Reformation, Göttingen 1947, S. 14). Werner Elert findet die Diskrepanz zwischen Melanchthon und Luther in folgenden Sätzen von ihnen zum Ausdruck gebracht: »Vult Deus esse consociationem« bzw. »Vult Deus esse discrimina ordinum« (Morphologie, 2. Bd., 2. Aufl. München 1953, S. 51).

[53] Studienausgabe 2, 2, 721,14—722,6.

aber das Leben der Kirche in einem Maße gestaltete, das Luthers Zwei-Reiche-Lehre nicht mehr entsprach[54].

6. ZWEI-REICHE-LEHRE UND IUS REFORMANDI

Im Augsburger Religionsfrieden von 1555 wird deutlich, daß weder der Anspruch der römisch-katholischen Kirche auf alleinige Anerkennung noch die Forderung Luthers, daß die Gemeinden selber ihre Prediger aussuchen und dadurch ihren Bekenntnisstand bestimmen, sich durchzusetzen vermögen. Nur dem Landesherrn wird erlaubt, sich zwischen der altkirchlichen Ordnung oder der neukirchlichen der Confessio Augustana zu entscheiden. Beide Religionsparteien sichern sich Landfrieden zu[55]. Faktisch heißt dies, daß die Anhänger der Augsburgischen Konfession — und zwar nur sie — in den Ewigen Landfrieden von 1495 aufgenommen werden, der ihnen durch die Acht von 1521 vorenthalten worden war. Für die evangelischen Gemeinden bedeutete diese Anerkennung viel. Hatten sie doch nach dem Schmalkaldischen Krieg das Schlimmste befürchten müssen. Es wurde auch festgelegt, daß »kein stant den andern noch desselben undertanen zu seiner religion tringen« darf[56]. Aber immer sind hier nur die Landesherren angesprochen. Den Bürgern wird kein Recht freier Religionsausübung zuerkannt. Wer mit der Glaubensentscheidung seiner Obrigkeit nicht einverstanden ist, muß auswandern[57]. Daß er dies überhaupt darf, ist — gemessen an früheren Bestimmungen — ein Fortschritt. Aber das kann die Tatsache nicht aus der Welt schaffen, daß sich die Untertanen nach der religiösen Überzeugung ihres Fürsten richten müssen.

Nun hatte auch Luther nicht die Meinung vertreten, daß jedwede Evangeliumsverkündigung erlaubt werden müsse. Auch er war überzeugt, daß die Territorien nur glaubensmäßig geschlossen sein könn-

---

[54] Walther von Loewenich hat »das lutherische Staatskirchentum ... eine Nachblüte mittelalterlicher Theokratie« genannt (Das Neue in Luthers Gedanken über den Staat, in: Luther und die Obrigkeit, S. 137).

[55] Der Text des Augsburger Religionsfriedens wurde gedruckt bei August von Druffel/ Karl Brandi, Beiträge zur Reichsgeschichte 1553—1555 (Briefe und Akten zur Geschichte des 16. Jahrhunderts, mit besonderer Rücksicht auf Bayerns Fürstenhaus, 4. Bd.), München 1896, S. 724—744; vgl. bes. S. 724—729.

[56] a. a. O., S. 739.

[57] a. a. O., S. 740 f.

ten[58]. Aber er nahm nicht nur an, daß sich »Gottes Wort« durchsetzen werde, sondern er meinte auch, daß es den Gemeinden gestattet sein müsse, Prediger zu berufen und dadurch in das kirchliche Leben unmittelbar einzugreifen[59]. Das war nach dem Augsburger Religionsfrieden nicht mehr möglich. Hier wurde ja nicht einmal allen Landesfürsten das ius reformandi zugesprochen: Die geistlichen Fürsten mußten bekanntlich bei einer Zuwendung zur Confessio Augustana auf ihren weltlichen Besitz und damit auf ihre Rechte und Würden verzichten[60]. Das ist aus der historischen Situation von 1555 verständlich. Aber es zeigt die Grenzen, die diesen Fürsten auferlegt wurden.

Noch weniger Bewegungsfreiheit wurde den freien Reichsstädten zuerkannt. Wo 1555 »bede religionen« nebeneinander bestehen, soll dies so bleiben[61]. Den reichsunmittelbaren Städten wird damit »die Religionshoheit verweigert«[62]. Hier wird die Forderung nach der Geschlossenheit konfessioneller Verkündigung in den einzelnen Gebieten nicht anerkannt. Abstimmungen, durch die die Majorität der Bürger über die Glaubensverkündigung entschieden hatte, waren nun in diesen Städten nicht mehr möglich[63]. Das ius reformandi blieb also auf die weltlichen Fürsten des Heiligen Römischen Reiches Deutscher Nation beschränkt. Sie allein konnten sich für oder gegen die Confessio Augustana entscheiden. Mit Luthers Zwei-Reiche-Lehre kann dies nicht in Einklang gebracht werden, und natürlich auch nicht mit der Meinung der römisch-katholischen Kirche jener Zeit, allein die Kirche zu sein, außer der es kein Heil gibt[64]. Über beides setzten sich die auf dem Reichstag ver-

---

[58] Holl, S. 368.

[59] Vgl. sein Werk »Das eyn Christliche versamlung odder gemeyne recht und macht habe, alle lehre tzu urteylen und lehrer tzu beruffen, ein und abtzusetzen, Grund und ursach aus der schrifft« von 1523, in: WA 11, 408—416.

[60] Druffel/Brandi, S. 730—732.

[61] a. a. O., S. 743.

[62] a. a. O., S. 743, Anm. 2.

[63] Von solchen Abstimmungen berichtet Gerhard Pfeiffer, Das Verhältnis von politischer und kirchlicher Gemeinde in den deutschen Reichsstädten, in: Staat und Kirche, S. 90 f. Übrigens ist entgegen der Bestimmung des Augsburger Religionsfriedens noch 1564 in Eßlingen eine Abstimmung durchgeführt worden (ebd. S. 91).

[64] Überraschenderweise hat Papst Paul IV. offenbar nicht förmlich gegen den Religionsfrieden protestiert, vgl. Konrad Repgen, Die Römische Kurie und der Westfälische Friede. Idee und Wirklichkeit des Papsttums im 16. und 17. Jahrhundert, Bd. 1, 1. Teil (Bibliothek des Deutschen Historischen Instituts in Rom, Bd. 24), Tübingen 1962, S. 82—84.

sammelten Obrigkeiten hinweg. Evangelische wie katholische Fürsten griffen dadurch in das Leben der Kirchen unmittelbar ein. Dieses ius reformandi vermochte aber die Entwicklung zum absolutistischen Staat nur zu fördern.

Wenn wir uns nun abschließend fragen, warum die Theorie von den »Zwei Reichen« die Praxis der lutherischen Reformation so wenig beeinflußt hat, dann ergeben sich mehrere Antworten. Einmal hat man gesagt, daß es fraglich sei, ob überhaupt von einer Zwei-Reiche-Lehre der lutherischen Kirche gesprochen werden könne. Bei Luther selber stehe diese Theorie nicht so im Mittelpunkt, wie teilweise behauptet werde, und sie sei auch zu wenig ausgeprägt, als daß sie die gesamte evangelische Bewegung hätte bestimmen können[65]. Es ist auch darauf hingewiesen worden, daß diese Lehre in den lutherischen Bekenntnisschriften gar nicht vorkommt. In der Confessio Augustana wird im Art. XVI nur etwas über den Gehorsam gegen den Staat und dessen Grenzen gesagt, wodurch »eine Problemverengung« eintritt[66]. Wir müssen dies nach dem Gesagten bestätigen. Luther hat nicht nur von der Zwei-Reiche-Lehre her gedacht. Er vertrat auch und besonders im Hinblick auf die christlichen Staaten seiner Zeit Konzeptionen, die sich monistisch verstehen ließen und die den Fürsten und Räten bei ihrem Handeln sehr viel genehmer sein mußten.

Zum anderen hat nicht nur die Theologie Luthers Einfluß auf die kirchlichen Entscheidungen der Politiker besessen. Daß der Wittenberger als Staatsbürger überraschend viel zu sagen hatte und daß er seine Verantwortung auf diesem Gebiet wahrgenommen hat[67], läßt sich nicht bestreiten. Aber neben ihm standen Humanisten, deren sittliche

---

[65] Lau, Die lutherische Lehre, in: Luther und die Obrigkeit, S. 370 und 395.
[66] a. a. O., S. 370.
[67] Kurt Aland, Martin Luther als Staatsbürger, in: ders., Kirchengeschichtliche Entwürfe, Gütersloh 1960, S. 420—451; vgl. auch Luthers Kritik der Regierenden, die »nächst den Theologen die leichteste Beute des Satans« werden bei Schempp, Ist Luthers Stellung zum Staat heute revisionsbedürftig?, in: Luther und die Obrigkeit, S. 145f. und 152. Luther hat sich aber auch positiv über Fürsten ausgesprochen, besonders über Friedrich den Weisen, vgl. Wilhelm Maurer, Der kursächsische Salomo. Zu Luthers Vorlesungen über Kohelet (1526) und über das Hohelied (1530/31), in: Antwort aus der Geschichte. Beobachtungen und Erwägungen zum geschichtlichen Bild der Kirche. Walter Dress zum 65. Geburtstag, Berlin [1969], S. 99—116.

Ideale so hochgespannt waren, daß sie meinten, sie nur mit der Hilfe des christlichen Staates ihrer Zeit erreichen zu können. Luther selber war auch kein Organisator und zu zurückhaltend in nichttheologischen Fragen, in denen er sich nicht für kompetent hielt.

Schließlich wird man auch daran denken müssen, daß die Eingriffe weltlicher Obrigkeiten in kirchliches Leben, die bereits vor der Reformation erfolgt waren, zu einer Weiterführung dieser Praxis angesichts der Zersplitterung der Kirche einluden. Die Tatsache, daß keine Organisation des Protestantismus zustande kam, die über die einzelnen Territorien hinausreichte, trug zur Übermacht der staatlichen Stellen bei. Hätte sich eine gesamtdeutsche oder gar gesamteuropäische lutherische Kirche gebildet, dann hätten von ihr Maßstäbe für die Territorialkirchen gesetzt werden können.

Das Wichtigste aber dürfte sein, daß Luther selber die Zwei-Reiche-Lehre nicht stärker zur Grundlage für das Verhältnis von Staat und Kirche gemacht hat. Seine Äußerungen von der dreifachen Gliederung der christlichen Gesellschaft waren so plausibel, daß die Kautelen der Zwei-Reiche-Lehre demgegenüber zurücktraten. Gewiß kann man fragen, wie stark Theorien die Praxis verändern können. Und es ist alles andere als sicher, daß Luther sich gegen die humanistischen und andere monistische Tendenzen hätte durchsetzen können, wenn er allein auf der Zwei-Reiche-Lehre beharrt hätte. Aber in einem begrenzten Bereich, etwa dem kursächsischen, hätte die Entwicklung anders verlaufen können. Luther hat mehr Kraft auf andere Aufgaben gelegt, weil er diese für wichtiger hielt. Keinesfalls kann man sagen, daß die theologische Deutung des Weltgeschehens durch die Zwei-Reiche-Lehre und die soziale Analyse der Gesellschaft durch die Drei-Stände-Lehre nichts miteinander zu tun hätten, weil sie ganz verschiedene Wirklichkeiten im Auge hätten. Zwar besteht in dieser Hinsicht eine Diskrepanz zwischen der umfassenden Zwei-Reiche-Lehre und der Sozialbeschreibung des 16. Jahrhunderts durch drei oder auch noch mehr Stände. Aber die allgemeine Deutung konnte allzu leicht hinter der aktuellen Analyse zurücktreten — was de facto bereits im 16. Jahrhundert der Fall war. Die lutherische Orthodoxie griff aus Luthers Theologie die Lehre von den drei Ständen, aber nicht die Zwei-Reiche-Lehre auf. Es blieb den konfessionellen Lutheranern des 19. Jahrhunderts vorbehalten, auf diese Anschauung des Reformators von neuem hinzuweisen und die Trennung von Staat und Kirche zu fordern, damit die Kirche ihren Auftrag besser ausführen könne[68]. Sie zogen mit dieser Forderung die Konsequenz aus geschichtlicher Erfahrung, die das Leben des deutschen Luthertums lange belastet hatte.

---

[68] Hier ist unter anderen an August Vilmar und Wilhelm Löhe zu denken, vgl. Gerhard Müller, Die Bedeutung August Vilmars für Theologie und Kirche (Theologische Existenz heute, Nr. 158), München 1969, S. 32ff., und derselbe, Wilhelm Löhes Theologie zwischen Erweckungsbewegung und Konfessionalismus, in: Neue Zeitschrift für systematische Theologie und Religionsphilosophie, Bd. 15, 1973, S. 24.

Das Geschichtsproblem in der Aufklärung und seine theologische Bedeutung

Martin Schmidt, Heidelberg
6901 Gaiberg, Schillerstr. 10

1. GRUNDSÄTZLICHE VORÜBERLEGUNGEN

Die besondere Gegenwärtigkeit der Aufklärung springt von vielen Seiten in die Augen, ja es scheint, als solle eine vertiefte oder geläuterte Neuaufnahme ihrer Positionen die Lutherrenaissance ablösen, die zwei Generationen lang die evangelische Theologie bestimmt hat und nunmehr abklingt. Allein schon an der gesteigerten Wertschätzung, die Ernst Troeltsch und seinem geistigen Lebenswerk zuteil wird, läßt sich dieser Umschwung ablesen. Hatte Karl Holl geglaubt, durch sein Lutherbild, aber auch durch sein tiefdringendes Verständnis von Jean Calvin, die Fragestellungen und Behauptungen eines prinzipiellen Gegners auf dem Felde der Theologie und des Welterfassens endgültig aus dem Felde geschlagen zu haben, so erweist sich das heute als Irrtum. Man kehrt in einem erstaunlich weiten Umfang zu ihnen zurück. Er war es, der erstmalig und mit einer nicht zu überhörenden Dringlichkeit die Größe und die Wirkungsmacht der Aufklärung ins theologische Bewußtsein einprägte — bis hin zu der überspitzten Behauptung, daß Luther und der Altprotestantismus noch ins Mittelalter gehörten, weil sie von den dort geläufigen Fragestellungen lebten, und aus dem 16. Jahrhundert allein Erasmus und der humanistisch gebildete Calvin in die Zukunft wiesen. Alles Entscheidende ereignete sich in Wahrheit erst mit der Aufklärung. Darum beachtete er auch mehr als einer seiner Vorgänger in der systematischen Theologie die unmittelbaren und die mittelbaren Folgen dieser Bewegung im 19. Jahrhundert. Dazu gehörte nicht nur der Historismus, dessen klassischer Problemdenker er wurde, sondern vor allem auch der Positivismus[1]. In ihm gewährte er Karl Marx und dem Marxismus einen besonderen Ehrenplatz, weil diese, selbst auf positivistischem Boden stehend, aber von Hegel unverlierbar geistig geprägt, in einem Zeitalter »geistloser Empirie«, mit Schleiermacher zu reden, den Sinn für die Geschichtsphilosophie aufrechterhielten und ihn neu belebten.

Der Jubilar, dem diese Blätter auf den Geburtstagstisch gelegt werden sollen, hat seine hohe Begabung und seine unverwüstliche Arbeitskraft unter anderm gerade der altprotestantischen Orthodoxie und ihrer Gedankenbildung zugewandt und ist — anders als Emanuel Hirsch — der Umformung des christlichen Denkens in der Neuzeit nachgegangen. Er hat also — ähnlich wie sein Lehrer Friedrich Brunstäd — Troeltsch an entscheidenden Punkten korrigiert. Für eine solche nicht kleinliche, sondern großzügige und substantielle Richtigstellung hatte sich dieser eine offene und dankbare Bereitschaft bewahrt. Das zeigte sich an seinem Verhältnis zu dem Führer der neulutherischen systematischen Theologie, Ludwig Ihmels[2]. Er würde wahrscheinlich heute ähnlich auf die Einwände und das andersgezeichnete Bild des Jüngeren reagieren. Jedoch in einem waltet eine Verbindung zwischen Troeltsch und dem Jubilar: in der Ernstnahme der Religionsgeschichte, wie sie dem ursprünglichen Jünger der alttestamentlichen Wissenschaft nahe genug lag und dann in seinem frühen Buche »Magie und Religion« (1947) gipfelte. Mit der Aufklärung selbst verbindet ihn die enzyklopädische Absicht im Denken und Erkennen.

Zu den schwierigsten Fragen, die die Aufklärung aufgibt, gehört ihre Stellung zur Geschichte. Wilhelm Dilthey hatte, vor allem durch seinen späten Aufsatz »Das achtzehnte Jahrhundert und die geschichtliche Welt«[3] das bequeme Schlagwort von der »unhistorischen Auf-

---

[1] Vgl. besonders E. Troeltsch, Die Dynamik der Geschichte nach der Geschichtsphilosophie des Positivismus, (Philosophische Vorträge der Kant-Gesellschaft 23), Berlin 1919. Diese Studie ist besonders geeignet, den Unterschied zwischen der aufklärerischen und positivistischen Geschichtsanschauung zu demonstrieren. Troeltsch behandelt das Verhältnis des Positivismus, d. h. Auguste Comtes zur Aufklärung gar nicht bis auf einen kurzen Rückblick zu Henri Claude de Saint-Simon, sondern hat als Vergleichsbasis nur Hegel im Auge. Daher kommt auch Iselin oder Herder bei ihm nicht vor.

[2] Vgl. E. Troeltsch, Die Absolutheit des Christentums und die Religionsgeschichte, Tübingen 1912², S. XVII—XX.

[3] W. Dilthey, Das achtzehnte Jahrhundert und die geschichtliche Welt, Deutsche Rundschau 1901, S. 21—108 (= Ges. Schriften III 1925, S. 220—302).

klärung« erledigt, das vermutlich seinen Ursprung in der Romantik hatte. Ja, er hatte gerade in diesem Zusammenhang sie aufs höchste gepriesen und das Bekenntnis formuliert, das über die Solidaritätserklärung des eine Generation jüngeren Troeltsch noch hinausging: »Von ihr kommt die Überlegenheit des Lebensgefühls eines jeden von uns gegenüber selbst den größten Denkern und Helden und den tiefsten religiösen Geistern der antiken Welt[4].«

Will man einer Bewegung gegenüber gerecht verfahren, so muß man sie von ihren inneren Anliegen aus verstehen und diese beurteilen. Das große Wort, der richtunggebende Wert der Aufklärung war die »Würde des Menschen«. In Immanuel Kants bekannter preisgekrönter Begriffsbestimmung: »Aufklärung ist der Ausgang des Menschen aus seiner selbstverschuldeten Unmündigkeit« kam dies vorwiegend nach der intellektuellen Seite zum Ausdruck. Aber diese bedeutete für das Bewußtsein der Zeit die maßgebende Funktion. Im Erkenntnisvermögen und in der Urteilskraft kam der Mensch zum eigentlichen Verständnis seiner selbst. Hier erfaßte er den tiefsten Gehalt seines eigenen Seins und des Seins überhaupt: die Vernunft. Aber die Erkenntnis war nur Eingangspforte. Als dem Träger der Vernunft war dem Menschen zugleich die sittliche Bestimmung aufgegeben, Intellekt und Ethos mußten als verschiedene Auswirkungen, Darstellungen und Seinsweisen der einen großen Grundgegebenheit erfaßt werden, die als Voraussetzung und Forderung allem Leben den Sinn verlieh.

Diese Gleichung, daß der vernünftige Mensch der vollkommene Mensch war, der unter der Leitung der Vernunft Großes und Letztgültiges vollbringen konnte, barg Möglichkeiten ethischer und metaphysischer Gedankenbildung, die erst der Deutsche Idealismus fruchtbar machte. Auch er erst brachte den religiösen Unterton, der darin mitklang, zum vollen Akkord. Die Aufklärung selbst gelangte nicht zur gültigen Wesensverwirklichung; sie blieb weithin beim Programm und bei der Festlegung der Ziele. Sie zog im allgemeinen aus ihren Ansätzen nur die nächstliegenden Folgerungen, die der Kritik der Späteren leichtes Spiel boten.

Da der Glaube an die Vernunft, die Überzeugung von ihrer Unfehlbarkeit, den einen der beiden Pole einseitig überbetonte, die in dem bisherigen System der Koordination oder der dialektischen Anti-

---

[4] Ebd. Ges. Schr. III 1925, S. 224.

these von Vernunft und Offenbarung die Richtmaße des Lebens gebildet hatten, so erschien und erscheint die Aufklärung als polemische Emanzipationsbewegung, die nach mannigfachen Vorstufen unter entschiedenem Rückgriff auf die Renaissance und durch sie hindurch auf die Antike eine rein innerweltliche Lebensbewertung zur Herrschaft führte. Ihre Polemik trat, der positiven Zuwendung zur Welt entsprechend, zugleich in der Bestreitung des bisherigen kirchlich-theologischen Weltbildes wie seiner Prinzipien hervor. Das erste forderte den Aufbau einer neuen Ansicht aller Dinge bis ins einzelne, das zweite einen Neuentwurf ihrer gestaltenden und tragenden Kräfte. Das erste ging auf Konkretion und Individualisierung, das zweite auf Abstraktion und Rationalisierung.

Diese Doppeltendenz, die der geistesgeschichtlichen Stellung und dem darüber hinausstrebenden normsetzenden Willen entsprach und somit echter Ausdruck für eine innere Notwendigkeit war, spiegelte sich in der Stellung zur geschichtlichen Welt am deutlichsten. Die Lösung aus den theologischen Urteilen und aus den kirchlichen Bindungen war zunächst vielfach ein Abwerfen der Scheuklappen, das den Blick für Umriß und Wesen des Wirklichen freigab. Es war also Wirklichkeitsgewinn im echten Sinne. Der politische, wirtschaftliche, soziale Umschichtungsprozeß, der sich seit dem Ende des Dreißigjährigen Krieges vollzog, hatte seine Ursache in der Ermüdung am konfessionellen Hader. Als Haupterscheinungen fielen folgende Züge ins Auge: das Vordringen der Kabinettspolitik, die Gründung von Kolonialreichen, der Aufstieg des Bürgertums vor allem im Handel auf Kosten des Adels. Sie alle bewirkten, daß die realen Kräfte, die handelnden Personen und Institutionen des geschichtlichen Lebens stärker ins Bewußtsein traten. Daher stammt der positivistische Zug der Aufklärung, der sich in der Begründung des Staatszweckes auf die Staatsraison, den Eigenwert und die Eigengesetzlichkeit des Staates, am deutlichsten aussprach. Zugleich wird die Fortsetzung der Renaissance unmittelbar anschaulich: Es ist der Geist Macchiavellis, der hier weiterwirkt. Der starke politische Wille der Aufklärung bedeutete ein förderndes Moment zur Geschichtserkenntnis. Wenn die Ehrfurcht vor den Tatsachen zwar noch nicht den Historiker schafft, wie Heinrich von Treitschke meinte[5], so bildet sie doch die unentbehrliche Voraussetzung für sein Tun.

---

[5] Vgl. H. Rau, Geschichtsphilosophische Gedanken bei Treitschke, Phil.-hist. Diss. Stuttgart 1927; H. Ritter v. Srbik, Geist und Geschichte vom deutschen Humanismus bis zur Gegenwart I, München und Salzburg 1950, S. 393f.

Auf der anderen Seite steht der rationalistische, abstrahierende Zug. Er war die Ursache für den Vorwurf, die Aufklärung sei unhistorisch. Denn ihre Anthropologie legte ja nicht den Menschen in seiner kontingenten Einmaligkeit, in seiner Verflochtenheit mit den Zeitumständen zugrunde, sondern sie suchte in ihm den Träger und Gestalter der Vernunft, die immer und überall gleich war. Der Mensch überhaupt, der Mensch schlechthin bildete den Ausgangspunkt und das Ziel ihrer Betrachtung. Er war der Maßstab, nach dem fremde Lebensganzheiten, Personen, Völker, Zeiten und Kulturen bewertet wurden, ja, er war das Gericht, vor dem sie sich zu verantworten hatten. So wurde der pragmatische Geschichtsbegriff erreicht, der die Vergangenheit als Beispielsammlung ansah und der Geschichtsschreibung die Rolle der Lehrmeisterin und Richterin zuschob.

Von dieser doppelten Tendenz, die mit dem Wesen der Aufklärung als einer Bewegung gegeben ist, die in den geistesgeschichtlichen Gesamtverlauf eingebettet ist, zugleich aber über ihn mit einer normsetzenden Absicht hinausgreift[6], wird einerseits der Aufschwung der Geisteswissenschaften verständlich, andererseits das Versagen in der letzten Erfassung der Sonderart, welche dem geschichtlichen Leben innewohnt.

Es gilt nun, die Möglichkeiten und die Schranken dieser Geschichtsauffassung noch näher darzulegen. Die Betonung der Menschenwürde, verbunden mit dem Maßstab der allgemeingültigen Vernunft, konnte zu einer Deutung der Geschichte als *Erziehung* führen, zumal man das eigene Zeitalter als Erfüllung verstand. Geschichte wurde dann zur Bildungsgeschichte, zur Entwicklungsgeschichte der Vernunft, wobei noch offen blieb, ob diese die höchste Stufe in einem stetig ansteigenden Prozeß darstellte oder als ein neues, gleichsam aus Gnade verliehenes Prinzip auftrat und alles Unklare, Verworrene, Dumpfe der vorausgehenden Stufen durch lichte Klarheit und Stetigkeit überwand. Damit war der universalgeschichtliche Aspekt festgehalten, der von der christlich-theologischen Geschichtsbetrachtung begründet war. Aber er wurde nun auf eine neue Stufe gehoben. Denn diese Bildungsgeschichte, die den Menschen zur Glückseligkeit, zur Erfüllung seines Wesens führt, ist die Säkularisierung der Heilsgeschichte, die in der vollendeten Gottes-

---

[6] F. Meinecke, Die Entstehung des Historismus, 1936, S. 128f. stellt die beiden Tendenzen unverbunden nebeneinander als Steigerung des naturrechtlichen Denkens und als nüchternen Wirklichkeitssinn.

kindschaft dem Menschen ebenfalls die Erfüllung gewährt. Die entscheidende Frage lautet, wie tief diese Glückseligkeit verstanden wird. Der universalhistorische Aspekt konnte quantitativ oder qualitativ wirksam werden. Er konnte sich entweder so auswirken, daß die Eingliederung aller Völker und Kulturen gefordert wurde, oder so, daß das Gewicht auf die geschichtlichen Stufen fiel, die für die Verwirklichung des Ideals entscheidend waren. Das erste tat die Mehrheit der Historiker im Zeitalter der Aufklärung, das zweite Lessing in seiner »Erziehung des Menschengeschlechts«.

Die Schranken treten weit deutlicher ins Blickfeld. Da alles Geschehen vom menschlichen Standpunkt aus betrachtet wird, werden die Faktoren der Geschichte, die menschlicher Einflußnahme entzogen sind, zwar nicht vergessen, aber unterschätzt. Vor allem werden die irrationalen Kräfte, die dunklen Tendenzen des Zeitgeistes, das meist nur stimmungsmäßig zu erfassende allgemeine Bewußtsein, nicht in Rechnung gestellt. Die Geschichte wird im wesentlichen von weisen Gesetzgebern gelenkt und von bösen Tyrannen verdorben. Freilich lag schon hier ein Bruch mit dem ursprünglichen Ansatz vor, den am klarsten Voltaire zeigt[7]. Von der Würde des Menschen aus, die in jedem Exemplar der Gattung angelegt ist, dürfte es keine Fehlentwicklung geben. Es müßte alles in stufenweisem Aufstieg bis zur Vollkommenheit aufeinanderfolgen. Doch die Wirklichkeit des Lebens widerstrebt dieser einlinigen Deutung. Infolgedessen wurde auch einem Voltaire die Geschichte zum Kampf zwischen Vernunft und Unvernunft. Neben die Vervollkommnung tritt die Entartung. Um dennoch die gerade Entwicklungslinie festzuhalten, nahm er die Selbstregulierung des Geschichtslaufes an, so daß auf die Entartung der neue Aufstieg folgte. Von einem anderen Gesichtspunkt aus betrachtet, bot sich dasselbe Bild, wenn er über das Schwanken zwischen einem mechanischen und einem moralischen Verständnis der Geschichte, zwischen einem Determinismus und einem Indeterminismus im Verständnis des Menschen nicht hinauskam. Dem ungeheuren Eindruck der naturwissenschaftlichen und mathematischen Entdeckungen, vor allem Isaac Newtons, vermochte sich kein Aufklärer zu entziehen. Die lückenlose Geltung der Naturgesetze schien geradezu die Übertragung, oder besser: die Ausdehnung auf das geschichtliche Gebiet herauszufordern. Dazu, das Wesen des Menschen

---

[7] Vgl. Meinecke ebd. S. 102 ff.

naturwissenschaftlich-mechanistisch zu erklären, schritt freilich nur der extreme französische Materialismus eines Thiry-Holbach und eines de la Mettrie fort. Aber wenn es auch zu viel behauptet ist, daß darin die eigentliche Konsequenz der aufgeklärten Anthropologie zum Ausdruck komme[8], — man denke nur an den ethischen und pädagogischen Enthusiasmus der Zeit —, so lagen doch Anleihen bei der Naturwissenschaft außerordentlich nahe. Ihr Grundsatz der Kausalität ließ sich leicht auf das geschichtliche Gebiet anwenden. Wenn in der von Charles Bonnet beeinflußten Psychologie eines Johann Lossius ein strenger Parallelismus zwischen Sinnesreiz und Empfindung behauptet und die weitere Umbildung der Empfindungen von den Hirntätigkeiten hergeleitet wurde[9], so war dies der Logik des Materialismus gemäß. Voltaire hat immer mit der kausalen Deutung des Geschichtsverlaufs geliebäugelt. Eine Kette der Notwendigkeit verbindet ohne den Ausfall eines Gliedes alle Ereignisse des Universums. Die Welt ist eine Maschine, hergestellt und bedient von einem ewigen Geometer. Ewige unveränderliche Gesetze walten in ihr so streng und selbstverständlich, daß der Gesetzgeber dahinter verschwindet. Der Atheismus liegt in der Konsequenz dieses Denkens. Wenn Voltaire nicht so weit ging, dann nur weil er Gott als den Bürgen des Sittengesetzes brauchte, das die bürgerliche Sicherheit als vernunftgemäße Weltordnung begründete. Immerhin hat er den Drang nach kausaler Geschichtserklärung aufs stärkste gefördert[10].

In diesen Drang gehört schließlich dasjenige Element aus der aufgeklärten Geschichtsbetrachtung hinein, das ihn am stärksten zum Ausdruck brachte und zugleich sein Versagen am unerbittlichsten enthüllte: die Katastrophentheorie. Da man kein langsames Wachstum geschichtlicher Erscheinungen kannte, so auch kein langsames Vergehen. Man machte für den Schwund geschichtlicher Bildungen einen plötzlichen Niederbruch wie etwa einen verwüstenden Krieg verantwortlich.

So ist das Gesamtbild, das die Aufklärung hinsichtlich ihrer Stellung zur Geschichte bietet, durchaus zwiespältig. Auf der einen Seite treten ihre großen Verdienste und reichen Möglichkeiten ins Licht: der unbefangene Blick für das Wirkliche, die Ausweitung über alle Lebens-

---

[8] H. A. Korff, Humanismus und Romantik. Die Lebensauffassung der Neuzeit und ihre Entwicklung im Zeitalter Goethes, 1924, S. 24.

[9] Johann Lossius, Die physischen Ursachen des Wahren, 1775.

[10] Meinecke a. a. O. (s. A. 6) S. 92.

gebiete von der Wirtschaft bis zur Religion, über alle Lebensformen und Kulturgestalten von den Primitiven bis zur eigenen Gegenwart, weiterhin die Deutung der Entwicklung als einer stufenweisen Erziehung bis zur vollkommenen Glückseligkeit. Auf der anderen Seite stört der rationale und mechanistische Zug: Die Starrheit des naturrechtlichen Denkens hat durch sie eine Steigerung erfahren, die ihresgleichen sucht. Die Absolutierung der eigenen Gegenwart, des zeitgenössischen Lebensideals und Menschenbildes führt zur Ungerechtigkeit und Künstelei gegen andersartige Lebensformen und Situationen, zu naiver Verzeichnung der Wirklichkeit und damit zur Legendenbildung im Zeichen der Nüchternheit. Die auf die Spitze getriebene naturwissenschaftliche Kausalität hat die schlecht verhohlene Anerkenntnis irrationaler Kräfte zur Folge, wie sie die Katastrophentheorie ausspricht, die zur Preisgabe des Grundprinzips der Kontinuität führt.

Trotzdem ist die positive Leistung größer als das negative Versäumnis: Die Aufklärung vollbringt mit entschlossenem Willen eine einheitliche Schau und Deutung aller Lebensvorgänge. Das macht ein reiches Bild möglich, wie es dann das 19. Jahrhundert erstellte, und ließ es doch nicht in Einzelheiten, in Erzählung von Anekdoten zerfließen. Ja, die im letzten monistische Geschichtsdeutung Hegels im Dreischritt von These, Antithese und Synthese wurde durch den Monismus der Kausalität in der Aufklärung vorbereitet — so sehr sich beide voneinander unterschieden, so daß die spätere von ihrem Tiefgang aus der früheren Flachheit vorwarf. Man kann das Entscheidende nicht besser sagen als mit den Worten Friedrich Meineckes: »Voltaires Tat, ein neues universales Kulturideal zu stützen durch eine neue Deutung der Universalgeschichte, wurde der Beginn einer neuen Ära des abendländischen Geistes überhaupt. Denn die geschichtliche Welt wurde damit aus der relativen Ruhe, in der sie bis dahin gelegen hatte, herausgerissen und in den Strom der Gegenwart hineingezogen. Sie wurde damit dauernd mobilisiert und aktualisiert[11]«. Mobilisierung und Aktualisierung sind die entscheidenden Bedingungen für ein unmittelbares und zugleich tiefes Erfassen der Geschichte und des ihr eigentümlichen Lebens. Man kann hier nicht, wie bei anderen seiner Erkenntnisse, urteilen, daß er damit bereits über die Aufklärung hinauswuchs. Dies war vielmehr ihre geradlinige Fortsetzung.

---

[11] Ebd. S. 89.

2. DIE GESCHICHTSPHILOSOPHIE DER AUFKLÄRUNG

Die Erfassung der Geschichte in ihrer Besonderung drängt über die unmittelbare Verknüpfung der Tatsachen und der einzelnen selbständigen Entwicklungsreihen hinaus zum Aufsuchen letzter Triebkräfte und zur Herstellung eines universalen Zusammenhangs. Die Probe auf die Echtheit und auf den Tiefgang der Geschichtserkenntnis ist die Geschichtsphilosophie. Hatte die Aufklärung eine solche auf westeuropäischem Boden bereits in Voltaire hervorgebracht, bei dem sie in unmittelbarem Zusammenhang mit der Geschichtsschreibung selbst gewonnen war und infolgedessen durch die harte Wirklichkeit der Tatsachen immer wieder in ihren Prinzipien durchbrochen wurde, so gelangt sie zu einer reineren, wenn auch weniger originalen Gestalt in dem Basler Isaak Iselin[12].

Dieser Denker, 1728 in Basel geboren, 1782 dort als Ratsschreiber gestorben, infolge widriger Umstände nicht zu einer Professur an der dortigen Universität gelangt, nahm in umfassender Weise am geistigen Leben seiner Zeit teil. Seine Interessen gingen ebenso stark nach der Seite der Politik und der Wirtschaft wie nach der Philosophie und der Erziehung. Ein besonderes Verdienst erwarb er sich dadurch, daß er Johann Heinrich Pestalozzi unentwegt förderte. Seit die Studienzeit ihn an der jungen, mächtig aufstrebenden Universität Göttingen mit der englischen Geisteswelt eines Pope, Addison, Richardson, Sterne, Hobbes bekannt gemacht hatte, seitdem ihn ein Aufenthalt in Paris in literarische und persönliche Verbindung mit den geistigen Führern Frankreichs gebracht hatte, besonders mit Rousseau, verfolgte er die Entwicklung des europäischen Denkens mit größter Aufmerksamkeit. Er war mit

---

[12] Vgl. über ihn besonders A. von Miaskowski, Isaak Iselin. Ein Beitrag zur Geschichte der volkswirtschaftlichen, socialen und politischen Bestrebungen der Schweiz im XVIII. Jahrhundert, Basel 1875; P. Wernle, Der schweizerische Protestantismus im 18. Jahrhundert II: Die Aufklärungsbewegung in der Schweiz, Tübingen 1924, S. 40f., 111ff. u. ö.; H. P. Böhi, Der metaphysisch-religiöse Impuls der Aufklärung, im besonderen bei dem Spätaufklärer Isaak Iselin, Basel 1933, S. 97ff. — P. Wernle, a.a. O. II, S. 179, urteilt mit Recht über ihn: »Der Basler Isaak Iselin ... durfte seine ganze reiche Kraft der nähern und weitern Heimat zur Verfügung stellen und konnte Wirkungen hinterlassen, die bis heute nicht verloren sind. Kaum ein anderer Mann verkörpert bei uns in der Schweiz so völlig alle Vorzüge und Schwächen der Aufklärungsbewegung und ist dabei gleichwohl ein Mann von Eigenart, den man nicht vergißt, wenn man ihn einmal erfaßt hat«.

Bacon, Descartes, Leibniz, Voltaire, Montesquieu, Macchiavelli vertraut. Er bewunderte Haller und Hagedorn. Er vertiefte sich seit seinem vierzigsten Lebensjahre mit wachsendem Eifer in die Schriften der französischen Physiokraten und verbreitete ihre Gedanken seit 1776 in seiner Zeitschrift »Ephemeriden der Menschheit«. Bis in sein Alter, das freilich kurz war, blieb er ein Freund und Bewunderer der Antike und verabscheute das Mittelalter — in jedem Zuge seines Wesens ein echter Aufklärer.

Sein Jugendwerk »Filosofische und patriotische Träume eines Menschenfreundes«, das er 1755 anonym herausgab und Bodmer widmete, zeigt bereits seine geschichtsphilosophische Eigenart, die enge Verbindung von theoretischer Reflexion mit praktischer Absicht — wie es die Aufklärung immer und gerade in ihren besten Produkten erstrebte. Mit Recht ist seine geringe Kraft in der eigentlich philosophischen Problemerfassung hervorgehoben worden[13]: Die erkenntnistheoretische Fragestellung, die in Rationalismus und Empirismus gespalten war und von Kant zu abschließender Schärfe vorgetrieben wurde, erfaßte er nicht in ihrer Bedeutung. Philosophie war ihm unmethodisches naives Nachdenken über die Wirklichkeit, verbunden mit der Absicht, in sie einzugreifen, die guten Ansätze zu fördern, die verderblichen zu unterdrücken. Damit stimmt überein, daß ihm schon in den entscheidenden Bildungsjahren die Dichtung über der Philosophie stand. Das Bestreben, praktisch zu wirken, hat überall den Vorrang. Wenn er bereits im Eingang seines Büchleins die Einsamkeit seines ländlichen Stillebens hervorhob, so bemerkte er sofort, daß ihn nicht anspruchslose, vielleicht gar genießerische Trägheit oder — entgegengesetzt — eine vom Leben enttäuschte Menschenfeindschaft dazu getrieben habe, das Wort zu ergreifen, erst recht nicht eine Verständnislosigkeit für die wahren Werte des Lebens, sondern im Gegenteil gerade die Hingabe an solche Werte. Liebe zur Wahrheit und zur Tugend sind die Leitsterne seiner Erziehung und seiner Selbstbildung gewesen[14]. Diese ist durchaus geordnet vor sich gegangen. Ordnung war ihm der Schlüssel für das Verständnis des Lebens überhaupt. Als 24jähriger stellte er im Jahre 1752 ein ausdrückliches Lebensprogramm auf, da er jetzt seine Bildungszeit

---

[13] Böhi, a. a. O. (s. A. 12) S. 110.
[14] Iselin, Filosofische und Patriotische Träume eines Menschenfreundes, Freiburg 1755, S. 1.

wie auch seine »rauschende Jugend« als abgeschlossen ansah. Er meinte damit nicht irgendwelche, auch geistige Ausschweifungen, sondern das Umherirren ohne Ziel und Grundsätze. Die vergangene Zeit betrachtete er als »Vorbereitung zum Leben«[15]. Alles weitere mußte Anwendung des Erreichten sein. Dabei sollten unveränderliche Grundsätze die Gestaltung des eigenen Daseins beherrschen, die der Vernunft und der Natur entnommen waren. Nicht nur die Handlungen, sondern auch die ihnen vorausgehenden Triebe und Begierden wurden nun solcher planmäßigen Einflußnahme unterworfen. So wurden die irrationalen Kräfte völlig rationalisiert. Der Mittelpunkt seines Lebens sollte nunmehr sein, »so viele, so große und so dauerhafte angenehme Empfindungen« in diesem Leben zu suchen, als möglich ist, und solche, die in der Zukunft »ihm keine anderen als gute Folgen versprechen«[16]. Dieses Ziel war keine platte Nützlichkeitsmoral, sondern wurzelte in der aufklärerischen Grundüberzeugung, daß Tugend und Glückseligkeit zusammenfielen. Sie wurde durch die Beziehung auf den Gottesgedanken vertieft: Gott war der Inbegriff der Vollkommenheit und damit auch die Quelle aller angenehmen Empfindungen — ganz ähnlich, wie sich gleichzeitig der pommersche und Berliner Aufklärungstheologe Johann Joachim Spalding vernehmen ließ. Zu den angenehmen Empfindungen gehörten Liebe, Verehrung und Bewunderung gegen den Schöpfer der Welt und der Menschheit. Der Begriff der Vollkommenheit wurde durch die Ordnung erläutert. Darum, so urteilte er, kann der Mensch als Ebenbild Gottes nichts Höheres erreichen als Ordnung in seiner Seele und in seinem Leben. Scheinbar unverbunden trat daneben die Auffassung Gottes als Liebe. War Ordnung formal gedacht, so war Liebe aufs stärkste inhaltlich bestimmt. Gott kannte keine andere Beschäftigung als das Tun des Guten. Das besagte mehr als die statisch empfundene Gleichsetzung seines Wesens mit dem Guten. Dieser dynamische Gottesbegriff stammte vermutlich von Leibniz. Daraus folgte für Iselin, daß auch das Streben des Menschen in nichts anderem bestehen konnte als darin, zu jeder Zeit das Gute hervorzubringen. Hierin verwirklichte sich die Grundtatsache, daß er das Ebenbild des Schöpfers war. Ebenbildlichkeit hieß praktisch Nachahmung.

---

[15] Aus der Handschrift im Staatsarchiv Basel mitgeteilt von Böhi a. a. O. (s. A. 12) S. 103f.
[16] Böhi ebd. S. 104.

Im Gedanken des unablässig tätigen Gottes war die positive Beziehung zur Geschichte ausgesprochen. Gott beherrschte und gestaltete das Schicksal mit unendlicher Weisheit und Liebe; daher galt es, sich dem Schicksal mit freudigem Bewußtsein zu unterwerfen.

So anfängerhaft und wenig zusammengefügt die Anschauung erscheint, die aus solchen, fast aphoristischen Äußerungen sprach, so sehr sie eher den Charakter von Impulsen als eines Lebenssystems trägt, so bietet sie doch schon Ansatzpunkte zu einem tieferen Verstehen des geschichtlichen Seins. Wesentlich ist die Beziehung, die zwischen der Selbstbildung des Menschen und dem Ebenbild Gottes waltet, die Entsprechung von Gott und Geschichte, von Vollkommenheit und Ordnung, von göttlichem und menschlichem Willen. Wesentlich ist weiter die beginnende Durchleuchtung der eigenen Entwicklung als einer Geschichte, wenngleich sie nur roh in eine »Vorbereitung des Lebens« und ein eigentliches Leben gegliedert wird. Der ethische Ernst, der sich in den Neujahrsbetrachtungen seiner Tagebücher als unerbittliche Selbstprüfung im Rückblick, als Entschlossenheit, das Lebensziel zu verwirklichen, im Ausblick aussprach, zeigt an, wie innerlich das Verständnis der eigenen Geschichte als Bildungsgeschichte gewendet war. Die beherrschende Rolle des Gottesgedankens beweist die religiöse Verwurzelung dieses Bildungsdenkens: Bildung und Ziel der Bildungsgeschichte ist das Erreichen des göttlichen Ebenbildes.

Diese Grundlinien wurden in der einleitenden Betrachtung seiner Erstlingsschrift näher ausgeführt. Seine erste Jugend war durch die Wanderschaft von einer Wissenschaft zur anderen bestimmt. Mit dem in der Aufklärung beliebten Bild der Biene gab er den unablässigen eklektischen Sammeleifer seiner Lektüre wieder. In diesem Suchen hatte er in »der unschuldigen und bescheidenen Filosofie«[17], die er von der radikalen, Staat und Religion untergrabenden Denkweise Voltaires scharf schied, seine Erfüllung gefunden. Was sie ihm bot, war Erkenntnis des Wahren, Schönen und Guten und die Liebe zu diesen Werten, übergeschichtlichen Größen, denen echtes Leben geweiht sein mußte. Freilich hatte ihn die Philosophie in ihrem bescheidenen und unschuldigen Wesen auch der tatsächlichen Wirklichkeit des Lebens entfremdet. Im Anschauen ihrer Schönheit war es ihm ergangen wie Pygmalion mit seiner Bildsäule. Als er aus seiner Selbstvertiefung auf die Arena

---

[17] Iselin a. a. O. (s. A. 14) S. 3.

der politischen Kämpfe hinaustrat, kam er sich vor wie in der Höhle Platons: Unordnung, Verwirrung und Dunkelheit umfingen sein Auge. Das helle Licht der Wahrheit und der Schatten der Welt traten einander in feindlicher Frontstellung gegenüber. Von da aus ging ihm der Gegensatz zwischen Empirie und Idealität, von Sein und Sollen in seiner fordernden Gewalt auf. Er bekannte: »Ich fand eine neue Nahrung für meine Seele an der Vergleichung dessen, das wirklich war, und dessen, das sein sollte[18]«.

Dieses Erlebnis wurde zum Einsatz seiner Geschichtsbetrachtung. Schon seine wirklichkeitsfremde Selbstvertiefung und Weltbetrachtung hatte ihn mit besonderer Liebe bei den Heroen der griechischen und römischen Vorzeit und bei den Erzvätern der Bibel festgehalten. Das Verweilen bei ihnen erweckte beinahe in ihm die Überzeugung, daß hier eine tiefe Notwendigkeit der menschlichen Natur vorliege. Wenn vor ihr die Aufgabe stand, Ordnung, Richtigkeit, Tugend, Gerechtigkeit und Erhabenheit darzustellen, so konnte sie sich nicht verhehlen, daß sie immer nur »Unordnung, Verwirrung, Falschheit, Scheintugend und betrügerische Größe«[19] hervorbrachte. Damit lag über Iselins Geschichtsbetrachtung ein niederdrückender Pessimismus. Er gestand ihn sich ein, unternahm aber im gleichen Atemzug, ihn entschlossen zu überwinden.

Eine zweite Untersuchung, die er leidenschaftslos anstellte, zeigte ihm an, daß die menschliche Natur als solche einen Vollkommenheitsgrad einschloß, der ein ruhiges und glückseliges Leben möglich machte. Freilich tritt die Aporie der Vervollkommnungslehre schreiend heraus: Der höchste Grad und damit die Erfüllung des Begriffs war nicht auf der beschränkten Ebene des menschlichen, irdischen Daseins zu erreichen. Die Möglichkeit eines überweltlichen Geschichtszieles oder die Fassung des Geschichtsbegriffes als einer unendlichen Bewegung tauchte auf. Erreichbar war nur eine eingeschränkte Stufe[20] — ähnlich wie schon der Begründer des lutherischen Pietismus, Philipp Jakob Spener 1675 in seinen Pia Desideria geurteilt hatte[21].

---

[18] Ebd. S. 6.
[19] Ebd. S. 6.
[20] Ebd. S. 7.
[21] Ph. J. Spener, Pia Desideria oder Hertzliches Verlangen nach Gott gefälliger Besserung der wahren Evangelischen Kirchen, Frankfurt (Main) 1675, S. 48, 15 Aland (zugrunde gelegt Ausg. v. 1676).

Im Dienste der Anbahnung eines solchen relativen Vollkommenheitsgrades standen Iselins Bemühungen. Aus den ewigen Wahrheiten über die menschliche Glückseligkeit und aus den Erfahrungen, die er mit der menschlichen Natur gemacht hatte, aus Vernunft und Geschichte holte er das heraus, »was« in seinen Worten, »die Menschheit am meisten bewegen könnte, ihre wahren Vorteile und die Rechte ihrer erhabenen Natur hervorzusuchen und zu gebrauchen«[22]. Es war also das Bestreben der Weltverbesserung, das ihn leitete.

Für seine weitere Gedankenführung ging er vom Menschen überhaupt aus, der ihm in Anlehnung an Rousseau im Menschen der urtümlichen Lebensstufe gegeben war. Der Mensch, so setzte er ein, ist geleitet von Trieben, unter denen der Lebenstrieb die erste Stelle einnimmt. Auf ihm beruhen alle anderen Rechte, die die Natur ihm verliehen hat. Der Lebenstrieb ist seinem Wesen nach unersättlich, der Geist sehnt sich beständig nach neuen Begriffen, das Herz nach neuen Gütern. Nichts widerstrebt ihm so sehr wie Untätigkeit. Aus dem Lebenstrieb ergibt sich biologisch der Fortpflanzungstrieb, der sich in Liebe und Ehe sozial und institutionell ausgestaltet. Das führt zum Arbeitswillen und Besitztrieb. Da nun aber der Mensch nicht isoliert mit seinem engsten Kreise, seiner Familie, lebt, sondern überall von Mitwesen gleicher Triebe und gleichen Rechtes umgeben ist, da er überall auf gleiche Ansprüche trifft, fordert die Natur Achtung vor dem Leben und dem Besitz der anderen. Die Goldene Regel, die den Wunsch der Behandlung durch den anderen als ethischen Maßstab aufstellt, »ist das erste, das erhabenste, das einfältigste Gesäzze der gesellschaftlichen Natur«[23].

Hier ist die erste Stelle, wo die Erfahrung in die Konstruktion einbricht. Wie stark und wie einschneidend das geschieht, zeigt sich darin, daß Iselin auf die Ableitung der gesamten Menschheit aus einer Urfamilie verzichtet, wie sie von seinem Ansatz aus naheläge. Wie einseitig er aber das gesellschaftliche Gefüge ansieht, offenbart sich darin, daß er kaum die Einschränkung betont, die das Dasein der anderen verlangt, als vielmehr die Möglichkeiten, die sich aus der Anwendung der Goldenen Regel ergeben. Aus ihr erwächst nicht nur die allgemeine Menschenfreundschaft, die einen jeden seinem Nächsten hilfreich beispringen

---

[22] Iselin a. a. O. (s. A. 14) S. 7f.
[23] Ebd. S. 14.

läßt, sondern sie bringt auch neue besondere Gemeinschaftsbildungen hervor, in denen die Menschen ihre Glückseligkeit gegenseitig fördern und steigern. Diese Einseitigkeit ist um so auffälliger, als er eingangs neben den Lebenstrieb in nahezu gleicher Stärke den Freiheitstrieb gestellt hat[24].

Das Bild dieser urtümlichen Lebensstufe fand er sowohl bei Hesiod als auch in der biblischen Urgeschichte. Feldbau, ruhige Arbeitsamkeit, Hilfsbereitschaft im äußeren Dasein, über allem eine individuelle und eine kollektive Glückseligkeit waren die konstitutiven Züge.

In einem schreienden Gegensatz folgte unmittelbar darauf das Bild der entarteten Gegenwart. — War dort der ursprüngliche Lebenstrieb das gestaltende Motiv, so hier zwei widernatürliche Leidenschaften, der Ehrgeiz und der Eigennutz. Auch an dieser Stelle könnte man wieder die geringe Denkkraft tadeln, die nicht — wie es Augustin in *de civitate Dei* getan hatte — die gemeinsame Wurzel beider in der Selbstsucht aufgrub. Die beiden Leidenschaften sind nach Iselins Meinung zu Eckpfeilern eines Gebäudes geworden, das in Politik und Wirtschaft seine Krönung, in der Schulerziehung seinen Unterbau erhält. Machtausübung bis zum Mißbrauch, willkürliche Staatsstreiche, Reichtümer und Handel bis zur Gewissenlosigkeit spielen sich in diesem Gebäude ab — Erscheinungen, die den Menschen zum Sklaven erniedrigen und ihm sogar seine Ketten lieb und wert machen. Offenkundig hat hier die Staatslehre von Thomas Hobbes Pate gestanden. Von ihr, dem zutreffenden Ausdruck des Jahrhunderts, gilt, daß sie nach und nach das ganze »System der Menschheit« untergräbt und die Liebe erstickt, weil sie die edelsten und stärksten Bande der Gesellschaft auflöst. Der entscheidende Vorwurf, der hier erhoben werden muß, lautet lapidar: Der Mensch, das Bild der Gottheit, wird erniedrigt[25].

Angesichts dieser Gegenüberstellung von einst und jetzt erwacht mit drängender Gewalt die Schuldfrage: Woher ist das alles so gekommen? Wenn die Natur den Menschen gut geschaffen hat, wenn sie den Trieb zur Vollkommenheit in ihn hineingelegt hat, wie konnte eine solche Fehlentwicklung eintreten? Iselin antwortete: Es ist die Einbildung, die alles verdorben hat. Ihr Werk besteht vor allem darin, den eingepflanzten

---

[24] Ebd. S. 10. Böhi a. a. O. (s. A. 12) S. 127 faßt den Freiheitstrieb als Sonderform des Lebenstriebes auf. Iselin jedoch stellt beide selbständig nebeneinander.
[25] Iselin a. a. O. (s. A. 14) S. 32f.

Vollkommenheitstrieb auf falsche Bahnen zu locken, indem sie ihm falsche Güter, falsche Ziele, falsche Hoffnungen vorgaukelte, in erster Linie Reichtum und Macht[26]. So wurde die wertvollste und zugleich gefährlichste Mitgift, der Vollkommenheitstrieb, der Grund zum Elend des Menschen. Die Zweideutigkeit, die er diesem Triebe mithin beilegte, war von seinem eigenen Ansatz aus nicht erreichbar. Sie läßt sich nur als christlicher Restbestand verstehen.

Worin liegt nun die wahre Vollkommenheit? »Das Hauptkennzeichen ist hier die Natur. Alles, was in den sinnlichen Vergnügungen den Absichten der Natur nicht gemäs ist, alles, was davon abweicht, ist schon schlimm, insonderheit, was über die Kräfte der Natur gehet. Die Mäßigung also ist die beste Regel, den Genuß des Vergnügens zu bestimmen. Hernach folgt die Ordnung. Die Ordnung in den Begierden und Empfindungen wird dadurch bestimmt, daß in vortreflicher, in dauerhafter, von wie grössern und bessern Folgen eine ist, man sie den andern vorziehen soll; und diejenige, die eine erhabnere hindert, ist schon daher schlimm[27]«. Im Stande der Natur ist also die rechte Mitte zwischen Trieb und Leidenschaft gegeben. Vollkommenheit heißt Einklang mit der Natur in Mäßigung und Ordnung. Christliches und stoisches dogmatisch-naturrechtliches Denken reichen einander die Hand.

Iselin begnügte sich nicht mit dieser allgemeinen psychologischen Ableitung, sondern ergänzte sie durch eine strenger historische Konstruktion, die wieder vom Vollkommenheitstrieb ausging. Mit der Anpassung an die Natur war dieser Trieb nur unzureichend bestimmt. Er gipfelte darin, daß er sich und den anderen wahrhafte Glückseligkeit verschaffte. Von da aus wurde die Umbildung der Arbeitsordnung in ein Herrschaftsverhältnis verständlich. Ursprünglich trieb jeder Mensch sein Werk für sich allein. Iselin entwarf die Urgeschichte der Menschheit in Form einer flüchtigen Skizze: Auf die vegetarische Nahrung folgte die Zähmung der Tiere, der Bau einer Behausung, die Erfindung des Bogens, die Ackerbestellung mit Hilfe des Viehs. Da erkannte ein kluger Mann, daß er die Arbeitsleistung der vielen zusammenfassen und dadurch auch jedem Beteiligten mehr Vorteile bieten konnte, als ihm die Einzelarbeit gewährte. Sein Beweggrund war dabei kein anderer,

---

[26] Ebd. S. 28, 35f., 39.
[27] Ebd. S. 43.

als Gutes zu tun. So wurde er Vater und Herr zugleich[28]. Die Dankbarkeit, die er von seinen Untergebenen empfing, verstärkte naturgemäß seine bevorzugte, übergeordnete Stellung[29].

Treffend war hier das ursprüngliche patriarchalische Gepräge des Dienstverhältnisses beobachtet, wenngleich der ganze Vorgang in unwahrscheinlicher Weise vereinfacht wurde. Aus dieser Arbeitsordnung erwuchs so die Ungleichheit der Stände, die — infolge der durchaus verschiedenen Gaben und Anlagen — so begrenzt werden müßte, daß kein Mensch gegenwärtig elender zu sein brauchte, als er im Stande der Natur gewesen wäre[30]. Die Ausbildung und Entartung des Herrschaftsverhältnisses ist aufs stärkste vom Boden und Klima mitbedingt. Ein Volk, das unter einem heißen Himmel in weiten Ebenen wohnt, wird träge und weichlich. Es unterwirft sich leicht dem Machtspruch eines einzelnen, häufig eines Fremden. Dort gedeiht der Despotismus auf dem seelischen Wurzelgrunde der Furcht und der Feigheit. In gebirgigen Gegenden waren die Menschen immer stark, entschlossen und freiheitsliebend. Hier vermochten sich nur kleine staatliche Gemeinschaften auszubilden, die jedem eine weitgehende Mitwirkung an der Macht beließen. Deutlich schwebte ihm hier das Vorbild der schweizerischen Kantone vor. Länder ohne alle Bodenschätze, denen nur rauhe und öde Gefilde zur Verfügung standen, züchteten Völker, deren gesamte Beschäftigung im Waffendienst bestand. In verheerenden Eroberungszügen überschwemmten sie fremde Gebiete. Dort genossen allein sie Rechte. Die Waffen wurden zum politischen Symbol, zum Zeichen der Ehre. So entstand der Adel[31].

In dieser letzten Staatsform, der Adelsaristokratie, läßt sich zugleich der Verfall am deutlichsten beobachten. Hier wurde die Ruhe zur Last. Da der Adel den Krieg brauchte, unternahm er Räubereien gegen die Bürger. Allmählich erschlaffte er, wozu der dauernde subalterne Aufenthalt am Hofe der Fürsten und der beständige Umgang mit Frauen wesentlich beitrug, da er die Menschen nötigte, in den Kleinigkeiten des Alltags die wesentlichen Ereignisse des Lebens zu erblicken. Damit schied der Adel tatsächlich aus der Geschichte aus.

---

[28] Ebd. S. 47 f.
[29] Ebd. S. 71.
[30] Ebd. S. 73.
[31] Ebd. S. 48 ff.

Die zweite Aristokratie trat auf den Plan, die des Geldes. Sie änderte das System des Staates völlig um: »Aus einer militärischen und politischen Regierung wurde eine kaufmännische[32]«. Sie benützte ihren Reichtum, um stehende Heere zu halten, die zugleich dem sonst abgedankten Adel eine Versorgung boten. Hier lenkte Iselin noch einmal zur psychologischen Betrachtungsweise zurück: Die Wurzel alles Übels ist die Eigenliebe, die Ausdehnung des Ichs[33]. Er sah nicht, daß er damit seine ursprüngliche Konzeption von der Güte des Menschen, von der naturgegebenen Vollkommenheit des Lebenstriebes preisgab.

Seine eigentliche Absicht führte er nun in den Verbesserungsvorschlägen durch. Rückkehr aus der Entartung der Zivilisation zur Natur — das wurde der Grundimpuls, der Kehrreim seiner aus Rousseau geschöpften Rufe. Aber er grenzte sich insofern gegen diesen ab, als er keine rückhaltlose Naturverklärung predigte. Besonders wandte er sich gegen seine Wissenschaftsfeindschaft. Sie zeigte seine Schranken unwiderleglich. Die Gelehrsamkeit ist nach Iselin nicht aus dem Staate zu verbannen, sondern in den Dienst der Erziehung zu stellen. Jeder Bürger ist von Kind auf über seine Pflichten aufzuklären; dazu bedarf es sowohl der Bildung als auch der Erziehung. Wissenschaft und Bildung sind vor allem der Religion unterzuordnen, die die Nachahmung Gottes fordert und die Erfüllung seines Willens als das höchste Lebensziel vorhält[34].

Rückkehr zur Natur, das hieß bei Iselin im Unterschied zu Rousseau nicht Rückfall in die Primitivität, sondern Rückkehr in die Schranken, die sie auferlegt. Vollkommenheit bedeutete Mäßigkeit. Das ist nun auf die einzelnen Triebe anzuwenden. Die Freiheit muß wieder als Befreitsein von allen Leidenschaften, im Kern als Herrschaft über sich selbst verstanden werden[35]. Im Ehrgeiz gilt es den positiven Ursprung und wahren Sinn, den Vollkommenheitstrieb wiederzuentdecken. Da alles menschliche Leben im Staate gipfelt, ist er auf diesen Trieb, auf den Willen, die eigene und die fremde Glückseligkeit, oder wie Iselin noch einfacher sagt, auf die Liebe zu gründen[36]. Das eigent-

---

[32] Ebd. S. 57.
[33] Ebd. S. 57.
[34] Ebd. S. 121 ff., 130.
[35] Ebd. S. 85 f.
[36] Ebd. S. 52.

liche Geheimnis gesunder Staatskunst besteht darin, alle Hindernisse der Liebe wegzuräumen. So konnte er die Urkirche, die durch den Geist der Liebe geleitet war, als Vorbild hinstellen[37] und die Mahnung zur Gottesliebe und Nächstenliebe als Inbegriff der Botschaft Jesu aufnehmen[38]. Er schloß wörtlich: »Der Mensch ist zur Tugend und zur Glückseligkeit gebohren; der Besitz der selben ist für ihn keine Unmöglichkeit; er darf nur der Stimme der Natur, der Vernunft und der Gottheit folgen[39]«.

Den kritischen Blick mutet dieses unmethodische Ineinander von positivistischer Einzelbeobachtung und einliniger rationaler Konstruktion, in dem es von Inkonsequenzen wimmelt, merkwürdig genug an. Auffällig ist auch, daß die »Einbildung« zu einem beinahe mythologischen Wesen gesteigert wird. Und doch sind darin die entscheidenden Züge der Aufklärung wiederzuerkennen, nämlich zunächst der Blick für die Realitäten des Lebens, insbesondere für den Staat, der Universalismus der Betrachtung, der Ausgang von der Primitivität in methodischer, der Vollkommenheitsglaube, die Würde des Menschen in inhaltlicher Hinsicht, der darauf gegründete entschlossene Wille zur Weltverbesserung in praktischer — die Einführung des Nützlichkeitsdenkens. Wie bei Voltaire wird die Geschichte zum Widerspiel zwischen Vernunft und Unvernunft, zwischen Vollkommenheit und Entartung. Welche Möglichkeit bot der fruchtbare Einsatzpunkt beim Lebenstrieb als Urfaktor der Geschichte! Wie hätte er sich in Verbindung mit dem Vollkommenheitstrieb zu einer Bildungsgeschichte der Menschheit emporheben lassen!

Das war Isaak Iselins Erstling. Er zeigte bereits alle wesentlichen Eigentümlichkeiten seiner Schriftstellerei: die schlichte Klarheit, das Schwanken zwischen gedanklicher Ableitung und anschaulicher Schilderung, zwischen wissenschaftlicher Untersuchung und literatenhaft gefälliger Darstellung, ja vielleicht zwischen Traum und Wirklichkeit, sowie die entschiedene Wendung zur praktischen Konsequenz. Das alles führte den Verfasser als einen jungen Zeitgenossen, der die Bestrebungen des Zeitalters verstanden und sich zu eigen gemacht hatte, vorteilhaft bei den Lesern ein.

---

[37] Ebd. S. 180f.
[38] Ebd. S. 179.
[39] Ebd. S. 191.

Neun Jahre später trat er, wieder anonym, mit seinen umfassenden »Philosophischen Mutmaßungen über die Geschichte der Menschheit« (1764)[40] hervor, die bald die zweite Auflage (1768, ohne »Philosophische Mutmaßungen«) und bis 1786 noch zwei weitere erreichten. Dieses so häufig wiederverlangte Buch hat ihn eigentlich berühmt gemacht. Es ist dabei nicht unwesentlich, daß es auf einen liegengebliebenen Jugendentwurf zurückging, zu dessen Ausführung ihn seine Freunde bei der Gründung der Helvetischen Gesellschaft 1762/63 ermutigten[41]. Aber das Werk macht gegenüber den »Träumen« von 1755 einen reiferen Eindruck. Die Gedankendarbietung hat eine ganz neue Geschlossenheit erreicht. Von Satz zu Satz schreitet die Grundlegung in Definitionen fort, die sorgfältig den Sprachgebrauch festlegen. Schon die einleitende Widmung an die menschenfreundliche Gesellschaft stellt das Grundproblem der Geschichtsphilosophie, das Verhältnis von Abstraktion und Konkretion, in den Mittelpunkt: »Welch ein Unterschied ergibt sich nicht zwischen dem Menschen des Philosophen und zwischen dem Menschen des Geschichtsschreibers? Wie einfach ist nicht der erstere in den meisten psychologischen Lehrgebäuden. Unter wie unendlich verschiednen Gestalten zeigt sich nicht der andre dem aufmerksamen Beobachter[42]«.

Den Ausgangspunkt bildet eine dichotomische Psychologie, der die Einheit von Leib und Seele eine unproblematische Voraussetzung ist. Sinnlichkeit und Vernunft sind in antiker Weise die beiden großen Mächte, die sich im Menschen um die Herrschaft über ihn streiten. Eng mit der ersten hängt die Einbildung zusammen, die darum von der zweiten Auflage des Werkes an eine selbständige Rolle zugesprochen

---

[40] Vgl. über sie außer Böhi (s. A. 12) die methodisch sorgfältige philosophische Dissertation von H. Girgensohn, Das Problem des geschichtlichen Fortschritts bei Iselin und Herder, Erlangen 1913, und die genaue Inhaltsangabe bei M. A. Regli, Isaak Iselins Geschichte der Menschheit, eine Vorarbeit zu Johann Gottfried Herders »Ideen zur Philosophie der Geschichte der Menschheit«, Philos. Diss. München 1919, die jedoch nicht zuverlässig ist.

[41] Vorbericht zur 2. Auflage, Zürich 1768, S. 3f.

[42] Iselin, Über die Geschichte der Menschheit. Philosophische Mutmassungen, Frankfurt (Main) und Leipzig 1764 I, Bl.)(4 ; ähnlich I, S. 81: »Ist aber der Mensch, den wir in der Abstraction zu finden geglaubet haben, in der Natur derselbige, oder ist er ganz etwas anders? und wo sollen wir uns hinwenden, um diese Prüfung anzustellen? sollen wir den wahren Menschen in den Wäldern von Nordamerica suchen oder sollen wir glauben, den wir kennen, habe die Vollkommenheit noch nicht erreicht, welche in glücklichern Tagen sein Loos seyn soll?«

erhält und die Dichotomie zur Trichotomie fortbildet. Diese Gegensätzlichkeit ist nicht eigentlich Kampf, wie ja die Aufklärung ihrer ganzen Anlage nach, den Gedanken des Kampfes nur schwer fassen konnte. Sie ist vielmehr ein Ringen um das Erreichen der höheren Stufe. Die Sinnlichkeit bedeutet nicht Schlechtigkeit, sondern ein unentwickeltes Stadium. Von da aus wird die Menschheit klassifiziert. Es gibt solche, bei denen die Herrschaft der Sinne und der Einbildung noch völlig ungebrochen waltet, und solche, die sich von der Vernunft lenken lassen. Da die Übermacht der Sinne für viele Dauerzustand bleibt, läßt sich ein Volk nur nach der inneren Verfassung der eigentlichen Träger des geistig-geschichtlichen Lebens und nach der inneren Prägung der Mehrzahl beurteilen. Hier schiebt sich in die rationale Konstruktion der durch die Erfahrung geschärfte soziologische Blick und die harmlose quantifizierende Betrachtungsweise ein. Eine völlige Aufsaugung der niederen Stufe durch die höhere findet nicht statt. Dort, wo ein Volk im wesentlichen von den Sinnen beherrscht erscheint, steht es auf der Stufe der Natur; dort, wo die Einbildung die maßgebende Rolle erlangt hat, auf der Stufe der Wildheit oder der Barbarei; dort, wo die Vernunft die bestimmende Macht geworden ist, auf der höchsten Stufe, derjenigen der Gesittung. Zu der seelischen Mitgift gesellen sich die äußeren Einflüsse. In dieser Wechselwirkung baut sich die Geschichte der Menschheit im dreistufigen Fortschritt von der Natur zur Wildheit und zur Gesittung auf. Geschichte ist Kulturgeschichte, wobei das äußere Kulturmaß als getreuer Spiegel der inneren Bildung genommen wird.

Dieses Schema wird mit konkretem Inhalt gefüllt: Der Naturzustand läßt sich dem Kindeszustand des Einzelmenschen vergleichen. Die Triebe sind die einzigen Motive aller Handlungen. Die Welt erscheint begrenzt und wird völlig auf das eigene Ich bezogen. Es fehlt die klare Erkenntnis der Wirklichkeit, in Iselins Worten: »eitle Schattenbilder« bestimmen die Gedanken und Entschlüsse. Davon legen die Fabeln und Märchen Zeugnis ab, insbesondere die wilde Mythologie der primitiven Völker. Alles, was aufregt, findet stärksten Widerhall, daher beobachtet man bei ihnen die Wertschätzung von Musik und Tanz. Alle geistige Mitteilung wird auf Autorität hin angenommen. Trotzdem ist der weiterführende, nach oben weisende Trieb zur Vollkommenheit schon da. Die Menschheit tritt in ihr Jugendstadium ein[43].

---

[43] Ebd. I², S. 163 ff.

Mehr und mehr gewinnt die Einbildung die Oberhand. Sie spiegelt dem Menschen Wahnziele vor, aus dem Eigentumsbegriff entwickelt sie den Neid, der sich in Haß und im Willen zur Grausamkeit aus Habsucht fortsetzt. So entsteht das Stadium der Wildheit, das sich in beständigen Kriegen auswirkt — ein Nachklang von Hobbes. Der Freiheitsdrang wird zur Zügellosigkeit, das Recht zur rücksichtslosen Machtausübung, die Tapferkeit zum Leichtsinn entstellt. Ja, wie in der Jugend des Einzelmenschen schwanken auch die Völker in diesem Stadium zwischen entgegengesetzten Empfindungen hin und her. Trägheit und Verwegenheit, Gewaltsamkeit und Empfindlichkeit bemächtigen sich ihrer. Im Volksleben kommt diese Unsicherheit im Wohlgefallen an Putz und Schauspiel, an Musik und Tanz, schließlich im Trunk und Rausch zum Ausdruck. Man sieht, wie Iselin die beiden ersten Stadien nicht scharf gegeneinander abgrenzt. Der typische Aufklärer kam in dieser rein negativen Bewertung der Wildheit zum Ausdruck, das positive Moment, das im Begriff der Jugend liegt, vermochte er nicht fruchtbar zu machen.

Um so strahlender erhebt sich nun die höchste Stufe, das Mannesalter, die innere und äußere Verfassung der Menschheit, die durch Vernunft und Gesittung gekennzeichnet ist. Hier bildet die Verfeinerung der Empfindungen und die Erhöhung der geistigen Tätigkeit den eigentlichen Hebel. Die altruistischen Gefühle treten immer mehr hervor: es erwächst wirkliche Hilfsbereitschaft, Geschlechter und Stämme schließen zur Verteidigung gegen feindliche Bedrohung Bünde. Daraus entstehen die von Iselin so sehr geliebten kleinen Staaten, in denen der Grundsatz des Gemeinwohls zum Siege kommt. Von da aus rücken die friedlichen, aufbauenden Tätigkeiten gegenüber den zerstörenden, kriegerischen in den Vordergrund, die Arbeit, die Erzeugung von Gütern, schließlich die Kunst und die Wissenschaft. Alles wird von der Religion gekrönt, die dem Gewordenen Geltung und Würde verleiht, die insbesondere der staatlichen Verfassung Kraft und Dauer gibt.

In kulturmorphologischer Betrachtungsweise wird nun dieses Schema auf den wirklichen Geschichtsverlauf angewandt. Die orientalischen Völker der Vorzeit stellen die Kindheitsstufe des ganzen Menschengeschlechts dar, und zwar vor allem durch die Einförmigkeit, die sich in allen ihren geistigen Leistungen aufdrängt, in ihrer Kunst wie in ihrer, meist von Priestern geformten Weltdeutung, auch in ihrer Regierungsweise. Überall sind nur wenige hervorgehobene Menschen geistig selbständig tätig; die meisten übernehmen alles auf Autorität. »Alle Bürger waren Kinder oder Knechte, die von dem Winke ihres Vaters oder Herrn abhingen[44].« Der seelisch-geistigen Trägheit des ganz auf sich und seinen engen Kreis beschränkten orientalischen Untertanen entsprach es, daß sich hier der Despotismus ausbildete.

Im Jugendalter der Menschheit stehen Griechen und Römer. Die Maßlosigkeit ihrer Einbildung zeigt vor allem ihr politisch-militärischer Eroberungsdrang, der ganz besonders heftig im römischen Reiche wütete und wucherte, aber auch die frühe Geschichte Griechenlands in Selbstzerfleischung auflöste. Auf der anderen Seite brachte der Reichtum dieser Einbildungskraft die hohe Blüte der griechischen Dichtung und Kunst hervor, während ihre Philosophie noch der eigentlichen Reife und des gediegenen Ernstes ermangelte. Auf dem Gebiete der geistigen Leistungen drückt sich die Unselbständigkeit der Jugend am stärksten im Römertum aus, das den Ertrag der griechischen Bildung einfach sklavisch übernahm.

Schnell welkte diese Stufe dahin. Das Christentum trat auf den Plan und führte die europäischen Völker nach dem langen Intermezzo des finsteren Mittelalters — Iselin war einer der Klassiker für diese abwertende formelhafte Bezeichnung — zu wahrhafter Gesittung. Die Erfindung der Buchdruckerkunst und die Flucht der byzantinischen Gelehrten nach Italien infolge des Falls von Konstantinopel durch die Türken bedingten den Aufschwung des europäischen Geisteslebens, der über die Renaissance und die Reformation bis zur gegenwärtigen Aufklärungsbewegung, von Bacon und Descartes bis zu Leibniz und Wolff verfolgt wird. Aber so hoch diese gepriesen wird, so stellt sie doch nicht den Gipfel dar: Der Zusammenfall von Glückseligkeit und Tugend, das eigentliche Ziel des Geschichtsablaufes, steht noch aus[45]. Immerhin darf gesagt werden: »So gering noch der Grad von Vollkommenheit ist, welchen die Staaten in unsern Zeiten erlanget haben, so genießen doch die Völker unzählige der edelsten Güter[46]«.

So ist auch diese Geschichtsbetrachtung wie seine früheren eine Vervollkommnungslehre. Freilich ist die Verherrlichung des Anfangszustandes nach dem Vorbilde Rousseaus aufgegeben. Geschichte bedeu-

---

[44] Ebd. II², S. 104f.
[45] Ebd. II¹, S. 291.
[46] Ebd. II¹, S. 286.

tet Fortschritt, zu dessen Veranschaulichung die Lebensaltertheorie benutzt wird. Jedoch wird sie nicht als einziges Deutungsmittel aufgeboten. Ihre konkrete Anwendung zeigte überall, daß sie undurchführbar war. Sie reichte nicht aus. Das Werden der Menschheit hat sich nicht in den Stufen des organischen Lebens vollzogen, sondern ist durch schwere Erschütterungen zu Rückschritten genötigt worden. Ja, schon bei der abstrakten Aufstellung des Schemas fiel Iselin aus dem Rahmen, indem er die Jugend fast ausschließlich negativ bewertete. Zu welch grotesken Fehlurteilen er dabei gelangte, machte die Bewertung der griechisch-römischen Antike deutlich.

Aber wie in seiner Erstlingsarbeit verschafften sich neben dem abstrakten Vollkommenheitsprinzip positivistische Elemente in der Geschichtsdeutung Geltung und Einfluß, vor allem die Einwirkungen von Boden und Klima. Was er dort allgemein gesagt hatte, wandte er hier konkret an und weitete das dort nur für die staatlichen Formen Behauptete über alle Lebensgebiete hin aus. Dabei fiel ihm erstaunlicherweise nicht auf, daß er in Widerspruch mit sich selbst geriet. Das milde Klima weiter Landstriche des Orients begünstigte nicht nur die organische Staatenbildung, sondern auch die Kunst, die zu großen Entwürfen kam[47]. Entsprechend verstand er die hohen Kulturleistungen der Griechen als Auswirkungen ihrer günstigen geographischen Lage, die die Mitte zwischen der Weichlichkeit des Orients und der Rauheit des Nordens hielt[48].

Ganz besonders deutlich waren für ihn die klimatischen Bedingungen an den Wanderungen der Germanen abzulesen. Der Übergang in den sonnigen heißen Süden mußte zwar ihre ganze Wildheit zum Ausdruck bringen, da ihre Einbildungskraft mächtig angeregt und aufgeregt ward, andrerseits überwanden sie dieses Stadium schneller, als es im Norden der Fall gewesen wäre.

Zu den gestaltenden Einflüssen des Klimas gesellten sich die des geistigen Austausches, wie er durch das Vorbild des Einzelmenschen, das zur Nachahmung reizte, durch die Weitergabe von Kulturgütern und durch das Aufschließen neuer Kulturräume dargestellt wird. Die Berührung der Germanen mit der antiken Kultur[49], die Aufnahme

---

[47] Ebd. II², S. 76.
[48] Ebd. II², S. 133.
[49] Ebd. II², S. 282.

der griechischen Bildung im spätmittelalterlichen Italien[50], die Einwanderung der französischen Hugenotten in Brandenburg-Preußen infolge der Aufhebung des Edikts von Nantes[51] stellten dafür die eindrucksvollsten Beispiele dar.

Jedoch die höchste geistige Einwirkung übte die Religion aus. Wie sie bei den Orientalen als priesterliche Lehrüberlieferung die gesamte Weltbetrachtung und Lebensdeutung vermittelte, wie sie bei den Griechen zur Heroisierung der Wohltäter für die Menschheit führte, der Dichtung ihren äußeren und inneren Antrieb durch die feierliche Situation des Gottesdienstes gab und ihr den erhabenen Inhalt zur Verfügung stellte, so hat schließlich das Christentum den Hauptanteil an der Bildung der europäischen Völker gewonnen. Denn es schuf die wahren Begriffe von der Reinheit der Sitten; es bewirkte die Zusammenarbeit in Wissenschaft und Kunst; es schränkte die Kriege ein, die die Völker auseinandertrieben, indem es an die Stelle der Wut und der Wildheit die positive Lebensbewährung in der Nächstenliebe als Aufgabe setzte.

Die Schranken dieser Geschichtsanschauung sind nicht zu übersehen und bereits bemerkt[52]. Sie treffen die Aufklärung allgemein, als deren beredtester Wortführer der Basler Ratsschreiber für das zentrale Feld der Geschichte und ihrer Problematik auftrat. Man wird sie in erster Linie auf das Messen jeder Erscheinung an dem einen unveränderlichen Ideal des vollkommenen Menschen und der vollkommenen Menschheit zurückführen, das keinen Sinn für geschichtliche Besonderheit möglich macht. Darüber hinaus tritt überall hervor, daß die Denkmittel nicht zureichen und infolgedessen nirgends bis zu Ende angespannt werden, vor allem die Lebensaltertheorie. Jedoch darf man nicht übersehen, daß die weitgehend negative Bewertung anderer historischer Situationen, die in den freigebig ausgestreuten negativen Urteilen zu Worte kommt, von einem weiteren Prinzip zum Teil wieder aufgehoben wird, das bereits an die hegelsche »List der Vernunft« erinnert. Die Vernunft ist kaum anders erreichbar als durch die Abgründe, in welche die Einbildung die Menschen und Völker gestürzt hat. An der Geschichte Roms führte Iselin die Fruchtbarkeit der inneren Erschütterungen vor[53].

---

[50] Ebd. II², S. 319.
[51] Ebd. II², S. 361, 365.
[52] Girgensohn a. a. O. (s. A. 40), S. 19 ff.
[53] Iselin a. a. O. (s. A. 42) II², S. 215 ff.

Auch das Schicksal der Germanen in Südeuropa diente ihm als Beweis. Vor allem ließ sich nach seiner Meinung das Mittelalter gar nicht anders als so verstehen. Von da aus erkannte er die auflösenden Folgen der Reformation in ihrer Notwendigkeit und würdigte die englischen Revolutionen als unvermeidliche Vorstufen zur Verwirklichung der wahren Freiheit[54].

Ein letzter fruchtbarer Gesichtspunkt erwuchs ebenfalls aus dem Widerstreit von Ideal und Wirklichkeit, ging aber seinem Inhalt nach wesentlich tiefer. Iselin unterwarf die christliche Religion einer doppelten Betrachtungsweise. Auf der einen Seite erblickte er das äußere, institutionelle, geschichtlich faßbare und darum der geschichtsphilosophischen Kritik zugängliche Christentum der Formen, Gebräuche und Meinungen. Ebenso stark betonte er aber, daß in, mit und unter diesem das wahre, innerliche Christentum, die unsichtbare Kirche als unmittelbare Wirkung der Gottheit lebte[55]. Nur scheinbar war hier die Spannung zwischen dem Geschichtlichen und Übergeschichtlichen platonisiert. In Wirklichkeit war sie als Bestandteil der Geschichte selbst erkannt, anerkannt und in ihre tiefere Dynamik einbezogen.

Das äußere Christentum, das sich in Gebräuchen, Zeremonien und Formeln kundgab, ließ also Iselin nicht als unmittelbare Wirkung Gottes gelten. Es war das Kleid, welches die Menschen der erhabensten Lehre gegeben hatten; es war, konkret historisch ausgedrückt, die Meinung des Papstes, Luthers, Zwinglis. Trotzdem wäre es irrig, ihm geschichtliche Wirkung abzusprechen. Im Gegenteil: Sein Einfluß auf die Sitten, auf die Gesetze der Völker, auf die Wissenschaften war bedeutend. »Durch dasselbe«, so schloß er ab, »haben die Geister und die Gemüther aller europäischen Völker einen ganz besondern Schwung bekommen. Dasselbe hat diesem ganzen Welttheile eine durchaus veränderte Gestalt gegeben[56]«.

Blickt man zurück, so erhält man folgendes Bild von der aufklärerischen Geschichtsphilosophie, wie sie Iselin zur Sprache brachte:

1. Zwei Triebe, die tief und ursprünglich in der Menschenbrust angelegt sind, haben das gesamte Gefälle der Geschichte bestimmt: der Lebenstrieb und der Vollkommenheitstrieb. Geschichte beruhte von

---

[54] Ebd. II¹, S. 218ff. II² S. 347, 358.
[55] Ebd. II¹, S. 159f.
[56] Ebd. II¹, S. 160.

Anfang bis zum heutigen Tage auf ihnen. Der eine, naturhaft, gewährleistete das unmittelbare Leben, der andere, aufgegeben und fordernd, steigerte es und brachte es unter verpflichtende Normen. So trieb das unmittelbare Leben beständig über sich hinaus. Es war nie mit sich selbst zufrieden, weder quantitativ, noch qualitativ. Der erste pflanzte es fort, der zweite läuterte es. Theologisch gesehen, erhoben sich so die beiden Größen, die Schöpfung und das Gesetz, als Urgegebenheiten. Auf ihnen ruhte das Universum.

2. Die Entwicklung der Menschheit vollzog sich in Stufen von der Urtümlichkeit über die Wildheit zur Gesittung. Das Gesamtgesetz hieß Fortschritt.

3. Diese Entwicklung trug ebensowohl ethischen wie intellektuellen Charakter. Dabei lag auf der ethischen, sittlichen Qualität der Nachdruck. Obwohl Iselin mit der Aufklärung die Orientierung an der Glückseligkeit teilte, führte er bereits darüber hinaus. Glückseligkeit gab es für ihn nur als sittliche Bewährung. Glücklich war nur der, der über sein eigenes Vergnügen hinaus das Glück seines Mitmenschen und der ganzen Menschheit förderte.

4. Die natürlichen Vorbedingungen wie das Klima waren dabei nicht bedeutungslos. Das hieß: Der Mensch lebte nicht bloß von seinem Wollen und von seinem dunklen Drange. Er unterlag Größen, die vor ihm da waren und von denen er sich nicht unabhängig machen konnte. Anders ausgedrückt: Er war in einen umfassenden Zusammenhang mit dem Kosmos verflochten, den er nicht abstreifen konnte.

5. Jedoch folgte daraus nicht, daß er willenlos war. Ein Determinismus, wie er dem Schüler und Bewunderer Leibnizens, der er war, naheliegen konnte, lag dem Basler Denker fern. Der Mensch blieb voll verantwortlich für das, was er tat und was er unterließ.

6. Die christliche Gesamtauffassung von Mensch und Welt wurde durchaus bestätigt. Freilich darf nicht übersehen werden, daß das christliche Urwort von der Sünde fehlte. Trotzdem wurde das Versagen des Menschen ernst genommen, wenn auch die Schlüsselstellung der Erbsünde nicht erreicht wurde. Immerhin wies Iselin deutlich genug in die Richtung von Kant, sowohl mit dem Primat der praktischen, sittlichen Vernunft vor der theoretischen, erkennen-

den, als auch mit einer Ahnung der menschlichen Fehler, die Kant in sein großes Wort vom radikalen Bösen faßte.

7. So wie der kosmische Zusammenhang des menschlichen Lebens unleugbar war, so auch der soziale. Der Mensch lebte nicht für sich, ja, er wäre verkümmert in der Isolierung. Träume wie Defoes Robinson Crusoe oder Rousseaus Lobpreis der Wildheit, über die Voltaire spottete, daß er ihm Lust gemacht habe, auf allen Vieren zu laufen, wies Iselin ab. Umgekehrt hieß es bei ihm: »So war der Umgang mit seinesgleichen schon in den ersten Anfängen der Gesellschaft für den Menschen das köstlichste aller Güter[57]«.

8. Auch wenn eindeutig der Mensch im Mittelpunkt dieser Geschichtsschau stand, hing doch nicht alles von ihm ab. Über ihm waltete — außer seiner Bindung in den universalen Zusammenhang des Kosmos und der Menschheit — die »höhere Vorsicht«. Gott selbst leitete und gestaltete die Geschichte. Auch wenn die Entwicklung einseitig als Fortschritt aufgefaßt war, wurde ihr Herr nicht überflüssig. Er verschwand nicht, wenn er sich auch selten spektakulär sichtbar machte. Er wirkte als verborgener Erzieher.

9. Dem ganzen Geschichtsverlauf wohnte eine organische Folge inne. Nichts geschah sprungweise. Das antike Wort, daß die Natur keinen Sprung macht, ursprünglich von Aristoteles ausgesprochen, dann von späteren Naturdenkern wiederholt, galt auch für Iselin. Es arbeitete sowohl den Romantikern als auch Goethe mit ihrer organischen Naturanschauung vor. Auch die Lebensaltertheorie wies in die gleiche Richtung. Die Menschheit war als ein Organismus vorgestellt.

10. Schlechthin beherrschende Bedeutung kam in dieser Geschichtsdeutung dem Prinzip der Ordnung zu. Fast möchte man urteilen, daß hier eine Nachwirkung des antiken, durch Augustin aufgenommenen und an das Mittelalter weitergegebenen *ordo*-Gedankens vorlag. Eine ungeordnete Welt, einen ungeordneten Geschichtsverlauf konnte sich der Aufklärer nicht vorstellen. Ordnung hieß das große Wort, das alles trug und gestaltete. Möglicherweise hatte es Iselin nicht unmittelbar aus der augustinisch-scholastischen Tradition

---

[57] Ebd. I¹, S. 136.

empfangen, sondern von Leibniz. Trotzdem stand die größere Überlieferung dahinter und verlieh ihm verstärkten Nachdruck.

Diese zehn Punkte bezeugen das Gewicht, das dieser in so anspruchsloser Sprache und in so lockerer Gedankenführung vorgetragenen Geschichtsanschauung innewohnte. Sie widerlegen zugleich an ihrem Teil das Vorurteil von der unhistorischen, rein naturrechtlichen Denkweise der Aufklärung. Hier war vielmehr die Geschichte als die Welt des Menschen und der Menschheit ernstgenommen und als Aufgabe für geistige Bewältigung voll bejaht, auch wenn die angewandten Kategorien dafür nicht ausreichten. Es war vor allem ein Problem, das Iselin noch entging und das erst Kant anpackte: das Phänomen der Zeit. Das Verhältnis des Menschen zur Zeit und das Verhältnis der Zeit zur Geschichte läßt sich zwar nicht völlig übergehen und übersehen. Aber es wurde noch nicht in den Rang eines Gegenstandes für die selbständige Reflexion erhoben. Jedoch auch bei Kant geschah das immer noch nicht in der erforderlichen Strenge. Ihn beschäftigte die Zeit als Voraussetzung für das Vorstellen und Denken, als Anschauungsform des Verstandes. Die für den Betrachter und Beurteiler der Geschichte entscheidend notwendige Fragestellung fand erst Herder, der die Zeit als Erlebnisform ins Auge faßte. Das Verhältnis zwischen der mathematisch meßbaren und theoretisch analysierbaren Zeit und der erlebten Zeit ging auch ihm nicht auf. Dies hatte bis zu Martin Heidegger in unserem Jahrhundert zu warten; er erst stellte im strengen Sinne die Frage nach dem Sein in der Zeit und seinen Grundbefindlichkeiten.

Iselin war ein Durchschnittsdenker von zweitem Range. Jedoch wäre es ein Unrecht wie ein Irrtum, ihn deswegen zu verachten. Denn er brachte in leichter, gefälliger Form zum Ausdruck, was die nachdenklichen Menschen der Aufklärung erfüllte. Ein Mann, der ihn überragte, wurde bald Lessing, besonders in seiner knappen Schrift »Die Erziehung des Menschengeschlechts«, wo er den Offenbarungsbegriff durch den Erziehungsbegriff ersetzte und damit eliminierte — eine folgenreiche Operation, die bis zu Ernst Troeltsch und seiner bewußten Preisgabe des Offenbarungsbegriffes für die Theologie nachwirkte. Prüft man jedoch Lessings Aufstellungen genauer und vergleicht sie mit denjenigen Iselins, so findet man kaum Unterschiede. Beide betrachten die Geschichte als göttliche Erziehung. Beide sind überzeugt, daß sie in Stufen vor sich geht. Beide qualifizieren sie völlig von ihrer Innenseite aus als Bildungsgeschichte. Als eigentlicher Unterschied bleibt bestehen, daß Lessing eindeutig — und einseitig — das Gottesverhältnis in den Mittelpunkt rückte. Das sicherte seinem Entwurf sofort die Aufmerksamkeit der Theologie — im gleichen Maße, wie Iselins Parallelentwurf, der immerhin der bedeutendste und wichtigste Vorläufer für Herders Geschichtsphilosophie war, unbeachtet blieb[57].

Zu den wichtigsten Eigenschaften in diesem Entwurf muß der enzyklopädische Charakter gerechnet werden. Hier war noch deutlich, daß das Ganze der Menschheit wie der Mensch in seiner Gesamtausstattung die Grundlage für das Nachdenken bildete, und daß nur eine solche Anschauung ernsthaft in Betracht kam, die diesem Anspruch genügte. Gegenüber der Spezialisierung, die im 19. Jahrhundert im Zeichen des Positivismus einsetzte, gegenüber der Selbstbeschränkung auf die bloße Feststellung des Feststellbaren, war hier noch einmal — zum letzten Male — der Universalismus kraftvoll und entschieden am Werke. Er stammte aus keiner anderen Quelle als aus der christlichen Überlieferung. So wie die christliche Botschaft die schroffen Gegensätze einerseits zwischen Juden und Heiden, andererseits zwischen Hellenen und Barbaren in der Alten Welt überwunden und die Universalgeschichte als Wirkung der Heilsgeschichte, des zur historischen Gestalt gewordenen Heilswillens Gottes mit der ganzen Menschheit, begründet hatte, so galt hier bei Iselin und erst recht später bei Herder die Menschheit als Einheit. Dementsprechend bot sich ihre Entwicklung als ein im Grunde geschlossener, in den wesentlichen Zügen ähnlicher und darum vergleichbarer Vorgang dar. Darin spiegelte sich der christliche Ursprung und die christliche Qualität. Beide machten echte Enzyklopädie möglich. Somit beruhte der enzyklopädische Sinn der Aufklärung, der zu ihren hervorstechenden Eigentümlichkeiten gehörte, nicht nur auf der statischen naturrechtlichen und naturwissenschaftlichen Grundlage, die alle Lebewesen miteinander verband, sondern auch auf der dynamischen Tatsache eines gemeinsamen Entwicklungsganges, der sich als Universalgeschichte kundgab. Es ist bemerkenswert, daß der Wille zur Universalgeschichte mit ihr verlorenging und auch heute, im Zeichen der erneuer-

---

[58] Hier ist ein Bewußtseinswandel nötig. Auch M. Doerne, der in seiner bedeutenden wegweisenden philosophischen Dissertation, Die Religion in Herders Geschichtsphilosophie, Leipzig 1927, Iselin im Anschluß an Regli und Girgensohn wiederholt heranzieht, schließt sich S. 56 A. 1 der Warnung R. Festers (Rousseau und die deutsche Geschichtsphilosophie, Stuttgart 1890, S. 40ff.) vor der Überschätzung Iselins an.

ten Wiedergeburt ihres Geistes und ihres Wissenschaftsbegriffs, nicht wieder belebt worden ist.

Alle diese Beobachtungen geben dem Theologen, der die Sinnfrage stellt und soweit als möglich zu beantworten sucht, zu denken. Wenn er ihr angesichts der nationalen, sprachlichen, kulturellen, sozialen, soziologischen und ideologischen Zersplitterung und Zerfahrenheit der modernen Welt, der als einheitliche Züge und einheitstiftende Kräfte nur formale Größen entgegenstehen, wie die technische Zivilisation und der politische Wille zur Macht, nachgeht und in wachsende Verlegenheit gerät, so könnte es sein, daß er nach früheren Lösungsversuchen und Angeboten Ausschau hält — nicht als Vorbildern, sondern als Verkörperungen von Teilantworten, deren Wahrheitsgehalt untersucht und in gegenwärtige Neuformulierungen aufgenommen werden müßte. Dabei könnte ihm vielleicht der entschieden vom Leben und vom Lebenstrieb ausgehende, von der Vollkommenheit als Ziel gefesselte, im Kern ethisch qualifizierte Denker der ernsten Aufklärung trotz der Schwäche, die seinem Gottesgedanken anhaftete, trotz seiner mangelnden Einsicht in die Sünde als Grundfaktor der Geschichte, die ihre Qualifikation als Fortschritt vereitelt, eine begrenzte Hilfe gewähren.

Semlers Dogmengeschichtsschreibung und Traditionskritik —

Zur Analyse der Argumente und Kriterien

Gottfried Hornig, Bochum
4630 Bochum, Auf dem Aspel 36

Die Anfänge der protestantischen Dogmengeschichtsschreibung liegen in der Aufklärungstheologie, welche die Verselbständigung der Dogmengeschichte zu einer eigenständigen theologischen Disziplin vollzogen hat. Einen präzisen und genau abgegrenzten Dogmenbegriff besitzt man in diesem Anfangsstadium der Forschung freilich noch nicht. Zur Dogmengeschichte wird die Gesamtheit der christlichen Glaubenslehren gerechnet, so daß Dogmengeschichte und Theologiegeschichte praktisch identisch sind. Es sind weder apologetische Absichten einer Rechtfertigung der geltenden Kirchenlehre noch rein historische Interessen gewesen, welche die dogmengeschichtliche Forschung vorantreiben. Vielmehr ist von Anfang an ein emanzipativer Impuls wirksam, der sich aus dem Absolutheitsanspruch und der fortdauernden Geltung von Dogmen, Lehrbekenntnissen und theologischen Systemen zu lösen sucht.

Sowohl die Dogmenkritik der Arminianer und Sozinianer als auch der Verfallsgedanke der pietistischen Kirchenkritik haben auf die kritische Dogmengeschichtsschreibung der Aufklärungstheologie eingewirkt. In einem Brief des Abtes J. Fr. W. Jerusalem aus dem Jahre 1747 taucht zum ersten Mal auf dem Boden des deutschen Protestantismus die Idee einer Dogmengeschichte auf. Doch der Plan, den Jerusalem für eine kritische Darstellung der Dogmengeschichte entworfen hatte, ist durch ihn selbst nicht verwirklicht worden[1].

---

[1] K. Aner, Die Historia dogmatum des Abtes Jerusalem, ZKG XLVII/NF X, Gotha 1928, S. 76—103.

I

Die folgenden Ausführungen wollen weder ein Gesamtbild von Semlers Dogmengeschichtsschreibung zeichnen noch auf seine teilweise sehr differenzierte Beurteilung einzelner Epochen und Theologen näher eingehen. Wir beschränken uns vielmehr auf eine Analyse der wesentlichen Argumente und Kriterien, die in der Dogmengeschichtsschreibung Semlers zur Anwendung gelangt sind. Zu den Untersuchungen, die eine maßgebende Bedeutung für die kritische Erforschung der Dogmengeschichte gewonnen haben, gehört Semlers »Historische Einleitung in die dogmatische Gottesgelehrsamkeit von ihrem Ursprung und ihrer Beschaffenheit bis auf unsere Zeiten« (1759—1760), die als Einleitung zu der posthum herausgegebenen dreibändigen Glaubenslehre von S. J. Baumgarten veröffentlicht wurde. Noch wichtiger aber wurde Semlers »Geschichte der christlichen Glaubenslehren« (1762—1764), die insgesamt über 800 Druckseiten umfaßt und als Einleitung zu Baumgartens dreibändiger »Untersuchung Theologischer Streitigkeiten« erschienen ist.

Von Anfang an zeigt sich Semlers Bestreben zur Verselbständigung und Aufwertung der Dogmengeschichte, indem er sie aus ihrer bisherigen Funktion als einer bloßen Hilfswissenschaft zur Legitimierung gegenwärtiger Dogmatik zu befreien sucht. Er bemüht sich, die Befürchtungen zu zerstreuen, die kritische Erforschung der Dogmengeschichte könnte zu negativen Resultaten führen, die geeignet wären, das Ansehen gegenwärtiger Dogmatik und die Geltung ihrer Lehren zu schädigen. Sofern die gegenwärtige Dogmatik auf einer eigenständigen exegetischen Basis und theologischen Reflexion ruht, braucht sie die Ergebnisse dogmengeschichtlicher Forschung nicht zu fürchten. Die unumgängliche Anerkennung einer ständigen Veränderung theologischer und kirchlicher Lehren erfordert allerdings, daß jene irrige Voraussetzung preisgegeben wird, »es müsse zu aller Zeit jeder Lehrer extensive und intensive, in Bejahung und Verneinung, das gedacht haben, was jetzt in unserem Systemate enthalten ist«[2].

Die gleichen Grundsätze, die Semler in seiner historisch-kritischen Theologie befolgt, sollen auch bei der Erforschung der Dogmen-

---

[2] Semlers Vorrede zu S. J. Baumgarten, Untersuchung Theologischer Streitigkeiten, Bd. III, Halle 1764, S. 13.

geschichte zur Anwendung gelangen. Die unbestreitbare Macht der Tradition darf nicht dazu führen, daß Dogmen und Konzilsbeschlüsse auf bloße Autorität hin angenommen werden. Alle Kirchenlehren unterliegen einem Nachprüfungsverfahren. Dabei gilt als wichtigstes Kriterium das Schriftprinzip oder, genauer gesagt, die historisch-kritische Schriftauslegung. Die traditionskritische Einstellung Semlers ist bedingt durch die Erkenntnis, daß auch fragwürdige Lehren tradiert worden sind. Die historische Distanz, die zwischen der eigenen Gegenwart und der dogmengeschichtlichen Vergangenheit liegt, darf jedoch nicht dadurch überwunden werden, daß der Theologe seine eigene Glaubensüberzeugung oder die Lehren seiner Kirche in die Zeugnisse aus vergangenen Epochen einträgt[3].

Dogmen und theologische Lehren dürfen nicht einfach rezipiert oder als kirchliche Lehrüberlieferung zum entscheidenden Argument für Inhalt und Umfang der gegenwärtig zu vertretenden Lehre erhoben werden. Aus diesem Grunde meldet Semler auch Bedenken dagegen an, daß der in allen christlichen Konfessionen geübte Traditionsbeweis aus den Lehren der Kirchenväter als eine Art Legitimationsprinzip betrachtet wird. Das hohe Alter verbürgt weder die Legitimität noch die Richtigkeit einer Lehre. Typisch für die traditionskritische Haltung und den Willen zur selbständigen Nachprüfung ist Semlers programmatische Erklärung aus dem Jahre 1764: »Unsere Lehre ist nicht gebaut auf auctoritatem patrum, auf consilia oecumenica oder particularia; sondern auf den Inhalt der hl. Schrift und ihre richtige Auslegung; was davon consilia und patres richtig haben, das behalten wir also auch, aber nicht darum, weil sie es haben[4]«.

Um Semlers Kriterium der Schriftgemäßheit recht zu verstehen, bedarf es einer genaueren Analyse seines Schriftverständnisses. Er hat die mystische, bloß erbauliche und allegorisierende Schriftauslegung des Pietismus ebenso scharf kritisiert wie die Verbalinspirationslehre, das gesetzliche Kanonsverständnis und die dogmatisch gebundene Schriftauslegung der Orthodoxie. Allein sachgemäß erschien ihm aus religiösen wie aus wissenschaftlichen Gründen die Erneuerung der reformatorischen Unterscheidung von »Wort Gottes« und »Heiliger Schrift«. Denn mit ihr konnte die Freiheit in dem persönlichen Verhältnis zur biblischen

---

[3] Semler, Lebensbeschreibung von ihm selbst abgefaßt, Bd. II, Halle 1782, S. 157.
[4] Semlers Vorrede zu S. J. Baumgarten, Untersuchungen Theologischer Streitigkeiten, Bd. III, S. 13.

Offenbarung zurückgewonnen werden. Zugleich wurde aber auch eine historisch-kritische Interpretation und eine wissenschaftlich begründete Sachkritik an einzelnen Schriftaussagen möglich, ohne daß dadurch die Heilsbotschaft und der verpflichtende Charakter des »Wortes Gottes« eingeschränkt werden mußte[5].

Der Umfang dessen, was für Semler als »Wort Gottes« unmittelbare und fortdauernde Geltung besitzt, deckt sich freilich nicht mehr mit der reformatorischen Auffassung. Vor allem in seiner Stellung zum Alten Testament hat Semler sich deutlich von Luther und der die Orthodoxie prägenden Tradition getrennt. Der Versuch einer christologischen Interpretation und Aneignung des Alten Testaments ist nach seinem Urteil unvereinbar mit den historisch-kritischen Erkenntnissen. Obwohl Semler mit seiner Wertschätzung der Psalmen und Propheten von einer radikalen Verwerfung des Alten Testaments weit entfernt ist, werden von ihm Altes und Neues Testament doch als Urkunden zweier verschiedener Religionen betrachtet. Demzufolge wird weniger die Einheit oder sachliche Zusammengehörigkeit als vielmehr die inhaltliche Verschiedenheit der beiden Testamente hervorgehoben. Letztlich reduziert sich das für die Prüfung der Lehrtradition anzuwendende Kriterium der Schriftgemäßheit auf die Forderung, die entscheidenden Heilslehren des Neuen Testaments zu beachten. Denn für die gegenwärtige Dogmatik und ihre Darstellung der christlichen Lehre sollen nur die »Urkunden des neuen Bundes« in ihren fruchtbarsten und deutlichsten Stellen zugrunde gelegt werden[6]. Das Zentrum des Neuen Testaments liegt in der apostolischen Christusverkündigung, d. h. in der Botschaft von der durch Jesus Christus bewirkten Versöhnung und Erlösung. Semler vollzieht eine Rangordnung und Wertung der einzelnen neutestamentlichen Schriften. Während er der Johannesapokalypse kritisch, ja ablehnend gegenübersteht, ohne sie jedoch aus dem Kanon ausscheiden zu wollen, zeigt er eine ausgesprochene Hochschätzung gegenüber den paulinischen Schriften und dem Johannesevangelium. Er begründet diese Hochschätzung damit, daß in dieser Gruppe von neutestamentlichen Schriften die wesentlichen »Grundwahrheiten des

---

[5] Quellenbelege und genauere Analysen der Semlerschen Unterscheidung von »Wort Gottes« und »Heiliger Schrift« bei G. Hornig, Die Anfänge der historisch-kritischen Theologie, Göttingen 1961, S. 84ff.

[6] Semler, Ausführliche Erklärung über einige neue theologische Aufgaben, Censuren und Klagen, Halle 1777, Vorrede b 4.

Christentums« oder der eigentliche »Hauptinhalt des Christentums« formuliert worden ist[7]. Wenn also von ihm die Frage nach der Schriftgemäßheit der Dogmen und Kirchenlehren als ein Kriterium gehandhabt wird, so ist dies kein formal biblizistisches, sondern ein inhaltlich bestimmtes Kriterium, das den soteriologischen Gehalt der Christusbotschaft zur Geltung zu bringen sucht.

II

Semler will zwar den Prozeß der Dogmenbildung keineswegs diskreditieren. Aber seine kritische Dogmengeschichtsschreibung zielt doch auf eine Relativierung der Dogmenautorität, indem sie die Vielgestaltigkeit der Lehrtraditionen hervorhebt und nach den Motiven und Bedingungen fragt, die zu dem unterschiedlichen Aussagegehalt der Kirchenlehren geführt haben. Dogmen und Lehrbekenntnisse gelten ihm als das Ergebnis theologischer Reflexionen und Schulbildungen. Sie dienen der Abwehr andersgearteter Auffassungen, besitzen daher weithin nur eine zeitbedingte Geltung und lokale Bedeutung. Bei ihrer Entstehung und Inkraftsetzung haben neben den theologischen Überlegungen auch philosophische, politische und soziologische Faktoren eine Rolle gespielt, die zusammen eine »geographische« Bedingtheit ergeben. Wer die Geschichte der christlichen Lehren schreibt, muß daher auf die unterschiedlichen Gegebenheiten in den einzelnen Provinzen und Ländern Rücksicht nehmen. Er hat zu beachten, »daß es gleichsam eine Geographie für die Moral oder Theologie und überhaupt für die christliche Sprache gibt«[8]. Unter den philosophischen Faktoren, die auf die christ-

---

[7] Semler, Vorläufige Betrachtungen bey der Geschichte der christlichen Glaubenslehren, in: S. J. Baumgarten, Untersuchung Theologischer Streitigkeiten, Bd. I, Halle 1762, S. 70f. (Prolog des Johannesevangeliums), S. 84 (Der Römerbrief enthält »eine sehr zusammenhängende Abhandlung von dem eigentlichen Grunde der christlichen Religion«). — Semler, Beantwortung der Fragmente eines Ungenannten insbesondere vom Zweck Jesu und seiner Jünger, Halle 1779, S. 398f.: »Paulus lehrt das reine Evangelium ohne Mischung des Gesetzes Mose, er lehrt geistliche Erkenntnis und Übung des Glaubens — das ist der Hauptinhalt des Christentums«.

[8] Semler, Vorläufige Betrachtungen bey der Geschichte der christlichen Glaubenslehren, in: S. J. Baumgarten, Untersuchung Theologischer Streitigkeiten, Bd. I, S. 33. — Auch zwanzig Jahre später hält Semler eine Dogmengeschichtsschreibung unter dem Aspekt der »theologischen Geographie« noch immer für eine vordringliche Aufgabe; vgl. Semler, Hrn. Caspar Lavaters und eines Ungenannten Urtheile über Hrn. C. R. Steinbarts

liche Lehrbildung der ersten Jahrhunderte einen Einfluß ausgeübt haben, ist neben stoischen und aristotelischen Elementen die »platonische Denkungsart« zu nennen. Letztere ist insbesondere in Ägypten auf die christlichen Lehrsätze angewandt worden[9].

Mit dem Hinweis auf das Gewicht und die Einwirkung solcher zeit- und ortsbedingter Faktoren gewinnt Semler eine plausible Erklärung dafür, wie sich Lehrdifferenzen und unterschiedliche dogmatische Traditionen herausbilden konnten. Zwangsläufig wird mit dieser Erkenntnis die Vorstellung von der Einheitlichkeit der dogmengeschichtlichen Überlieferung problematisiert. Jedenfalls erscheint es nun unmöglich, den dogmengeschichtlichen Entwicklungsprozeß ausschließlich als eine fortschreitende Explikation von Schriftaussagen zu begreifen. Zwar gehören nach Semler die trinitarischen Grundbegriffe Gott Vater, Sohn und Heiliger Geist zum unaufgebbaren Fundament der christlichen Religion, aber die begriffliche Ausformung der altkirchlichen Trinitätslehre und die dogmatischen Bestimmungen der Zweinaturenlehre haben nur einen begrenzten Anhalt am Neuen Testament[10].

Eine Analyse von Semlers Dogmengeschichtsschreibung wird ihre Aufmerksamkeit auf die Kriterien zu richten haben, die bei der Beurteilung der Dogmen zur Anwendung gelangen. Dabei ist festzustellen, daß Semler verschiedene Kriterien verwendet. Im Vordergrund steht zunächst das Kriterium der Schriftgemäßheit von Kirchenlehren. Auf Grund dieses Kriteriums ergibt sich die Möglichkeit, verschiedene Grade der sachlichen Übereinstimmung oder Abweichung von zentralen Schriftaussagen festzustellen. Wo die angeführten Beweisstellen unzureichend sind oder kein Anhalt am Neuen Testament vorliegt, ergibt sich die Aufgabe, nach den Gründen und Motiven zu forschen, die zur Aus-

---

System des reinen Christentums, Halle 1780, Vorrede: »Die richtige historische Kenntnis, die theologische Geographie, welche in die vorigen Jahrhunderte wirklich gehört, fehlt uns noch gar sehr, um den gewissen Grund und Zusammenhang der kirchlichen vielerlei Systeme richtig einzusehen, ihn also richtig zu beurteilen«.

[9] Semler, Versuch eines fruchtbaren Auszugs der Kirchengeschichte, Bd. I, Halle 1773, S. 31.
[10] Semler, Neue Versuche die Kirchenhistorie der ersten Jahrhunderte mehr aufzuklären, Leipzig 1788, S. 60: »Die Lehre der katholischen Kirche von trinitas, von der Person und 2 Naturen Christi und die besondern Beschreibungen der Vereinigung dieser Naturen läßt sich freilich im neuen Testament nicht so leicht und überzeugend mit der späteren Bestimmung finden«.

bildung der betreffenden Dogmen oder Kirchenlehren geführt haben. Schriftwidrige Lehren können als mehr oder weniger gravierende »Lehrirrtümer« gekennzeichnet werden.

Betrachtet man Semlers Urteile über den Prozeß der altkirchlichen Dogmenbildung, so ist festzustellen, daß er die Lehrentwicklung seit dem 5. Jahrhundert weit kritischer einschätzt als die der vorangegangenen Zeit. Er spricht von »groben Irrtümern in der christlichen Lehre, die sich seit dem 6ten, 7ten Jahrhundert finden«[11]. Allerdings wird in diesem Zusammenhang nicht gesagt, worin diese Lehrirrtümer bestehen. In seiner Darstellung der Kirchengeschichte, aber auch in anderen Schriften, hat Semler die Erbsünden- und Prädestinationslehre Augustins kritisiert, weil sie »zu neuen ganz falschen Begriffen und Lehrsätzen« Anlaß gegeben habe[12].

Das Kriterium der Schriftgemäßheit spielt auch bei der Beurteilung der mittelalterlichen Scholastik eine wichtige Rolle. Semler lobt die Scholastiker wegen ihrer scharfsinnigen Logik, tadelt sie aber, weil sie »wider klare Zeugnisse der Schrift spät erfundene unerweisliche Einschiebungen, Glossen und Klammern« gemacht haben[13]. Ihre dogmatischen Lehren sind weniger von der Schriftexegese her bestimmt als durch den Einfluß der Philosophie und die Bindung an die Theologie der Kirchenväter. Semlers Hauptvorwurf richtet sich gegen den Traditionalismus, d. h. dagegen, daß die Scholastiker nachbiblische Traditionen zum Erkenntnisgrund ihrer Glaubenslehren erhoben haben[14].

---

[11] Semler, Einleitung in die dogmatische Gottesgelehrsamkeit, in: S. J. Baumgarten, Evangelische Glaubenslehre, Bd. I, Halle 1759, S. 135. — Schon 1764 hat Semler in der 2. Aufl. des zitierten Werkes seine Kritik auf das 5. und 6. Jahrhundert vordatiert.

[12] Semler, Versuch eines fruchtbaren Auszugs der Kirchengeschichte, Bd. I, Halle 1773, S. 115. — Zur Kritik an Augustins Erbsünden- und Prädestinationslehre vgl. auch Semler, Versuch einer freiern theologischen Lehrart, S. 283 und S. 362 sowie Unterhaltungen mit Herrn Lavater über die freie practische Religion, Leipzig 1787, S. 167.

[13] Semler, Einleitung in die dogmatische Gottesgelehrsamkeit, in: S. J. Baumgarten, Evangelische Glaubenslehre, Bd. II, S. 145.

[14] Semler, Einleitung in die dogmatische Gottesgelehrsamkeit, in: S. J. Baumgarten, Evangelische Glaubenslehre, Bd. II, Halle 1760, S. 47: »Dies ist also der wahre Fehler in den Scholastikern: dass sie die Auctorität alter Zeiten und Menschen mußten gelten lassen; und nicht sagen durften, diese moralische Bestimmung ist falsch; dieses Dogma hat keinen Grund, weder in der Vernunft noch in dem Buchstaben der Bibel ... Die Tradition ist in dieser ganzen Zeit der Erkenntnisgrund der Glaubenslehren. Wenn jemand, der die Scholastiker selbst gelesen hat, mir einen anderen Fehler oder Mangel sagen kann, der nicht aus dieser einzigen Quelle entsteht: so will ich öffentlich widerrufen«.

Es ist bekannt, daß Semler in seinen Werken oftmals mit hoher Wertschätzung von Luthers Schrifttheologie gesprochen hat. Seine eigene historisch-kritische Schriftauslegung, die streng am Wortsinn der Aussagen orientiert ist und weder eine Allegorese noch einen mystischen Schriftsinn zuläßt, hat Semler als eine legitime Konsequenz der reformatorischen Grundentscheidung empfunden. Bei allen kritischen Vorbehalten, die er an einzelnen Punkten auch gegenüber Luthers Theologie geltend machen kann, hat er doch dem von Luther vertretenen Schriftprinzip seine uneingeschränkte Zustimmung erteilt. »In allen Streitigkeiten mit der römischen Kirche zumal über Rechtfertigung, Verdienst, Glauben, Gnade; mit Zwinglio und anderen über die Lehre vom h. Abendmahl, mit Carlstadt, Wiedertäufern, Schwenkfeld und anderen fanatischen Leuten ... hat Luther diesen Grundsatz von Unentbehrlichkeit des deutlichen Inhalts in der Bibel zu einer Glaubenslehre unwidersprechlich genug behauptet[15]«.

Die traditionskritische Funktion des Schriftprinzips hat Semler in prinzipiellen Äußerungen, aber auch in der Kritik einzelner Lehren nachdrücklich betont. Unvereinbar mit diesem Schriftprinzip erscheint ihm das römisch-katholische Traditionsdenken und die Auffassung des Tridentinums, daß die Heilige Schrift als regula fidei unzureichend sei und durch die sogenannten »apostolischen Traditionen« ergänzt werden müsse. Nach Semlers Urteil gibt es auch keinen Grund, den Lehrsätzen von der Transsubstantiation, von dem Fegefeuer und von dem Priesterstand Beifall zu geben, »dieweil wir diese Begriffe und Sachen in der heiligen Schrift nicht finden«[16].

Während die biblischen Heilslehren, die Semler auch als dogmata christiana bezeichnen kann, eine bleibende Geltung für den christlichen Glauben besitzen, kann den altkirchlichen Dogmen, wie etwa der Trinitäts- und Zweinaturenlehre, die gleiche Dignität und Verbindlichkeit nicht zuerkannt werden. »Der Glaube der Christen bejaht und ergreift alle Wohltaten, welche die Christen von dem Vater, von dem Sohn und von dem heiligen Geiste mit inniger Dankbarkeit sich täglich

---

[15] Semler, Einleitung in die dogmatische Gottesgelehrsamkeit, a. a. O., Bd. II, S. 144, Anm. 92. — Semler, Eigne historische theologische Abhandlungen, Bd. I, Halle 1760, S. 362: »Der vorzüglich erweisliche Inhalt der Bibel, die Heilsordnung und Heilsmittel betreffend, ist also von Luthern treulich in einen Auszug gebracht worden, und dies sind die Catechismi«.

[16] Semler, Magazin für die Religion, Bd. I, Halle 1780, Vorrede.

vorstellen; was aber gedacht, räsoniert oder gesammelt wird über Personen, Wesen, Dreieinigkeit, gehört nicht zum Glauben aller Christen, sondern in die verschiedenen Schulen ihrer Gottesgelehrten[17]«.

III

Die Anwendung der historisch-kritischen Denkweise bewirkt eine entscheidende Veränderung in der Stellung zu der Lehrtradition, die in Dogmen und kirchlichen Lehrbekenntnissen vorliegt. Denn für die Frage der gegenwärtigen Anerkennung von überlieferten Lehren sind nun nicht mehr theologische oder institutionelle Autoritäten zuständig, sondern allein die gegenwärtige religiöse Erfahrung und die kritisch prüfende Vernunft. Man wird beachten müssen, daß Semler den Verlauf der Dogmengeschichte und ihre einzelnen Epochen unter einem doppelten Aspekt betrachtet. Die Dogmengeschichte ist einerseits das Ringen um schriftgemäße Glaubenslehren in Auseinandersetzung mit einem autoritätsgebundenen Traditionalismus, der Schriftgemäßes und Schriftwidriges in sich vereint. Die Dogmengeschichte ist aber andererseits auch die Auseinandersetzung zwischen dem Recht des Christen auf eine freie Privatreligion, die sich nur der eigenen Erkenntnis und Überzeugung verpflichtet weiß, und den Versuchen einer von Staat und Kirche verfügten Einschränkung und Begrenzung dieser Privatreligion durch eine öffentliche und gesellschaftliche Religion.

Für die Dogmengeschichtsschreibung des älteren Semler gewinnt der letztgenannte Aspekt eine zunehmende Bedeutung, weil er unausweichlich die Frage nach der kirchlich-konfessionellen Gestalt des Christentums aufwirft. Wenn Semler auch die Berechtigung der öffentlichen Religionsordnung mit ihren verschiedenen christlichen Konfessionen anerkennt, so ist sein eigentliches Anliegen doch die Gewährung der Privatreligion, die sich entweder mit dem kirchlichen Christentum lutherischer oder reformierter Prägung identifizieren, von ihm aber auch mehr oder weniger deutlich distanzieren kann[18].

---

[17] Semler, Beantwortung der Fragmente eines Ungenannten insbesondere vom Zweck Jesu und seiner Jünger, Halle 1779, S. 100; vgl. S. 151.
[18] Semler, Neuer Versuch die gemeinnützige Auslegung und Anwendung des neuen Testaments zu befördern, Halle 1786, S. 50: »Es muß und kann deutlich gesagt werden: eines Christen Seligkeit beruht nicht auf der öffentlichen kirchlichen Religion, sondern auf ihrem

In die dogmengeschichtliche Betrachtungsweise und in die aktuelle Auseinandersetzung um das Recht einer freien christlichen Privatreligion hat Semler die Unterscheidung von Kerygma und Dogma (bzw. Dogmen) eingeführt, die eine Parallele zu seiner Unterscheidung von Religion und Theologie darstellt. Semler beansprucht nicht, Urheber der Distinktion von Kerygma und Dogma zu sein, vielmehr bekennt er, daß sie sich ihm als ein Ergebnis seiner patristischen Studien aufgedrängt habe. Er verwendet sie fast durchweg unter Beibehaltung der griechischen Schreibweise und nicht selten unter ausdrücklichem Hinweis auf Basilius, Origenes und Eulogius[19]. Mit der genannten Unterscheidung, die sich bei Semler seit 1764 nachweisen läßt, kommt es zur Ausbildung eines Dogmenbegriffes, der besagt, daß es sich bei den Dogmen sowohl um theologische Lehren oder Lehrsätze als auch um »bischöfliche Befehle« handelt, die eine Lehrverpflichtung für die Kleriker beinhalten. Der Kerygmabegriff dagegen bezeichnet den Umfang der in der christlichen Verkündigung enthaltenen neutestamentlichen Glaubenslehren, die zur Gewinnung und Bewahrung der christlichen Religion unerläßlich sind. Der Kerygmabegriff ist bezogen auf das neutestamentliche Zeugnis von der Lehre, dem Tod und der Auferstehung Jesu Christi, also auf bestimmte Heilsereignisse, welche die bleibende Wahrheit des Christentums ausmachen und als öffentliche Lehre der Kirche in leicht faßlicher und allgemeinverständlicher Form verkündet werden sollen.

Mit dem Dogmenbegriff sind also theologische Lehren gemeint, die zu verschiedenen Zeiten und in verschiedenen Kirchen die öffentlich geltende Religion bestimmt haben, aber von dem Christen, der sich an das Kerygma hält, keineswegs übernommen und angeeignet werden

---

Inhalt, der nun seine Privatreligion ausmacht: die kann mit der kirchlichen einerlei sein, sie kann aber auch den Privatvorstellungen nach davon verschieden sein«.

[19] Es gibt in den Werken Semlers zahlreiche Belege für die Unterscheidung von Kerygma und Dogmata. Der früheste Beleg, den ich habe ausfindig machen können, stammt aus dem Jahre 1764 (Geschichte der christlichen Glaubenslehre, in: S. J. Baumgarten, Untersuchung Theologischer Streitigkeiten, Bd. III, Halle 1764, S. 149, Anm. 257). — Semler, Lebensbeschreibung von ihm selbst abgefaßt, Bd. II, Halle 1782, S. 163: »Mit großer Begierde sammelte ich mir Stellen alter Kirchenväter, welche das κηρυγμα und δογμα so deutlich unterschieden, daß jenes für alle Christen, dieses aber für die Clericos gehöre«; vgl. auch S. 249.

müssen. Weil der christliche Glaube als persönliche Überzeugung der Freiheit bedarf, kritisiert Semler den Umstand, daß seit dem 4. Jahrhundert mit der Herrschaft des Episkopats und der Anwendung von Zwang und Strafen »gewalttätige schändliche Mittel zur Behauptung der wahren Lehre« verwandt worden sind[20]. Der ältere Semler hat dann auch die ersten vier Jahrhunderte in dieses kritische Urteil einbezogen: »Die ganze Kirchenhistorie, zumal der vier ersten Jahrhunderte ... lehret uns diese neue, falsche, unrechte Gesetzgebung der Bischöfe; alle ihre Verordnungen und Anstalten gehen auf einen unveränderlichen Inhalt der Religionslehre[21]«. Es ist mit Recht darauf hingewiesen worden, daß Semlers Leidenschaft »gegen das Hierarchisch-Politische der herkömmlichen Dogmenverbindlichkeit« gerichtet ist[22]. Ein aufgenötigter und erzwungener Dogmenglaube ist abzulehnen, weil mit ihm die Zustimmung zu theologischen Lehren verlangt wird, die über die im Kerygma bejahten biblischen Heilswahrheiten hinausgehen.

Die Unterscheidung von Kerygma und Dogma sowie die Einführung des Kerygmabegriffs in die theologische Begrifflichkeit sind bei Semler von der Absicht geleitet, den Zugang zum christlichen Glauben zu erleichtern, die »Privatreligion« zu legitimieren und die Emanzipation aus dem Geltungsanspruch der überlieferten Dogmen und konfessionellen Unterscheidungslehren zu befördern. Christlicher Glaube ist kein Dogmenglaube, sondern ausschließlich Glaube an das neutestamentliche Kerygma. Zwar kommt den Dogmen und kirchlichen Bekenntnissen in ihrer öffentlich-rechtlichen Verbindlichkeit eine wichtige Funktion für den Zusammenhalt und Fortbestand der Kirche als einer konfessionellen Gemeinschaft zu, aber eine uneingeschränkte Geltung und bleibende Verbindlichkeit können sie nicht für sich beanspruchen. Die Kenntnis der Dogmen, die den fundamentalen Glauben explizieren und ihn gegen Irrlehren abgrenzen, ist nicht allen Christen, sondern nur den Klerikern vonnöten.

---

[20] Semler, Vorläufige Betrachtungen bey der Geschichte der christlichen Glaubenslehren, in: S. J. Baumgarten, Untersuchung Theologischer Streitigkeiten, Bd. I, S. 23. Vgl. auch a. a. O., Bd. III, S. 302, Anm. 499.
[21] Semler, Neue Versuche die Kirchenhistorie der ersten Jahrhunderte mehr aufzuklären, Leipzig 1788, S. 75.
[22] K.-G. Steck, Dogma und Dogmengeschichte in der Theologie des 19. Jahrhunderts, in: Das Erbe des 19. Jahrhunderts, hrsg. von W. Schneemelcher, Berlin 1960, S. 26.

IV

Mitgeprägt durch den allgemeinen Fortschrittsglauben hat auch der Gedanke der Perfektibilität des Christentums auf die protestantische Aufklärungstheologie und ihr Verständnis der Dogmengeschichte Einfluß gewonnen. Semler hat den Perfektibilitätsgedanken seit Beginn der 70er Jahre mit der These vertreten, daß es nicht nur ein individuelles Wachstum im Glauben gibt, sondern daß das Christentum selbst eine dynamische, entwicklungsfähige Größe ist, die ihr Wesen und ihren soteriologischen Lehrgehalt erst in einem unendlichen Geschichtsprozeß immer vollkommener entfalten wird[23]. Die Vollkommenheit des Christentums liegt demzufolge nicht in seiner urchristlichen Anfangsgestalt, sondern in seiner Zukunft. Mit dem Perfektibilitätsgedanken konnte einerseits der historisch-kritischen Erkenntnis von der Zeitbedingtheit und Relativität des Urchristentums und aller späteren Epochen der Kirchen- und Dogmengeschichte Rechnung getragen und andererseits das zukunftsgerichtete Hoffnungselement aufgenommen werden, das seit Spener im Pietismus fortgelebt hatte: die Hoffnung auf bessere Zeiten für die Kirche.

Der Perfektibilitätsgedanke ist primär eine geschichtstheologische These, deren kritische Spitze gegen die vorherrschende Tendenz zur Idealisierung des Urchristentums und gegen ein bloßes Beharren bei der reformatorischen Erkenntnis gerichtet ist. So gewiß die Kirchen- und Dogmengeschichte erforscht und ihre wertvollen Erkenntnisse bewahrt werden sollen, so darf es in Lehre und Theologie doch keine Rückkehr zu irgendeiner der vergangenen Epochen geben. Die Aufmerksamkeit muß sich vielmehr auf den Entwicklungsprozeß richten, welcher erkennen läßt, worin die zukünftige Vollkommenheit bestehen wird. Nach Semlers Erwartungen wird sich dieser Vervollkommnungsprozeß in dem Fortgang von der bildhaften und anthropomorphen zu einer geistigen Gottesvorstellung und Gottesverehrung vollziehen, die Gott im Geist und in der Wahrheit anbetet (Joh 4,24). Sie wird ferner darin bestehen, daß an die Stelle der judenchristlichen Gesetzlichkeit die durch Christus bewirkte Freiheit vom Gesetz tritt, die mit der

---

[23] Zur Begründung und Wirkungsgeschichte des von Semler vertretenen Perfektibilitätsgedankens vgl. G. Hornig, Der Perfektibilitätsgedanke bei J. S. Semler, ZThK 72, 1975, S. 382—397.

Verwirklichung der Nächstenliebe unlösbar verbunden ist. Ein besonderes Gewicht aber liegt darauf, daß die durch Jesus Christus bewirkte Versöhnung und Erlösung in zunehmendem Maße das Bewußtsein und Verhalten der Christen prägen werden. Die Deutung des Geschichtsprozesses durch den Perfektibilitätsgedanken besagt also, daß bestimmte Elemente des neutestamentlichen Christentums unter gleichzeitiger Zurückdrängung anderer im Laufe der unendlichen Entwicklung zu immer größerer Klarheit und Reinheit durchgebildet und zu einer zunehmenden Wirksamkeit gebracht werden.

Mit dem Perfektibilitätsgedanken erfährt auch das Offenbarungsverständnis eine Ausweitung und Dynamisierung. Zwar bleibt der Bezug auf die biblische Offenbarung erhalten, aber sie gilt nur als der Anfang eines unendlichen Geschichtsprozesses, durch den der Heilige Geist eine Erweiterung und Vertiefung der christlichen Glaubenserkenntnis bewirkt. Wenn dieser geschichtliche Prozeß zu einer Vervollkommnung des Christentums führt, so darf er nach Semlers Erwartungen doch nicht als eine fortschreitende Fixierung oder gar Dogmatisierung der kirchlichen Lehre verstanden werden. Keine der gegenwärtigen christlichen Konfessionskirchen erfährt durch ihn eine Bestätigung oder Legitimierung. Vielmehr ist zu erwarten, daß sich die konfessionellen Lehrgegensätze auflösen werden und sich das Christentum zu einer alle Menschen umfassenden universalen Menschheitsreligion fortbilden wird. Der Vervollkommnungsprozeß zielt auf die Verwirklichung einer Liebesreligion, die aus den Quellen der empfangenen Liebe Gottes und Gnade Christi lebt, das gegenseitige Verhalten bestimmen soll und so alle Christen zur Gemeinschaft des Heiligen Geistes zusammenschließt. »Nun wird das Gebot der Liebe, zum Vorteil aller Menschen, die Hauptsache der Christen wieder werden, mit Ausrottung alter Vorurteile, als seie die Kirchenlehre die Hauptsache[24]«.

---

[24] Semler, Neuer Versuch die gemeinnützige Auslegung und Anwendung des neuen Testaments zu befördern, Halle 1786, S. 283.

Vom Geist der den Buchstaben tötet

ANMERKUNGEN ZU LESSINGS 'ERNST UND FALK', GESPRÄCHE FÜR
FREIMAURER VON 1778

Julius Harms

3073 Liebenau, Langestr. 54

> Leicht und kühn zitiert ihr den Geist der Zeit, aber lasset ihn uns doch recht in eurer Rede erscheinen und antwortet! Da die Zeit in Zeiten zerspringt, wie der Regenbogen in fallende Tropfen: so gebt die Größe der Zeit an, von derem innewohnenden Geist ihr sprechet! ... Oder streckt sich ein Zeitkörper von einer großen Begebenheit (z. B. der Reformation) bis zu einer zweiten großen aus, so daß sein Geist entflieht, sobald die zweite gebiert? Aber welche Umwälzung wird für euch zur beseelenden, eine philosophische, eine poetische oder politische?
> Jean Paul, Levana V, S. 567f.

I. DER GROSSE UMKREIS

An Treuherzigkeit und auch Lauterkeit des Schriftstellers Friedrich Heinrich Jacobi (1743—1819) — einem Freunde Lessings (1729—1781) — ist kaum ein leiser Zweifel erlaubt. Er schreibt am 21. Juli 1783 — zwei Jahre nach Erscheinen der 'Kritik der Reinen Vernunft', zwei Jahre auch nach Lessings Tod — an Elise Reimarus (sie ist Lessing und ihm gleich vertraut, Tochter des Verfassers der 'Wolfenbütteler Fragmente'): »Sie wissen, und wenn Sie es nicht wissen, so vertraue ich Ihnen hier unter der Rose der Freundschaft, daß Lessing in seinen letzten Tagen ein entschiedener Spinozist war[1]«.

So hatte also das einst durch Cartesius — und die Folgen — ausgestreute Saatgut einer kommenden Zeit unter der Decke zu sprießen

---

[1] F. G. Jacobi, Werke, Leipzig 1812—1825 = Darmstadt 1968, (hinfort abgekürzt als Jac.), IV.1, S. 40.

und erste Früchte zu zeitigen begonnen. In Jacobis Schrift »Über die Lehre des Spinoza, in Briefen an Herrn Moses Mendelssohn« von 1785 — und dann vollends in der mit vielen Briefbelegen ausgestatteten zweiten Auflage von 1789 — erfuhr es die gelehrte Welt.

So gebietet die zwar immerhin noch christlich-theologisch gemeinte, aber doch mehr systematisch-philosophisch orientierte Gedankenführung von 'Ernst und Falk', die dahinterstehenden Denkstrukturen und Überzeugtheiten scharf ins Auge zu fassen. Handelt es sich doch um ein letztes imponierendes Kleinod aus 'den letzten Tagen' eines 'entschiedenen Spinozisten'. Mit dem 'deus sive natura' ist in der Tat nach der Reformation über die aufblühende neue Bildungsgesellschaft eine 'Umwälzung' gekommen, die mit dem 'corpus reformatorum' einen Geist entfliehen läßt, einen neuen 'Zeitenkörper' mit einem völlig neuen Geist gebiert und dennoch in der Zerrissenheit von Körper und Geist (in cogitatio und extensio) eine empfindliche Wunde mit sich herumschleppt. Schon die Bezugnahme des ersten Satzes der Einleitung (Vorrede eines Dritten genannt) mit emphatisch-prägnanter Formulierung, bestätigt diese Vermutung. Sie nimmt Bezug auf einen Zentralterminus dieser neuen Zeit: »Wenn nachstehende Blätter die wahre Ontologie (im Text gesperrt!) der Freimaurerei nicht enthalten, so wäre ich begierig zu erfahren, in welcher von den unzähligen Schriften, die sie veranlaßt hat, ein mehr bestimmter Begriff von ihrer Wesenheit gegeben werde[2]«. Der Weg dieses Terminus führt von seinem ersten Auftauchen in gerader Linie in die uns angehende Zeit: »Das Wort Ontologie erscheint erstmals im Lexicon philosophicum (1613) von R. Goclenius (1547—1628) und bedeutet hier etwa dasselbe wie Metaphysik. Über den Cartesianer J. Clauberg (1626—1665), der auch von Ontosophie spricht, gelangt das Wort zu Christian Wolff, für den die Ontologie den ersten grundlegenden Teil der Metaphysik bildet und sich mit den Bestimmungen beschäftigt, die dem Seienden als solchem zukommen[3]«.

Indem einst Cartesius (rein und nur noch vom Menschen aus ansetzend) das erste anthropozentrische System entwarf, verlor sich mehr und mehr der bis dahin innige Kontakt und die zugleich damit gegebene ehrfürchtige Distanz zum Weltengott, dem Gott der Väter;

---

[2] G. E. Lessing's gesammelte Werke. Neu rechtmäßige Ausgabe Bd. IX, Leipzig 1853, (hinfort abgekürzt als Less.), S. 345.
[3] Art. 'Ontologie', RGG IV³, Sp. 1632.

dem Gott und Vater Jesu Christi. Dies hatte zur Folge, daß sowohl Gottesfurcht als auch Gottesliebe (ihn 'zu fürchten, lieben und vertrauen') eins ums andere verblassen mußten und zu welken begannen. Wohl hatte in scharfem Gegenzug ein Spinoza innigsten Kontakt zu re-konstruieren begonnen, brachte aber damit jede Distanz völlig zum Verschwinden. Und mit der schwindenden Distanz mußten auch Vorgegebenheit und Herrsein des alten Gottes gänzlich verblassen. Was nun noch blieb, war der Mensch in seinem ungestillten Dürsten und Fragen. Mit schwindendem Kontakt und völlig aufgehobener Distanz wurde zwar dem Mensch die Fragemöglichkeit nicht genommen, aber jede mögliche Frage ging wirklich ins Leere. Frage wurde Echo und verklang. Gebet hatte kein 'Gegen-stand', Glaube kein 'Gegen-über' mehr. Und so wurde bei allem Gegenbemühen eines Spinoza das Tor zur Anthropozentrik und Einsamkeit des Menschen vollends aufgestoßen. Ein gänzlich neues Denken und Weltempfinden hielt seinen Einzug. Es schwand die einst glaubensvoll angenommene und vertrauensvoll hingenommene Vorgegebenheit und Vorausgesetztheit Gottes, des Vaters Jesu Christi. Einst war der, der alle Dinge unbedingt bedingte 'über alle Dinge' zu fürchten, zu lieben; galt es, ihm zu vertrauen. Was würde nun an seine Stelle (an die Stelle dieser gewesenen Konstellation von Gott und Mensch) treten? Gottes Welt-*wirksamkeit* in und an aller Welt-*wirklichkeit* des Menschen wurde zu nichts als einer offenen, verhallenden Frage des Menschen, der transzendentalen Frage; den Fraglichkeiten einer neu zu orientierenden Ontologie. Die Frage kreiste um die Bedingung der Möglichkeit von Mensch und Welt. Wo einst der Mensch in seiner Weltwirklichkeit aus der Antwort (— und als Antwort —) auf das unbedingt betreffende Gotteswort lebte und war, da begann nun Gott zu einer von Leben und Welt her unmittelbar gestellten und sehr bedingten Frage zu werden.

Ist es nur eine sehr unangemessene und epigonale Frage, wenn wir heute konstatieren, daß Glaubensschwund und Weltverlust in einem nachchristlichen Zeitalter Hand in Hand gehen mußten? Haben Wort und Sache der 'Ontologie' ihre Geburtsstunde dort, wo aus der unbedingt betreffenden Wirklichkeit eines Gottes die Frage des Menschen wurde, die Frage nach der Bedingung der Möglichkeit von Welt und Mensch? Im gleichen Augenblick, wo Gott nicht mehr fest stand, wurde auch die Welt aufs Spiel gesetzt. Ausgewandert aus dem 'einen andern Grund kann niemand legen' (1 Cor 3,11), verlor der Mensch die 'Fülle der Gottheit leibhaftig' (Col 2,9), mußte die Welt leer werden. Zurück aber blieb ein ebenso empfindsamer, wie auch empfindlicher Mensch; sein Ebenbild aber wurde das ebenso bedürftige wie dürftige Schemen eines Gottes: 'Kinder und Bettler — und von Opfersteuern und Gebetshauch sich nährende Götter'. Als Jacobi bei seinem Besuch in Wolfenbüttel Lessing den 'Prometheus' als ein noch fliegendes Blatt einhändigt, antwortet dieser bezeichnend: »... ich habe das schon lange aus der ersten Hand. Ich. Kennen Sie das Gedicht? Lessing. Das Gedicht hab' ich nie gelesen; aber ich find' es gut ... der Gesichtspunkt, aus welchem das Gedicht genommen ist, das ist mein eigener Gesichtspunkt ...«[4]. Und nun bekennt sich Lessing freiherzig und offen zu dem Gott des Spinoza; für ihn ist in keinem andern Heil: »Wenn ich mich nach jemand nennen soll, so weiß ich keinen andern[5].«

Schon, daß erst nach Lessings Tod solches an den Tag kommt, offenbart die Schweigsamkeit der Zeugen der neuen Religion. Woher kommt dies? Warum können sie 'ihn' nicht nennen und bekennen; warum kann man nur über ihn schweigen, wie es Falk dem Ernst verdeutlicht?

Gilt nach Spinoza der Satz 'determinatio est negatio', so gilt er auch bezüglich des neuen Gottes. Determinatio ist Schmälerung und Einengung, negatio ist Minderung. Keine noch so subtile 'definitio' kann verhindern, daß ihr Bezeichnen in Grenzen festlegt, was doch unbegrenzt und ewig ist. Wer darf ihn nennen und bekennen? Name, Begriff wird Schall und Rauch, Gefühl wird alles sein. Von der Sache selbst, dem gemeinten Gegenstand, der 'res', entfernt sich, wer sich um sie bemüht. Wahres Zeugnis muß, um wahrhaftig und ehrlich zu sein, zum Schweigen seine Zuflucht nehmen. Denn wer den Mund auftut zu Worten, schmälert und schmäht und entehrt; beschneidet Ehre und Gänze dieses Gottes. Je näher dem Ganzen, um so tiefer das Schweigen. Und im Einssein lauert letzte Ruhe, Totenstille.

Jean Paul wird 1790 den Helden der 'Unsichtbaren Loge' angesichts der ihm sich im Sonnenuntergang offenbarenden 'großen Natur' ausrufen lassen: »'O Du, Du', rief so nahe an ihm mein ganzes Wesen — aber allen Sprachen und allen Herzen und allen Gefühlen entfällt vor ihm die Zunge, und Beten ist Verstummen, nicht bloß mit den

---

[4] Jac., IV.1, S. 53f.
[5] Ebd.

Lippen, auch mit den Gedanken ... ⁶«. Und schwankend in der Formulierung — sich verneigend vor Herder (Jacobi und Spinoza) heißt es in dem großartigen 'Brief über Gott' im Hesperusroman von 1794: »Gott ist die Ewigkeit, Gott ist die Wahrheit, Gott ist die Heiligkeit — er hat nichts, er ist alles — das ganze Herz fasset ihn, aber kein Gedanke; und *er denkt uns nur, wenn wir ihn denken*⁷«.

Sollte es tatsächlich mit den von uns so vorwegnehmend explizierten Implikationen des neugeborenen Geistes und seines 'Zeitkörpers' etwas auf sich haben, müßte es sich im 'Ernst und Falk' zwanglos aufzeigen lassen, widerspiegeln. Wir wagen sogar noch einen Schritt weiter zu gehen, wenn wir in diesem 'Zeitkörper' den Geist der 'Kritik der reinen Vernunft' (sie entsteht bis 1781 parallel zu Lessings Freimaurergesprächen!) zur Sprache kommen lassen. Vielleicht daß hier in kantischabstrakter Präzision durchleuchtet und seziert wird (in reiner Begrifflichkeit freigeschält wird), was bei Lessing noch in dichterischer Hülle saftig grünt?!

Kant beschäftigt sich mit der Frage nach der Gottheit Gottes in dem Kapitel vom 'Transzendentalen Ideal'⁸. Und er kommt hinsichtlich dieses — auch 'omnitudo realitatis' genannten — transzendentalen Ideales zu folgender Einsicht: wenn man sie auch nur rein hypothetisch im '*Als ob*' voraussetzt (darin die absolute und unbedingte Größe über allen Größen sieht), dann liegt darin beschlossen: »Wenn also der durchgängigen Bestimmung in unserer Vernunft ein transzendentales Substratum zum Grunde gelegt wird, welches gleichsam den ganzen Vorrat des Stoffes, daher alle mögliche Prädikate der Dinge genommen werden können, enthält, so ist dieses Substratum nichts anders als die Idee von einem All der Realität (*omnitudo realitatis*). Alle wahre Verneinungen sind alsdann nichts als *Schranken*, welches sie nicht genannt werden könnten, wenn nicht das Unbeschränkte (das All) zu Grunde läge⁹«. So mag ich tausend Weltdinge aufzählen (von dem 'was Gott an mir getan'), sie geben nie eine Doxologie für die 'omnitudo realitatis' ab, sie schmälern und beleidigen. Größte Dankesbeflissenheit wäre

---

⁶ Jean Paul, Sämtliche Werke, hg. N. Miller, München 1967 ff., (hinfort abgekürzt als J.P.), I S. 240.

⁷ J.P., I, S. 891.

⁸ I. Kant, Kritik der reinen Vernunft. Werke, hg. W. Weischedel, Bd. III/IV, Darmstadt 1968, S. 600 ff., (hinfort nach den Seitenzahlen der 2. Auflage als B zitiert).

⁹ B 604.

Lästerung. »Denn alle Verneinungen (welche doch die einzigen Prädikate sind, wodurch sich alles andere vom realsten Wesen unterscheiden läßt), sind bloße Einschränkungen einer größeren und endlich der höchsten Realität, mithin setzen sie diese voraus, und sind dem Inhalte nach von ihr bloß abgeleitet[10]«. Es soll bei dieser Interpretation nicht um die unbestrittene Frömmigkeit des Philosophen Kant gehen, sondern um den von nun an methodisch sich aufzwingenden Duktus der damit verklemmten Aussagemöglichkeiten.

Bei Lessing scheint sich diese Unfähigkeit zum 'Zeugnis' von dem großen Gott elitär und von Anflügen der Schwermut getragen zu etablieren. Mag er sich auf den 'consensus patrum' der Kirchentümer berufen, wenn es fragend im Schlußteil des Vorwortes heißt: » ... warum es so viele und so gute Christen gegeben hat, die ihren Glauben auf eine verständige Art weder angeben konnten noch wollten[11]?« Mag er sich in dieser Mitte sehen, er muß doch zugeben, daß bei ihm der Anlaß zu verstummen und nicht mehr reden zu können vom Eigentlichen aus der Begegnung mit den vielen Übeln dieser Erde resultiert. Nimmt man sein persönliches Eheschicksal (Sterben von Frau und Kind und die Querelen mit Staat und Gesellschaft und Religion — vertreten durch die verhaßte Orthodoxie —) u. a. m. hinzu, dann schlüsselt sich auf, was im Gesprächsgang selber als 'confessio' gelten kann: »Nun geh, und studiere jene Übel, und lerne sie alle kennen, und wäge alle ihre Einflüsse gegeneinander ab, und sey versichert, daß dir dieses Studium Dinge aufschließen wird, die in den Tagen der Schwermut die niederschlagendsten, unauflöslichsten Einwürfe wider Vorsehung und Tugend zu seyn scheinen. Dieser Aufschluß, diese Erleuchtung wird dich ruhig und glücklich machen — auch ohne Freimaurer *zu heißen*[12]«. Hier bilden meditatio, tentatio und oratio keinen sich in Frieden schließenden Kreis mehr. Anfechtung lehrt nicht mehr aufs Wort achten. 'Erleuchtung' bringt nur eine beseeligende stumm machende Innerlichkeit mit sich. Im 'Ineffabile' der alten Sache, des Herzenstrostes, beginnt man 'sich' zu gefallen. Von Gott ist nicht mehr die Rede, denn welchen Sinn hätte es noch, von Gott zu reden? Nur noch von menschlichen Qualitäten und Quantitäten — von 'vielen' und 'guten' Christen — ist

---

[10] B 606.
[11] Less., S. 346.
[12] a. a. O., S. 367.

die Rede. Monadisch isoliert, wächst die 'Einsame Masse' der Gleichschwermütigen. Sie haben dem 'äußerlichen Kirchendienst und dem Buchstaben- und Lippenbekenntnis' längst stolz entsagt.

Viel später, erst 1799, in 'Von göttlichen Dingen und ihrer Offenbarung', bringt Jacobi die Unaussprechlichkeit des Gegenstandes, das völlige Auseinanderfallen von signum und signatum ins berühmt gewordene Schnupftuchknotenbild: »Man sieht ihn, er erinnert auch; aber das, woran er erinnern sollte, weiß er nicht zu sagen . . . (dann fährt er, sich auf Jean Paul beziehend fort,) . . . 'Alle Ceremonien', sagt Friedrich Richter, 'pflegen wie die Hunde, durchs Alter toll zu werden . . . [13]«. Und in 'Über die Unzertrennlichkeit des Begriffes der Freyheit und Vorsehung von dem Begriffe der Vernunft', aus dem gleichen Jahre, klingt es rein schwärmerisch: »Wir vertilgen nothwendig den Geist, indem wir ihn in Buchstaben zu verwandeln streben, und der sich für den Geist ausgebende Buchstabe lügt. Er lügt, denn es ist nie der *Buchstabe des Geistes*, was sich diesen Namen beylegt; es ist, von dieser Seite angesehen, lauter Betrug damit . . . [14]«.

Dieser Geist, der den Buchstaben tötet, ist wohl auch über Lessing gekommen. Er läßt den Inhalt verfliegen, in der Unaussprechlichkeit umkommen. Und eben dies meint später Jean Paul in seiner 'Vorschule', seiner großen Ästhetik, preisen zu sollen, bringt es sogar — wenn auch nur metaphorisch — zum Pfingstgeist der Kirche in Beziehung: »So kam über eben diesen Lessing, welcher früher über poetische Gegenstände mehr dachte als sang, eigentlich nur in seinem Nathan und seinem Falk der dichterische Pfingstgeist . . . [15]«.

Es ist gut möglich, daß diesem Lessing im Luftschiffer Gianozzo ein Denkmal mit einer kurzen Passage gesetzt wurde. Nach kurzem Aufenthalt in einer berühmten 'Kleinstadt' schwingt sich am Sonntagsmorgen (ausgerechnet zu Pfingsten zur Kirchzeit, senkrecht am Kirchenfenster vorbei, der Stadtwachen und Polizei der Oberkeit spottend) Gianozzo mit seinem neuen, individuellen und dem Bürger noch unvertrauten Luftgefährt in den freien Himmel hinauf. Jean Paul schreibt: »Vorgestern am ersten Pfingsttag, wo der heilige Geist aus dem Himmel niederkam, verfügt ich mich aus Leipzig in denselben und stieg. Vor

---

[13] Jac., III, S. 307f.
[14] Jac., II, S. 314f.
[15] J.P., V, S. 65.

dem Peterstore neben der Kirche spannt' ich meine azotischen Flügel aus — zum Glück in einer Viertelstunde. Denn der Portier des Tores und der der Kirche (der Küster) schlossen einen Verein und suchten die Polizei aufzuwecken, um es mir verstärkt zu wehren, damit ich nicht *unmittelbar* vor den langen Kirchenfenstern in die Höhe segelte und sie drinnen turbierte. Ich war aber bald über das zugesperrte Stadttor weggeflogen. Die Wache hatte vielleicht erwartet, daß ich es mir aufschließen ließe. Denn es ist da die gute Einrichtung, daß man die Tore, wie Janus seine, zur Zeit des Gottesfriedens in den Kirchen völlig sperrt — damit die Zuhörer und noch mehr die Armenkatecheten darin nicht gestört werden durchs Gehör — ..... und so läuft Einfuhr der Ermahnungen und der Menschen nebeneinander fort[16].« Es ist wenig weiter auch noch im bittern Ingrimm von 'Blutegeln, Schweinsigeln, Kirchen- und Staatsfalken' die Rede, die 'ungestraft saugen, stechen, stoßen, rupfen'[17].

Jacobi sah sein Lebenswerk demütig und selbstherrlich zugleich in der Wiederbringung der Reformation (und der Vollendung des Angefangenen) kulminieren. Letzte Worte einer posthum erschienenen Vorrede belegen dies: »Es giebt so gut eine unsichtbare Kirche der Philosophie, als eine unsichtbare Kirche des Christenthums, — eine *Gemeinschaft der Gläubigen*. Das sichtbare Philosophenthum wie das sichtbare Kirchenthum will den Verstand abrichten .... Meine Philosophie bekennt sich durchaus zur *unsichtbaren Kirche*. Wer für sie einen guten Kampf gekämpft, hat das Beste gethan, und für das Höchste aller Zeiten gewirkt. Bin ich dazu berufen gewesen ..... so habe ich genug gelebt.

Herr, nun lässest du deinen Diener in Frieden fahren[18]«.

Aber schon für Lessing steht hinter dem Thema des Freimaurertums und seinem wahren Wesen, seiner Ontologie, die Bezugnahme auf den Weltzustand der christlichen Kirchen in den verschiedenen Kirchentümern seiner Zeit. Es geht auch ihm um eine fundamental gemeinte Darstellung der ihm liebgewordenen 'unsichtbaren Kirche'.

---

[16] J.P., III, S. 930.
[17] a. a. O., S. 932.
[18] Jac., IV, S. LIV.

II. DER INNENRAUM: ERNST UND FALK

Indem die Gesprächsgegenstände das Wesentliche umkreisen, das Herzstück immer aussparend, kommt 'es' selber nur unausgesprochen zur Sprache. Sprache und Wort bleiben für den Außenstehenden, der den Innenraum nicht teilt, lauter 'Schnupftuchknoten der Besinnung'. Wer aber selber im Innenraum sich befindet, wird — was die eigentliche Sache angeht — sehr seltsam-stumm. Und mag er von der Sache selbst, dem Herzstück, der Mitte, noch so überzeugt sein — vielleicht sogar überwältigt. Am meisten ist er dennoch überwältigt vom unaufhebbaren Unvermögen, 'es' zu sagen; er muß schweigen. »Falk. Das Geheimnis der Freimaurerei, wie ich dir schon gesagt habe, ist das, was der Freimaurer nicht über seine Lippen bringen kann, wenn es auch möglich wäre, daß er es *wollte*[19]«. Mag sich für den Eingeweihten alles um die große Mitte drehen und versammeln — sie scheint statt einer festen Achse aus einem durchgehenden Loch zu bestehen. Schon im ersten Gespräch hatte es fast gleich gelautet: »Ernst. Nun, was ist sie denn, diese nothwendige, diese unentbehrliche Freimaurerei? Falk. Wie ich dir schon zuvor zu verstehen gegeben: — Etwas, das selbst die, die es wissen, nicht sagen können[20]«.

Was immer und immer wieder angesprochen wird, ist des Menschen Eigentlichkeit und tiefstes, wahres Wesen. Es ist das mit Freimaurerei Gemeinte. Man mag zu diesem Wesen des Selbst Anleitung, Hinführung suchen, finden kann man es im Grunde nur im Grunde des eigenen Selbst. Anleitungen fruchten nichts, denn mehr als im Menschen ist, kann weder in noch über ihn kommen. Relikte eines sich im 'Schöpfungsglauben' Lessings niederschlagenden gewesenen Heilsglaubens lassen für das 'Ewige', das 'Immer' des Menschseins und seiner wahren Natur nur diese Möglichkeit offen. Der Mensch muß von daher einfach in sich vollkommen sein, sein wahres Wesen, sein Bestand sind hier gelagert. »Falk. ... Die Freimaurerei ist nichts willkürliches, nichts entbehrliches, sondern etwas nothwendiges, das in dem Wesen des Menschen und der bürgerlichen Gesellschaft gegründet ist. Folglich muß man auch durch eigenes Nachdenken eben so wohl darauf verfallen können, als man durch Anleitung dahin geführt wird. Ernst. Die

---

[19] Less., S. 376.
[20] a. a. O., S. 348f.

Freimaurerei wäre nichts Willkürliches? — Hat sie nicht Worte und Zeichen und Gebräuche, welche alle anders sein könnten, und folglich willkürlich sind. Falk. Das hat sie. Aber diese Worte und diese Zeichen und diese Gebräuche sind nicht die Freimaurerei. Ernst. Die Freimaurerei wäre nichts Entbehrliches? — Wie machten es denn die Menschen, als die Freimaurerei noch nicht war? Falk. Die Freimaurerei war immer[21]«. Wie jeder Anlaß nur zeitlich-zufällig ist, so sind Worte und Begriffe und alle Zeichen und Gebräuche ebensogut Abweg als auch rein-zufälliger Zugang zum Eigentlichen. Was eine zeitlich einsetzende Anleitung eröffnen möchte, kann Verschluß bedeuten. Vermittlungen — welcher Art auch immer — legen sich nur ins Mittel, verlegen in der Hinführung den Weg. Wenn so Wort und Sache, Meinung und Gemeintes, signum und signatum in die äußerste Distanz auseinandertreten, tut sich der garstige breite Graben zwischen den notwendigen Vernunftwahrheiten und den zufälligen Geschichtswahrheiten tief und unüberspringbar auf. Mag Lessing am Ende der 'Erziehung des Menschengeschlechtes' den stolz klingenden Satz formuliert haben: 'Ist nicht die ganze Ewigkeit mein?', so hat er doch in diesem ganzen zeitlichen Leben nichts in Händen, als 'Schemen, Schatten und leere Hülsen, Einkleidungen'[22]. Alle Konturen verschwimmen, wenn ganz geheimnisvoll herauskommt, daß das, 'was die Freimaurerei ist', gar nicht immer Freimaurerei 'geheißen' hat[23]. »Aber diese Worte und diese Zeichen und diese Gebräuche sind nicht die Freimaurerei[24]«. Von da aus bleibt jede Definition ausgeschlossen; vielleicht kommt man dem Phänomen aber von ganz anderer Seite besser bei?

Denn: Wie äußert sich Freimaurerei? Natürlich in Taten! Und sogleich kommt auch hier zutage, was im Grunde angelegt ist: was sich äußert, wird zeitlich-zufällig, wird eben rein äußerlich. Das Innen, das Wesen, bleibt nun einmal total geschieden und getrennt vom Außen, von der äußerlich-unwesentlichen Erscheinungsform. Auch Taten sind wie Worte und Zeichen und alle Zeremonien zweideutig, könnten alle auch anders sein. Und das, ohne daß sich an der 'Wahrheit' auch nur ein Quäntchen änderte! Taten sind nicht Verwirklichung wesentlichen Wesens. Sie bleiben Verweisungen auf das im Ineffabile verweilende.

---

[21] a. a. O., S. 348.
[22] So Less., S. 380.
[23] So Less., S. 381.
[24] Less., S. 348.

Ja, auch Taten tragen dazu bei, das Eigentliche mehr und mehr zu verhüllen! »Ernst. Sonderbar! — Da also selbst die Freimaurer, welche das Geheimnis ihres Ordens wissen, es nicht wörtlich mitteilen können, wie breiten sie denn gleichwohl ihren Orden aus? Falk. Durch Thaten[25]«. — Nun ist es sowohl Lessings Ironie, als auch sachlich ganz richtig in der Konsequenz, wenn der Gesprächsgang aufdeckt: »Falk. ... Vielleicht, daß alle die guten Thaten, die du mir genannt hast, um mich eines scholastischen Ausdrucks der Kürze wegen zu bedienen, nur ihre Thaten *ad extra* sind. ... Ernst. Aber ihre wahren Thaten denn? — Du schweigst? Falk. Wenn ich dir nicht schon geantwortet hätte? — Ihre wahren Thaten sind ihr Geheimnis[26]«. Es ist nicht nur im Wort, es ist 'in der Tat' nicht auszumachen, was das Gemeinte ist und in welchem Lager sich denn wohl wer eigentlich befindet. Der unausgesprochene, weil unaussprechliche 'sensus communis' zersplittert bei leisestem Verdacht (und wer müßte den in einer eindeutig undeutbaren Welt nicht gegen wen haben?) alles in tausend und abertausend kleine Einzelteile. Jeder muß jedes Ketzer werden. »Ernst. Rechtgläubige oder ketzerische Freimaurer — sie alle spielen mit Worten, und lassen sich fragen, und antworten ohne zu antworten[27]«. Wohl kommt ein universaler Anspruch auf: die Freimaurerei war immer und allumfassend, ist größer als jede viel zu kleine Zeit: »Falk. ... Nur so viel kann und darf ich dir sagen: die wahren Thaten der Freimaurer sind so groß, so weit aussehend, daß ganze Jahrhunderte vergehen können, ehe man sagen kann: das haben sie gethan! Gleichwohl haben sie alles Gute gethan, was noch in der Welt ist, — merke wohl: in der Welt! — Und fahren fort, an alle dem Guten zu arbeiten, was noch in der Welt werden wird, — merke wohl, in der Welt[28]«. Und dennoch ist die hier angesprochene 'jenseits der Vorurteile der eigenen angeborenen Religion'[29] liegende 'unsichtbare Kirche'[30] doch 'nur ein schöner Traum'[31].

Zumindestens für den nun immer noch unerleuchteten Fragesteller drängt sich auf: wie ist es mit Kontinuität, Kontingenz und Vermitt-

---

[25] a. a. O., S. 349.
[26] a. a. O., S. 352.
[27] a. a. O., S. 354.
[28] a. a. O., S. 352.
[29] So Less., S. 363.
[30] Ebd.
[31] So Less., S. 364.

lung dieser (doch eigentlichen und unentbehrlichen) Ingredientien in der Zeit? Wenn denn von Gott nicht mehr sinnvoll geredet werden kann, so ist doch zumindest der nur in und als Wechsel und Wandel greifbare und begreifbare Mensch das Bleibende. Und wenn er in seinem Selbst konstitutiv sein muß (— er, in dem 'es' doch irgendwie geschieht —), wie ist er oder es zu fassen? Was sich hier so äußert, ist leider immer nur 'ad extra'. Die Sache selbst kennt kein sie initiierendes, konstituierendes Zeugnis, keinen Anlaß in der Zeit. Zeugnis kann nicht mensch- nicht weltbewegend sein! Alles zeitlich sich Wandelnde ist zufällig und könnte auch ganz anders sein, ohne am wahren Wesen etwas zu ändern. Die Sache kennt keinen Mittler, keinen Zeitpunkt, der sich aus Zeiten in Zeiten erstreckte. Gestalt ist 'visibilis', die Sache aber ebenso 'ineffabile' wie auch 'invisibilis'. Gestaltwerdung in der Welt ein schemenhafter Traum — mehr nicht. Die christologischen Schwierigkeiten dieses Zeitalters liegen auf der Hand: das zeitloswesentliche egalitäre Menschsein ebnet z. B. die Gestalt des Jesus von Nazareth als 'differentia specifica' ein unter ein vorgegebenes allumfassendes 'genus proximum': reiner, bloßer, natürlicher Mensch. Unter diesem Vorzeichen verbietet sich jede 'singularitas', jede 'excellentia' Christi. Notwendig tritt an die Stelle einer zur Äußerlichkeit verblichenen 'christlichen Religion' nun die 'Religion Christi' als eine Privatangelegenheit. Sie ist nicht mehr als die immer schon mögliche, hier nun verwirklichte Menschlichkeit des Menschen in wahrem Menschentum. Mehr aber ist nicht daran. Von da rekrutieren sich (zur in diesem Rahmen möglichen und gewollten Hervorhebung der Außerordentlichkeit dieses großen, heroischen oder sittlich einmaligen Menschen) alle superlativen Prädikationen; sie verweisen aber in der vorgegebenen Restriktion lediglich auf das vom Menschen inszenierte Rahmenthema, das einen unüberschreitbaren Zaun bildet. Es mag einer kommen — oder gekommen sein, wer er auch sei — er kann nur sich anstrengen, mehr oder weniger gut auszufüllen (sprengen darf und kann um Himmels willen keiner den abgesteckten Rahmen). Ein 'Jesus Christus Superstar' mag durchaus eine mögliche Wirklichkeit sein. Ein 'gloria in desertis' aber darf es einfach nicht geben. Wie und wem man doxologisch zu Füßen fällt, ist von des Menschen Gnaden festgelegt. Solange des Menschen reine Menschlichkeit das Steuer führt, wird es immer nur human zugehen.

Und: »Weil man etwas sein kann, ohne es zu heißen«[32], kann man auch so heißen, ohne es zu sein. Von daher ist jedes 'Zeugnis für' gänzlich unmöglich. Es führt immer nur in die Irre. Ja, es zeitigt Zufallstreffer nicht besser als 'falsch Zeugnis', wenn dies seine Intention einfach verfehlt. Die eigentliche Vergewisserung steht im Selbst und seiner fiducia, dem Selbstbewußtsein der Person. Denn was zeitlich ist, ist undeutbar weil zweideutig, nicht deutend sondern abführend. Gewiß ist nur das unaussprechliche Selbst. Und die es wissen, können es nicht sagen.

Wer nun noch an 'göttlichen Dingen und ihrer Offenbarung' festhalten will, muß in Unmittelbarkeit dazu stehenbleiben, dort zu Hause sein. »Genieße dein Sein mehr als deine Art zu sein, und der liebste Gegenstand deines Bewußtseins sei dieses Bewußtsein selber ... quartiere dich, zusammenkriechend in die letzte und häuslichste Windung deines Schneckenhauses ein«,[33] weiß es eine Lebensmaxime Jean Pauls im Quintus Fixlein später straff zu fixieren. Man verläßt das Labyrinth dieser Welt und verläuft sich in die Irrgänge des eigenen Ich, wo einem am Ende doch nur gleiches Übel und Unheil nochmals widerfahren kann! Wer sich in seiner 'Vollendung' so zurückzieht, auf den warten Langeweile, Lebensekel und Schwermut nicht umsonst. Das 'experimentum medietatis suae' und die 'incurvatio in se ipsum' reichen sich brüderlich die Hände. Kann man dem Weltgetriebe als einem bloßen 'ad extra' nichts abgewinnen, so ist nach außen hin an dieser Welt auch nichts zu steuern, zu raten, zu helfen, zu verwirklichen. Muß im zeitlichen Sein nicht alles 'Wesen', wenn es sich äußert, 'ver-wesen'? Müßte nicht z. B. Wiedergeburt in der Zeit Getrenntsein des Menschen von seinem wahren Wesen voraussetzen als das Anfängliche und somit defiziente und unvollkommene? Auf diesem zugemuteten Hintergrunde bedeutet Verkündigung immer zuerst einmal Entmündigung. Als Angebot und Hilfe dessen, 'was der Mensch sich eben nicht selber sagen kann', wird es von der autonomen Seele mehr gehaßt als Sünde und Tod! Vergebung müßte an Vergewaltigung wesentlichen Wesens streifen, denn wer sie anbietet, setzt doch den 'Sündenlümmel' voraus. Welche Zumutung wäre dies für alle, die sich vom 'äußerlichen Kirchentum' und seinen 'Zeremonien' längst

---

[32] Less., S. 367.
[33] J.P., IV, S. 185f.

getrennt haben! Alle bis dahin gültige, gewesene theologische Begrifflichkeit muß mit den für sie konstitutiven Heilsvermittlungen in Wort und Sakrament, Schrift und Gebärde oder gar Tat unter das eine Verdikt fallen: religiöser Materialismus. Eindeutig allein ist und bleibt das nichts-sagende Schweigen und zuchtvoll-edle Schweigenmüssen als Aussagemöglichkeit der 'Vollendeten', die alles wissen. Und so kommt es konsequent zur Resignation gegenüber aller Weltgestalt. Gestalt als Wandel in der Zeit wird selber Wurzel allen Übels. Was sein soll, kommt nicht durch, kann nicht 'ad extra' in Erscheinung treten; kann nicht verwirklicht, nicht vermittelt werden. Alle menschlichen Mittel (zu ihnen zählen Religionen wie Staatsverfassungen, Verkehrsmittel usw.) sind vergeblich. Dienen sie nicht dem Genuß des Individuums, so taugen sie nicht. Ernst meint einwerfend: »Du spottest. — — Gut! Das bürgerliche Leben des Menschen, alle Staatsverfassungen sind nichts als Mittel zur menschlichen Glückseligkeit. Was weiter? Falk. Nichts als Mittel! ... Sehr gut! Du kömmst mir auf dem rechten Wege entgegen. Denn nun sage mir, wenn die Staatsverfassungen Mittel, Mittel menschlicher Erfindungen sind: sollten sie allein von dem Schicksal menschlicher Mittel ausgenommen sein? Ernst. Was nennst du Schicksale menschlicher Mittel? Falk. Das, was unzertrennlich mit menschlichen Mitteln verbunden ist, was sie von göttlichen unfehlbaren Mitteln unterscheidet. ... Daß sie nicht unfehlbar sind. Daß sie ihrer Absicht nicht allein öfters nicht entsprechen, sondern auch wohl das Gegentheil davon bewirken[34]«. Begründete Schwermut hilft der Tatkraft nicht auf. Alle menschlichen Mittel leiden an grundsätzlicher Fehlsamkeit, alle menschlichen Errungenschaften entfremden ihn immer mehr nur seiner wahren Wesenheit; sie kann sich zeitlich nicht entfalten. Welt verstellt schicksalhaft sich entfaltendes Menschsein. Muß es nicht zum Haß auf jede konkrete Gestalt kommen? Mittel menschlicher Art führen zu keinem Ziel, sind Abwege. Was wirklich sein sollte, mag unaussprechlich sein; nur in der negativen Abhebung von ihm läßt es sich bestimmen: von göttlichen unfehlbaren Mitteln bleibt es streng geschieden. »So sind Schiffahrt und Schiffe Mittel in entlegene Länder zu kommen, und werden Ursache, daß viele Menschen nimmermehr dahin gelangen[35].«

---

[34] Less., S. 356f.
[35] a. a. O., S. 357.

Es ist sehr aufschlußreich, wie hier eine ganz spezifische, nicht alltägliche Erfahrung für die Begründung von Schicksalsglauben und Weltmisere im Ganzen herangezogen wird. Der Grund dafür ist eher Lessings damalige Weltsicht, als die damit prädizierte Weltwirklichkeit. 'Experientia mundi' wird von Lessing auf Grund seines Lebensgefühls nicht mehr hoffnungsvoll aufgefangen und verarbeitet. Das Wiedereinmünden von 'meditatio' und 'tentatio' in eine vertrauensvolle 'oratio' hat aufgehört. Stolz und wohl auch ein wenig schwermütig entwickelt der Mensch in autonomer Regie seinen eigenen Zirkel. Er bleibt bei sich. So wächst Einsamkeit und Empfindsamkeit. Am Ende steht leeres Schweigen, das nicht aus der unsagbaren Fülle Gottes entsteht, sondern die aufkommende Leere ahnen läßt. Denn auch Schweigen als Gebärde muß doch konsequent betrachtet unter die sehr zweideutigen Zeichen, Gebärden und Gebräuche fallen! Steht nicht hinter dem Bilde der Schiffahrt *Lessings* eigener Schiffbruch im Strom der Zeiten; man braucht darum eine sich verknöchernde und harte Orthodoxie nicht in Schutz zu nehmen. Spiegelt nicht einer der letzten Briefe Lessings — er ist an Jacobi gerichtet — vom 4. Dezember 1780, seinen körperlich-seelisch gleich bedrückenden Niedergang: »Langer, von dem ich diesen Augenblick einen Brief aus Amsterdam erhalte, kann Ihnen gesagt haben, daß er mich im Begriff verlassen, nach Hamburg zu reisen. Da bin ich so lange gewesen, als ich Hoffnung hatte, meine verlorene Gesundheit und Laune unter meinen Freunden wieder zu finden. Ich weiß selbst nicht mehr, wie lange das war. Freilich sollte ich sie eher aufgegeben haben, diese Hoffnung. Aber wer giebt die Hoffnung gern anders, als gezwungen, auf? Endlich bin ich ohnlängst wieder zurückgekommen. Am Körper, bis auf die Augen, allerdings etwas besser: aber am Geiste weit unfähiger. Unfähig zu allem, was die geringste Anstrengung erfordert[36]«.

Lessings Welturteil fällt rein negativ aus. Jedes Mittel spielt sich zum Mittler auf, verursacht aber nur Misere. Göttlich und unfehlbar ist nur die unmittelbare Notwendigkeit, die gegen alles (zeitlich = gestalthaft) Zufällige steht. Gestalt als sie selber wird Wurzel allen Übels. Gestalt ist inter-esse, steht immer im Wege, trennt vom Eigentlichen. Mittel sind Unmittelbarkeit verstellende Geschichtlichkeiten. Der reine, der natürliche, der '*bloße*' Mensch, der Mensch 'als solcher' wird immer

---

[36] Jac., IV. 1, S. 85.

und immer vergewaltigt, entmündigt. Wie soll reine humanitas zum Zuge kommen? In Religion so gut wie in jeder bürgerlichen Gesellschaft wird sie vergewaltigt.

Und welche Skepsis gegenüber Rasse, Hautfarbe, Sprache und Stellung der Menschengruppen kommt an den Tag: wäre der Mensch freigelegt von diesen Zufälligkeiten, die doch auch alle ganz anders sein könnten, wäre er zur reinen, bloßen Menschlichkeit befreit, dann würde auch echte Kommunikation ohne jede Schwierigkeit stattfinden können. Nur so weit ist eben die Gesellschaft noch nicht; immer noch begegnen 'solche' Menschen 'solchen' Menschen. Wären sie 'bloße' Menschen, ginge alles glatt. »Falk. Das ist: wenn jetzt ein Deutscher einem Franzosen, ein Franzose einem Engländer, oder umgekehrt, begegnet, so begegnet nicht mehr ein bloßer Mensch einem bloßen Menschen, die vermöge ihrer gleichen Natur gegen einander angezogen werden, sondern ein solcher Mensch begegnet einem solchen Menschen, die ihrer verschiedenen Tendenz sich bewußt sind, welches sie gegeneinander kalt, zurückhaltend, mißtrauisch macht, noch ehe sie für ihre einzelne Person das geringste mit einander zu schaffen und zu theilen haben. Ernst. Das ist leider wahr. Falk. Nun so ist denn auch wahr, daß das Mittel, welches die Menschen vereinigt, um sie durch diese Vereinigung ihres Glückes zu versichern, die Menschen zugleich trennt[37].« Welche Skepsis schon vor — nicht erst in — jedem konkreten Begegnen! Welche stolze Einsicht, die der Schwermut immer schon im voraus ihr gutes Recht zubilligt. Erst der nackte, bloße Mensch ohne Ecken, Kanten und Eigenarten — abgezogen, abstrahiert von allen 'solchen' — getrennt von seiner Leiblichkeit und Besonderheit, bildet kein Problem mehr. Er ist Wunschbild des sich selbst genießenden Individuums. Wo der Mensch keinen Ort mehr in der Zeit hat, beginnt das utopische glückselige Zeitalter einer bessern Welt sich abzuzeichnen. Was ist denn der Mensch, wenn ihm sein Lebens-Raum, seine Lebens-Zeitstelle nur als entbehrliche Funktionalien belassen werden? Kann er so nackt und bloß ins Glück laufen? Reibungen, Spannungen, Widerständigkeiten, Eigenart und Charakter hindern den Lauf eines keine Energie mehr verbrauchenden Perpetuum mobile wahren Menschseins. Solange aber noch Christen und Juden, Türken und Heiden sind, sieht das leider völlig anders aus: »Falk. ... Nicht als bloße Menschen gegen

---

[37] Less., S. 359.

9 Festschrift Ratschow

bloße Menschen, sondern als solche Menschen gegen solche Menschen, die sich einen gewissen geistigen Vorzug streitig machen, und darauf Rechte gründen, die dem natürlichen Menschen nimmermehr einfallen könnten[38]«. Egalitäres Menschsein etabliert sich. Diesen 'natürlichen Menschen' fällt eben 'nichts mehr ein'. Langeweile muß kommen. Mit der totalen Entkleidung des Menschen beginnt seine humanitas, seine wahre Würde an den Tag zu kommen. Lage, Stellung, Rasse, Blut und Hautfarbe können eben nur im Übersehenwerden bewältigt werden. Klingt dies nicht nach den physicalia eines Cartesius, der die cogitatio streng geschieden sein ließ von Lage, Gestalt und Bewegung, die nur für die tote extensio charakteristisch sind? Die Eigentlichkeit des Menschen aber liegt in der cogitatio. Hier wurde einst ein alles spaltender Hieb ausgeführt. Der garstige breite Graben beginnt in der Aufklärung zu klaffen. Der Mensch, der doch nur im Leibe lebt, wird schmerzlich zerrissen. Von der Welt der Äußerlichkeiten muß der Mensch freigeschält, bloßgelegt werden, um zu seiner Würde zu gelangen. Man beseitigt das Problem Mensch — den konkreten Menschen — und schafft die utopische Gesellschaft, die in keiner extensio mehr angesiedelt ist. Damit geht zugleich der Lebensraum verloren.

Von daher wird es einst 'reaktionär' erscheinen, Endlichkeit auszuhalten in Geduld; selbst wenn es dabei um zu verwandelnde, erhaltende oder bewahrende Gestaltung geht. Kennzeichneten nicht die tausend Reibungen in Blut, Rasse, Sprache, Brauch und Gebärde eine sich immerzu zu neuer Gestalt hin wandelnde Welt? Ist es schon Stagnation, Welt überhaupt erst einmal zu akzeptieren; ist es Resignation, an konkreter Gestalt nicht vorbeizugehen? Ist es reaktionär, im Drunterbleiben (der alten ὑπομονή) hinzunehmen, aufzunehmen und aufzuheben? Ist es reaktionär, nicht die Welt zu verwandeln, sondern erst sich selber und dann die gleiche immer noch alte Welt neu anzufassen, in Liebe anzuschauen? Nicht zuerst die Erde und ihr Antlitz zu verwandeln, sondern sein eigen Herz aus Erde einer Verwandlung anheimzugeben, um dann zufassen zu können? Die großen Versäumnisse aller Kirchentümer — in welcher Zeit und Gestalt auch immer — brauchen gar nicht beredet zu werden. Beschämenswert genug ist immer schon die eigene Zeit. Ändert das alles etwas daran, daß es um so mehr gilt, aus dem Gott der Hoffnung zu schöpfen, statt auf einen Utopos künf-

---

[38] a. a. O., S. 360.

tiger Weltgestaltung sein schwärmerisches Augenmerk zu richten? Aus Gotteswirklichkeit Neues zu wagen, statt aus der Unmöglichkeit — der vorliegenden Weltmisere — auf reine Zukünftigkeit hinzuwirken?

Solche fiducia aber hat bei einem Lessing keine Wurzeln mehr wachsen und keine Früchte mehr reifen lassen können. Er war nicht willens aufzufangen, auszuhalten, drunterzubleiben. Welt ist von Unheil durchsetzt, das unabänderlich scheint. So 'scheint' es nicht nur, 'so ist es' nun einmal, behauptet Falk lapidar gegen Ernst. Sitten, Bräuche, Verfassungen und nicht zuletzt die angeborenen, voller Vorurteile steckenden Religionen sind Anlaß zu Unheil und Lebensqual. Es gibt noch mehr Unheilsquellen: »Falk. So ist es. — Nun sieh da das zweite Unheil, welches die bürgerliche Gesellschaft, ganz ihrer Absicht entgegen, verursacht. Sie kann die Menschen nicht vereinigen, ohne sie zu trennen, nicht trennen, ohne Klüfte zwischen ihnen zu befestigen, ohne Scheidemauern durch sie hin zu ziehen[39].« 'Schrecklich' und 'unübersteiglich' sind solche Mauern. Im Gefolge eines Cartesius beginnt ein nicht der Theologie anzulastendes, sondern spezifisch der Dialektik der Aufklärung zugehöriges Phänomen seine giftigen Blüten zu treiben. Die mit der cogitatio eingeläutete Autonomie und die methodisch zum Grunde gelegte Abspaltung von der extensio taucht in allen Verästelungen auf. Nicht nur die humanitas, auch »die bürgerliche Gesellschaft setzt ihre Trennung auch in jedem dieser Theile gleichsam bis ins unendliche fort[40]«. Die vorgegebene Zerrissenheit ist im nachhinein nur noch konstatierbar, ändern läßt sich an dieser so gearteten Welt und ihrer Misere nichts, der Einsichtige nimmt es zur Kenntnis: »Ernst ... Das ist nun einmal so. Das kann nun nicht anders seyn[41]«.

Herausgefallen aus der alten ὑπομονή, nicht mehr gehalten vom Gott der Väter, entzieht sich die Welt dem Menschen, entzieht sich der Mensch der Welt. Es entzieht sich einem auch 'die Sache selbst', um die es im Anbeginn — mit den Vätern — immer noch ging und geht. Die Zerreißung von signum und signatum (von verbum praedicatum und viva vox evangelii) entmachtet die von den Kirchentümern ausgehenden evangelischen Impulse. Immer noch geht es dem Menschen um seine Welt, nur ist die grundsätzliche Verklammerung gelöst. Und Ruhelosig-

---

[39] Ebd.
[40] a. a. O., S. 361.
[41] Ebd.

keit des suchenden Herzens — solange man auf dieser armen und unheilvollen Erde wandern muß — greift Platz. Wie könnte man hier unten noch zufrieden sein! Das Wort 'Genüge' und 'Genügsamkeit' bezeichnet nur noch den feigen Kümmerling, der nichts mehr wagt. Das Wagnis des Glaubens aber und seines 'Drunterbleibens' ist vergessen. Die Quellen dieser Kraft sind verschüttet. Wie könnte man hier unten — mit 'Worten' — zufrieden sein und Genüge haben; nur vollendete Gottunmittelbarkeit vermöchte das leere Herz zu füllen. In keinem Hier oder Jetzt, Dann und Dort ist Friede. So verliert eine Selbstgewißheit, die nicht mehr aus Gottgehaltenheit kommt, sich selbst und die Welt mit.

Weltleere und vorläufige Innerlichkeitsfülle sind zwei gleichfurchtbare Spaltprodukte im vorläufig aufblühenden Enthusiasmus des Zeitalters der Empfindsamkeit und Empfindlichkeit. Sie schießen auf in den Feuergarben wortlos werdender Sonatenmusik. Den choralartigen Mittelsätzen Beethovens fehlt der Text. Den maniristischen Metapherngluten eines Jean Paul fehlt bei formaler Vollkommenheit unübertroffener deutscher Sprache — der Inhalt.

Diese Art von Weltverwandlung kommt von keinem Frieden her, sondern aus tiefer Defizienz. Das neue Menschenbild ist das des sich genießenden Individuums. Noch ist jede Einzelmonade ein Zentrum und Spiegel des Universums. Die Zentralmonade, die Sonne Gottes, ist im Untergang begriffen. Noch spielen die Myriaden Individuen im Strahl der Sonne. Einst aber wird der tote Christus 'ohne Auferstehung' vom Weltgebäude herab nicht nur ihren Untergang verkündigen. Er wird alles desillusionieren: diesen alles einenden Gott hat es nämlich nie gegeben! Mag man im Weltdunkel vermuten, daß die durch die ewigen Eisgefilde des Nordens wandernde Aurora zu neuer 'Aufklärung' unterwegs ist nach Osten. Der tote Christus aber weiß schon: »... das ganze geistige Universum wird durch die Hand des Atheismus zersprengt und zerschlagen in zahllose quecksilberne Punkte von Ichs, welche blinken, rinnen, irren, zusammen- und auseinanderfließen, ohne Einheit und Bestand[42]«. Herz und Welt verglimmen zu Totenasche, die 'Korallenbänke schlagender Herzen' und die 'Sonnen' werden (wie Taufunken vom Wanderer) von einem blinden Geschick ausgetreten.

---

[42] J.P., II, S. 266.

Wo die Früchte des Geistes nicht mehr reifen und wachsen, wo ὑπομονή — als Drunterbleiben unter dem Weltungefähr — als Last erscheint, die unangemessen und unerwünscht ist (die abzuwerfen geboten scheint), da hört Gestaltung dieser 'Last' auf. Konkret andringende Welt wird verwerflich. Frucht im Hiesigen, Freude bereitendes Leben schwindet. Weltgestalt fällt, weil quälend-feindlich, dahin. Niemand nimmt sich ihrer mehr an. Ideologien und ein neues humanum möge ihre Herrschaft — in erneut autoritärer Form — antreten. Sie tun es ausgerechnet im Namen einer besseren Menschlichkeit. Dies humanum aber wird erbarmungslos und nackt und manchmal furchterregend, anmaßend sein. Wehe dem, der der 'reinen' Absicht mißtraut, dem reinen Wollen und der reinen Vernunft widerstrebt. An Stelle der Wiedergeburt können auch des Menschen Ausgeburten treten.

Mag sich im 'Schulmeisterlein Wutz' das Leben noch als Idylle geben, wie lange wird sich in solcher Einsamkeit leben lassen? Ist das Zentralgestirn — die Zentralmonade Gott — untergegangen, wird kalt und düster, was jetzt noch stolz-autonom für sich lebt. ». . . denn so viel hat auch der Dümmste noch aus Leibnizens vorherbestimmter Harmonie im Kopfe, daß die Seele, z. B. die Seelen eines Forsters, Brydone, Björnstähls — insgesamt seßhaft, auf dem Isolierschemel der versteinerten Zirbeldrüse — ja nichts anders von Südindien oder Europa beschreiben können, als was jede sich davon selber erdenkt und was sie, beim gänzlichen Mangel äußerer Eindrücke, aus ihren fünf *Kanker-Spinnwarzen* vorspinnt und abzwirnt. Wutz zerrete sein Reisejournal auch aus niemand anders als auch sich[43].« Mag das Lebensgeheimnis jedem im eigenen Geiste gegeben sein, wo ers ausgraben kann; dieser Geist wird jeden Buchstaben töten — ausgerechnet bei denen ist dies der Fall, die in vollendeter Form in der klassischen Literatur ihre Buchstaben zu Büchern formten. Wutz–Jean Paul treibt es dann so: »Woll' er mithin etwas Gescheites lesen, z. B. aus der praktischen Arzneikunde und aus der Kranken-Universalhistorie: so müss' er sich an seinen triefenden Fensterstock setzen und den Bettel ersinnen. An wen woll' er sich wenden, um den Hintergrund des Freimäurer-Geheimnisses auszuhorchen, an welches Dionysos-Ohr, mein' er, als an seine zwei eigenen[44]?«

---

[43] J.P., I, S. 427.
[44] a. a. O., I, S. 428.

Begegnungen mit Fichtes „Anweisung zum seligen Leben"

Günther Keil
3501 Fuldatal, Schulstr. 1

Wer sich mit einem bedeutenden Denker der Vergangenheit auseinandersetzen will, muß sich zunächst einmal von ihm in Frage stellen lassen. Denn seine Zeit hat andere Denkvoraussetzungen und Denkgewohnheiten als die unsere, und darüber hinaus geht die Individualität des fremden Denkers von anderen Prämissen aus, als von denen her wir je individuell zu denken pflegen. Damit aber wird die Weltanschauung unserer Zeit wie auch unsere je individuelle von ihm in Frage gestellt. Wir überschreiten durch ihn ein klein Stück die Denkschranken unserer Zeit und unserer Person, erweitern unseren Horizont und kommen damit der Wahrheit, die alle Zeiten und Individuen umspannt, ein klein Stück näher.

Wer sich mit einem bedeutenden Denker der Vergangenheit auseinandersetzen will, wird dann aber auch ihn in Frage stellen. Denn auch er wird unseren Denkgewohnheiten und Prämissen ausgesetzt. Aus diesem Dialog mit ihm geht dann also auch sein Geschichtsbild gewandelt hervor.

In diesem dialogischen Sinne wollen wir hier der Religionsphilosophie des späten Fichte zu begegnen versuchen. Wir meinen damit seine religionsphilosophische Schrift »Die Anweisung zum seligen Leben«.[1]

Die Grundthese dieser Schrift lautet: »Das wahrhaftige Leben« ist »notwendig die Seligkeit selber«[2], oder: »Das wahrhaftige Leben ist

---

[1] Hier zitiert nach der Ausgabe des Felix Meiner Verlages, Hamburg 1954. In den folgenden Anmerkungen nur mit A bezeichnet.
[2] A S. 19.

durch sich selber selig«[3]. Denn: »Das wahrhaftige Leben lebt in dem Unveränderlichen ... und bleibt notwendig in aller Ewigkeit«[4]. Alles Leben also, das wahrhaft Leben ist, ist notwendig schon immer ewiges Leben und seliges Leben; alles Leben dagegen, das nicht ewig, sondern vergänglich, das nicht selig, sondern unselig ist, ist in Wahrheit kein Leben, sondern bloßes Scheinleben. Ewigkeit und Seligkeit sind also Attribute des wahren Lebens selbst.

Mit dieser Grundthese des späten Fichte wollen wir uns also auseinandersetzen. Wir wollen dabei in drei Gedankenkreisen den Wurzeln eines solchen Denkens zu begegnen versuchen. Der erste Gedankenkreis soll dem Subjekt eines solchen wahren Lebens gelten. Im zweiten werden wir uns den Objektivationen des Lebens zuzuwenden haben oder — was für Fichte dasselbe ist — dem, was das Leben liebt und wodurch sich wahres Leben von Scheinleben unterscheidet. Schließlich werden wir in einem dritten Teil nochmals zum Subjekt des wahren Lebens zurückkommen und Fichte von uns aus in Frage stellen und geschichtlich beurteilen müssen.

1. Fichte beginnt seine Schrift über »die Anweisung zum seligen Leben« mit folgendem programmatischen Gedankengang: Das Sein spaltet sich in der Liebe in zwei Iche, in ein anschauendes, subjektives und in ein angeschautes, objektives Ich auseinander, die aber die Liebe wieder verbindet. Er sagt: ». . . das Leben ist Liebe, und die ganze Form und Kraft des Lebens besteht in der Liebe, und entsteht aus der Liebe. . . . Die Liebe *teilet* das, an sich tote Sein, gleichsam in ein zweimaliges Sein, dasselbe vor sich selbst hinstellend, — und macht es dadurch zu einem Ich oder Selbst, das sich anschaut, und von sich weiß; in welcher Ichheit die Wurzel alles Lebens ruhet. Wiederum *vereinigt* und *verbindet* innigst die Liebe das geteilte Ich, das ohne Liebe nur kalt, und ohne alles Interesse, sich anschauen würde. Diese letztere Einheit, in der dadurch nicht aufgehobenen, sondern ewig bleibenden Zweiheit, ist nun eben das Leben[5]«. Leben ist also die Liebe zwischen dem in zwei Iche, einem subjektiven und einem objektiven, geteilten Sein und damit die Wiedervereinigung von Subjekt und Objekt.

---

[3] A S. 16.
[4] A S. 16.
[5] A S. 11—12.

Dieser Gedankengang ist zusammen mit den bereits oben zitierten Sätzen insofern programmatisch für Fichtes späte Religionsphilosophie, als alles weitere, was er in seiner »Anweisung zum seligen Leben« sagt, nur Begründung und Vertiefung dieser Sätze sein will. So sagen sie denn auch bereits über das Subjekt des Lebens, dem wir zunächst einmal nachgehen wollen, Entscheidendes aus. Wir wollen uns deshalb diese Gedankengänge ausführlicher und mit anderen Worten vergegenwärtigen:

Das Ich schaut sich selbst an. Daraus ergibt sich ein anschauendes (subjektives) Ich und ein angeschautes (objektiviertes) Ich. Das Ich existiert also in einer Zweiheit: einmal als das Ich, das anschaut, das andere Mal als das Ich, das angeschaut wird.

Aber diese Zweiheit ist nicht das einzige Verhältnis zwischen dem subjektiven und dem objektivierten Ich. Denn diese Zweiheit ist in einer Einheit verbunden, die die Zweiheit zwar nicht aufhebt, wohl aber ihre beiden Pole aufeinander bezieht: Das Ich, das anschaut, also das subjektive Ich, sagt zu dem Ich, das angeschaut wird, also zu dem objektivierten Ich: ich selbst. Denn ich selbst soll es ja sein, der zugleich anschaut als auch angeschaut wird, denn ich schaue ja mich selbst an und keinen Fremden. Die beiden Iche werden also in der Selbstanschauung miteinander identifiziert: Ich, der ich anschaue, soll derselbe sein wie ich, der ich von mir selbst angeschaut werde. Fichte nennt diese Selbstidentifikation der Iche ihre trotz bleibender Zweiheit geschehende Einheit.

Fichte läßt nun diese Einheit durch die Liebe geschehen: Will das Ich sich mit sich selbst identifizieren, so muß es sich selbst lieben. Denn haßte das Ich sich selbst oder wäre auch nur gegen sich selbst gleichgültig, könnte es kein Interesse, zumindest kein positives, an sich selbst haben. Es stieße sich selbst ab oder bliebe gegen sich selbst gleichgültig und käme damit nicht mit sich selbst in Einheit, in Identität. Nur Liebe kann also die beiden Iche zu ihrer gegenseitigen Identifikation zusammenbinden; sie ist dann zugleich auch die Grundform allen Interesses, weil nämlich in ihr das Ich an sich selbst Interesse hat.

Da das Ich aber in dieser Einheit mit sich selbst immer zum Teil auch objektiviertes Ich ist, also selbst in den Bereich der Objekte eingegangen ist, bewirkt diese Liebe zugleich Interesse am Objektbereich überhaupt, an dem das Ich ja selbst teilhat: Die Objekte können das mit dem subjektiven identifizierte objektivierte Ich und damit das identifizierte Ich als ganzes gefährden oder bewahren und bereichern. Nahrung kann so zum Beispiel das vom subjektiven geliebte objektivierte Ich erhalten, ein Geschoß kann es töten. Mit anderen Worten: Da das Ich in der Liebe seine Einheit findet, sind die Objekte für es von Interesse, weil sie sich auf das in die Liebe eingebundene objektivierte Ich beziehen. Alles Interesse, das wir an den Objekten haben, entsteht also daraus, daß die Objekte mit dem objektivierten Ich in einem gemeinsamen Bereich und damit einem gemeinsamen Zusammenhang stehen, der das objektivierte Ich und damit das in der Liebe identifizierte Ich als ganzes gefährden oder bewahren kann. Das Interesse wird also aus der Liebe abgeleitet, in der das Ich seine Selbstidentifikation, seine Zweieinigkeit vollzieht.

Diese Selbstidentifikation, diese Zweieinigkeit in der Liebe ist nun für Fichte das Leben selbst. Leben ist also dieses sich in der Liebe einigende Wechselspiel eines subjektiven und damit noch unobjektivierten Ich, das sich selbst zu einem objektivierten Ich vergegenständlicht, und dieses objektivierten und darum nicht mehr rein subjektiven Ich, das dennoch auf das subjektive Ich rückbezogen und damit resubjektiviert wird. Leben ist also jener Widerspruch, der das Ich in Subjekt und Objekt scheidet, um sie dennoch in der Liebe wieder ihre Einheit finden zu lassen.

Demnach ist für Fichte das Subjekt des Lebens das Ich, das sich in der sich selbst anschauenden Liebe selbst entzweit, um sich aber in der Liebe dennoch zu seiner Einheit zurückzufinden.

Damit hat Fichte grundsätzliche Einsichten über das Leben und über das Ich ausgesprochen[6]. Keine Selbstanschauung (und nur durch Selbstanschauung wissen wir von uns selbst) wird die Entzweiung des Ich leugnen können, denn nur aufgrund dieser Entzweiung können wir (als Subjekt) uns selbst (als Objekt) anschauen. Keine Selbstanschauung kommt aber auch umhin, dennoch die Einheit dieser beiden Iche zu behaupten, denn sonst könnten wir immer nur etwas von uns Fremdes und nie uns selbst anschauen. Ebenso wird schwerlich zu leugnen sein, daß das Ich sich in einer solchen Einheit lieben muß und daß auf solcher Liebe das Interesse an den Objekten beruht: Denn wären wir bloßes Subjekt, schwebten wir ohne Interesse am Objektbereich über ihm;

---

[6] Ausführlich habe ich darüber gehandelt in meinem Buch »Jesus Christus und der Gottesgedanke«, Meisenheim/Glan, 1973.

wären wir aber bloßes Objekt, ließen wir uns gleichgültig wie ein bloßes Objekt, etwa wie ein Stein stoßen und schieben. So aber ist der Objektbereich für uns relevant, ohne daß wir bloßes Objekt wären.

Die entscheidende Frage an Fichte und mit ihm an den erkenntnistheoretischen Idealismus überhaupt stellt sich nun aber an anderer Stelle: Wie können wir eigentlich ein rein subjektives Ich erkennen? In dem Augenblick nämlich, da wir es erkennen, haben wir es bereits zu einem Objekt unserer Erkenntnis gemacht, haben wir es also bereits objektiviert: Wir erkennen uns selbst (als angeblich rein subjektives, tatsächlich aber bereits erkanntes und damit objektiviertes Ich). Was berechtigt uns dann aber überhaupt, von einem rein subjektiven Ich zu sprechen, wenn wir doch immer nur so von ihm sprechen können, daß wir von ihm als von einem objektivierten Ich sprechen? Oder anders gesagt: Wenn wir immer nur von einem objektivierten Ich sprechen können, wieso sprechen wir dann überhaupt von einem rein subjektiven Ich?

Gewiß: Hinter jedem objektivierten Ich steht notwendig ein subjektives Ich, das das objektivierte Ich eben zu seinem Objekt hat, das es also objektiviert. Aber dieses subjektive Ich entschwindet uns in der Reflexion auf es: Denn immer, wenn wir von einem rein subjektiven Ich sprechen wollen, haben wir tatsächlich nur von einem objektivierten Ich gesprochen. Freilich muß hinter dem objektivierten Ich wiederum ein subjektives Ich, ein das objektivierte Ich objektivierendes Subjekt stehen, aber sobald es genannt werden soll, ist es auch schon wieder objektiviert. Wir können also auf den Begriff eines subjektiven Ich zwar nie verzichten, weil es für jedes objektivierte Ich wieder als dessen Subjekt gedacht werden muß, aber wir können ihn auch nicht wirklich bilden. Das rein subjektive Ich bleibt uns unerkennbar.

Dieses rein subjektive, nie in unsere Erkenntnisbezüge, in unsere Begriffe eingehende Ich ist demnach in dem Sinne absolut, daß es in keinerlei erkennbaren Relationen steht: Seine Unobjektivierbarkeit enthebt es aller für Erkenntnis relevanten Beziehungen, stellt es in die Absolutheit allem Erkennbaren, allen Begriffen gegenüber. Oder auf unsere Begriffe hin gesagt: Der rein subjektive Begriff, in dem wir denken, kann sich selbst nicht in einem Begriff objektivieren. Darum ist er zwar allen objektivierten Begriffen gegenüber der absolute Begriff, aber der absolute Begriff ist kein gegebener Begriff.

Lassen wir uns das noch einmal von Fichte selbst sagen: »Wir begreifen zu allernächst uns selber nicht, wie wir an sich sind: und daß wir das Absolute nicht begreifen, davon liegt der Grund nicht in dem Absoluten, sondern er liegt in dem Begriffe selber, der sogar sich nicht begreift. Vermöchte er nur sich selbst zu begreifen, so vermöchte er ebensowohl das Absolute zu begreifen; denn in seinem Sein jenseits des Begriffes ist er das Absolute selber[7]«.

Hier ist also deutlich ausgesprochen: Das rein subjektive Ich kann uns nie in einem Begriff, in einer Reflexion gegeben sein. Unser tiefstes jenseits aller Begrifflichkeit und aller Reflexion stehendes Subjekt ist in seinem reinen Sein in der Reflexion nicht erkennbar. Das Subjekt des Lebens ist in seiner letzten subjektiven Tiefe der Reflexion und ihrer Erkenntnis entzogen. Hier ist der erkenntnistheoretische Idealismus über die Verabsolutierung eines erkennbaren erkenntnistheoretischen Ich hinausgewachsen, ohne aber seine erkenntnistheoretischen Positionen aufgeben zu müssen.

Hier vermeidet auch der späte Fichte die Anmaßungen des spekulativen Idealismus im Sinne Hegels oder auch des frühen Fichte: Das Ich kommt nicht zu seinem eigenen Begriff, kommt zu keinem An-und-für-sich, um von da aus spekulativ die Welt und ihre dialektischen Prozesse wissen zu können. Das Sein des letzten Ichs wie des Begriffes selbst ist kein Gegenstand eines absoluten Wissens, auch kein Gegenstand eines in einem dialektischen Prozeß sich entfaltenden absoluten Wissens, sondern absolutes Geheimnis.

Dieses absolute Geheimnis des rein subjektiven Ich und seiner Begriffe wird nun von Fichte ontologisch so beschrieben: Das rein subjektive Ich kann nie ein individualisiertes, in einer Vielheit existierendes Ich sein, weil das schon Unterscheidung und damit Objektivation voraussetzen würde. Das absolute Sein kann also kein individualisiertes, kein Unterscheidungen in sich begreifendes Sein sein. Es ist also Gott selbst. Aber Gott als das Absolute bleibt Geheimnis. Doch in der Reflexion spaltet er sich ins Dasein, ins objektivierte Dasein, das nun begriffen werden kann. Das ins Dasein aufgespaltene reine Sein ist das Wesen: »In dem Dasein aber, als Dasein, oder in der Reflexion, wandelt schlechthin unmittelbar das Sein seine, durchaus unerfaßbare, höchstens als reines Leben und Tat, zu beschreibende Form, in ein *Wesen*, in eine stehende Bestimmtheit; ... Ob nun gleich an sich unser Sein ewigfort das Sein des Seins ist, und bleibt, und nie etwas anderes

---

[7] A S. 64.

werden kann, so ist doch das, was wir selbst, und für uns selbst sind, haben und besitzen, — in der Form unseres Selbst, des Ich, der Reflexion, im Bewußtsein, — niemals das Sein an sich, sondern das Sein, in unsrer Form, als Wesen[8]«.

Mit anderen Worten: Das reine Sein (der Bereich der reinen Subjektivität) spaltet sich in der Reflexion ins Dasein, in den Bereich der Objektivität des Wesens und seiner Vielheit. Dabei ist die Vielheit selbst nur in der Unterscheidung, also in der unterscheidenden Reflexion möglich, so daß das reine Sein jenseits aller Unterscheidung und damit jenseits aller Individualität und Vielheit steht als das reine unindividualisierte alles umspannende Sein (Gott). Da nun unser Bewußtsein in der Reflexion besteht, erfaßt es niemals das Sein an sich und damit niemals die reine noch unindividualisierte Subjektivität selbst, sondern immer nur das Sein als Wesen, das Subjekt als in der Reflexion objektiviertes Subjekt. Wir sind uns also selbst immer nur in der Form der Reflexion gegeben, nie in unserem reinen Sein, das als unindividualisiertes Sein Gott selbst sein müßte. Nur als stehende Bestimmtheit, nie als das Sein selbst erfassen wir uns selbst.

Freilich erhebt sich von hier aus eine neue Frage: Fichte spricht in dem oben zitierten Satz von der »durchaus unerfaßbaren, höchstens als reines Leben und Tat, zu beschreibenden Form« des reinen Seins. Soll das nun heißen, daß das reine Sein nun eben doch, freilich nicht als stehende Bestimmtheit, als statisches Objekt, wohl aber als reines Leben und Tat, also als reine Dynamis in seiner Form zu beschreiben sei? Diese Beschreibung könnte dann aber nicht in der Reflexion geschehen, denn diese führt nur zu statischen Objekten, zu stehenden Bestimmtheiten. Worin geschieht sie aber dann? Gibt es bei Fichte so etwas wie eine vitalistisch-voluntaristische Intuition, wie wir sie etwa von Schopenhauer kennen?

Wir werden dem im dritten Teil unserer Untersuchung weiter nachzugehen haben. Zunächst wollen wir uns aber den Objekten der Liebe und damit der Liebe in bezug auf den Bereich der Objektivationen zuwenden.

2. Wir sahen: In der Reflexion und ihren Begriffen spaltet sich die absolute Einheit des Seins in die Vielheit des Daseins. Mit Fichte selbst zu sprechen: »So wie, der Begriff überhaupt, sich zeigte, als Welt-

---

[8] A S. 152.

erzeuger, so zeigt hier, das freie Faktum der Reflexion, sich als Erzeuger der Mannigfaltigkeit, ... in der Welt⁹«. Die unterscheidende Reflexion des Begriffes selbst ist es also, die die Mannigfaltigkeit des Daseins, der Welt entstehen läßt.

Nun ist Leben Liebe, wie wir bereits sahen. Die Liebe bindet das rein subjektive Ich an das objektivierte Ich und dieses wieder an die Objekte des Daseins.

Bindet sich nun das Ich mit seiner Liebe ausschließlich an diese Welt des Objektiven, so bindet es sich ausschließlich an den Wechsel und damit an die Vergänglichkeit. Denn die Objekte dieser Welt als unterschiedene und damit mannigfaltige lösen einander ab, weil sie einander begrenzen. Sie wechseln sich so in ihrer gegenseitigen Begrenztheit ständig gegenseitig ab und sind darum im ständigen Wechsel und Wandel und damit auch in ständiger Vergänglichkeit. Das Ich deshalb, das ausschließlich dieses Vergängliche, die Objekte dieser Welt liebt, ist mit seiner Liebe der Vergänglichkeit, dem Tode preisgegeben.

Fichte leitet nun diese Vergänglichkeit, diesen Tod aus dem Schein ab. Denn der Tod ist niemals Nichts, ist niemals reines Nichtsein: »Es kann keinen reinen Tod geben, noch eine reine Unseligkeit; denn indem angenommen wird, daß es dergleichen *gebe*, wird ihnen das Dasein zugestanden¹⁰«. Der Tod gehört vielmehr ins Reich des Scheines: »Einen reinen Tod aber, und reines Nichtsein gibt es nicht, wie schon oben erinnert worden. Wohl aber gibt es einen *Schein*, und dieser ist die *Mischung* des Lebens und des Todes, des Seins und des Nichtseins. Es folgt daraus, daß der Schein, in Rücksicht desjenigen in ihm, was ihn zum Scheine macht, und was in ihm dem wahrhaftigen Sein und Leben entgegengesetzt ist, Tod ist, und Nichtsein¹¹«. So also bringt erst der Schein das Nichtsein und damit den Tod in die Welt, weil er zwar Mischung von Sein und Nichtsein ist, aber eben deshalb auch das Nichtsein in sich enthält. Deshalb ist für Fichte alles vergängliche, dem Tode und dem Nichts preisgegebene Leben bloßes Scheinleben, weil die Vergänglichkeit am Schein hängt, während umgekehrt wahres Leben kein vergängliches Leben sein kann, weil es als *wahres* Leben keinen Schein in sich enthält.

---

⁹ A S. 67.
¹⁰ A S. 12.
¹¹ A S. 14.

Dieses Scheinleben ist aber zugleich ein unseliges Leben. Denn das (rein subjektive) Ich ist ja in Wirklichkeit als transzendentales Ich schon immer über alle Objekte hinaus. Seiner Liebe bietet deshalb keines der Objekte wirklich Genüge. Es ist schon immer mehr als jedes einzelne Objekt und kann deshalb bei keinem einzelnen Objekt den Sinn seines Lebens finden. So taumelt das Ich, von ständiger Sehnsucht nach dem Unvergänglichen, dem wahren, dem transzendentalen Sein getragen, vom Genusse eines Objektes zum Genusse eines anderen immer fort, ohne irgendwo Befriedigung zu finden. Das ist seine Unseligkeit. »Dieser Trieb, mit dem Unvergänglichen vereinigt zu werden, und zu verschmelzen, ist die innigste Wurzel alles endlichen Daseins ... [12]«. »So sehnen sie,« (die sich dem ersten besten Gegenstande liebend hingeben) »und ängstigen, ihr Leben hin; in jeder Lage, in der sie sich befinden, denkend, wenn es nur *anders* mit ihnen werden möchte, so würde ihnen *besser* werden, und nachdem es anders geworden ist, sich doch nicht besser befindend ... [13]«.

Solche Gedanken werden von transzendentalphänomenologischen Überlegungen gestützt: Der Horizont des Ich muß immer größer sein als alle in diesem Horizont erscheinenden Gegenstände: Einen Gegenstand nämlich kann ich nur dann erkennen, wenn ich ihn definieren kann oder er zumindest für mich definibel ist. Definition bedeutet aber Abgrenzung und damit Negation von dem, was der zu definierende Gegenstand nicht ist. Damit muß aber immer das, wovon der zu definierende Gegenstand abgegrenzt wird, zumindest als Negation mit in meinem Horizont liegen; mein Horizont überschreitet also immer den zu definierenden Gegenstand. Dafür ein Beispiel: Wenn ich ein Haus erkennen (und definieren) will, muß ich das Haus von allem abgrenzen, was es nicht ist, also etwa von Baum, Straße usw. Damit aber liegt all das, wovon ich »Haus« abgrenze, mit in meinem Horizont; mein Horizont überschreitet seinen zu definierenden Begriff »Haus«. Dasselbe gilt auch für einen Gegenstand in der Anschauung, der dann von seiner anschaulichen Umgebung abgegrenzt wird: Wenn ich ein Haus anschaulich in meinem Horizont haben will, dann muß mein Horizont auch die Umrisse des Hauses und damit auch etwas jenseits dieser Umrisse mit in sich haben. Ich muß also etwas von der Luft und der Landschaft

---

[12] A S. 17.
[13] A S. 18.

außerhalb des Hauses mit sehen, wenn ich das Haus sehen will. Sonst sehe ich kein Haus, sondern nur ein Stück Mauer mit Fenstern. Eine Photographie, die das Haus nicht überschreitet, die also nicht mehr als das Haus in ihrem Horizont hat, vermittelt keine Anschauung dieses Hauses, denn die Ziegelwand mit Fenstern, die da abgebildet ist, könnte ebenso zu einer bloßen Theaterkulisse gehören, aber nicht zu einem Hause. Erst wenn die Photographie das Haus überschreitet, kann ich feststellen, daß es sich auf ihr wirklich um ein Haus, und dann auch um dieses bestimmte Haus, handelt. Mein Horizont muß also immer größer sein als seine Gegenstände[14].

Damit transzendiert aber der Horizont immer über alle ihm gegebene Gegenständlichkeit hinaus. Er muß immer all das noch überschreiten, was ihm gegeben ist. Der Horizont kann sich also mit dem ihm Gegebenen nie zufriedengeben, er muß immer weiter nach dem Außerhalb des ihm Gegebenen fragen. Mit anderen Worten: Das Ich findet bei keinem ihm gegebenen Gegenstand Genüge, es fragt immer nach mehr. Wenn also das Ich nur die einzelne Gegenständlichkeit liebt, so ist das eine unselige Liebe, denn sein Interesse wird immer weiter getrieben über jede einzelne Gegenständlichkeit hinaus. Der Horizont des Ich und das in ihm sich abspielende Leben ist immer weiter, umfänglicher als die gegebene Gegenständlichkeit. Leben transzendiert das Einzelne. Es kann deshalb im Einzelnen nicht selig werden.

Damit transzendiert aber der Horizont auch über den Tod als ein einzelnes Gegebenes hinaus. Wer den Tod in seinem Horizont haben will, der muß auch den Nichttod, also das Leben mit in seinem Horizont haben, um von ihm den Tod definitorisch abgrenzen zu können. Auch der Tod ist also ein Einzelnes, das der Horizont des Ich schon immer überschritten haben muß, wenn er sich des Todes bewußt werden soll. Ein absoluter Tod, der auch den Horizont des Ich und sein Leben selbst mit aufheben sollte, wäre ein Widerspruch in sich: Um dieses Einzelne »Tod« zu sein, bedarf es eines Horizontes, um als Einzelnes von anderem Einzelnen abgegrenzt und damit wirklich Tod und nicht Nichttod sein zu können; gerade diesen Horizont, diese seine eigene Voraussetzung aber müßte er zerstören, wenn er als absoluter Tod auch das Leben selbst zerstören wollte. Leben in jenem transzendentalen Sinne

---

[14] Vgl. dazu des Näheren Günther Keil, Gott als absolute Grenzüberschreitung, Meisenheim/Glan, 1971, § 1.

als das Leben des Horizontes ist also die transzendentale Voraussetzung auch jenes einzelnen Tatbestandes »Tod« und damit ein den Tod konstituierendes und transzendierendes, das heißt, über den Tod hinausreichendes ewiges Leben.

Diesen Gedanken kann man nicht dadurch entrinnen, daß man sagt, die transzendentale Widersprüchlichkeit des Todes*gedankens* sage nur etwas über unsere *Gedanken* vom Tode aus, aber nichts über den Tod selbst. Denn auch der gegen den Todesgedanken ins Feld geführte »Tod selbst« ist nur ein Todesgedanke, denn er ist als der »Tod selbst« selbst etwas Verstandenes und damit Definierbares innerhalb eines verstehenden Horizontes. Von etwas außerhalb aller Horizonte könnte niemand ein Bewußtsein haben und deshalb auch niemand sprechen. Auch ein sogenannter »Tod selbst« ist also nichts anderes als ein Todesgedanke, der im Leben des Horizontes seine transzendentale Voraussetzung hat[15].

Wohl aber läßt sich gegen solche Gedanken einwenden, daß uns der transzendentale Horizont selbst nur als ein einzelnes Gedachtes gegeben sein kann, nämlich als ein einzelnes Gedachtes innerhalb eines weiteren transzendentalen Horizontes, der den als »transzendentalen Horizont« begriffenen Horizont wieder in seinem weitergespannten transzendentalen Horizont hat. Der letzte transzendentale Horizont überhaupt bleibt uns also ein ständig Ungegebenes; was uns gegeben sein kann, kann immer nur der zum Begriff, zum Einzelnen gewordene transzendentale Horizont sein, der innerhalb eines weitergespannten transzendentalen Horizontes erscheinen muß. Mit anderen Worten: Das ewige Leben selbst bleibt uns Geheimnis. Wir können eigentlich gar nicht von ihm sprechen, weil wir es damit schon wieder zu einem Einzelnen innerhalb eines weitergespannten Horizontes und seines Lebens gemacht hätten. Doch damit werden wir uns sogleich noch weiter auseinanderzusetzen haben.

Will also das Leben selig sein, so kann es sich mit keinem einzelnen Objekt zufriedengeben, so muß es vielmehr alles Einzelne transzendieren. Nur dann ist es wahres, ewiges Leben, wenn es das ihm Gegebene mit seiner Zuwendung und Liebe ständig überschreitet. Aber

---

[15] Vgl. dazu des Näheren Günther Keil, Jesus Christus und seine Bedeutung für den Gottesgedanken, Meisenheim/Glan, 1973, § 21.

wie ist das möglich, ohne daß das wahre, ewige Leben selbst zu einem einzelnen Objekt wird?

3. Wir wollen jetzt nach dem letzten, alles Einzelne überschreitenden Ich fragen. Wir haben bereits gesehen, daß das Absolute, das letzte Subjekt in Fichtes Spätphilosophie der Reflexion entzogen ist. Wie können wir aber dann von ihm sprechen?

Hier bleibt Fichte widersprüchlich. Das wird sehr deutlich in folgenden Sätzen: »Ich frage: wo bleibt denn also die Eine, in sich geschlossene und vollendete Welt, als das eben abgeleitete Gegenbild des in sich selber geschlossenen göttlichen Lebens? Ich antworte: sie bleibt da, wo allein sie ist — nicht in einer einzelnen Reflexion, sondern in der absoluten und Einen Grundform des Begriffes; welche du niemals im wirklichen unmittelbaren Bewußtsein, wohl aber in dem, darüber sich erhebenden, Denken, wiederherstellen kannst; ebenso, wie du in demselben Denken, das, noch weiter zurückliegende, und noch tiefer verborgene, göttliche Leben, wiederherstellen kannst[16]«. Der Begriff selbst als Weltschöpfer (die absolute Grundform des Begriffes) wie auch das tiefste göttliche Leben selbst sollen also einerseits unserem unmittelbaren Bewußtsein entzogen sein, andererseits aber im Denken (wenn auch in einem sich über das Einzelne erhebenden) wiederhergestellt werden können. Aber wie das? Gibt es ein Denken, das nicht aus einzelnen Begriffen besteht und das, was jenseits aller einzelnen Begriffe besteht und deshalb nicht wiederum von einem einzelnen Begriff ausgesagt werden kann, dennoch denken kann? Oder ist ein Denken, das sich über alles Einzelne erheben und damit das ewige Leben erfassen kann und dennoch Denken ist, nichts als ein Widerspruch in sich? Hier liegt der Grundwiderspruch Fichtes und jedes ihm verwandten Idealismus.

Dieser Grundwiderspruch zeigt sich dann auch in Folgendem: »In dem Dasein aber, als Dasein, oder in der Reflexion, wandelt schlechthin unmittelbar das Sein seine, durchaus unerfaßbare, höchstens als reines Leben und Tat, zu beschreibende Form, in ein *Wesen*, in eine stehende Bestimmtheit; ... Ob nun gleich an sich unser Sein ewigfort das Sein des Seins ist, und bleibt, und nie etwas anderes werden kann, so ist doch das, was wir selbst, und für uns selbst sind, haben und besitzen ... niemals das Sein an sich, sondern das Sein, in unsrer Form, als

---

[16] A S. 68—69.

Wesen. Wie hängt denn nun das, in die Form schlechthin nicht rein eintretende Sein dennoch mit der Form zusammen? ... Antwort: Setze nur statt alles Wie ein bloßes Daß. Sie hängt schlechthin zusammen: es gibt schlechthin ein solches Band, welches, höher denn alle Reflexion, aus keiner Reflexion quellend, und keiner Reflexion Richterstuhl anerkennend — mit und neben der Reflexion ausbricht. In dieser Begleitung der Reflexion ist dieses Band — Empfindung; und, da es ein Band ist, Liebe, und, da es das Band des reinen Seins ist und der Reflexion, die Liebe Gottes[17]«. Das letzte Sein soll also »durchaus unerfaßbar« sein, obwohl seine Form dann doch als reines Leben und Tat beschrieben werden kann (wenn auch »höchstens« und nur als »daß«). Nun tritt freilich das reine Sein nie ganz in seine Form ein. Das Band zwischen reinem Sein und seiner Form soll dann über aller Reflexion stehen. Aber Fichte spricht eben von diesem Band und reflektiert damit darauf; wenn das Band wirklich jenseits aller Reflexion stünde, würden Fichtes eigene Sätze über dieses Band unmöglich, denn sie sind Reflexionen auf es. Wir sehen auch hier: Fichte muß über das über aller Reflexion und allen Begriffen stehende Letzte sprechen, wenn er darüber überhaupt philosophieren will, aber kann es nicht, wenn das Letzte wirklich über aller Reflexion und über allen Begriffen stehen soll. Hier zeigt sich der Grundwiderspruch in Fichtes Spätphilosophie noch einmal von einer anderen Seite.

Wir wollen nun versuchen, diesen Grundwiderspruch unabhängig von Fichte mit eigenen Mitteln zu lösen.

a) Nur Einzelnes kann der Gegenstand unserer Liebe sein. Denn nur Einzelnes ist uns gegeben. Das Ganze, Absolute selbst liegt außerhalb unseres Horizontes. Das Ganze, Absolute müßte nämlich selbst zu einem Gegenstand unseres Horizontes und damit zu einem Einzelnen werden, wenn wir von ihm sprechen können sollten. Als Einzelnes neben anderem Einzelnen wäre es aber relativ und damit nicht mehr das Absolute und Ganze. Was wir also lieben können, ist immer nur Einzelnes.

Aber freilich ist unser Horizont — wie wir bereits sahen — immer schon über das Einzelne, das in ihm liegt, hinaus, er hat also immer schon das Einzelne überschritten, wenn er das Einzelne begreifen, wenn es ihm gegeben sein soll. Unsere Liebe kann also zwar immer nur

---

[17] A S. 152—153.

Einzelnes zu ihrem Gegenstand haben, aber sie muß das Einzelne zugleich auch überschreiten. Unsere Liebe muß alles Einzelne transzendieren. Aber wie vermag sie das?

Sie kann das Einzelne immer nur so überschreiten, daß sie anderes Einzelnes mit liebt: Die Liebe, die nicht bei einem einzelnen Einzelnen mit ihrer Liebe stehenbleiben will, kann so zum Beispiel nicht nur das Haus lieben, sondern sie muß die das Haus umgebende Luft und Landschaft mitlieben. Sonst bleibt sie im Einzelnen verhaftet und hört auf, über es hinaus zu transzendieren und damit transzendierende Liebe zu sein. Aber auch bei Haus, Luft und Landschaft kann sie nicht stehenbleiben, denn dann liebte sie wieder nur einzelnes Einzelnes, ohne es zu transzendieren. Sie muß also fortschreiten zu wieder neuem Einzelnen und von diesem wieder zu neuem Einzelnen und so immer fort. Immer also bleibt es Einzelnes bzw. vieles Einzelne, was die Liebe liebt, aber immer überschreitet sie das ihr gegebene Einzelne wieder, und dieses ihr Überschreiten kommt nie zu einem Ende.

Die transzendierende Liebe ist also ein unendlicher Prozeß, der zwar immer Einzelnes bzw. vieles Einzelne zum Gegenstand hat, aber diese seine Gegenstände immer wieder überschreitet. Dieser Prozeß bleibt einerseits immer im Endlichen, denn sein Gegenstand ist immer nur Einzelnes bzw. vieles Einzelne, also Endliches. Andererseits transzendiert dieser Prozeß der Liebe alles ihm gegebene Einzelne immer wieder bis ins Unendliche, und damit ist er ein unendlicher Prozeß. Ein unendlicher Prozeß sein heißt demnach, dem Unendlichen entgegenstreben, ohne es freilich in der Endlichkeit jemals zu erreichen.

Die transzendierende Liebe kann also zwar immer nur Einzelnes lieben, aber sie kann Einzelnes bis in die Unendlichkeit lieben und damit mit ihrer Liebe der Unendlichkeit entgegenstreben. Oder anders ausgedrückt: Die transzendierende Liebe ist ein unendlicher Prozeß, der zwar tatsächlich immer nur im Endlichen stattfindet, aber dem Unendlichen unendlich entgegenstrebt.

Wir können dieses erste Resultat nun auf das Absolute, das letzte Subjekt, das ganze Sein übertragen: Die transzendierende Liebe kann zwar immer nur Relatives lieben, aber sie kann das Relative bis ins Unendliche und damit auf das Ganze hin lieben, sie strebt dem Ganzen und Absoluten mit ihrer Liebe entgegen. Sie kann so immer auch nur ein in der Reflexion gegebenes einzelnes Subjekt lieben, aber sie kann, alle geliebten einzelnen Subjekte immer wieder überschreitend, zum unbedingten, letzten Subjekt hin unterwegs sein, ihm entgegenstreben, ohne es jedoch jemals erreichen zu können. Sie kann so auch immer nur einzelnes Seiendes lieben, aber sie kann bis in die Unendlichkeit alles einzelne Seiende lieben und damit dem unendlichen und ganzen Sein entgegenstreben. So ist die transzendierende Liebe zum ewigen, wahren Leben hin unterwegs, ohne es freilich jemals in der Endlichkeit zu erreichen.

Wir haben damit die Liebe nicht mehr als etwas Statisches, Stehendes verstanden, sondern als fließenden Prozeß. Nach einer anderen Seite hin gesagt: Wir haben sie zwar als faktisch immer endlichen (an endliche Gegenstände gebundenen) Prozeß verstanden, der nicht das Endliche idealistisch überspringt und das Unendliche philosophisch erreichen zu können meint, aber wir haben sie zugleich als einen dem Unendlichen entgegenstrebenden Prozeß verstanden, der auch nicht realistisch im Einzelnen, Endlichen hängenbleibt, sondern dem gesuchten Ziel des Idealismus entgegenstrebt, ohne es freilich zu erreichen.

b) Aber wie kann uns nun dieser Prozeß als solcher gegeben sein? Kann man uns nicht dasselbe vorwerfen, was wir soeben Fichte vorwarfen: nämlich daß wir das Ziel dieses unendlichen Prozesses einerseits als aller Philosophie entzogen ausgeben, um dann andererseits doch selbst über dieses Ziel zu philosophieren?

In der Tat: Dieser Widerspruch besteht. Er bliebe auch bestehen, wenn diese transzendierende Liebe nur eine philosophisch erhellte und geforderte Liebe bliebe. Die Philosophie muß hier in letzten Widersprüchen enden, wenn sich ihre Intentionen nicht von anderswoher erfüllen können. Hier greifen Idealismus wie Realismus zu kurz: Die Idealisten sind zwar den Realisten philosophisch dadurch überlegen, daß sie die erkenntnistheoretisch-transzendentale Frage stellen können und in ihr alles Reale immer nur als ein Reales innerhalb eines Horizontes, eines Bewußtseins erkennen. Aber sie vermögen dann selbst das letzte Bewußtsein, den letzten Horizont nicht mehr philosophisch zu erfassen, wodurch ihre erkenntnistheoretisch-transzendentalen Ergebnisse ohne aufweisbares letztes Subjekt bleiben. Den Idealismus kann also keine erkenntnistheoretisch-transzendentale Philosophie von sich aus erfüllen, und der Realismus bleibt weit unterhalb aller erkenntnistheoretisch-transzendentalen Philosophie hängen.

Die Philosophie vermag also diesen letzten Widerspruch nicht zu lösen. Aber die liebende und philosophierende Person vermag es: Sie ist uns zwar selbst nur innerhalb eines Horizontes gegeben, also selbst nur als ein einzelner Gegenstand innerhalb eines auch sie wieder überspannenden und damit transzendierenden Horizontes. Aber sie transzendiert mit ihrem Anspruch, zugleich auch selbst dieser transzendentale Horizont zu sein, doch auch wieder über ihr innerhorizontales Sein hinaus. Sie ist also zwar ein konkret Gegebenes, aber ein konkret Gegebenes, das über sich selbst hinaus ins Transzendentale weist. Sie ist also das konkrete Subjekt der transzendierenden Liebe, die Einzelnes liebt und mit ihrer Liebe doch dieses Einzelne ins Transzendentale hinein überschreitet. Sie ist also das konkrete Subjekt jenes zwar immer nur Endliches zum Gegenstand habenden, aber ins Unendliche, Ganze auslaufenden Prozesses, von dem wir oben sprachen. In ihr wird dieser Prozeß selbst konkret und in seiner Konkretion ein vor Augen Stehendes, Gegebenes, das aber auf das Transzendente, Absolute weiterweist.

So ist es die konkrete und zugleich auch transzendierende liebende Person, die einen solchen Prozeß *konkret leben* und *konkret vollziehen* kann. Hierin hat der christliche Gedanke, daß die Offenbarung des letzten Seins, Gottes, zuerst einmal in einer konkreten Person, nämlich in Jesus Christus und in keiner spekulativen Philosophie statthat, sein Recht: Jesus lebte uns am Kreuz einen solchen Prozeß vor, der zwar immer nur Einzelnes lieben kann, aber dennoch alles einzelne Sein, auch das eigene einzelne Sein, immer wieder liebend überwinden und damit auf das Unendliche, Absolute, auf Gott hin transzendieren kann. Auch sein liebendes Transzendieren strebt zwar Gott und dem ewigen, wahren Leben immer nur entgegen, aber indem es ihm entgegenstrebt, weist es doch auf es hin. Zu einer solchen konkret-personalen Lösung findet sich Fichte nicht. So sehr er sich auch in der sechsten Vorlesung der »Anweisung zum seligen Leben« bemüht hat, christlich zu denken, so bleibt sein Denken doch im Spekulativen verhaftet und wird nicht personal. Die Person Jesu Christi bleibt bei ihm der spekulativen Lehre subordiniert.

Dennoch verliert durch eine solche personale Lösung die Philosophie nicht ihre Bedeutung. Denn im Denken werden dem Menschen überhaupt erst scharf erfaßbare Gegenstände gegeben, die er dann überschreiten kann. Ohne Denken bleibt alles verschwommen, auch die Liebe selbst, und ohne Denken kann auch nichts klar überschritten werden, auch nicht in der Liebe. Liebe ohne Denken bleibt blinde, zumindest unscharfe Liebe. Der liebende Mensch, die liebende Person ist also immer auch eine denkende Person und damit eine philosophierende und sich selbst philosophisch auslegende Person, denn Philosophie ist nichts anderes als konsequent durchgeführtes grundsätzliches Denken. Die Philosophie ist es also, die dieses personale Geschehen philosophisch auszudeuten, zu verstehen, zu durchdenken hat. Sie ist es also auch, die die transzendierende Liebe und ihr Überschreiten des bloß Konkret-Einzelnen ins Transzendentale hinein denkend zu fassen und zu klären hat.

So gehören die philosophierende Person und die personale Philosophie zusammen, um das Entgegenschreiten der Liebe auf Gott hin verstehen zu können. So ist denkende Liebe und liebendes Denken zum wahren, ewigen Leben hin unterwegs. Die durch abstrakte Philosophie erhellte konkrete Tat der transzendierenden Liebe (die für den Christen die Tat Christi ist) weist uns also auf das ganze, ewige Leben hin, das alles einzelne Seiende (auch das einzelne Seiende »Tod« und »Nichts«) umspannt, transzendiert, sowohl überdauert als auch in sich begreift.

So bleibt es das Verdienst der Spätphilosophie Fichtes, die Frage nach dem letzten Subjekt und seiner Unbegreifbarkeit und damit die Frage nach dem ewigen, wahren Leben aufgeworfen zu haben. Es bleibt ferner sein Verdienst, daß er diese Frage durch die alles Einzelne überschreitende, dem Ganzen, Gott geltende Liebe zu lösen versucht. Er hat uns damit auf ein ewiges, allen Tod und alles Nichts transzendierendes Leben gewiesen, das nicht stehende Bestimmtheit, sondern Dynamis, nicht Begriff, sondern ein alle Begriffe Transzendierendes ist. Er hat damit das vitalistische (dynamische) Grundanliegen aufgenommen, ohne das Rationale dabei preiszugeben. Dennoch hat Fichte, von unserem ebenfalls begrenzten Standpunkt aus gesehen, seine Grenze: Er bleibt auch in seiner Spätphilosophie der Spekulation verhaftet, ohne sich zu einer personalen Lösung hindurchzuarbeiten[18]. Manchmal ist er ihr ganz nahe, wenn er nämlich weiß, daß nur die ethische, handelnde, liebende Person das Band zwischen dem Sein selbst und der Reflexion sein kann, um dann diesen Gedanken doch wieder im rein Spekulativen stehen zu lassen. Vielleicht ist es vom späten Fichte zum Personalen im

---

[18] Zwar sieht Fichte besonders in der ebenfalls zu seiner Spätphilosophie gehörenden zweiten Fassung der »Wissenschaftslehre« von 1804 das Problem, wie ein fließender, alle Begriffe erst fundierender Prozeß in philosophische, spekulative Begriffe gefaßt werden könne, besser als in der von uns behandelten Schrift. Aber auch dort bleiben seine Lösungsversuche im Spekulativen und an diesem Punkte in sich selbst Widersprüchlichem hängen.

christlichen Sinne nur ein winziger Schritt, aber eben doch ein winziger Schritt. Aber das macht die Spätphilosophie Fichtes denn auch so liebenswert, uns so weit nach vorn geführt zu haben. Aber auch wir vermögen nicht mehr, als ein Stück nach vorn zu führen, denn das letzte Ziel, das, wie wir sahen, im Unendlichen liegt, kann kein Mensch je erreichen.

Die durch Jesum von Nazareth vollbrachte Erlösung
EIN BEITRAG ZUR ERLÖSUNGSLEHRE SCHLEIERMACHERS

Hans Graß, Marburg/Lahn
3550 Marburg, Erfurter Str. 11

Schleiermacher hat im § 11 seiner Glaubenslehre[1] das Christentum als eine Glaubensweise bezeichnet, in der alles bezogen wird auf die durch Jesum von Nazareth vollbrachte Erlösung. Es kann hier nicht die ganze Erlösungslehre Schleiermachers dargestellt werden. Sie soll vielmehr unter bestimmten Gesichtspunkten befragt werden. Erstens: wie ist der Erlöser gedacht, zweitens: wie sind die zu erlösenden Menschen gedacht, drittens: wie ist der Erlösungsvorgang selbst gedacht. Unser eigentliches Interesse gehört der dritten Frage, in welcher es um die Vermittlung der von Christus ausgehenden Erlösungskräfte geht.

Im § 11 der Glaubenslehre bezeichnet Schleiermacher den Erlöser als Jesum von Nazareth. Obgleich er im folgenden meist von Christus und nicht von Jesus spricht, ist diese Bezeichnung nicht zufällig. Der Erlöser ist für ihn Jesus, nicht der erhöhte Christus. Auferstehung, Himmelfahrt und Wiederkunft Christi sind entbehrliche Bestandteile der Christologie[2]. Die Unterscheidung eines Standes der Erniedrigung und der Erhöhung wird abgelehnt[3]. Die Präexistenz wird bestenfalls als

---

[1] Wir beziehen uns stets auf die 2. Auflage, zitieren nach Paragraphen und Abschnitt. Hinzugefügte Seitenzahlen beziehen sich auf die Ausgabe von M. Redeker: Friedrich Schleiermacher, Der christliche Glaube Bd. I u. II, Berlin 1960[7]. — Schleiermachers Reden werden zitiert nach der Ausgabe von R. Otto: Friedrich Schleiermacher, Über die Religion, Göttingen 1926[5]. Die Seitenzahlen beziehen sich auf die in der Ottoschen Ausgabe im Text angegebenen Seitenzahlen der Ur-Ausgabe der Reden. — Schleiermachers Sendschreiben an Lücke werden zitiert nach der Ausgabe von H. Mulert, SGNP Q 2, Gießen 1908.
Sekundärliteratur über Schleiermachers Christologie ist verzeichnet bei R. Slenczka, Geschichtlichkeit und Personsein Jesu Christi, Göttingen 1967, S. 197.

[2] § 99   [3] § 105 Zusatz

ideale Präexistenz im Schöpfungs- und Erlösungsplan Gottes, der eine Einheit bildet, festgehalten[4]. Dennoch ist für Schleiermacher der Erlöser nicht einfach der historische Jesus. Vielmehr unterscheidet sich dieser Jesus von allen anderen Menschen durch seine innere Beschaffenheit[5], durch die stetige Kräftigkeit seines Gottesbewußtseins, welche Schleiermacher als das eigentliche Sein Gottes in ihm bezeichnet[6]. Dieses stets kräftige Gottesbewußtsein ist der Grund seiner Sündlosigkeit, denn Sünde besteht nach Schleiermacher ja darin, daß das Gottesbewußtsein bei uns gehemmt und unkräftig ist und nicht wie bei Jesus alle unsere Lebensmomente trägt und bestimmt. Schleiermacher hat auf der einen Seite die Sündlosigkeit Jesu stark betont und deshalb auch den Ursprung des Erlösers unter besondere Bedingungen gestellt. Er hat auf der anderen Seite sich bemüht, das Menschsein Jesu in großer Nähe zu unserem Menschsein zu halten. Verlief doch die menschliche Entwicklung Jesu, nachdem das vollkommene Gottesbewußtsein ursprünglich in ihn hineingelegt war, natürlich[7]. Die Sünde ist nach Schleiermacher Störung der menschlichen Natur und folglich sei die Sündlosigkeit nicht hinderlich für die Selbigkeit der menschlichen Natur[8]. Schon in der Einleitung zur Glaubenslehre erklärt Schleiermacher, daß die Erscheinung des Erlösers in der Geschichte als göttliche Offenbarung nicht etwas schlechthin Übernatürliches oder Übervernünftiges sei[9]. Die eigentümlich dialektische Weise, in der Schleiermacher Jesu Verhältnis zu uns bestimmt, kommt auch im Begriff des Urbildes zum Ausdruck. Denn Urbild meint auch die Art, wie wir Menschen nach Gottes Willen sein sollten, aber durch die Sünde nicht sind, während Jesus dieses Urbild verwirklicht hat in seiner Person. Schleiermacher beschränkt diese Urbildlichkeit Jesu auf die Vollkräftigkeit seines Gottesbewußtseins, welche den Impuls in allen Lebensmomenten gab und sie bestimmte. Weiter will er sie nicht ausdehnen. Man dürfe Jesus nicht als urbildlich für alles menschliche Wissen oder alle Kunst und Geschicklichkeit ansehen[10]. Urbildlich ist Jesus also in seinem Gottesverhältnis, als religiöse Größe. Dabei liegt im Begriff Urbild für Schleiermacher eine ausstrahlende Kraft, eine Produktivität, welche die Grundlage der erlösenden Wirkung Christi ist[11]. Der Streit der Schleiermacherinterpreten, ob das Urbildliche

---

[4] § 97,2 II S. 62f. [5] § 92,1 II S. 32 [6] § 94
[7] § 93,3 II S. 38 [8] § 94,1 II S. 43 [9] § 13
[10] § 93,2 II S. 35 [11] § 93,2 II S. 36

mehr, wie bei Kant, in einem Christusprinzip, einer Christusidee liege als in der Person Jesu, muß für die Glaubenslehre nach Schleiermachers Willen im zweiten Sinn beantwortet werden. Schleiermacher legt großen Wert darauf, daß das Urbildliche in Jesus vollkommen geschichtlich geworden ist, bzw. daß Jesus als geschichtliches Einzelwesen zugleich urbildlich ist[12]. Insofern ist für Schleiermacher der »historische« Jesus bzw., was er darunter verstand, der Erlöser. Beim jungen Schleiermacher, in der ersten Auflage der »Reden«, ist das anders. Hier hat die Idee der Vermittlung, welche als Hauptidee des Christentums bezeichnet wird, gegenüber der Person Jesu ihre eigenständige und überlegene Bedeutung. Habe doch Jesus nie behauptet, das einzige Objekt der Anwendung seiner Idee, der einzige Mittler zu sein[13]. Neben dem Begriff des Urbilds verwendet Schleiermacher auch den Begriff des zweiten Adams. Dieser zweite Adam ist allen vom ersten Adam Abstammenden vollkommen gleich, nur daß ihm ein schlechthin kräftiges Gottesbewußtsein ursprünglich mitgegeben ist[14]. Auch der Begriff des zweiten Adams dient Schleiermacher dazu, Jesus als die vollendete Schöpfung der menschlichen Natur, die ja im ersten Adam ihren Anfang nahm, und als Begründer des neuen geistigen Lebens darzustellen. Dabei sieht Schleiermacher Schöpfung und Erlösung in einem Zusammenhang, indem er beide auf *einen* ungeteilten göttlichen Ratschluß zurückführt, ja in einem Naturzusammenhang stehend sieht, der freilich von uns aus unerreichbar war[15]. Denn die Erscheinung Jesu ist für Schleiermacher ein Wunder, allerdings das einzige Wunder, das er gelten läßt. Denn es ist nicht einzusehen, wie aus dem sündhaften Gesamtleben des Menschengeschlechts der eine Sündlose entstehen konnte, wie unter Menschen mit durchweg gehemmtem, von der Sinnlichkeit unterdrücktem Gottesbewußtsein einer werden konnte, der von Anfang an und ohne darum ringen zu müssen, ein vollkräftiges Gottesbewußtsein besaß[16]. Allerdings schränkt Schleiermacher auch dieses Wunder wieder

---

[12] § 93 Leitsatz und 2 II S. 35; 3 II 37 f.; § 88,2 II S. 20. Schleiermachers Brief an K. H. Sack vom 9. April 1825, Briefe IV, S. 335 bei H. Stephan, Die Lehre Schleiermachers von der Erlösung, Tübingen und Leipzig 1901, S. 124: »Wer eben nicht glaubt, daß ich an dem historischen Christus festhalte, der hat auch kein Wort von meinem Buch und von meiner Methode verstanden«. Vgl. auch 1. Sendschreiben an Lücke, S. 22; R. Slenczka, a. a. O. S. 212, 221.
[13] Reden Urausg. S. 304 f. [14] § 89,2 II S. 24 [15] § 94,3 II S. 48
[16] § 88,4; § 98

ein. Die menschliche Natur sei ja nicht unfähig gewesen, die wiederherstellende göttliche in sich aufzunehmen[17], ja das Erscheinen des Erlösers kann als Hervortreten einer neuen Entwicklungsstufe aufgefaßt werden, deren Zusammenhang mit dem vorigen freilich nur in der Einheit des göttlichen Gedankens liegt[18].

Aber halten wir daran fest, daß für Schleiermacher Christus und seine geistigen Wirkungen das geistige Gesamtwunder sind, das durch alle Kräfte der uns bekannten geistigen Natur nicht hätte verrichtet werden können[19], so ist nun die Frage, worin die erlösende Wirkung dieser Person liegt. Die Feststellung, daß Christus Organ Gottes sei, und zwar das ursprünglichste Organ einer sich fortsetzenden Tätigkeit Gottes[20], stellt Christus zwar in einen schöpferischen Gesamtplan Gottes hinein, der darauf zielt, die Mitmenschen zur Seligkeit und zum Reiche Gottes zu führen, sagt aber noch nichts darüber, wie das nun geschieht. Deutlicher ist die Feststellung, daß das Sein Gottes *im* Erlöser die innerste Grundkraft sei, von der alle Tätigkeit ausgeht, welche alle Momente zusammenhält und für die alles Menschliche nur den Organismus bildet[21]. Die eigentliche Antwort gibt dabei der Leitsatz des § 100, mit dem Schleiermacher die Lehre vom Werke oder, wie er sagt, vom »Geschäft Christi« einleitet: »Der Erlöser nimmt die Gläubigen in die Kräftigkeit seines Gottesbewußtseins auf, und dies ist seine erlösende Tätigkeit.« Aber wie ist das zu denken? Entscheidend an Jesus war sein Gottesbewußtsein; d. h. sein ganzes Leben, alles was er lebte, tat und litt, war bestimmt von dem Sein Gottes in ihm, das jedoch nicht als seine göttliche Natur gedacht ist, sondern als ein Sich-Verhalten zu Gott und Sich-Bestimmenlassen von Gott. Man kommt der Sache ziemlich nahe, wenn man sagt, alles, was Jesus lebte, tat und litt, geschah im Glauben und aus dem Glauben an Gott, und zwar einem stetigen unerschütterlichen Glauben an Gott; er lebte aus Gott und in Gott. Dieses Leben aus Gott, durch das seine vollendete religiöse Persönlichkeit konstituiert wird, ist das eigentlich Anziehende, das uns Niederbeugende und zugleich Beseligende der Person Jesu. Oder, wie Schleiermacher auch sagen kann: daß Christi »Tun allein dem göttlichen Willen vollkommen entspricht und die Herrschaft des Gottesbewußt-

---

[17] § 13,1 I S. 89.   [18] § 88,4 a. E.
[19] § 103,4; vgl. § 93,3 II S. 38; doch vgl. auch § 13,1.
[20] § 100,2 II S. 93.   [21] § 96,3 II S. 57.

seins in der menschlichen Natur rein und ganz ausdrückt, dies ist der Grund unseres Verhältnisses zu ihm[22]«. Dabei ist der Totaleindruck dieser Person maßgebend[23]. Schon im § 10 der Glaubenslehre, also bevor Jesus von Nazareth im § 11 eingeführt wird, spricht Schleiermacher bei der Behandlung des Begriffs der positiven Offenbarung von dem Totaleindruck der Gründerexistenz auf das menschliche Selbstbewußtsein. »Die ursprüngliche Tatsache wird also immer das Auftreten einer solchen Existenz sein, und die ursprüngliche Wirkung immer die auf das Selbstbewußtsein derer, in deren Lebenskreis sie eintritt. Daß hierdurch die Lehre nicht ausgeschlossen wird, sondern mitgesetzt, leuchtet ein«. Aber Schleiermacher verwahrt sich dagegen, daß die Wirkung eine Wirkung auf den Menschen als erkennendes Wesen sei. Denn dann werde die Offenbarung zur Lehre[24]. Jesu Lehre war der Ausdruck seines Gottesbewußtseins, Selbstdarstellung, unmittelbarer Ausdruck seines Wesens, Zeugnis vom Sein Gottes in ihm[25]. Alles von seiner Lehre ist in dem Maß wesentlich, als es mit seiner Selbstdarstellung zusammenhängt; denn nur die Kundmachung seiner eigentümlichen Würde konnte die Menschen einladen, in die dargebotene Gemeinschaft zu treten; es ist vor allem die Lehre von seinem Beruf, von seinem Verhältnis zum Vater und des Vaters zu ihm. Es sind johanneische Gedanken, die Schleiermacher geltend macht[26], wie Schleiermachers Jesusbild ja überhaupt an Johannes und nicht an den Synoptikern orientiert ist.

Auch das Leiden Christi tritt bei Schleiermacher ganz unter den Gesichtspunkt, daß er in ihm sein unerschütterliches Gottesbewußtsein lückenlos bewährte. Das Leiden Christi ist für Schleiermacher allerdings ein Element zweiter Ordnung. Eine vollkommene Aufnahme in die Lebensgemeinschaft mit Christus war auch vor Jesu Leiden und Tod schon möglich. Aber der Glaube an seine Vollkommenheit vollendet sich in der Erkenntnis, daß Jesus keinem Widerstande wich, auch angesichts seines Unterganges nicht[27]. Dabei werden tätiger und leidender Gehorsam nicht nur in der Passion, sondern in allen Momenten des Lebens Christi miteinander verwoben, wobei der leidende Gehorsam

---

[22] § 104,3 II S. 122.
[23] § 99 Zusatz, II S. 86. 88; § 103,2 II S. 113.
[24] § 10 Zusatz I S. 72.   [25] § 103,2 II S. 110f.   [26] § 103,2 II S. 111f.
[27] § 101,4 II S. 102.

Christi vor allem aus dem Mitgefühl mit der Sünde der Welt erwuchs[28]. Dem Opfertod selbst, dem Blut Christi eine Bedeutung zuzuschreiben, lehnt Schleiermacher ab[29]. Von einem Erleiden des göttlichen Zorns will er nichts wissen[30]. Daß Christus sich am Kreuz von Gott verlassen gefühlt habe, ist für ihn ein unmöglicher Gedanke[31], wie er ja überhaupt von einem ernsthaft angefochtenen Christus nichts wissen will. Vielmehr geht Jesu Wirkung von seiner stetigen Gottverbundenheit aus. Er ist, wenn man einmal auf die Terminologie der Reden zurückgreifen will, der religiöse Virtuose kat exochen, der kraft seiner religiösen Potenz andere, religiös schwächere oder ohnmächtige Wesen affiziert. Daß Schleiermacher sich die Sache so denkt, zeigen die von ihm gebrauchten Analogien. Er spricht von der eindringenden und anziehenden Tätigkeit des Erlösers, die sich auf dieselbe Weise vollzieht, wie wir jedem eine anziehende Kraft zuschreiben, dessen bildenden geistigen Einwirkungen wir uns gern hingeben[32]. Er zieht auch Staatengründer als Analogie heran, die zuerst die Idee ihres Staates erfassen, verkörpern und der von ihnen gegründeten Gemeinschaft einprägen[33]. Er spricht von Menschen, die in irgendeiner Beziehung ein Zeitalter oder eine Gegend charakterisierend bestimmen[34]. Oder er spricht von Häuptern auf dem Gebiet des Wissens oder der Kunst, deren Begrenzung freilich darin liegt, daß es keinem gelingen kann, sich als ein allgemein belebendes, für das ganze Menschengeschlecht ausreichendes Haupt geltend zu machen[35]. Aber diese Grenze betrifft nicht die analoge Art der geistigen Wirksamkeit, sondern nur ihre Reichweite. Wenn Schleiermacher eine magische Wirkung Christi ablehnt und eine empirische, für die Jesus nur Lehrer und Beispiel ist, für unzureichend erklärt, sich dagegen die Bezeichnung mystische Wirkung, wenn auch zögernd, gefallen läßt[36], so ist auch diese keineswegs geheimnisvoll. Sie ist gedacht als Wirkung einer überlegenen geistigen Kraft auf andere Menschen, so wie Geistesheroen auf ihre Mitwelt und Nachwelt wirken, nur daß eben Jesus, dank seiner stetigen geistigen Gottverbundenheit, eine einzigartige, von

---

[28] § 104,2   [29] § 104,4   [30] § 104,4.
[31] Predigten Bd. II P. X, S. 399ff. Das Wort 'Mein Gott, warum hast du mich verlassen' könne unmöglich ein Ausdruck der Gottverlassenheit sein, weil Christi Gottesgemeinschaft, wenn er der Erlöser sein soll, nie unterbrochen sein durfte. Vgl. G. Greiffenhagen, Die Christologie Schleiermachers in seiner Reifezeit, Diss. Göttingen 1930, S. 55.
[32] § 100,2 II S. 92.   [33] § 100,3 II S. 94.   [34] § 94,1 II S. 44.
[35] § 94,2 II S. 45.   [36] § 100,3.

keinem erreichbare oder überbietbare religiöse Kraft darstellte. Als diese Kraft wirkte Jesus auf seine Jünger. Im Zusammensein der Jünger mit Christus entwickelte sich ihre Empfänglichkeit; und durch ihr ausharrendes Auffassen dessen, was er ihnen darbot, wurde der Grund zu ihrer künftigen Wirksamkeit für das Reich Gottes gelegt[37]. Aber Schleiermacher deutet auch an, daß ihr Verhältnis zu Christus noch unvollkommen war, weil es einseitig in religiöser Abhängigkeit von ihm bestand, während zur wahren Lebensgemeinschaft mit Christus dann auch die freie Selbsttätigkeit und die Integration in ein Gesamtleben gehört[38]. Nicht dagegen nimmt Schleiermacher an, daß die Jünger angesichts des Todes Jesu an ihm irre geworden sind und erst durch eine neue Begegnung mit dem Auferstandenen zum Glauben an ihn kamen[39].

Die eigentliche Wirkung Christi bestand nach Schleiermacher überhaupt nicht darin, einzelne Menschen religiös zu affizieren und sich anzugliedern. Sie bestand vielmehr in der Bildung einer Gemeinschaft, der Stiftung der Kirche. Schleiermacher spricht zwar davon, daß Christus die Gemeinde gewollt habe, daß diese also nicht ohne seine Anordnung entstanden oder gebildet worden sei[40]. Aber damit will er nur abwehren, daß man Christus gegen die Gemeinde oder die Gemeinde gegen Christus ausspielt. In Wirklichkeit hält er einen besonderen Stiftungsakt nicht für nötig[41]. Wenn die Frage aufgeworfen werde, ob es Christi Absicht gewesen wäre, eine solche Gemeinschaft zu stiften, so sei klar, daß Christus eine anziehende und damit erlösende Tätigkeit gar nicht hätte ausüben können, ohne daß eine solche Gemeinschaft entstand. Eine Stiftung brauche gar nicht nachgewiesen zu werden, denn das Sich-Organisieren, wie wir es auch in allen geistigen Beziehungen kennen, gehört zum Naturwerden des Natürlichen in ihm. Der Organismus muß sich also ganz aus der Wirksamkeit Christi begreifen lassen[42]. Das neue Gesamtleben ist kein Wunder, sondern das sittliche Naturwerden des Übernatürlichen, da jede ausgezeichnete Kraft Masse an sich zieht und festhält[43]. Es ist hier beim Entstehen der Kirche alles natürlich zugegangen. Um das religiöse Kraftzentrum Jesus bildet sich der Kreis der von ihm befruchteten Gemeinschaft, in gewisser

---

[37] § 122,1 II S. 255. [38] § 122,1.2 II S. 255f. [39] Vgl. § 99,1 II S. 82.
[40] § 105,1 II S. 137. [41] § 88,2 II S. 20. [42] § 113,2 II S. 208f.
[43] § 88,4 II S. 22.

Weise übernatürlich ist nur er selbst, weil sein sündloses Leben unableitbar in den sündigen Menschheitszusammenhang eintrat. Auch die Ausgießung des Heiligen Geistes, unter dem Schleiermacher, wie noch darzulegen sein wird, den Gemeingeist der Kirche versteht, ist für ihn eine aus der Erscheinung Christi natürlich folgende Tatsache. Die Erscheinung Christi selbst ist auch hier die einzige übernatürliche Grundlage des Christentums. Von dieser Quelle aus geht die ganze weitere Entwicklung des geistigen Lebens auf natürliche Weise vor sich. Ein Pfingstwunder zur Begründung der Kirche ist darum überflüssig[44]. Schleiermacher hat im Grunde den Standpunkt der 4. Rede über die Religion festgehalten, daß Religion, wenn sie einmal ist, notwendig auch gesellig sein muß[45]. »Wenn also von seiner Natur gedrungen, der Religiöse notwendig spricht, so ist es eben diese Natur, die ihm auch Hörer verschafft[46]«. In der Glaubenslehre ist jedoch anstelle des in der Gemeinde wirkenden religiösen Virtuosen der Reden[47] Christus getreten, um den sich mit Naturnotwendigkeit eine Gemeinde bildet.

Diese so entstandene Gemeinde bekommt nun bei Schleiermacher eine Schlüsselfunktion für den Erlösungsvorgang selbst. Denn Jesus kann ja nicht mehr unmittelbar wirken, wie er das zu seinen Lebzeiten und unmittelbar danach bei denen, die ihn erlebt hatten, tat. Bevor wir jedoch den Erlösungsvorgang und die Funktion der Gemeinde in ihm untersuchen, müssen wir fragen, wie der zu erlösende Mensch von Schleiermacher gedacht ist. Wir haben bereits erwähnt, daß der Mensch ein unkräftiges, gehemmtes Gottesbewußtsein hat. Jetzt aber ist wichtig zu sehen, ob irgendetwas ihn für den Erlösungsvorgang prädisponiert. Zwar kann Schleiermacher von einem Mangel an Selbsterkenntnis, an Bewußtsein der Erlösungsbedürftigkeit sprechen, der schon für Christus die Grenze seiner Wirksamkeit war[48]. Aber der Mensch hat auch eine lebendige Empfänglichkeit für die Einwirkung Christi[49], ein nie erloschenes Verlangen nach der Gemeinschaft mit Gott, welches mit zur ursprünglichen Vollkommenheit der menschlichen Natur gehört, und das Schleiermacher dann auch als ersten Anknüpfungspunkt für alle göttlichen Gnadenwirkungen bezeichnet, ja als unaustilgbaren Rest einer ursprünglichen göttlichen Mitteilung, welche die menschliche Natur

---

[44] § 124,3 II S. 268f. [45] Reden Urausg. S. 177. [46] Reden S. 178.
[47] Reden S. 12. 182. [48] § 14,1 I S. 96.
[49] § 88,4 II S. 22f.; § 89,3 II S. 26; § 91,1 II S. 29f.

konstituiert[50]. Unter dieser ursprünglichen Mitteilung dürfte nichts anderes verstanden sein als die Ausstattung des Menschen mit Gottesbewußtsein, mit jenem Gefühl schlechthinniger Abhängigkeit, das Schleiermacher in § 4,4 nicht nur als das Wesentliche der Religion herausgestellt hat, sondern als ein der menschlichen Natur wesentliches Element bezeichnet hat[51]. Dieses Gottesbewußtsein ist zwar weitgehend gehemmt und unkräftig, es kann vom Menschen aus nicht entscheidend belebt werden, aber es ist nie ganz erloschen[52]. Eine vollkommene Gottlosigkeit kennt Schleiermacher nicht[53]. Ohne Sehnsucht, die übersteigbare Unkräftigkeit des Gottesbewußtseins zu überwinden, hätte auch die Begabung Jesu keine lebendige Empfänglichkeit gefunden[54]. Auch Schleiermacher meint, daß das Bedürfnis nach Erlösung *vollständig* erst durch Christus geweckt zu werden braucht[55] und daß das Bewußtsein der Sünde dem Eintreten in den Kreis des Erlösers nicht voranzugehen braucht. Es kann erst durch die Anschauung der unsündlichen Vollkommenheit Christi zur vollen Klarheit gelangen[56]. Aber jeder Flacianismus wird entschieden abgelehnt[57], wie ja denn auch unter den vier natürlichen Ketzereien im Christentum die manichäische erscheint, welche die Unfähigkeit der menschlichen Natur zur Erlösung so verabsolutiert, daß ihre gänzliche Umschaffung erforderlich wird[58]. Anschaulich bringt Schleiermacher den Zustand vor der Erlösung dadurch zum Ausdruck, daß er von dem schwachen und unterdrückten Gottesbewußtsein spricht, das sich nur gleichsam in einzelnen Blitzen äußerte, die nicht zündeten, weil es nicht imstande war, auf stetige Weise die einzelnen Lebensmomente zu bestimmen. Durch den Eintritt und die lebendige Einwirkung Christi wird das Gottesbewußtsein dann gehoben und zur Herrschaft gebracht und gibt dem einzelnen eine religiöse Persönlichkeit, die er vorher noch nicht hatte[59].

Aber wie vollzieht sich das nun im einzelnen? Damit stehen wir vor unserer dritten Frage, wie der Erlösungsvorgang gedacht ist. Wir sagten bereits, daß hier der Gemeinde eine Schlüsselfunktion zukommt. Obgleich Schleiermacher in § 24 den Gegensatz zwischen Protestantismus und Katholizismus so bestimmt hat, daß der Protestantismus das

---

[50] § 108,6 II S. 170f. [51] § 6,1 I S. 41. [52] § 11,2 I S. 77.
[53] § 33 vgl. auch § 60 u. § 66.
[54] § 89,1 II S. 24. [55] § 14,2 I S. 97. [56] § 100,2 II S. 92.
[57] § 108,6 II S. 170f. [58] § 22,2 I S. 130f. [59] § 106,1 II S. 147f.

Verhältnis des einzelnen zur Kirche abhängig macht von seinem Verhältnis zu Christus, während der Katholizismus umgekehrt verfährt[60], erklärt er in § 87, daß es außerhalb des von Christus gestifteten Gesamtlebens keinen Anteil an der Erlösung und keine Beseligung des Menschen durch Christus geben kann[61]. Statt seiner persönlichen Wirksamkeit sei uns nur die seiner Gemeinschaft gegeben[62]. Das gilt unbeschadet des Satzes, daß es keine andere Art gibt, an der christlichen Gemeinschaft Anteil zu erhalten, als durch den Glauben an Jesum als den Erlöser[63]. Oder gilt dieser Satz doch nicht uneingeschränkt? Schleiermacher spricht von zuvorkommenden oder vorbereitenden göttlichen Gnaden, von unzusammenhängenden Erregungen, die vom Einfluß des christlichen Gesamtlebens ausgehen und eine vorläufige Annäherung an den Glauben bedeuten[64]. Es ist der Bereich der äußeren Gemeinschaft der Kirche, in dem solche Gnadenwirkungen auf die Mitglieder ausgehen, bis sie durch Wiedergeburt Mitglieder des inneren Bereiches der Kirche werden und dann ebenfalls die äußeren heranbilden helfen[65]. Werden alle erst in diesen Kreis der vorbereitenden Gnade hineingezogen, werden doch nicht alle berufen und erwählt[66]. Aber das mindert die Bedeutung dieses Bereichs der vorbereitenden göttlichen Gnade nicht. In diesen Bereich kommt man durch die Taufe. Eine Wiedergeburt durch die Taufe lehnt Schleiermacher ab. Sie geschieht durch Bekehrung. Aber die Getauften werden in einen natürlichen und geordneten Zusammenhang mit den Wirkungen der göttlichen Gnade gestellt. Nun können die Folgen der vorbereitenden und belebenden Gnade eintreten[67]. Es ist auch möglich, daß in diesem äußeren Bereich Handlungen geschehen, welche denen im Stande der Heiligung ähnlich sind, aber nicht in der Wiedergeburt ihrer Urheber begründet sind. Sie sind dann eben vom christlichen Gesamtleben bewirkt, welches eine Gewalt über den einzelnen ausübt[68]. Überhaupt liegt Schleiermacher daran, den Übergang vom alten zum neuen Leben eher als einen allmählichen Prozeß denn als eine Wende zu verstehen. Das wahre Leben Christi in uns verkündet sich nach den Gesetzen der organischen Natur anfangs nur in schwachen unterbrochenen Regungen. Erst allmählich bildet sich daraus eine zusammenhängende Tätigkeit, die dann auch dazu drängt, sich als

---

[60] § 24 Leitsatz.   [61] § 87,3 II S. 17.   [62] § 88,2 a.E. II S. 20f.
[63] § 14 Leitsatz.   [64] § 108,2 II S. 158f.   [65] § 113,1 II S. 207.
[66] § 116,1.2 II S. 217f.   [67] § 108,4 II S. 163.   [68] § 110,2 II S. 184.

Werkzeug der erlösenden Tätigkeit Christi zu bewähren[69]. Vom Glauben kann beim einzelnen nicht eher gesprochen werden, bis ihm durch einen Eindruck, den er von Christo empfängt, eine wenn auch nur kleine wirkliche Ahnung aufgeht von der Aufhebung seines Zustandes der Erlösungsbedürftigkeit[70]. Die Erlösung vollzieht sich also in der Kirche und durch die Kirche in einem durchaus verständlichen Prozeß, der seinen Anknüpfungspunkt im noch nicht erloschenen Gottesbewußtsein und der Erlösungssehnsucht des natürlichen Menschen hat, der durch die vorbereitenden Gnaden, welche die äußere kirchliche Gemeinschaft zu bieten hat, gefördert wird und welcher, wenn eine wirkliche Lebensgemeinschaft mit Christus gewonnen wird, dann zum Ziel führt.

Aber wie kommt es nun zu dieser Lebensgemeinschaft? Die traditionelle Antwort lautet: durch den heiligen Geist. Auch Schleiermacher spricht vom heiligen Geist. Aber er versteht unter ihm keine wunderbare Gabe Gottes an den einzelnen, sondern den Gemeingeist der Kirche. Unter dem heiligen Geist wird die Lebenseinheit der christlichen Gemeinschaft als einer moralischen Person verstanden und diese wird mit dem Ausdruck Gemeingeist bezeichnet[71]. Es ist der Gemeingeist des von Christus gestifteten neuen Gesamtlebens[72]. Dieser Gemeingeist ist durchaus analog dem Gemeingeist weltlicher Gemeinschaften zu denken, etwa entsprechend dem Gemeingeist eines Staatswesens oder eines Volkes[73]. Christlicher Gemeingeist ist er, weil er von Christus her ist und eben der Geist der christlichen Gemeinschaft ist[74]. Von Christus her besagt zunächst nichts anderes, als daß diese Gemeinschaft auf die Wirksamkeit Jesu zurückgeht und von ihm maßgebend bestimmt ist[75]. Er hat dieses (neue) Gesamtleben geistig gewirkt in Wort und Werk, um dadurch in unser (sündiges) Gesamtleben hinzutreten und die Menschen an sich zu ziehen und mit sich zu verbinden[76]. Aber nun besteht natürlich auch für Schleiermacher die Frage, ob der Gemeingeist der Kirche durchweg heiliger Geist ist, ob die sündige Gemeinde den Reinen vermitteln kann[77]. Schleiermacher löst diese Frage, indem er die Bindung des Geistes an Christus betont. Heiliger Geist ist der Gemeingeist nur insofern, als die durch ihn eingeleitete Tätigkeit in der Fortsetzung der Tätigkeiten Christi liegt[78]. Ebenso geschieht das Treiben des

---

[69] § 108,2 II S. 160. [70] § 14,1 I S. 95. [71] § 116,3 II S. 219.
[72] § 121 Leitsatz II S. 248.
[73] § 121,2 II S. 251 f. [74] § 121,2 II S. 252. [75] Vgl. § 88 Leitsatz.
[76] § 101,4 II S. 104. [77] § 88,3 II S. 21. [78] § 122,3 II S. 257.

Geistes in uns nie anders als gemäß dem, was Christus vermöge des Seins Gottes in ihm menschlich gewesen ist und bewirkt hat[79]. Zwar kann Schleiermacher die Kirche als das vollkommene Abbild des Erlösers bezeichnen, aber es ist die vom heiligen Geist beseelte Kirche in ihrer Reinheit und Vollständigkeit[80], also nicht einfach die empirische Kirche; sie gedeiht nur allmählich zum vollkommenen Abbild Christi[81], indem der heilige Geist, der also dann doch nicht einfach mit dem Gemeingeist der Kirche identisch ist, das Ganze immer vollkommener durchdringt[82]. Als Organismus Christi verhält sich die Kirche wie das Äußere zu dem Inneren, aber sie muß in ihren wesentlichen Tätigkeiten dann auch das Abbild der Tätigkeiten Christi sein, Fortsetzung der Verwirklichung der Erlösung in der Welt[83]. Ja, Schleiermacher kann die Bindung der Kirche an Christus so stark betonen, daß er im Zusammenhang mit dem königlichen Amt Christi erklärt, Christus beherrsche seine Gemeinde durch seine geistige Gegenwart, so wie Christi göttliche Natur seine menschliche Natur beseelend beherrschte, und diese Herrschaft sei im strengsten Sinn eine Alleinherrschaft. Die Instrumente seiner geistigen Gegenwart sind dabei das geschriebene Wort und das darin niedergelegte Bild seines Wesens und Wirkens; deshalb sei sein leitender Einfluß auch jetzt nicht etwa nur ein mittelbarer oder abgeleiteter[84]. Das scheint im Widerspruch zu stehen zu dem Satz, daß uns statt der persönlichen Wirksamkeit Christi nur die seiner Gemeinschaft gegeben sei[85]. Es ist jedoch eher der Ausdruck einer Dialektik, in der Schleiermacher das Verhältnis von Christus und Kirche sieht. Wir haben Christus nur in der Kirche und durch die Kirche, und doch ist er der Herr der Kirche.

Für die Vergegenwärtigung Christi in der Kirche und durch die Kirche macht Schleiermacher nun auch den Dienst am Wort geltend. Keine christliche Gemeinschaft könne bestehen ohne Zeugnis von Christo[86]. Die Wirksamkeit der Darstellungen Christi wird immer eine unerläßliche Bedingung sein, wenn der heilige Geist soll mitgeteilt werden; wobei Schleiermacher vor allem an die Darstellung der Evangelien denkt, welche die Persönlichkeit Christi erkennen lassen[87]. Dabei will Schleiermacher auch das Zeugnis von den geistigen Wirkungen

---

[79] § 124,2 II S. 267. [80] § 125 Leitsatz. [81] § 125,2 II S. 273.
[82] § 129,2 II S. 289. [83] § 127,3 II S. 283. [84] § 105,1 II S. 137ff.
[85] § 88,2 a.E. II S. 20f. [86] § 127,1 II S. 279. [87] § 127,2 II S. 280.

Christi außerhalb der Schrift in die Verkündigung miteinbezogen wissen[88], so gewiß die Schriften des neuen Bundes nicht nur das erste Glied, sondern auch die Norm für alle nachfolgenden Darstellungen des christlichen Glaubens sind[89]. In den Abschnitten über die Verkündigung des Worts nähert sich Schleiermacher am stärksten einer protestantischen Worttheologie. Dennoch bleibt er auf sehr charakteristische Weise von ihr unterschieden. Daß Christus im Kerygma gegenwärtig wird, sagt er so nicht. Er versteht im Grunde überhaupt nicht das Kerygma als Wort Gottes, auch wenn er die Formel vom göttlichen Wort gebraucht. Die Erzählungen der Reden und Taten Jesu, die lebendige Erinnerung an den ganzen Christus, üben einen reinigenden Einfluß auf die Kirche aus, und spätere Darstellungen, die freilich die lebendige Anschauung der kanonischen Schriften nicht mehr erreichen, sind ebenfalls von Bedeutung[90], denn, so fügen wir hinzu, es kommt ja vor allem darauf an, daß das Bild Christi, das Bild jenes Mannes mit dem einzigartigen, vollkräftigen Gottesbewußtsein, von dem lebendige, erlösende Wirkungen ausgehen, in der Kirche lebendig bleibt. Weil diese Wirkungen unmittelbar zu diesem Bilde hinzugehören, beschreibt Schleiermacher den Dienst am göttlichen Wort nicht nur als Zeugnis von Jesus, sondern als Selbstmitteilung jener Mitglieder der christlichen Gemeinschaft, welche überwiegend selbsttätig sind, das heißt in Lebensgemeinschaft mit Christus stehen[91]. Selbstmitteilung gibt es aber »auf keine andere Weise, als durch eine erregend wirkende Selbstdarstellung, indem die durch Nachbildung aufgenommene Bewegung des sich Darstellenden in dem empfänglich aufgeregten Aufnehmenden eine Kraft wird, welche dieselbe Bewegung hervorruft«[92]. Es ist im Grunde auch hier der Standpunkt der »Reden«, daß die geistige Potenz des religiösen Virtuosen, das heißt hier des Predigers, die schwächeren, empfänglichen Glieder der Gemeinde befruchtet. Dem Gemeindeideal der Reden, nach dem in der wahren Gemeinde der Unterschied zwischen aktiven und passiven Gliedern aufgehoben sei und eine gegenseitige Befruchtung religiöser Individualitäten stattfindet, trägt Schleiermacher in der Glaubenslehre insofern Rechnung, als er hofft, daß in der Kirche der Unterschied zwischen Produktiven und Empfangenden allmählich abnimmt[93]. Vor allem aber ist die Selbstmitteilung nicht nur Wortmitteilung, son-

---

[88] § 128,1 a.E. II S. 285.   [89] § 129 Leitsatz.   [90] § 129,2 II S. 289f.
[91] § 133 Leitsatz.   [92] § 133,1 II S. 309.   [93] § 133,1 II S. 309.

dern umfaßt das ganze christliche Leben. »Denn auch die Handlungen von den Einzelnen, sofern sich derselbe Geist darin ausspricht, sind eine solche Darreichung des Worts«[94]. Schleiermacher gelingt es auf diese Weise, den Unterschied zwischen den Dienern am Wort und den Gemeindegliedern grundsätzlich aufzuheben. Denn auch das Gemeindeglied kann durch Wort und Tat echte Frömmigkeit ausstrahlen. Schleiermacher unterscheidet dann aber doch zwischen einem unbestimmten und zufälligen und einem förmlichen und geordneten Dienst[95]. Alle »vereinzelt im einzelnen Leben vorkommenden und oft teils nicht beabsichtigten, teils nicht gesuchten Einwirkungen sind der unbestimmte und vergleichsweise zufällige Dienst«[96]. Wenn Schleiermacher die geordnete öffentliche Darreichung des göttlichen Worts auch für den Mittelpunkt hält, von dem alles ausgeht und auf welches sich alles bezieht[97], so ist doch die unwillkürliche Ausstrahlung, die vom frommen Christen überhaupt ausgeht, für den Gemeingeist der Kirche von großer Bedeutung. Natürlich entsteht auch hier die Frage, wie es mit den Normen für die Selbstdarstellung steht, geschehe diese nun in geordneter oder auf zufällige Weise. Auch hier greift Schleiermacher wieder auf Christus zurück. Keiner kann in seiner Selbstmitteilung an die christliche Gemeinschaft sich selbst und das Seinige empfehlen und verbreiten wollen, sondern nur Christum und das, was von diesem in ihm, nämlich dem Gläubigen, lebt. Und keiner kann etwas in sich aufnehmen wollen, um sich zu fördern, als sofern es von Christus genommen ist. Dabei muß die Auffassung Christi auf die Schrift zurückgeführt werden, so daß jeder nur als erinnerndes und entwickelndes Organ der Schrift wirken darf[98]. Auch das Diakonat ist nur dann ein kirchliches Amt, sofern es eine Darbietung des Worts ist, nämlich eine Äußerung der Kundgebung der christlichen Bruderliebe durch die Tat[99]. Ja selbst »die vereinzelten und formlosen Mitteilungen der Christen, sofern sie etwas durch den heiligen Geist Bewirktes mitteilen, können ebenfalls nur Erläuterungen und Betätigungen des göttlichen Wortes sein«[100]. So ist der Gemeingeist der Kirche, der auf mannigfaltige Weise sich äußert und die Glieder der Gemeinde durchwaltet, durch seine Bindung an Christus vor Entartung geschützt. Wie die Gewichte verteilt sind, zeigt allerdings ein

---

[94] § 133,2 II S. 310.   [95] § 133 Leitsatz.   [96] § 133,2 II S. 311.
[97] § 134,2 a.E. II S. 314.   [98] § 133,1 II S. 310.   [99] § 134,1 II S. 313.
[100] § 135,1 II S. 315f.

Satz aus der Einleitung zur Glaubenslehre, in dem Schleiermacher das Wesen aller unmittelbaren christlichen Verkündigung, welche sich immer nur als Zeugnis gestalten kann, beschreibt. Sie ist »Zeugnis von der eigenen Erfahrung, welche die Lust in anderen erregen soll, dieselbe Erfahrung auch zu machen. Der Eindruck aber, den alle Späteren auf diesem Wege bekamen von dem durch Christum Bewirkten, nämlich von dem durch ihn mitgeteilten gemeinsamen Geist und von der ganzen Gemeinschaft der Christen, *unterstützt*[101] durch die geschichtliche Darstellung seines Lebens und Wesens, war eben derselbe Eindruck, den die Zeitgenossen unmittelbar von ihm empfingen«[102]. Schleiermacher kann wohl betonen, daß die sündige Gemeinde den Reinen vermitteln kann, weil sie das Bild Christi hat, welches als eine Gesamttat und ein Gesamtbesitz in der Gemeinde besteht, und den Eindruck der sündlosen Vollkommenheit Jesu erhält. Die noch unvollkommene Gemeinde wirkt durch den ihr von ihrem Ursprung her eingepflanzten *Richtungs*impuls und bezeugt damit ebenfalls die Vollkommenheit Christi[103]. Aber daß die immerwährende Wirkung Christi sich in der Gemeinde und ihrem Gemeingeist vollzieht, das ist die eigentliche Antwort Schleiermachers auf die Frage nach dem Erlösungsvorgang.

Versuchen wir noch einmal kurz zusammenzufassen, wie sich die Erlösung vollzieht. Wir wiederholen den Satz des § 100: »Der Erlöser nimmt die Gläubigen in die Kräftigkeit seines Gottesbewußtseins auf, und dies ist seine erlösende Tätigkeit«. Wie geschieht das? Erlösung geschieht durch den Gemeingeist der Kirche, welcher als von Christus geprägter Geist, der unter dem ständig sich erneuernden Einfluß des Bildes Christi steht, unser schwaches, gehemmtes Gottesbewußtsein so stärkt und lebendig macht, daß es die wesentlichsten Momente unseres Lebens, unser Tun und Leiden zu durchdringen und zu bestimmen vermag. Dabei wirkt der Gemeingeist teils unwillkürlich auf die Angehörigen der Kirche — er bildet gleichsam ein Klima, in dem sie groß werden — teils artikuliert er sich in der Verkündigung und im Handeln der Kirche, welche wiederum auf geordnete und auf unbestimmte, zufällige Weise geschehen können. Schleiermacher spricht gern und häufig von der Lebensgemeinschaft mit Christus und beschreibt sie anschaulich. Glaube wird sowohl als anfangende Erfahrung von der Stillung unseres geistigen Erlösungsbedürfnisses durch

---

[101] Von mir gesperrt.   [102] § 14,1 I S. 96.   [103] § 88,3 II S. 22.

Christus definiert[104] wie als Aneignung der Vollkommenheit und Seligkeit Christi. Als solcher ist er ein beständig fortdauernder Gemütszustand[105]. Durch die eindringende Tätigkeit Christi werden alle unsere Tätigkeiten anders bestimmt, auch das persönliche Selbstbewußtsein wird ein anderes[106]. Die Übel vermögen uns in der Lebensgemeinschaft mit Christus nicht mehr hemmend zu treffen, Schmerzen und Leiden dringen nicht mehr in das innerste Leben ein, dasselbe gilt vom Bewußtsein der noch vorkommenden Sünde[107]. Unser Wollen ist nicht mehr in der Gewalt der Sünde, so gewiß die Sünde selbst in keinem vollkommen ausgetilgt werden kann[108]. Christi reiner Wille wird kraft der zwischen ihm und uns bestehenden Lebensgemeinschaft auch in uns wirksam, so daß wir an seiner Vollkommenheit anteil haben, wenn auch nicht in der Ausführung, so doch im Antrieb[109]. »In der Lebensgemeinschaft mit Christo werden die natürlichen Kräfte der Wiedergeborenen ihm zum Gebrauch angeeignet, woraus sich ein seiner Vollkommenheit und Seligkeit verwandtes Leben bildet«. Dieses bezeichnet Schleiermacher als Stand der Heiligung[110]. Er nimmt kein gleichmäßig fortschreitendes Zunehmen der Heiligung an, spricht vom Kampf zwischen dem neuen und dem alten Menschen[111] und fordert, daß wir uns fortwährend in Freiheit den Einwirkungen Christi öffnen[112]. — Aber wir können jetzt die Darstellung des neuen Lebens nicht weiter verfolgen, in dem für Schleiermacher schon das ewige Leben gegenwärtig ist[113].

Ebenso müssen wir darauf verzichten, die menschheitlichen Wirkungen des Erlösungswerkes Christi darzustellen. Christus ist ja für Schleiermacher als Urbild und zweiter Adam nicht nur der Begründer der Kirche, sondern auch der Begründer einer neuen Menschheit. Ihr will er seine erlösenden Kräfte mitteilen. Wenn Schleiermacher vom Gesamtleben spricht, dann ist oft mehr gemeint als nur die Kirche. Der ganze Geschichtszusammenhang bekommt durch Christus den

---

[104] § 14,2 I S. 97.
[105] § 108 Leitsatz u. 1 II S. 153. 155.
[106] § 100,2 II S. 92. [107] § 101,2 II S. 98. [108] § 110,2 II S. 185.
[109] § 104,3 II S. 124. [110] § 110 Leitsatz. [111] § 110,2 II S. 186.
[112] § 112,1 a.E. II S. 201.
[113] Vgl. § 101,3 II S. 100 mit Verweis auf die auch von R. Bultmann immer wieder zitierte Stelle Joh. 5,24.

entscheidenden neuen Impuls[114]. Schleiermacher hat diese Gedanken theologisch unterbaut mit seiner Anschauung von einem einheitlichen Schöpfungs- und Erlösungsplan Gottes, der auf Vollendung des ganzen Menschengeschlechtes zielt. Er hat ihn kultur- und geschichtsphilosophisch unterbaut mit der Annahme einer Menschheitsentwicklung, in der immer stärker der Geist und die Vernunft der Menschen die Natur und ihre widerstrebenden Kräfte zu bewältigen vermag. Dabei identifiziert Schleiermacher zwar nicht völlig die geistige Naturbewältigung und die Kulturentwicklung der Menschheit mit der Durchdringung des Gesamtlebens mit dem Geiste Christi, aber er sieht beides doch stark in Analogie. Diese Spekulationen sind uns heute nicht nur wegen ihres kulturoptimistischen Charakters suspekt, sondern Schleiermacher hat ihnen im Grunde selbst mit seiner Lehre vom regnum Christi einen wesentlichen Grund entzogen. Da er nämlich nur ein regnum gratiae anerkennt, eine geistige Herrschaft Christi über die christliche Gemeinde, kann eine Ausdehnung dieser Herrschaft über die ganze Welt auch nur über diese Gemeinde erfolgen. Ob Schleiermacher dieses Problem lösen wollte durch die Annahme einer Ausdehnung der Kirche bzw. des Christentums über die ganze Menschheit oder eher in der Weise Richard Rothes durch das Aufgehen der Kirche in einer verchristlichten Kultur, können wir hier dahingestellt sein lassen. Für die erste Annahme sprechen eine Reihe von Stellen in der Glaubenslehre[115]; für die zweite ist man verschiedentlich in der älteren Schleiermacherforschung eingetreten[116]. Uns sind angesichts der Lage der Kirche und des Christentums in der Welt beide Konzeptionen fragwürdig geworden. — In unseren Erwägungen ging es vor allem um die Frage,

---

[114] § 89,2 II S. 25; § 100,2 II S. 92f.; vgl. § 116,2 II S. 128: »Denken wir uns die Menschwerdung Christi als den Anfang der Wiedergeburt des ganzen menschlichen Geschlechts«.

[115] In § 104,6 II S. 135f. wird das Verhältnis der gesamten Christenheit zur gesamten Menschheit mit dem von Priestern und Laien verglichen, wobei die Gemeinde vor Gott das gesamte Geschlecht vertritt. Nach § 105,2 II S. 140 kann die Gemeinschaft der Gläubigen oder das Reich Christi nur zunehmen, »indem die Welt als Gegensatz gegen die Kirche abnimmt, und ihre Bestandteile sich allmählich in Bestandteile der Kirche verwandeln, so daß das Böse überwunden und das Gebiet der Erlösung erweitert wird«. Vgl. auch § 113,4 II S. 211 und § 120 Zusatz II S. 247: Es ist »unserm Glauben wesentlich, daß jedes Volk früher oder später werde christlich werden«.

[116] W. Bender, Schleiermachers Theologie nach ihren philosophischen Grundlagen dargestellt, Nördlingen 1876/1878, Bd. II, S. 496; zurückhaltender H. Stephan, Die Lehre Schleiermachers von der Erlösung, Tübingen und Leipzig, 1901, S. 106f.

wie der Vorgang der Erlösung bei Schleiermacher gedacht sei. Man könnte gegen unser Verfahren, das vom Erlöser ausging, und dann die zu Erlösenden und den Erlösungsvorgang ins Auge faßte, einwenden, daß nach Schleiermacher eigentlich von der Erlösungserfahrung ausgegangen und von dort her auf die sie erzeugende Kraft zurückgegriffen werden müßte gemäß dem, was Schleiermacher selbst gesagt hat, daß entsprechend dem schlechthinigen Abhängigkeitsgefühl, in dem Gott mitgesetzt ist[117], der Glaube an Christum die Beziehung des Zustandes als Wirkung auf Jesum Christum als Ursache sei[118]. Aber Schleiermacher hat seine Glaubenslehre selbst nicht mit der Lehre von der Kirche und vom heiligen Geist begonnen, sondern den traditionellen Aufbau, freilich differenziert nach den drei Formen dogmatischer Sätze[119], beibehalten. Innerhalb der einzelnen Lehrkreise hat die Erlösungserfahrung eine kritische Funktion, welche in dem Satz einen besonders prägnanten Ausdruck findet, daß es vergeblich ist, dem Erlöser eine höhere Würde beizulegen, als die Wirksamkeit, die ihm zugleich zugeschrieben wird, erfordert[120]. An diesen Maßstab hat Schleiermacher sich gehalten. Diese Wirksamkeit hat er auf eine möglichst natürliche Weise zu erkären versucht. Immer wieder betont er beim Erlösungsvorgang, wie auch bei der Darstellung des Seins der Erlösten, daß die Sache natürlich zugehe nach Analogie der Vermittlung geistiger Kräfte, nicht auf supranaturale Weise oder durch besondere supranaturale Veranstaltungen. »Die unserer Darstellung überall zugrunde liegende Maxime« ist, »daß der Anfang des Reiches Gottes ein übernatürliches sei, welches aber sowie es in die Erscheinung tritt, ein natürliches werde«[121]. Nur einer übersteigt diese natürlichen Vorgänge: Jesus von Nazareth selbst mit seinem vollkräftigen Gottesbewußtsein, er, der allein der stets mit Gott verbundene und deshalb sündlose Mensch ist. Von ihm gehen die erlösenden Kräfte aus auf die Kirche, auf die Menschen, ja auf die ganze Welt.

---

[117] § 4,4.
[118] § 14,1 I S. 95; vgl. auch § 11,3 I S. 78f. § 87,1 II S. 15.
[119] § 30. [120] § 92,2 II S. 32.
[121] § 100,3 II S. 95; § 101,3 II S. 101: »In dieser Gemeinschaft ist die Mitteilung der Seligkeit ... eine natürliche«! Die Herleitung der Sündenvergebung aus dem Strafleiden Christi wird als magisch bezeichnet (ebenda); vgl. auch § 104,4 II S. 128ff.; § 124,3 II S. 268f.: »Die Erscheinung Christi ... die einzige ... übernatürliche Grundlage des Christentums, und von dieser aus ginge es mit der ganzen weiteren Entwicklung des geistigen Lebens aus dieser Quelle natürlich zu«.

Zweiter Teil

Gegenwart

Faktizität als Grenze der Reflexion und die Frage des Glaubens

Ludwig Landgrebe, Köln
5070 Bergisch-Gladbach, Richard-Zanders-Str. 47

Das Wort »Faktizität« hat — häufig gleichgesetzt mit »Kontingenz« — in die Diskussion allgemein Eingang gefunden, sowohl in die philosophische und soziologische wie auch in die theologische. Daß das damit genannte Problem gerade für die Theologie zentrale Bedeutung haben kann, dafür sei auf den Versuch R. Spaemanns hingewiesen, »Faktizität« als Bezeichnung von Gottes absolutem Willen als einem »blinden Willen« zu verstehen[1]. So ist es angebracht, sich auf den Sinnzusammenhang der Einführung dieses Terminus und auf den angemessenen Ort seiner Erörterung zu besinnen. Dazu sollen die folgenden Erörterungen einige Hinweise geben. In der gebotenen Kürze kann es sich dabei nur um eine Anregung zum Weiterdenken handeln.

Der Ausdruck »Faktizität« wurde von Heidegger eingeführt und ist als philosophischer Terminus von präziser Bedeutung nicht früher nachzuweisen. Danach bedeutet Faktizität »die Tatsächlichkeit des Faktums Dasein, als welches jeweilig jedes Dasein ist« (»Sein und Zeit« S. 56). Mit »Tatsächlichkeit« ist das bezeichnet, was dieses Faktum, das ein jeder da-seiend ist, in einer spezifischen Weise dieses Faktum sein läßt, derart daß es mehr ist als bloßes Da-*sein*, als Vorkommen im Sinne des factum brutum, und wodurch es unterschieden ist von allem anderen, wovon wir sonst sagen können es »ist«. Es soll hier jedoch nicht von einer Erörterung dieser »Definition« von Faktizität im Kontext

---

[1] Vgl. die kritische Besprechung seines Aufsatzes: Die Frage nach der Bedeutung des Wortes »Gott« von K. Kodalle, ZPhF 29, 1975, S. 34ff.

von Heideggers Daseinsanalytik ausgegangen werden[2]; der vorliegende Versuch bewegt sich im Vorfeld einer solchen Erörterung und hat die genauere Explikation dieses Vorfeldes zum Thema. Es soll damit der Blick auf den Weg gelenkt werden, auf dem Faktizität zum Problem wurde. Heidegger hat des öfteren betont, daß der Ausgangspunkt seines Denkens nicht ohne die Kenntnis von Husserls Phänomenologie verstanden werden kann. Der Philosophie der Neuzeit war durch Descartes der Anfang bei der Ich-reflexion vorgezeichnet. Durch Kants Transzendentalphilosophie hat der Rückgang auf das Faktum des Ich-denke und seine Einheit den Blick auf eine neue Dimension der Reflexion freigegeben, die der vorangehenden Metaphysik und Ontologie verschlossen geblieben war. Husserls Phänomenologie muß als die radikalisierende Wiederholung dieses Weges transzendental-philosophischer Reflexion verstanden werden. Mit Kant ist ihm die Forderung gemein, nach dem quid juris? der Begriffe zu fragen, mittels deren wir alle unsere Erfahrung zu artikulieren suchen. Angesichts der Bedeutung, die heute die Sprachanalyse gewonnen hat, kann nicht genug betont werden, daß diese transzendentalphilosophische Untersuchung nicht nur Kritik gebräuchlicher Begriffe ist, sondern daß sie ganz allgemein die Kritik des Sprachgebrauchs in sich impliziert.

Es ist zunächst kurz anzudeuten, worin diese Radikalisierung der transzendentalen Reflexion bei Husserl besteht, und wie sie ihn zum Problem der Faktizität geführt hat. Husserl wiederholt zunächst den Cartesianischen Anfang bei der Selbstgewißheit des Sum cogitans als dem fundamentum certum et inconcussum, um aber zu zeigen, daß diese Selbstgewißheit des Ego cogito sehr viel mehr in sich schließt, als Descartes in ihr entdecken konnte. Für Descartes war diese Selbstgewißheit eine punktuelle, die den jeweils aktuellen Vollzug eines der modi cogitandi in seiner Gegenwart begleitet. Auf die Frage, wie sich das sich selbst gegenwärtige Ego in diesem Nacheinander in seiner Einheit erhalten kann, fand Descartes keine Antwort. Das Ego findet in seiner Reflexion auf sich selbst keine Kraft, sich selbst zu erhalten, so daß es von einem Anderen erhalten werden muß. Dieser Gedanke ernötigt also den Übergang zu den Gottesbeweisen[3]. Es ist demgegenüber die Aufgabe

---

[2] Zu dieser Erörterung vgl. vom Verf.: Faktizität und Individuation, in: Sein und Geschichtlichkeit, Festschrift für Volkmann-Schluck, Frankfurt/M. 1974, S. 275ff.

[3] Vgl. dazu H. Blumenberg, Selbsterhaltung und Beharrung, Abh. der Mainzer Akademie, Geisteswiss. Klasse, Jg. 1969, Heft 11.

phänomenologischer Analyse, zu zeigen, daß diese Vorstellung des Bewußtseins als eines Nacheinander von »Vorstellungen« nicht als eine Selbstverständlichkeit hingenommen werden kann, auch dann nicht, wenn sie als eine apriori gegebene Form des »inneren Sinnes« verstanden wird. Vielmehr kann die Bildung dieser Vorstellung des Nacheinander durch die Synthesen des inneren Zeitbewußtseins nachgewiesen werden[4]. Damit ist aber nur die tiefstliegende Dimension in der Thematik phänomenologischer Bewußtseinsanalyse genannt. Sie hat zur Aufgabe die Analyse der gesamten konstituierenden Leistungen des »transzendentalen Ego« oder der »transzendentalen Subjektivität«, in denen es sich als Bewußtsein von sich selbst in seiner Bezogenheit auf seine Welt bildet. Konstitution ist also als Weltbildung zu verstehen, das heißt als der Prozeß, in dem sich für einen jeden der Gesamthorizont der erfahrenen Wirklichkeit bildet, in der er sich als »lebender« findet. Im Ausdruck »Welt« muß daher immer dieser Bezug auf den, für den sie sich bildet, mitgedacht werden. Sie ist jeweils »meine«, »unsere« oder überhaupt *jemandes* Welt. Ohne diesen Bezug ist »Welt« ein leeres Wort ohne bestimmbare Bedeutung.

Das Ego ist in seiner Reflexion auf seine Welt konstituierenden Leistungen in einer unmittelbaren, apodiktischen gewissen Weise sich selbst gegenwärtig, und es kann diese Funktionen in Verallgemeinerung als zu jedem überhaupt erdenklichen Ich, also zum Eidos »Ich« notwendig gehörig erkennen. Sie sind von unbedingter und notwendiger Allgemeinheit, weil sie die *Bedingungen jeder überhaupt erdenklichen Kommunikation* sind. Dort wo sie fehlen, können wir ein Seiendes nicht mehr als ein »unseresgleichen« verstehen. So verstanden ist die transzendentale Phänomenologie Wesenslehre vom »transzendentalen Ego«. Als solche Wesenslehre hat sie sich dem Einwand ausgesetzt, daß von diesem Eidos kein Weg zum faktisch existierenden Ich zu finden sei. Freilich hat Husserl von Anfang an betont, daß solche Reflexion jeweils von einem faktisch existierenden Ich ausgeübt wird. Das schien aber nichts anderes zu besagen, als daß Reflexion ein Verhältnis ist, das ein jeder nur für sich selbst eingehen kann. Erst in den Fragment gebliebenen Reflexionen der letzten Etappe seiner Gedankenentwicklung hat Husserl

---

[4] Vgl. dazu vom Verf.: Die Zeitanalyse in der Phänomenologie und in der klassischen Tradition, in: Phänomenologie lebendig — oder tot?, Veröffentlichungen der katholischen Akademie Freiburg Nr. 18, Karlsruhe 1969.

darauf hingewiesen, daß hinter dieser anscheinenden Selbstverständlichkeit das zentrale Problem der phänomenologischen Reflexion verborgen liegt. Es ist das Problem ihrer unübersteiglichen Grenze, auf die sie in der konsequenten Verfolgung ihres Weges stößt.

Was auf Grund der transzendentalen Reflexion zur Sprache gebracht wird, ist wie gezeigt das Eidos »Ich«, und das besagt, der Inbegriff seiner konstituierenden Funktionen. Die Begriffe von diesen Funktionen sind Wesensbegriffe von unbedingt allgemeiner und notwendiger Geltung. Ihr gegenüber gilt nach gängiger Auffassung das einzelne tatsächlich wirkliche Exemplar des Wesens als das Zufällige, als das, was ἐνδέχεται ἄλλως ἔχειν. Husserl hat in seinen früheren Schriften diese Auffassung geteilt und erst in seinen späten Reflexionen festgestellt, daß sie preisgegeben werden muß: »Das Eidos transzendentales Ich ist undenkbar ohne transzendentales Ich als faktisches[5], denn »Ich der Umdenkende, der mich durch Variation der faktischen Wirklichkeit Enthebende bin apodiktisch das Ich der faktischen Wirklichkeit und bin das Ich der Vermögen, die ich insbesondere als eidetisch denkendes und sehendes Ich mir faktisch erworben habe. Die Phantasiemöglichkeiten als Varianten des Eidos schweben nicht frei in der Luft, sondern sind konstitutiv bezogen auf mich in meinem Faktum, mit meiner lebendigen Gegenwart, die ich faktisch 'lebe'[6]«. Daher ist die apodiktische Struktur der transzendentalen Wirklichkeit nicht vermöge jenes Umdenkenkönnens eine solche die kontingent wäre — ein zufälliges Faktum, das einen Wesensrahmen von anderen Möglichkeiten hätte, die ebensogut hätten sein können. So muß dieses Ich, das ich selbst bin, *absolutes Faktum* genannt werden[7]. »Ich bin das Ur-faktum in diesem Gang der Rückfrage..., das Absolute, das in sich selbst seinen Grund und in seinem grundlosen Sein seine absolute Notwendigkeit hat als die eine absolute 'Substanz'. Seine Notwendigkeit ist nicht Wesensnotwendigkeit, die ein Zufälliges offen ließe. Alle Wesensnotwendigkeiten sind vielmehr Momente seines Faktums, sind Weisen, sich selbst zu verstehen oder verstehen zu können[8].« Das Absolute, das wir enthüllen, ist absolute Tatsache[9].

---

[5] WW (»Husserliana«) XV, S. 385.
[6] Msk. K III, 12, S. 34f., zitiert nach Held, Lebendige Gegenwart, Phaenomenologica 29, S. 147.
[7] Ebd. S. 148.   [8] WW XV, S. 386.   [9] Ebd. S. 403.

Wenn mit dieser Bestimmung dessen, was ich bin, was ein jeder von uns ist, nämlich »Ur-faktum«, eine Grenze bezeichnet sein soll, an welche die transzendental-phänomenologische Reflexion stößt, so ist nun zu fragen, was daraus folgt. Es ist Husserls Bestimmung der Faktizität als der Tatsächlichkeit der Tatsache, daß ich bin. Jede modale Bestimmung dieser Tatsächlichkeit, ob zufällig oder notwendig, ist damit als nicht angemessen ausgeschlossen: »grundloses Sein«. Ist es mit dieser Bestimmung nicht verboten, nach jedem weiteren Sinn oder Grund dieser Tatsache, *daß* sie ist, zu fragen? Ist damit nicht jede Rede über das, was dieses Daß transzendiert, sei es »Gott« oder wie immer genannt, verboten? Bedeutet das nicht die Aufforderung, diese Tatsächlichkeit in einem blinden Fatalismus einfach hinzunehmen, sie zu lassen, wie sie ist, und alle metaphysische Spekulation nicht minder wie alle religiöse Meditation und alle Theologie aufzugeben? Aber noch mehr: ist damit nicht die Position eines radikalen Solipsismus bezogen, von dessen weltlosem, als absolut vereinzelt gedachten Ich sich überhaupt nicht angeben läßt, wie es überhaupt in der Lage sein soll, das was es ist, in der Rede zu artikulieren, so daß es auch für die Anderen allgemein verständlich ist und gilt?

Um diese Fragen zu beantworten, sei zunächst an eine Bemerkung Husserls erinnert, daß nur die radikalste Skepsis den Skeptizismus überwinden kann[10]. Es ist dabei nicht zu vergessen, daß Husserls Thesen über Faktizität am Ende einer lebenslangen Reihe phänomenologischer Untersuchungen stehen, so daß ihr Sinn nur vor diesem Hintergrund verstanden werden kann. Inwiefern ist dieser Weg phänomenologischer Reflexion ein Weg der radikalsten Skepsis? Dazu sei nocheinmal zu seinem Ausgangspunkt zurückgekehrt, um zu verstehen, wie schon in diesem Ausgangspunkt das Ergebnis vorgezeichnet ist, zu dem er führt.

Auf diesem Wege transzendental-phänomenologischer Reflexion werden die »Bedingungen der Möglichkeit« jeglicher Erfahrung und des Redens über Erfahrenes thematisiert und damit in die Helle des Bewußtseins gebracht. Das besagt also, daß damit diese Bedingungen nicht bloß argumentativ erschlossen werden als notwendig anzu-

---

[10] Vgl. dazu A. Aguirre, Genetische Phänomenologie und Reduktion. Zur Letztbegründung der Wissenschaft aus der radikalsten Skepsis im Denken Edmund Husserls, Phaenomenologica 38, 1970, insbes. S. 166 ff.

nehmende »Voraussetzungen«. Die *Reflexion konstruiert nichts*. In diesem Sinne spricht Husserl von »transzendentaler Erfahrung«. Wären diese Bedingungen nicht Funktionen, »Leistungen« des Bewußtseins, die bereits schon immer erfolgt sind, und mit denen das vorreflektive Leben schon immer irgendwie bekannt ist, so hätte die Reflexion nichts, worauf sie sich beziehen könnte. Wenn nun ihr Weg auf Faktizität als ihre Grenze führt, so gilt für diese Grenze das Gleiche. Sie ist nicht von der Reflexion statuiert, sondern mit dem Titel »Faktum« wird nur das mit Namen genannt, womit auch das Leben vor aller philosophischen Reflexion schon immer vertraut war und womit es sich in jeweils verschiedenen Weisen, insbesondere praktisch auseinandergesetzt hat. So ist auch diese Grenze nicht eine solche, die zum Verstummen auffordert — nur das Argumentieren muß vor ihr verstummen —, sie verlangt vielmehr sozusagen von sich aus nach einer Auslegung der Weise, wie sie schon immer erfahren ist. In diesem Sinne kann Husserl sagen, das Faktum und seine »Irrationalität« ist »ein Strukturbegriff im System des konkreten Apriori[11]«.

Inwiefern ist nun dem Wege der transzendental-phänomenologischen Reflexion als einem Weg radikalster Skepsis schon von seinem Ansatzpunkt her das Ergebnis vorgezeichnet, zu dem er führt? Im Anfang dieses Weges steht die Forderung des Verfahrens der »*phänomenologischen Reduktion*«. Sie ist mehr als ein methodischer Kunstgriff, mittelst dessen es gelingt, die »erkenntnistheoretischen« Vexierfragen, welche die neuzeitliche Philosophie bewegten, in ihrer Nichtigkeit zu erweisen. Als ein solcher mochte sie bei ihrer ersten Einführung erscheinen, aber später betont Husserl, daß mit ihrem Vollzug die »Weltkindschaft« des Menschen in einer »totalen personalen Umwandlung, vergleichbar einer religiösen Bekehrung« überwunden werden soll. »Weltkind«, das meint den Menschen, so wie er schon immer in seiner erfahrenen Wirklichkeit da ist mit seinen Meinungen und Überzeugungen, von Interessen geleitet, die er mit den Anderen teilen oder über die er mit ihnen in Konflikt kommen kann. Als Ganzes ist ihm diese erfahrene Wirklichkeit fraglos da, die er seine »Welt« nennt; nur einzelnes in ihr wird ihm jeweils fraglich, ob es so ist oder nicht, ob dies oder jenes sein soll oder nicht sein soll — all dies innerhalb seiner Welt. Ihr Dasein für ihn ist eine Selbstverständlichkeit, die als solche gar nicht

---

[11] A. a. O. S. 167.

thematisiert wird als der Boden, auf dem alle seine Überlegungen anfangen und alle seine Fragen gestellt werden. Husserl nannte diese Weise des Lebens auf diesem Boden die »*natürliche Einstellung*«. Der Ausdruck »Einstellung« kann irreführend sein. Es ist keine Einstellung, die man wählt und beliebig einnehmen kann. Man befindet sich vielmehr immer schon in ihr. Es ist die Weise des Lebens in der Welt, die dann Heidegger — freilich mit anderer Akzentsetzung — als die »*Alltäglichkeit*« des Daseins beschrieben hat.

Die Thematisierung dieses unbefragten, selbstverständlich hingenommenen Bodens ist der erste Schritt der phänomenologischen Reflexion. Husserl bezeichnet dieses Hinnehmen bzw. Schon-immer-hingenommen-haben als die »*Generalthesis* der natürlichen Einstellung«. Um sie reflektiv in den Blick zu bringen, muß von ihr Abstand genommen werden. Dieses Abstandnehmen ist ein »Einklammern« oder »Ausschalten«. Zur Charakteristik der dabei eingenommenen Haltung dient Husserl der stoische Terminus der Epoché. »Einklammerung« besagt, daß diese These damit nicht verschwindet — auch der Philosophierende lebt in seinem Alltag weiter auf ihrem Boden — aber er wird in seiner Bodenfunktion erst durch die Reflexion in den Blick gebracht. Auch hier erfindet und *konstruiert die Reflexion nichts, sondern erhebt nur in das thematische Bewußtsein, was schon immer unthematisiert und unbefragt fungiert hat.* Diese »Thesis« darf nicht im Sinne einer Urteilssetzung verstanden werden; sie wird von Husserl auch als »Weltglaube« bezeichnet. »Glaube« besagt hier nicht bloßes Meinen (Doxa), das durch Erkenntnis korrigiert und in Wissen aufgehoben werden könnte. Wenn Wissen ein »Fürwahrhalten aus einem Erkenntnisgrund ist, der sowohl objektiv als subjektiv zureichend ist«[12], so hört bei dem »Weltglauben«, der zum absoluten Faktum des Ich-bin gehört, jedes Begründen auf. Er bezeichnet vielmehr eine grundlegende Gewißheit, keine Urteilsgewißheit, sondern eine vorgängige Affirmation, auf deren Boden alle Urteilsgewißheiten und Wahrscheinlichkeiten ruhen. Diese Einsicht, daß die Gewißheit, aus der wir leben, grundsätzlich niemals in Urteilsgewißheit, das heißt in Wissen, aufgehoben werden kann, wird für die Bestimmung der Faktizität ebenso wie die Frage nach dem Glauben im Sinne der Religion von Bedeutung sein. Die Generalthesis als Weltglaube ist auch keine leere Thesis, die in dem Satz »die Welt ist« ausge-

---

[12] I. Kant, Logik, WW. 9, S. 70.

sprochen werden könnte. Wer spricht schon so? Als grundlegende Affirmation der Wirklichkeit, in der das Leben sich findet, impliziert sie in sich die Strukturen dieser von uns hingenommenen Wirklichkeit. Schon Hume hat sie als ein Geflecht von *belief*, *custom* und *habit* zu beschreiben gesucht, von dem das menschliche Leben geleitet ist. Husserls Rede vom Glauben ist in seiner beziehungsreichen Mehrdeutigkeit dem Humeschen *belief* verwandt, wenn nicht von ihm inspiriert. Darauf deutet auch seine Rede von der »Induktivität« des menschlichen Lebens als seinem Grundcharakter.

Die phänomenologische Reflexion findet diesen Glauben mit all dem, worauf er sich bezieht, vor als zum seiner selbst als daseiend gewissen Ich in gleicher Apodiktizität gehörig; denn nur mit diesem Glauben ist das Ich das, als was es sich jeweils, intentional bezogen auf seine Wirklichkeit, findet. Vom Ego sinnvoll reden heißt also, von der geglaubten alltäglichen Wirklichkeit reden, auf die es immer bezogen ist, ohne welche diese Beziehung die Rede vom Ich leer bleibt und nicht weiß, wovon sie spricht. Descartes hat schon in seinem Ausgangspunkt davon absehen zu müssen geglaubt und damit diese vor aller philosophischen und wissenschaftlichen Reflexion gelebte Wirklichkeit, die »*Lebenswelt*«, wie Husserl sagt, »übersprungen«. Überspringen besagt also die vorbegrifflichen Gewißheiten, die *vorgängige Bekanntschaft des menschlichen Daseins mit sich selbst übergehen*, die sich in seiner Sprache bereits immer artikuliert haben, aber auch im vorsprachlichen Verhalten als leitend nachzuweisen sind. Descartes hat daher als apodiktisch Gewisses nur einen leeren Ichpunkt gefunden und sich damit der Möglichkeit begeben, das, was dieses Ego schon vor aller Reflexion auf sich selbst über sich und sein Verhältnis zu seiner Welt und ihrem Grunde erfahren hat, in die Helle des Bewußtseins zu erheben. So geht seine Ich-Reflexion gleich nach dem ersten Schritt in Argumentation über. Demgegenüber ist das Programm der transzendentalen Phänomenologie: Analyse statt Argumentation!

Wenn nun die transzendental-phänomenologische Reflexion diesen Boden der «natürlichen Einstellung« thematisiert und damit als reflektiv abstandnehmende »Reduktion« ihn erst als solchen überhaupt in den Blick bringt, so ist diese Thematisierung keine bloße Beschreibung der Weise, wie die Menschen alltäglich leben, von welchen Vorstellungen ihre Lebensführung geleitet ist. In diese Vorstellungen sind insbesondere in der modernen Welt schon viele Perspektiven, die aus der Philosophie und den Wissenschaften stammen, in einer vereinfachten Weise eingegangen. (Husserl gebraucht hierfür den Ausdruck »eingeströmt«.) In ihnen ist der Boden der »Generalthesis« in immer wechselnder Weise strukturiert. Vielfach wird Husserls Forderung der Thematisierung der »Lebenswelt« in diesem Sinne verstanden: jeder der irgendwie öffentlich wirken will, sei es als Philosoph, als Theologe, als Politiker, als Lehrer, muß diese Vorstellungen und die »Basisannahmen« kennen, auf denen sie beruhen, um die Menschen, an die er sich wendet, in der richtigen, und das heißt wirksamen Weise ansprechen zu können. Das ist selbstverständlich richtig. Aber die Thematisierung der Lebenswelt in diesem Sinne betrifft nur *eine* Seite dessen, was Husserl mit dieser Forderung gemeint hat: es betrifft nur *eine* der Bedeutungen, in denen er dieses Wort gebraucht[13]: jeder hat *seine* Lebenswelt, die sich ihm in seiner Lebensgeschichte bildet. Aber auch jede wie immer abgrenzbare Gruppe von Menschen hat *ihre* Lebenswelt und in ihr *ihre* Geschichte. Diese Welten kennen zu lernen und sich zu vergegenwärtigen ist Sache empirischer Forschung, die heute zumeist von der Soziologie übernommen wurde. Auch Husserl hat eine breite ethnologische Literatur herangezogen, um sich über die Möglichkeiten von menschlichen Welten in den verschiedenen Entwicklungsstadien der Kulturen zu unterrichten. Aber diese Bestandsaufnahme ist nur der erste Schritt zur phänomenologischen Thematisierung der Lebenswelt. Mit ihm ist vorausgesetzt, daß es die Möglichkeit solcher Vergleichung gibt. Diese Voraussetzung ist als eine Selbstverständlichkeit in der »Generalthesis« unserer heutigen Welt mit impliziert.

Die Phänomenologie kann als Transzendentalphilosophie keine solchen Selbstverständlichkeiten des »es gibt« oder »es ist« einfach hinnehmen; sie muß nach ihrem quid juris?, das heißt reflektiv nach den Funktionen (»Leistungen«) der transzendentalen Subjektivität fragen, welche die Bedingungen der Möglichkeit solcher »Setzungen« sind. Die zunächst empirisch bekannte Verfassung der alltäglich gelebten Wirklichkeit, der »Lebenswelt« wird damit zum Leitfaden der reflektierten Rückfrage nach den intentionalen Funktionen, in denen sie sich als solche bildet. Die empirische Forschung wird der Verschiedenheiten der »Lebenswelten« gewahr, wie sie zu jedem Einzelnen wie zu den

---

[13] Zur noch genaueren Differenzierung vgl. U. Claesges, Zweideutigkeiten in Husserls Lebenswelt-Begriff, in: Perspektiven phänomenologischer Forschung, Phaenomenologica 49, 1972, S. 85ff.

Gruppen gehören. Aber wenn dabei Verschiedenheiten festgestellt werden, so ist damit schon eine Gemeinsamkeit vorausgesetzt als der Gesichtspunkt, im Hinblick auf den sie untereinander verschieden sind und miteinander verglichen werden können. Dieser Gesichtspunkt kann seinerseits nicht durch empirische Vergleichung gewonnen werden, weil er selbst die Bedingung ihrer Möglichkeit ist. Er muß also vorweg in irgendeiner Weise einem jeden schon bekannt sein, wenn er zu vergleichen beginnt. Bekannt sind diese Bedingungen der Möglichkeit der Vergleichung einem jeden, weil er sie selbst schon immer als intentionale »Leistungen« erbracht hat und sie durch Reflexion als schon immer geschehen und geschehend thematisch in den Blick bekommen kann. Wie oben schon erwähnt, sind die tiefstliegenden, alle anderen Funktionen strukturierenden diejenigen der Zeitkonstitution, auf denen alle unsere Vorstellungen von Zeitbestimmungen und Zeitverhältnissen beruhen. Da sie nichts sind, was von uns »gemacht« wird, was man tun oder lassen könnte, sondern weil sie ohne unser Zutun, »passiv«, geschehen, ist der Ausdruck »Funktionen« des Bewußtseins dem Husserlschen Ausdruck »Leistung« vorzuziehen.

Wenn nun gezeigt wird, daß der Boden, auf dem alles Verhältnis des menschlichen Daseins zu seiner gelebten Wirklichkeit beruht, ein Glaube ist, der grundsätzlich durch Erkenntnis nicht hinterfragt und in Wissen aufgehoben werden kann, so werden die intentionalen Funktionen, in denen sich dieser Boden bildet und erhält, eben in jenen tiefstliegenden funktionalen Strukturen zu suchen sein, von denen die der Zeitkonstitution nur die unterste ist. In ihnen wird auch das zu finden sein, was das allen Lebenswelten Gemeinsame ist — eine Grundverfassung des menschlichen Daseins — die ein Vergleichen überhaupt erst ermöglicht. Der *Inbegriff dieses Gemeinsamen, der »Invarianten«*, die durch alle Variationen von möglichen Lebenswelten hindurchgehen, macht eine *zweite Bedeutung des Wortes »Lebenswelt«* aus, und zwar die entscheidende. Auf sie muß Husserls Rede vom Apriori der Lebenswelt bezogen werden. Entscheidend ist sie, weil nur im Hinblick auf sie die alle menschliche Kommunikation ermöglichenden «Universalien« formuliert werden können. Zu diesen gemeinsamen funktionalen Strukturen müssen auch diejenigen gehören, die es ermöglichen, daß sich die gemeinsame Lebenswelt zu den vielen historisch verschiedenen »Lebenswelten« spezifiziert, man könnte sagen, vergeschichtlicht. Diese Möglichkeit muß von ihnen her verständlich gemacht werden. Das heißt freilich nicht, daß das faktische Wie der verschiedenen Welten aus ihnen deduziert werden könnte. Als Zeit und Geschichte konstituierende Funktionen sind sie selbst nicht geschichtlich, sondern sozusagen *vorgeschichtlich*. Sie sind es, in denen sich die »Generalthesis«, der Weltglaube bildet und erhält. Da er selbst der Boden ist, den alle menschliche Praxis, auch die Erkenntnispraxis voraussetzt und auf dem sie geschieht, kann seine Gewißheit nicht in Gewißheit der Erkenntnis aufgehoben werden.

Damit ist diejenige Dimension weltbildender transzendentaler Funktionen genannt, im Hinblick auf welche die Reflexion die *Frage nach dem Glauben im Sinne des religiösen Glaubens* anzusetzen hat. Die Rede vom religiösen Glauben muß zunächst in derjenigen globalen Bedeutung eingeführt werden, in der sie heute zumeist gebraucht wird. Daß sie differenziert werden muß, wird sich sogleich zeigen. Von dieser globalen Rede ausgehend ist also zu fragen, wie das Verhältnis des »religiösen Glaubens« zu der »Weltglaube« genannten vorgängigen Affirmation zu verstehen ist. Kann er als in ihr mitbeschlossen verstanden werden? Dagegen könnte eingewendet werden, daß mit Weltglaube eine Grunddimension *allen* menschlichen Daseins genannt ist. Sollte in ihm der religiöse Glaube impliziert sein, dann müßten demnach auch die Atheisten daran teilhaben, was doch offenbar nicht der Fall ist. Gegenüber diesem Einwand ist darauf zu verweisen, daß die Rede vom Atheismus nur dort eine präzise Bedeutung hat, wo in argumentativer Weise über Gott geredet wird. Dies zeigt, daß die Rede vom religiösen Glauben differenziert werden muß. Einerseits kann man darunter das verstehen, was Kant die »*statutarische Religion*« genannt hat, das ist der Inbegriff der religiösen Überlieferung mit ihren Institutionen, ihren Riten und den formulierten »Glaubensüberzeugungen«, über die diskutiert und argumentiert werden kann. Andererseits kann das Wort im Sinne des »*lebendigen*«, und das sagt: des in der Praxis der Lebensführung wirksamen und in ihr sich nicht durch Worte, sondern durch Taten äußernden Glaubens gemeint sein. Dieser letztere ist weder durch positive noch durch negative Argumente zu erreichen, und er hat dies formal gemein mit dem Weltglauben als der »Generalthesis der natürlichen Einstellung«[14].

---

[14] Es ist schon häufig bemerkt worden, daß erklärte Atheisten sich oft zu ihren Nächsten »christlicher« verhalten als manche, die sich Christen nennen — eine unlösbare Schwierig-

Wenn es nun richtig ist, daß jeder, der in anderen Menschen etwas bewirken will, die »Lebenswelt« — dies Wort jetzt im erstgenannten Sinne verstanden — derer kennen muß, die er anredet, so kann dies doch nicht bedeuten, daß »theologische Welterklärungen, die zustimmend zur Kenntnis genommen werden wollen, an den ritualisierten Deutungsschemata der alltäglichen Lebenswelt« identifizierbar sein müssen[15]. So nützlich das unter Umständen sein kann, so ist doch dagegen zu fragen, ob der Gott, von dem in solchen Welterklärungen geredet wird, nicht etwa nur der »Gott der Philosophen« (Pascal) ist. Seine Vorfahren sind der *Theós* und der *Deus*, aber nicht *Jahwe* »der Gott Abrahams und der Propheten«. Er freilich hat sich nicht mit einem Namen vorgestellt (Ex 3,14). So wird man Kambartel zustimmen müssen, wenn er verlangt, daß »Gott« weder als Name noch als Prädikator gebraucht werden darf[16]. Dies wäre ein heidnischer Gebrauch — und vielleicht ist auch der Gott der Philosophen ein solcher. Dann ginge auch die Frage, ob Gott ist, ebenso ins Leere, wie die Frage, ob die Welt ist. Über die letztere Frage lacht der Laie, merkwürdigerweise nimmt er aber die erstere ernst. Vielleicht sollte die Philosophie versuchen, ihm dieses Ernstnehmen auszutreiben; denn der Glaube im Sinne der biblischen Verheißung bezieht sich nicht auf das Dasein Gottes, sondern auf sein Kommen. Die Zeitlichkeit dieses Kommens läßt sich freilich nicht mit den Begriffen von Zeit verstehen, die von Aristoteles an maßgeblich geblieben sind. Die Frage des Augustinus nach der Zeit war dabei übergangen, und so ist es nicht zufällig, daß Husserl in seinen Analysen des Zeitbewußtseins daran anknüpft, und daß Heideggers Daseinsanalyse ausgebreitete Augustinstudien vorangegangen sind, deren Widerschein in vielen Partien von »Sein und Zeit« erkennbar ist. Die »ritualisierten Deutungsschemata«, die in die alltägliche Lebenswelt, mit Husserl zu sprechen, eingeströmt sind, gehören also gar nicht derjenigen Dimension konstitutiver »Leistungen« an, auf welche die Rede vom lebendigen religiösen Glauben bezogen werden muß. Sie verhalten sich zu dieser wie das wechselnde Gekräusel von Wellen zu der darunter liegenden ruhenden Tiefe des Meeres. Es ist die *elementare* »*Tiefen-*

---

keit für den Versuch, die Zahl der Gläubigen statistisch zu erfassen. »Der Geist wehet, wo er will.«

[15] So Chr. Gremmels, Konstitution und Reflexion, ZEE 19, 1975, S. 296.
[16] Vgl. Kambartel, Theo-Logisches, ZEE 15, 1971, S. 32ff.

dimension« der Subjektivität, in welcher sich das allen Gemeinsame bildet und erhält, die »Lebenswelt« im zweiten genannten Sinne. Nur von ihr her ist die »*Bodenfunktion« des Glaubens* zu verstehen, und es ist für den, der die Menschen auf ihren Glauben ansprechen will, der Einblick in ihre transzendentale Konstitution und ihre Grenze an der Faktizität wichtiger als die genaue Kenntnis des Gekräusels an der Oberfläche.

Bevor die Frage nach dem religiösen Glauben weiterverfolgt werden kann, ist zunächst diese *unterste Dimension* konstitutiver Leistungen noch etwas genauer ins Auge zu fassen. Erst in bezug auf sie wird der Sinn der Rede vom Ich-bin als dem absoluten Faktum voll verständlich werden. Auf seine Faktizität verweist bereits der zur natürlichen Einstellung gehörige Weltglaube. Wie gezeigt ist seine Thesis keine Setzung im logischen Sinne, sondern eine vorgängige Affirmation. Sie ist nichts anderes als die Existenz des Reflektierenden selbst. Aber mit ihr ist zugleich seine von ihm gelebte Wirklichkeit (»Lebenswelt«) mit-»gesetzt«. Die Ich-Reflexion kann also die vorgängige Affirmation nur feststellen als immer schon geschehen, indem sie laut wird im »Ich bin«. Sie kann nicht nach einem Grunde, *daß* es ist, fragen, weil im Fragen dieses »daß« bereits wieder vorausgesetzt und der Fragende auf die Tatsache seines Fragens zurückgeworfen wird. In diesem Sinne ist es *absolutes Faktum*. Die elementaren konstitutiven Leistungen, in denen es sich als solches anzeigt, sind keineswegs eine geheimnisvolle Tiefe, sondern *einem jeden durchaus wohlvertraut, weil er sie immer schon erbracht hat*, wenngleich ohne sie in ihrer Bedeutung reflektiv zu thematisieren. Das »Ich bin« hat nämlich immer den Sinn »ich bin *da*«. Es ist im wörtlichen Sinne sein *Da*-sein, das sich so ausspricht. Nur so wird es in der natürlichen Rede gebraucht. Die Rede »ich bin« ist eine philosophische Abstraktion. Wenn einer sagt »ich werde da sein«, so meint er damit immer ein »dann« und »dort«. Das »da« ist grammatisch ein Demonstrativum von okkasioneller Bedeutung, und zerlegt sich in ein »jetzt« und »hier«. Dieses »*Da*« ist eine *absolute Bestimmung*, insofern als sie auf den »Nullpunkt« verweist, auf den hin die erfahrene Wirklichkeit dessen orientiert ist, der so spricht. Er kann ihm nicht entrinnen, weil er selbst dieser Nullpunkt ist. Das »da« verweist auf die von ihm gelebte Wirklichkeit und damit auf das, was für ihn »da« ist. Die Verweisung auf das »da« kann auch eine stumme Zeigegeste sein und ist es immer schon in der vorsprachlichen Entwicklung des Menschen. Auch mit dem

Beginn des Sprechens gehört das »da-da!« wohl zu den frühesten Ausdrücken. Die Zeigegeste kann mit dem ausgestreckten Arm erfolgen, sie kann auch eine Kopfwendung sein etc. Immer ist sie eine *leibliche* Bewegung, aber nicht eine Bewegung, die einfach geschieht, sondern sie ist erfahren als je meine Bewegung (Kinästhese), die von mir aus spontan in Gang gesetzt werden kann, und der Leib, durch den ich sie vollziehe, ist unverwechselbar *mein* Leib — nicht ein Naturding unter anderen, zu dem in rätselhafter Weise unter Umständen »Bewußtsein« und »Geist« hinzukommen kann — sondern das, worüber ein jeder in gewissen Grenzen unmittelbar zu verfügen lernt. Darauf zielen schon die ersten spielerischen Bewegungen des Säuglings. Die schon frühe Erfahrung von dem Verfügenkönnen über die Leibesglieder als je eigene, um damit etwas bewirken zu können, ist die *transzendentale Wurzel des Verstehens von einem Bewirken überhaupt*. So ist sie nicht nur die Voraussetzung für jede »höhere« Art von Spontaneität, sondern auch der Ursprung aller Vorstellungen von einem propter hoc, den Hume vergeblich gesucht hat. Weil er in dieser Selbsterfahrung des Bewirkenkönnens, in dem vorreflektiven »Wissen« darum, »wie man so etwas macht« zu suchen ist, besteht die Neigung, wirkende Kraft überhaupt nach diesem »Muster« vorzustellen und damit zu »personifizieren«.

In dieser Erfahrung liegt zugleich die Wurzel der Unterscheidung dessen, was *mein* ist, von dem, was nicht mein, sondern eines Anderen ist, also eines elementaren Begriffs von *Eigentum*. Es sind transzendentale «Bedingungen der Möglichkeit« jeglicher Erfahrung überhaupt. Das gilt auch für das Sprechen, in dem das Zeigen laut werden kann. Die Artikulation des Lautes als die unterste Bedingung seiner Möglichkeit ist eine einübbare und erlernbare motorische Bewegung im Sinne des »ich bewege mich«, der Kinästhese. Sie ist erfahren als je-meine Bewegung und drückt sich, wenn sie sprachlich formuliert wird, im »ich kann« (Husserl) aus. Was man vermag, dessen ist man mächtig. So hat das Verstehen von *Macht* darin seine unterste transzendentale Bedingung. Daß man mit diesem Können nicht nur Macht über die Dinge gewinnen kann, sondern auch über Menschen, dieses »Wissen« bekundet schon das kleine Kind mit seinem unter Umständen »zielbewußt« eingesetzten Geschrei.

Diese Erfahrung, daß das Sich-bewegen gelernt und eingeübt werden kann, ist *präreflektiv*. Das Bemerken des Mißlingens der Bewegung, indem sie ihr Ziel nicht erreicht, führt zur Wiederholung, um sie zu verbessern. In diesem Bemerken des Mißlingens findet ein Rückbezug der Bewegung auf das sich bewegende Wesen statt — eine Art «Rückkoppelung». So kann sie als Vorstufe der Reflexion verstanden werden. Wo die Reflexion eintritt, hat sie im natürlichen Leben zumeist den Sinn der Frage «Kannst Du das?». Aber auch in den höchsten Stufen hat sie immer den Sinn der Frage nach dem Können und den Grenzen des Könnens, und die höchste Stufe der Reflexion, in der sie selbst an ihre eigene Grenze stößt, ist die transzendentale Reflexion. Wie diese Grenze schon präreflektiv nicht als ein blindes, überhaupt nicht befragbares Faktum erfahren ist, darüber sollten die vorstehenden kurzen Andeutungen Auskunft geben. Das nicht hintergehbare Faktum des »ich bin da« ist nicht einfach Grenze seines *Da*-seins, weil dieses Da-sein sich schon immer in seinem Können verstanden hat. Heidegger spricht von Dasein als Seinkönnen. *Primär und vorreflektiv wird diese Grenze also nicht erfahren als eine Grenze des Erkennens, sondern vielmehr als die seines Könnens*, als das, dessen es absolut nicht mächtig ist. Sie ist erfahren als absolute Übermacht, aber nicht als Übermacht, der es sich blind unterwerfen soll, sondern als eine solche, die sein Können herausfordert und auf die Probe stellt. Daß menschliches Dasein diese Herausforderung schon immer verstanden hat, davon geben schon die ältesten Kulturen Kunde, indem sie versuchen, durch Magie, Beschwörung und Gebet, durch Dank und Klage mit der Übermacht zu verhandeln. So ist dieses Verhältnis zum absoluten Faktum als Grenze ein Strukturmoment in der vorgängigen Affirmation, dem nicht weiter hinterfragbaren »Weltglauben«. Er impliziert in sich nicht nur ein Verständnis von uns selbst in unserem Können in bezug auf das, was für uns als unsere Welt da ist, sondern auch ein vielfältig artikuliertes Verhältnis zur absoluten Grenze dieses Könnens.

Das Verhältnis zu dieser Grenze kann auch von der Art sein, daß menschliches Dasein die Erfahrung dieser Grenze nicht wahrhaben will, sondern sie »verdrängt«. *Verdrängung* in diesem allgemeinen Sinne bedeutet, daß die *Herausforderung nicht angenommen, sondern abgewiesen wird.* Diese Abweisung kann mannigfache Erscheinungsweisen haben, so — um nur eine der wichtigsten zu nennen — die des Aufstandes des Menschen gegen alles, was seinen Anspruch auf absolute Selbstherrschaft in Frage stellt. Man könnte sie als eine Form des »aktiven Nihilismus« verstehen, dies Wort im Sinne Nietzsches genommen, der seine Überwindung im amor fati suchte. Auch die Verdrängung des

Todes als absoluter Grenze des Daseins aus dem öffentlichen Bewußtsein gehört hierher. Heidegger hat diese Erscheinungsweisen in »Sein und Zeit« unter dem Titel der »Uneigentlichkeit« behandelt. Die Frage, ob auch die Erscheinungsweisen der Verdrängung im Sinne der Psychoanalyse hierher gehören, muß offen bleiben. Sie könnte erst nach einer zureichenden Bestimmung des Begriffs der Krankheit beantwortet werden.

Es hat sich damit gezeigt, daß die Faktizität als Grenze aller Reflexion und ihrer Argumentationen gleichwohl nicht stumm ist. Sie ist präreflektiv schon immer nicht nur als blinde Übermacht erfahren, sondern als herausfordernde Macht, der sich menschliches Dasein schon immer in einer der angedeuteten Weisen gestellt hat und stellen muß, weil sie zur Absolutheit seines »da« gehört. Es ist damit der *systematische Ort* angezeigt, *im Hinblick auf den in einer transzendental-phänomenologischen Erörterung vom Glauben im Sinne des religiösen Glaubens gesprochen werden kann*. Er hat den Grund seiner Möglichkeit in der Grundverfassung des menschlichen Daseins, in der Unübersteigbarkeit seiner »condition humaine« als eines »absoluten Faktums«. So verstanden bedeutet »*Glaubensgewißheit*« *das Annehmen der Herausforderung*. Schon die Bücher des AT können als die einzigartigen Protokolle des Ringens um dieses Annehmen in Klage, Dank und Lob gelesen werden.

Damit ist freilich nur der Rahmen einer transzendental-phänomenologischen Exposition des Problems des Glaubens abgesteckt. Die Fragen, auf die sie führt, können abschließend nur noch kurz skizziert werden.

Das Mißverständnis, daß der Ausgang der transzendental-phänomenologischen Reflexion von der Absolutheit des seiner selbst apodiktisch gewissen »Ich bin« in den Solipsismus führen müsse, dürfte mit dem bisher Gesagten schon ausgeräumt sein; denn die transzendentale »Reduktion« bedeutet die Freilegung dessen, was in diesem »Ich bin« impliziert ist: nämlich die vorgängige »Generalthesis« und all das, was in ihr schon mit-»gesetzt« ist, und das ist die gesamte gelebte Wirklichkeit in ihrem Bezug auf den absoluten Nullpunkt des »ich bin da«. Dieses »da« ist das jeweils eigene; aber zu der erfahrenen Wirklichkeit, die um dieses »da« orientiert ist, gehören — als in der »Generalthesis« mit-gesetzt — auch die Anderen, ohne die sie nicht diese Wirklichkeit für mich wäre, die sie schon ist. So führt die Reduktion zur Aufgabe, das Geflecht der intentionalen Funktionen aufzusuchen, in denen diese

Wirklichkeit »sich macht«, das heißt, sich schon immer gebildet hat und bildet. Sie führt auf die Funktionen, die dem reflektierenden Ich mit den Anderen gemeinsam sein müssen als die transzendentalen Bedingungen dafür, daß es die Anderen für es »gibt«. Obwohl also die Reflexion nur immer jeweils ein »Ich« selbst vollziehen kann, so kann sie doch das finden, was es gestattet, allgemeine Sätze aufzustellen, deren »Verifikation« im Nachvollzug solcher Funktionen für »jedermann« möglich ist. So führt dieser Weg auch zur Aufstellung unbedingt allgemeiner Aussagen über die jeweils eigene Faktizität des »ich bin da« als dieser absolut individuellen Einzigkeit. Sie führt auch zu Sätzen über die Funktionen der »Subjektivität«, in bezug auf welche es gestattet ist, einen allgemeinen Begriff von »religiösem Glauben« zu bilden.

Vor jedem weiteren Schritt muß der Einwand in Betracht gezogen werden, der hiergegen erhoben werden kann: die transzendental-phänomenologische Reflexion führt zu Sätzen über intentionale konstituierende Leistungen der »Subjektivität«, die Anspruch auf unbedingte Allgemeinheit machen. Wenn sie aber in dieser Weise vom »religiösen Glauben« spricht, hat sie sich damit nicht einer Subreption schuldig gemacht? Die Bildung eines solchen Begriffs setzt doch eine möglichst universale Vergleichung aller erreichbaren Kulturen verschiedener Entwicklungsstadien und verschiedener Zeiten voraus. Eine solche Vergleichung hat zur Herausbildung einer allgemeinen vergleichenden Religionswissenschaft und auf ihrem Boden einer Religionssoziologie geführt[17]. Sie setzt als selbstverständlich voraus, daß es Gesichtspunkte gibt, unter denen eine solche Vergleichung erst möglich wird. Sind aber diese Gesichtspunkte nicht durch unsere »abendländische« Geschichte und Tradition historisch bedingt vorgegeben? Wie sollen sie dann die Grundlage für Begriffsbildungen unbedingt allgemeiner Art abgeben können? Es ist ja bekannt, daß dieser Stil der Reflexion auf den Glauben spezifisch christlichen Ursprungs ist; wird damit nicht eine spezifisch christliche Fragestellung an die anderen Religionen herangetragen? »Sie selbst verstehen sich nicht oder nur partiell vom Glauben her, sondern weit eher vom kultischen Vollzug, von nationaler Überlieferung oder

---

[17] Über die Tendenzen der heutigen Religionssoziologie und über die Aporien, auf die sie letztlich führt, gibt eine gute Übersicht die Abhandlung von G. Theissen, Theoretische Probleme religionssoziologischer Forschung NZSTh 16, 1974, S. 30ff. Der religionsphänomenologische Ansatz, den Theissen dort erörtert, deckt sich freilich nicht mit dem hier skizzierten.

als Bewältigung von Natur und Geschichte[18].« Besteht also die Subreption nicht darin, daß zur Begründung allgemeiner Sätze über konstituierende Funktionen geschichtliche Tatsachen herangezogen werden? Entlarvt sie sich nicht selbst dadurch, daß der christliche Glaube unbedenklich als Paradigma für das allgemeine »Wesen« des Glaubens genommen wird?

Dazu ist folgendes zu bedenken. Das Ergebnis phänomenologischer Konstitutionsanalysen ist nicht die Aufstellung außer- oder übergeschichtlicher Sätze; denn *in der Grundthesis* des »ich bin da«, seiner Faktizität, *ist bereits die Geschichte impliziert.* Nicht nur, daß Reflexion nur das in den Blick bringt, was schon immer geschehen ist und immer geschieht; dieses »da« mit seinem Weltglauben impliziert in sich nicht nur das, was es selbst unmittelbar erfahren hat. Es erfährt die Dinge und Begebenheiten in dem Lichte und mit den Vor-Urteilen, die ihm schon von den Anderen, von der »Tradition« überkommen sind, von der es schon »Spielregeln« mitbringt, um sich in seiner Gegenwart zurechtzufinden. Es bringt also schon immer eine »sedimentierte« Geschichte als »Erbe« mit, mit dem sich auseinanderzusetzen die Bewältigung seiner Wirklichkeit erfordert. So gehört zu seiner Faktizität das schon Gewesene als eine Grenze, deren es nicht mächtig ist. Die transzendental-phänomenologische Reflexion fordert daher als genetische den *Rückgang in die Bildungsgeschichte des Bewußtseins.* »Bewußtsein« kann freilich nur jeder Einzelne für sich in seinem »da« haben. Als »Bewußtsein« und »Selbstverständnis« einer Gruppe, einer Epoche bildet es sich in den Lebensgeschichten der jeweils Einzelnen einer solchen, wie immer abzugrenzenden »Gesellschaft«. In diese Lebensgeschichten ist immer schon das eingegangen und in ihnen verarbeitet, was gewesen ist. Es hat in ihnen schon immer gewirkt, sei es unbewußt und vergessen oder der historischen Rückbesinnung zugänglich, soweit es durch Quellen und Überreste belegbar ist. Aber dafür, daß es für uns Geschichte gibt, dafür ist dieses faktische jeweilige »Da« der Einzelnen mit ihrer Lebensgeschichte die Voraussetzung. Sie ist nirgends anders als in ihm zu suchen. Das besagt aber, daß *»Geschichte« kein fester Bestand* ist. Nicht nur daß die Grenzen dessen, was in methodisch belegbarer Weise gewesen ist, durch neue Entdeckungen erweitert werden können, vielmehr ist Gewesensein immer bezogen auf die Faktizität eines jeweiligen »da«, für das es

---

[18] Vgl. Historisches Wörterbuch der Philosophie, Art. Glaube, Bd. 3, S. 627.

gewesen ist. So kann sich das Gewesene mit jedem neuen faktischen »da« eines »Ich-bin« und seiner Lebensgeschichte in jeweils neuen, nicht vorwegzunehmenden Perspektiven zeigen. »Die« Geschichte ist damit freilich *relativiert*, aber sie ist *in dieser Relativierung auf das absolute »da« derer bezogen, für die sie Geschichte ist* und die sich ihrem »da« zu stellen haben. So schließen sich auch alle Reden über »die« Geschichte und alle Spekulationen über ihre etwaigen »Gesetze« und ihre »Teleologie« aus, mit denen die Geschichte sozusagen als etwas uns Gegenüberstehendes von oben her betrachtet und in den Griff genommen werden kann. *Die Geschichte* als ein vorgegebener Rahmen des Nacheinander, in den die Fakten sozusagen hineinfallen, *»gibt« es nicht*, und mit dieser Einsicht sollten auch alle »Schwierigkeiten mit der Geschichtsphilosophie«[19] als der Vergangenheit angehörig verstanden werden.

Zu unserem faktischen »da« gehört nun auch die universale Vergleichung, und es ist unausweichlich, daß es die Gesichtspunkte, unter denen verglichen wird, von dorther nimmt, wo sie entsprungen sind, nämlich aus seiner eigenen, und das ist, *unserer* abendländischen Geschichte. (Der Ausdruck »Abendland« ist freilich in den Ideologieverdacht gekommen, aber »europäisch« wäre unzulänglich, weil auch die vorderasiatische Geschichte von vornherein mit dazu gehört.) Wenn zu diesem unserem faktischen Da die universale Vergleichung gehört, so entspricht das dem Weltzustand, in dem sich alle Weltregionen und Kulturen in der Erkenntnis der »Grenzen des Wachstums« auf die »Erde« mit ihren beschränkten Möglichkeiten angewiesen sehen und sie als absolute Grenze alles Könnens zu begreifen lernen müssen. Husserl hat dies schon geahnt, indem er »Erde« als transzendentalen Strukturbegriff der »Lebenswelt« ansetzte. In dieser Situation hat die Frage nach dem Verhältnis des Menschen zur erkannten Grenze seines Könnens eine besondere Dringlichkeit erhalten. Wird der lebendige christliche Glaube eine Kraft sein, den kommenden großen Verteilungskampf nicht zum unmenschlichen werden zu lassen? Und was können die anderen Kulturen von ihrer eigenen Geschichte und Tradition her dazu beitragen? Das sind die Fragen, die universale Vergleichung als dieser Situation angemessen erscheinen lassen.

Aber die Frage nach dem christlichen Glauben in diesem Zusammenhang hat einen anderen Sinn. Sie darf sich nicht leiten lassen von

---

[19] So der Titel einer Aufsatzsammlung von O. Marquard, Frankfurt/M. 1973.

dem Hinblick auf die Weise, wie die christliche Religion durch ihre institutionalisierten Kirchen in der Geschichte gewirkt hat; denn alle großen Aktionen in der Geschichte bleiben immer der Zweideutigkeit ausgesetzt. Vieles von ihnen hat sich im Rückblick als Irrweg oder Fehlentwicklung gezeigt, und in den großen Aktionen wird man die Lebendigkeit des christlichen Glaubens niemals historisch objektiv finden können. Lebendig ist er immer gewesen in seinen einsamen großen »Zeugen«, und lebendig kann er überall dort sein, »wo zwei in meinem Geiste beisammen sind«, und das ist eine Lebendigkeit, deren Möglichkeit nicht an Rang und Stellung in der Geschichte geknüpft ist. Sie ist nicht eine *vergangene* Möglichkeit, sondern eine immer wieder kommende, zu deren Realisierung ein jeder an seiner vielleicht ganz unscheinbaren Stelle aufgerufen ist. Er ist damit aufgerufen zum Vertrauen auf die Kraft des Unscheinbaren, denn das in die Zukunft Weisende kommt wie alles Große immer auf leisen Sohlen. Von ihm kann ein Licht in die barbarische Dunkelheit »der« Geschichte leuchten, und diese Hoffnung macht sie nicht nur erträglich, sondern bejahenswert. In diesem Sinne ist sie das »große Faktum des absoluten Seins« (Husserl) und als solche in ihrer Faktizität weder im Rückblick noch im Vorblick in den Griff zu bekommen.

Die unerfahrbaren Voraussetzungen der Erfahrung

Knud E. Løgstrup, Aarhus
DK 8400 Ebeltoft, Hyllested Bjerge

Die Behauptung, daß die letzten Voraussetzungen der Erfahrung unerfahrbar seien, ist alt. Sie ist jedenfalls so alt wie die Transzendentalphilosophie, in die sie hineingehört, und sie ist uns durch Kant vertraut. Gewiß verbinden wir mit der Transzendentalphilosophie in erster Linie den Gedanken — mit Husserls Ausdrucksweise —, daß Welt nicht Summe aller Gegenstände, sondern Horizont ist, ein Horizont, in dem die Gegenstände in Erscheinung treten und der von der Subjektivität entworfen ist. Husserls Gedanke geht auf Kant zurück und nimmt Heidegger vorweg. Zur Transzendentalphilosophie gehört aber auch die Überzeugung, daß die letzten Voraussetzungen für den Entwurf der Welt als Horizont nicht erfahrbar sind. Es heißt bei Kant an einer Stelle über die Einbildungskraft als der gemeinsamen Wurzel von Verstand und Anschauung, sie sei »eine verborgene Kunst in den Tiefen der menschlichen Seele, deren wahre Handgriffe wir der Natur schwerlich jemals abrathen und sie unverdeckt vor Augen legen werden«, Kritik der reinen Vernunft, B 180 f.

Wenn auch die letzten Voraussetzungen der Erfahrung nicht erfahrbar sind, so ist damit nicht gesagt, daß sie nicht überprüft werden können. Überprüfbar sind sie, mögen sie metaphysischer oder religiöser Art sein. Die Möglichkeiten, die uns für eine Überprüfung teils der metaphysischen Einsicht, teils der religiösen Deutung gegeben sind, sollen in den nachfolgenden Ausführungen dargetan werden.

I.

Vom Übergang von der Empirie zur Metaphysik. Zunächst wenden wir uns der Überprüfbarkeit metaphysischer Einsicht zu. Wir ziehen dazu eine Auffassung heran, die ich mehrfach zum Ausdruck gebracht habe, nämlich, daß es Daseinsäußerungen gibt, die souverän sind[1]. Und zwar wollen wir uns deshalb hier damit befassen, weil die Räsonnements, die latent in den vorgenommenen Beschreibungen der Daseinsäußerungen liegen, einer logischen und erkenntnistheoretischen Untersuchung unterzogen werden sollen. Als Beispiel nehmen wir die Barmherzigkeit.

Wir machen auf empirischem Boden die psychologische Beobachtung, daß Barmherzigkeit nur so lange Barmherzigkeit ist, als sie beim Barmherzigen mit der Absicht verschmolzen ist, welche die Barmherzigkeit hervorrief und konstituierte, nämlich die Hindernisse zu entfernen, die sich der Freiheit und Lebensentfaltung des in Not Geratenen entgegenstellten. Wird die Barmherzigkeit auf andere Zwecke umgebogen und soll sie für andere Absichten verwendet werden, drosselt man sie ab. Von Barmherzigkeit ist dann nicht mehr die Rede, wenn die Absicht, die hinter der Hilfe für den Notleidenden steckt, darin besteht, etwa politischen Unruhen vorzubeugen, die die Not der Unzufriedenen entfachen könnte. Der fremde Zweck verwandelt das Motiv, und anstelle der Barmherzigkeit tritt in diesem Falle das Interesse, die geltende Gesellschaftsordnung zu stabilisieren. Aus dieser empirisch psychologischen Beobachtung erfolgt die metaphysische Einsicht, daß zum Wesen der Barmherzigkeit gehört, daß sie unbedingt ist.

Diese Art zu folgern ist uns ungewohnt. Unwillkürlich sind wir der Ansicht, daß wir einen gewaltigen Sprung tun, wenn wir von der Empirie zur Metaphysik übergehen. Wir scheinen also in ein Dilemma geraten zu sein. Aus der Konstatierung, daß Barmherzigkeit nicht verträgt, zum Mittel eines fremden Zwecks gemacht zu werden, weil sie damit zerstört wird, folgt ganz klar, daß die Barmherzigkeit unbedingt ist. Die Folgerung ist schlüssig. Aber ebenso klar erscheint es uns, daß wir mit einem gewaltigen Sprung von der Empirie zur Metaphysik übersetzen.

Man kommt aus diesem Dilemma durch eine Unterscheidung heraus, auf die der amerikanische Philosoph W. W. Bartley III aufmerksam gemacht hat. Eigenschaften von Prämissen, die sich von den Prämissen auf logisch ableitbare Konklusionen übertragen lassen, müssen von

---

[1] Auseinandersetzung mit Kierkegaard, Kontroverse Bd. II, München 1968, S. 132—144, 149—154, 158—163, 182f., 223f.; Zum Verhältnis von theologischer und nicht-theologischer Sprache, in: Strukturwandel der Frömmigkeit, Stuttgart/Berlin 1972, S. 72—80.

solchen Eigenschaften von Prämissen unterschieden werden, bei denen sich das nicht machen läßt. Wahrheit und Wahrscheinlichkeit gehören zu den wenigen Eigenschaften, die von Prämissen auf logisch ableitbare Schlußfolgerungen übergehen können, empirischer Charakter läßt sich dagegen nicht übertragen. Ist eine Behauptung wahr, so ist auch die Behauptung, die daraus folgt, wahr. Ist eine Behauptung wahrscheinlich, so ist die Behauptung, die daraus folgt, ebenfalls wahrscheinlich. Empirischer Charakter dagegen gehört nicht zu den Eigenschaften, die von der Prämisse in die Konklusion übergehen können. Aus jeder empirischen Behauptung folgen auch nicht-empirische, metaphysische Behauptungen[2].

Warum hat sich bei uns eigentlich die Auffassung so eingefleischt, daß der empirische Charakter einer Behauptung zu den Eigenschaften gehört, die sich auf daraus ableitbare Behauptungen übertragen lassen? Bartley III gibt zur Antwort, die Ursache sei, die Philosophie leide an einer jahrtausendealten Krankheit, die darin besteht, daß der Philosoph sich nicht damit begnügt, seine Ideen, Vermutungen, und Überzeugungen der Kritik zu unterwerfen, sondern daß er sie rechtfertigen will. Die Manie, seine Auffassungen rechtfertigen zu wollen, ist ein großes Unglück in der Philosophie. Ist man darauf aus, seine Erkenntnis oder seine Einsicht zu rechtfertigen, so geht man von zweierlei Voraussetzungen aus, die beide verkehrt sind. Man geht davon aus, daß es eine unanfechtbare Basis für das Erkennen und die Einsicht gibt; wie man auch davon ausgeht, daß die Eigenschaft, aus der die Unanfechtbarkeit der Basisbehauptungen besteht, auf die Behauptungen, die von ihnen abgeleitet werden, übertragen werden kann, so daß die abgeleiteten Behauptungen dadurch gerechtfertigt werden, daß sie auf die Basisbehauptungen zurückgeführt werden.

Nun herrscht keineswegs Einhelligkeit darüber, worin die Basis besteht. Descartes ging davon aus, daß die intellektuelle Intuition die Basis bilde, Hume meinte, es sei die sinnliche Erfahrung, und bei Karl Barth ist die Basis das Offenbarungswort Gottes. Aber halten wir uns an den Empiristen. Er geht davon aus, daß die Basisbehauptungen sich auf das beziehen, was sich sinnlich wahrnehmen läßt, und daß sich Behauptungen, indem sie auf solche Basisbehauptungen zurückgeführt

---

[2] W. W. Bartley III, Wissenschaft und Glaube: Die Notwendigkeit des Engagements, in: Neue Anthropologie Bd. 7, Stuttgart 1974, S. 93f.

werden, rechtfertigen lassen. Damit aber die Zurückführung rechtfertigenden Charakter erhalten kann, muß der Empirist davon ausgehen, daß die Eigenschaft, in der die Unanfechtbarkeit der Basisbehauptungen besteht und die die sinnliche Wahrnehmbarkeit ihres Inhalts ausmacht, auf die Behauptungen, die von ihnen abgeleitet werden, übertragen wird. Die abgeleiteten Behauptungen müssen also die Empirie der Basisbehauptungen, von denen sie abgeleitet wurden, erben, sonst kann die Ableitung nicht rechtfertigenden Charakter haben. Die Annahme, es gebe eine unanfechtbare Basis für unser Erkennen, ist ein klares Zeichen dafür, so sagt Bartley III, daß die Philosophie autoritär ist. Die traditionelle philosophische Frage, wie sich eine Idee, eine Vermutung rechtfertigen lasse, verlangt eine autoritäre Antwort, eine Antwort, die auf etwas hinweist, das nicht in Zweifel gezogen werden kann und keiner weiteren Rechtfertigung bedarf, und die für die Richtigkeit der Konklusion garantiert, sei es in Form einer sinnlichen Wahrnehmung, in Form von intellektueller Intuition oder in Form der Autorität der Bibel. Ideen, Vermutungen, Überzeugungen werden, um gerechtfertigt zu werden, daran geprüft, ob sie sich von etwas ableiten lassen, das als rationale Autorität angesehen wird. Bartley III erwähnt Hume, der eine Idee nach der anderen vornimmt — die Vorstellungen von Gott, von der Seele, vom Bewußtsein der anderen — und fragt, ob sie sich durch Ableitung aus der Sinneserfahrung rechtfertigen lassen, die er als einzige Erkenntnisquelle und rationale Autorität anerkennt[3].

Peinlich ist nur, daß die Basis zwar autoritär, aber nicht rational ist. Das ist sie niemals, einfach deswegen nicht, weil sich Basisbehauptungen nicht weiter rechtfertigen lassen. Man muß also einen Ausweg finden. Dieser Ausweg heißt Fideismus. Da man nicht darauf verzichten möchte, seine Meinungen zu rechtfertigen, und da man zu dem Eingeständnis gezwungen ist, daß man sich auf rationaler Basis nicht rechtfertigen kann, rechtfertigt man sich eben irrational im Glauben, in der Entscheidung, in der Wahl, in einem absoluten Engagement oder wie man es nun nennen mag. Darin besteht der Fideismus. Man ist genötigt, in einige Grund-Annahmen hineinzuspringen, von denen man gesteht, daß man sie nicht beweisen kann, mag nun diese Grundannahme darauf ausgehen, daß unanfechtbar allein die Sinneserfahrung, allein die intellektuelle Intuition oder allein die Autorität der Schrift sei. Man kann

---

[3] Ebd. S. 87f., 90f.

selber wählen, welcher von diesen Grundauffassungen man sich anschließt. Aber der Rationalität sind eben, so bedauernswert das ist, irrationale Grenzen gesetzt. Fideismus ist daher ein außerordentlich verbreiteter Standpunkt. Bartley III findet ihn bei so verschiedenen Denkern wie Ayer, Popper, Karl Barth und Paul Tillich. Es sei hinzugefügt, daß wir es im Existenzdenken bei Bultmann und Kierkegaard mit einem durchreflektierten Fideismus zu tun haben.

Bartleys Alternative besteht nun darin, auf die Rechtfertigung und ihren Akzept der unfehlbaren intellektuellen Instanzen zu verzichten. Er hält sich an das Falsifikationsprinzip, das sich in entgegengesetzter Richtung des Rechtfertigungsprinzips bewegt. Die Rechtfertigung geht von der Prämisse zur Konklusion, sie überträgt Eigenschaften der Prämisse auf die Konklusion. Die Falsifikation geht von der Konklusion zur Prämisse: Angenommen, die abgeleitete Behauptung (die Konklusion) sei falsch, so muß auch die Behauptung, von der sie abgeleitet wurde (die Prämisse) falsch sein. Wichtig dabei ist nur, sich im klaren darüber zu sein, daß die Falsifikationsprobe niemals endgültig ist. Besteht eine Anschauung die Falsifikationsprobe, so ist sie damit nicht gerechtfertigt. Fällt eine Anschauung bei der Falsifikationsprobe durch, so ist damit nicht erwiesen, daß sie für alle Zeiten falsch bleiben muß. Die Falsifikationsprobe hat nur klar gemacht, daß die Anschauung — je nach dem Ausfall der Probe — entweder im Widerspruch oder nicht im Widerspruch zu einer anderen Anschauung steht, die besser überprüft und weniger problematisch ist. Diese andere Anschauung ist nun aber keineswegs hieb- und stichfest. Auch sie muß durch Überprüfung ihrer Folgerungen kritisiert werden, und dies kann ohne Ende fortgesetzt werden[4]. Die Aufgabe besteht deshalb allein darin, daß »wir unser geistiges Leben, unsere geistigen Institutionen so einrichten, daß unsere Überzeugungen, Vermutungen, Methoden, Ideen, überkommenen Gewohnheiten usw. — ob sie gerechtfertigt werden können oder nicht — einem Höchstmaß an Kritik ausgesetzt werden, damit möglichst viele Irrtümer eliminiert werden können«[5].

Wir finden den Standpunkt, den Bartley III einnimmt, übrigens auch bei dem dänischen Philosophen Bent Schultzer. Auch er distanziert sich von der herkömmlichen philosophischen Auffassung, daß es

---

[4] Ebd. S. 96f.
[5] Ebd. S. 89.

eine sichere Grundlage für unser Erkennen gebe. Schultzer will weder von der rationalistischen Ausformung etwas wissen, nach der die unanfechtbare Grundlage gewisse allgemeingültige Prinzipien sind, noch von der empirischen Ausformung, derzufolge die unmittelbar gegebenen sinnlichen Daten eine unanfechtbare Grundlage abgeben. Die beiden Forscher haben sich nicht gekannt, und Bent Schultzer entwickelt seinen Standpunkt auf ganz andere Weise als Bartley III. Der Ausgangspunkt für wissenschaftliche Erkenntnis, so sagt Schultzer, seien niemals Grundlagen, sondern immer Situationen. So spannend auch ein Vergleich der verschiedenen Ausführungen ihres Standpunktes wäre, so müssen wir an dieser Stelle darauf verzichten.

Wir haben es also mit zwei verschiedenen Standpunkten zu tun, einerseits mit dem Fideismus, andererseits mit dem nur kritischen Rationalismus, wie ich kurz den Standpunkt von Bartley III und Bent Schultzer nennen will, wobei das »nur« nichts weiter sagen soll, als daß es sich um einen Rationalismus handelt, der nicht rechtfertigend ans Werk geht.

Die Daseinsäußerungen jedoch, für die ich als Beispiel die Barmherzigkeit anführte, entziehen sich beiden Standpunkten. Eigentümlich für sie ist es, daß sie entstellt werden, wenn wir hinter sie greifen wollen und eine Begründung für sie suchen. Im selben Moment, wo wir sie zu begründen und zu rechtfertigen suchen, lassen wir sie von dem bedingt sein, womit wir sie begründen und rechtfertigen, und damit sind sie auf der Stelle zu ihrem eigenen Gegensatz verkehrt. In ihrem Unbedingtsein verbieten sie Begründung und Rechtfertigung.

Zunächst einmal widersetzen sie sich dem Fideismus. Ihr Unbedingtsein entsteht nicht durch unser Engagement für sie und ist nicht abhängig von unserem allergnädigsten Beifall. Unbedingt sind sie, ob wir uns ihnen anschließen oder nicht, und es ändert nicht das geringste an ihrer Unbedingtheit, wenn wir uns nicht für sie einsetzen.

Auch dem nur kritischen Rationalismus widersetzen sie sich. Während der nur kritische Rationalismus auf eine Rechtfertigung von Anschauungen aus prinzipiellen Gründen verzichtet, so ist es die konkrete, empirisch konstatierbare Natur der Daseinsäußerungen, die sich einer Rechtfertigung widersetzt. Die Überprüfung im nur kritischen Rationalismus setzt prinzipiell unendlich fort, was bei den unbedingten Daseinsäußerungen ausgeschlossen ist. Bei ihrer empirischen Überprüfung war ja entscheidend, daß sie durch eine Begründung zerstört werden. Jede weitere Überprüfung ist damit ausgeschlossen; auf höchst effektive Weise ist der Überprüfung ein Ende gesetzt, wenn die Annahme, die Phänomene seien bedingt, im Ernst vollzogen, den Phänomenen ein Ende setzt.

II.

Von der metaphysischen Einsicht zur religiösen Deutung. Ich habe mich bisher mit der Schlußfolgerung von der empirisch-psychologischen Konstatierung zur metaphysischen Einsicht beschäftigt. Ein weiterer Schluß erfolgt von der metaphysischen Einsicht zur religiösen Deutung. Mit der Unbedingtheit der Daseinsäußerungen legt sich eine religiöse Deutung nahe. Es ist unglaubhaft, daß sie vom Individuum oder von der Gesellschaft erfunden oder zuwege gebracht worden sind. Eher reichen sie auf das zurück und sind mit dem gegeben, dessen Urheber wir nicht selber sind. Wir können uns nicht auf die Daseinsäußerungen als unsere Leistung oder als Leistung der Gesellschaft berufen.

Zwischen den beiden, oben genannten Schlußfolgerungen besteht ein Unterschied: der Schluß von der Empirie auf die Metaphysik hat den Charakter einer Raffung, einer Konzentration. Ein einzelner Punkt — die Unbedingtheit — rückt in den Fokus der Aufmerksamkeit. Wir haben es mit einem analytischen Urteil zu tun. Der Schluß von der Metaphysik auf die Religion hat den Charakter einer Synthese, hier ist die Phantasie durch Symbolbildung tätig. Wir haben es mit Deutung zu tun.

Um den Unterschied weiter zu präzisieren: der Versuch, ein analytisches Urteil oder eine Tautologie zu falsifizieren, hat keinen Sinn. Bei der Falsifikation nimmt man nämlich versuchsweise an, die Behauptung, in der die Konklusion besteht, sei falsch, und untersucht nun, ob die Annahme des Falschseins der Behauptung haltbar ist. Man sieht sich zu diesem Zweck nach anderen Behauptungen um, die wohl in einer logischen Verbindung zur Behauptung der Konklusion stehen, aber auf Sachverhalte hinweisen, die andersartig sind und für sich sprechen. Zeigt es sich, daß diese neuen Behauptungen unvereinbar mit einem Falschsein der Konklusion sind, so hat die Konklusion diesmal die Falsifikationsprobe bestanden und konnte nicht widerlegt werden.

Die Falsifikationsprobe kommt für das analytische Urteil nicht in Frage. Zwar können wir versuchen, uns vorzustellen, das analytische Urteil sei falsch. Hier würde aber eine Überprüfung darin bestehen, festzustellen, ob wir uns eines Widerspruchs in sich selbst schuldig machen. Streng genommen kommt, wenn das analytische Urteil wahr ist, gar kein Überprüfungsprozeß zustande; denn das Gedankenexperiment scheitert sofort am Selbstwiderspruch. Auf alle Fälle müssen wir im Selbstwiderspruch enden, wenn wir uns vorzustellen suchen, das analytische Urteil sei falsch, da damit bekräftigt wird, daß wir richtig gedacht haben. Wir stellen also das analytische Urteil nicht dadurch auf die Probe, ob ihm ein anderes Urteil widerspricht, sondern wir überprüfen es mit sich selbst, nämlich ob es als falsches Urteil einen Selbstwiderspruch vermeiden kann.

Gehen wir indessen von der Metaphysik zur Religion, so verhält es sich logisch und erkenntniskritisch völlig anders, und es fragt sich, ob wir dabei nicht in eine ganz verzwickte Lage geraten. In der religiösen Deutung gehen wir synthetisch ans Werk und wollen nun die Haltbarkeit der Deutung mit der Falsifikationsprobe untersuchen. Aber geht das denn? Ist es nicht vielmehr so, daß sich die religiöse Deutung, wenn sie sich aus der metaphysischen Einsicht heraus durch die Symbolbildungen der Phantasie entfaltet, nicht nur sich der Erfahrbarkeit, sondern auch der Überprüfbarkeit entzieht? Müssen wir nicht darauf verzichten, die Phantasiegestaltungen der religiösen Deutung einem Falsifikationsversuch zu unterziehen? Und wenn wir tatsächlich darauf verzichten müssen, ist dann die religiöse Deutung nicht willkürlich? Sind wir nicht mit Kierkegaard und mit den Existenztheologen darauf angewiesen, den Sprung in den Fideismus zu tun? Ich meine nicht. Ich denke, wir können die religiöse Deutung überprüfen und ihre Symbole dem Falsifikationsversuch unterziehen. Etwas anderes ist es, daß die Überprüfung bei der religiösen Deutung einen anderen Charakter hat als bei der metaphysischen Einsicht. Die metaphysische Einsicht läßt sich empirisch überprüfen, da sie in der empirisch-psychologischen Konstatierung enthalten ist. Das geht bei der religiösen Deutung nicht. Die religiöse Deutung läßt sich dafür aber ontologisch überprüfen. Wir können fragen: Was geschieht, wenn wir die Symbole über die Bank für falsch und willkürlich erklären? Die Antwort darauf ist: Unser Daseinsverständnis schrumpft zusammen und wird falsch. Davon weiß der Psychiater zu erzählen.

Unter Symbol verstehen wir höchst Verschiedenes. Wir können das Symbol als etwas Unanschauliches, nichts weiter als ein Zeichen, auffassen. Dies ist der Fall bei den Wissenschaften, in denen wir es ausschließlich verwenden, um uns operationstüchtig zu machen, etwa bei der Algebra und bei der Logik. Im vorliegenden Zusammenhang haben wir es nicht mit dem Symbol in dieser Bedeutung zu tun. Hier verstehen wir Symbol als etwas Anschauliches, meistens etwas Visuelles, jedenfalls Bildhaftes, so wie man von Symbol in psychologischen, religiösen und künstlerischen Zusammenhängen spricht. Das Bild symbolisiert ein umfassendes und vielfältiges Daseinsganzes, zu dem das Bild mitgehört. Das Symbol steht für ein Gesamtes, von dem es ein Teil ist; es ist Ausdruck eines pars-pro-toto-Denkens. Es repräsentiert nicht nur, was es abbildet, sondern es partizipiert auch an dem, was es abbildet.

Der dänische Psychiater Thorkil Vanggaard ist der Auffassung, daß unser Daseinsverständnis in zweierlei Hinsichten ärmer geworden ist. Wir tun, als ob es gewisse Phänomene nicht gibt, obgleich sie unser Dasein beherrschen und zwar desto stärker, je weniger wir von ihnen wissen wollen. Wenn solche Phänomene unserem Gesichtsfeld entgleiten und unser Daseinsverständnis zusammenschrumpft, so deshalb, weil sich unsere Lebensbereiche voneinander entfernen, was wiederum damit zusammenhängt, daß die Symbole verschwinden. Mit dem Wegfall der Symbole geht der Sinn dafür verloren, was in Verbindung miteinander steht. Wie umfassend die Symbole einmal gewesen sind, als sie noch verständlich waren, ist für uns schwer zu begreifen. Unwillkürlich engen wir sie darum auch in unserer Deutung ein, und für Vanggaard ist dies ein Zeichen dafür, wie eng unser Menschenverständnis geworden ist, nachdem die Symbole aus unserem Bewußtsein verjagt worden sind[6].

Dem wirkt das künstlerische Symbol entgegen, das im Dienste der Ausweitung unseres Daseinsverständnisses steht. Der Dichter findet zwar im allgemeinen Bewußtsein keine Symbol-Selbstverständlichkeit, auf die er sich stützen könnte, doch kann er an den ästhetischen Sinn appellieren.

Metapher und Symbol. Es ist wichtig, Metapher und Symbol auseinanderzuhalten. In einer bestimmten Beziehung haben sie nahezu

---

[6] Th. Vanggaard, Phallos, Kopenhagen 1969, S. 13f., 47—49.

entgegengesetzte Funktionen. Ich bringe im folgenden zuerst das Beispiel eines metaphorischen, danach das eines symbolischen Bildes.

In Robert Musils Roman »Der Mann ohne Eigenschaften«, der in der Zeit vor dem ersten Weltkrieg spielt, steht das Regierungsjubiläum Kaiser Franz Josephs bevor. Einflußreiche Persönlichkeiten, mit Graf Leinsdorf an der Spitze, wollen es mit einer Idee feiern, die Österreich-Ungarn zum Brennpunkt der Weltpolitik machen, den Weltfrieden sichern und eine innenpolitische Erhebung bedeuten soll, und mit der die streitenden Nationalitäten in der Doppelmonarchie vereint werden könnten. Doch welche Idee? Im Salon der Diplomatengattin Diotima ist Wiens Intelligenz versammelt, um auf die Idee zu kommen. Es werden geistvolle und wortreiche Gespräche geführt, aber keiner bekommt die erlösende Idee. Graf Leinsdorf hatte eine Weile in sich versunken dagesessen, raffte sich aber plötzlich zusammen: »er drehte seinen Wallensteinbart«, wie es bei Musil heißt, »und sagte langsam und fest: ›Es muß etwas geschehen!‹ ›Erlaucht haben einen Entschluß gefaßt?‹ fragte man ihn. ›Es ist mir nichts eingefallen‹, erwiderte er schlicht; ›aber trotzdem muß etwas geschehn!‹ Und saß da wie ein Mann, der sich nicht wegrühren wird, ehe sein Wille erfüllt ist. Es ging eine Kraft davon aus, so daß jeder die leere Anstrengung, etwas zu finden, in sich schlottern fühlte wie einen Pfennig, der sich in der Sparbüchse verloren hat und trotz allen Schüttelns nicht aus dem Schlitz heraus will[7]«.

Das Tertium comparationis läßt sich leicht fixieren. Hier wie dort sind die Anstrengungen vergebens; es kommt nichts dabei heraus. In beiden Fällen gibt es zwar ein Ziel, das die Bestrebungen in Gang setzt, nur ist dieses Ziel nicht imstande, die Bestrebungen zu organisieren. Es ist zu unbestimmt, als daß man rationell dabei verfahren könnte, die Anstrengungen gehen ins Blaue, man bemüht sich auf gut Glück. So leer wie das Ziel ist, so leer sind die Anstrengungen.

Mit diesem Bild und seinem Tertium comparationis zeigt sich uns etwas bei der Situation, was wir vorher nicht sahen, jedenfalls nicht in so grellem Licht. Die gesellige Salonatmosphäre, in der sich die Kulturpersönlichkeiten begegnen, gibt gar nicht den Boden für das ruhige Überlegen und geduldige Nachdenken ab, auf dem allein sich die guten Ideen einfinden. Die Idee soll auf Kommando kommen, ohne irgend-

---

[7] R. Musil, Der Mann ohne Eigenschaften, Hamburg 1956, S. 603.

einen greifbaren Anknüpfungspunkt, daher das krampfhafte Rumoren in den Köpfen der geistvollen Schriftsteller, Wissenschaftler und Literaten ohne jeglichen Erfolg.

Mit Bildern läßt sich etwas sagen, was sich ohne sie nicht ausdrücken läßt, da nämlich bereits durch den Abstand zur Situation, den die Bilder in ihrer Eigenschaft als Bilder haben, etwas zum Ausdruck kommt, was der direkten Charakteristik fehlt. Die Situation ist hier die vergebliche Anstrengung einer geistigen Elite, die versucht, auf die dringend benötigte Idee zu kommen. Das Bild ist eine Sparbüchse mit einem kleinen Schlitz, aus der man, trotz heftigen Schüttelns, die verflixte Münze, die drin herumklappert, nicht herauskriegt. Die Situation und das Bild, die hier zusammengebracht werden, sind so fern voneinander, daß der Vergleich grotesk wirkt — und damit den Leerlauf der Bemühungen in Diotimas Salon als grotesk empfinden läßt.

Gerade durch die Gegensätzlichkeit kommt Leben in das, was sich gleicht. Das Reizvolle ist, daß sich das Bild und das Abgebildete nicht decken. Die Bereiche liegen völlig auseinander und das Verständnis springt spannungsvoll geladen als Funke dazwischen und ist deshalb so präzise.

Vieles bei der Metapher ist übersetzbar, doch nicht alles. Was sich daran nicht übersetzen läßt, sind Ironie, Verachtung, Lächerlichmachen, Erschrecken.

Die Metapher stellt die Bereiche gegeneinander auf, das Symbol verschiebt sie ineinander. Die Metapher greift nicht in die Welt ein, in der wir zu Hause sind und die uns vertraut ist. Anders beim Symbol, seine Welt ist eine andere als die gewohnte. Mit dem Symbol lehnt sich der Dichter gegen das auf, was zu zerfallen und zu zersplittern droht, obgleich es in einem inneren, unsichtbaren Zusammenhang steht. Das Symbol hat kein Tertium comparationis, so wie dies bei der Metapher der Fall ist. Dazu ist das, worum sich das Symbol sammelt, zu vielfältig, zu verstreut und widerspenstig. Im folgenden werde ich dies durch einige Andeutungen dessen, was sich im Symbol des Raben vereint, veranschaulichen, wie uns dies aus dem Gedichtzyklus »Ravnen« des dänischen Dichters Thorkild Bjørnvig entgegentritt.

Alles, was es gibt, alles Seiende, von Pflanzen und Tieren bis zum Sternennebel, ist jedenfalls in dem Einen vereint, im Sein. Seit es Philosophie gibt, haben die Philosophen darüber nachgedacht, wodurch all das, was existiert, so zusammengehalten wird, daß es überhaupt da sein kann. Spinoza meinte, dies geschehe durch eine hervorbringende Kraft und nannte aus dem Grund das Sein Natur. Hier genügt es uns, vom universalen Sein zu sprechen.

Verfehlt der Mensch sein Schicksal, so besteht die Gefahr, daß er sich in sich selbst verschließt. Im Kreise laufende Denk-Gefühle haben sich seiner bemächtigt, am schlimmsten plagt ihn das Bereuen, was bei Bjørnvig im Abschnitt über den »Dialog mit dem Wankelmut« geschildert wird. Dennoch bleibt die Person als Natur weiter zur Natur gehörig und ist in ihrem sinnlichen Leben und in ihrem Verstehen von Welt und Universum erfüllt. Nur ist ihr Erleben erlahmt, und die kreisenden Denkgefühle, die sich immer wieder um dasselbe drehen, haben es in den Hintergrund gedrängt. Brechen aber Welt und Universum durch die Verschlossenheit hindurch, dann bricht der Rabe hervor. Er fliegt aus der Brust des Menschen ins Weite.

Der Rabe symbolisiert in Bjørnvigs Gedichtzyklus die Einverleibung des Menschen in die Natur. Er entfliegt dem Leib des Menschen. Der Rabe symbolisiert daher zugleich, mit seinem Flug in den offenen Raum, das Geöffnetsein fürs Universum. Als Naturwesen symbolisiert der Rabe, daß das Leben des Menschen von derselben Art ist wie das Leben der Natur. Sein Flug bedeutet, daß das menschliche Dasein sinnlich und geistig dem Weltall geöffnet ist. Der Flug in den Weltraum ist nicht ein Flug, der uns vom Dasein entfernt, sondern im Gegenteil — es gibt nämlich in unserem Dasein keinen Ort, weder im allerinnersten noch im allerentferntesten, wo das universale Sein nicht hinreicht; es ist uns näher als wir selber, es trägt unser Dasein. Die Geschichte der Philosophie zeugt davon, wie schwierig es ist, beides festzuhalten. Wendet sich die Aufmerksamkeit der Offenheit, philosophisch gesprochen, der Transzendenz zu, so wie es seit Spinoza in der kontinentalen Philosophie der Fall ist, verschwindet die Einverleibung in die Natur aus dem Gesichtsfeld. Im Symbol des Rabens dagegen sind Geöffnetsein und Einverleibtheit vereint. Wenn unsere Offenheit für das universale Sein so völlig ohne Vorbehalt ist, verdanken wir es unserer Einverleibung in die Natur.

Dennoch leben wir so, als ginge uns das alles nichts an. Wir leben zerstreut dahin. Es geschieht aber, daß wir aus dem zerstreuten Dahinleben ausbrechen. Das wird durch den Raben symbolisiert.

Der Rabe ist bei der Person im Gedichtzyklus dasjenige, was sich mit dem Herabschrauben der Erwartungen ans Leben nicht abfinden will, das, was sich der Resignation und Anpassung widersetzt. Er wird als Dämon bezeichnet, teils weil er gegen die Neigungen der Person selbst geht, teils weil er auf seiten des universalen Seins steht. Er ist eine Macht im Menschen, der der Mensch folgt, und nicht nur eine Neigung, der er nachgibt, so wie es Bereuung, Resignation und Anpassung sind.

Der Sprecher des Gedichts sagt mit dem Raben als Symbol seines Dämons, daß nichts, was von der Person durchlebt wird, außerhalb des Universums steht, wie tief persönlich sich auch immer sein Schicksal gestalten mag und wie intim persönlich er auch immer auf das, was ihm widerfährt, reagieren mag. Was wir für widersprüchlich halten — persönliche Existenz und universales Sein — greift ineinander über. Nur wird das universale Sein im Dasein des Menschen auf dessen persönliche Umstände hin gelebt.

Auf eine noch andere Weise vereint das Symbol Widerstrebendes in sich. Die Macht, die der Mensch in sich birgt, leitet ihn nicht auf einen sicheren Weg. Die Desparation im Ausbrechen aus der Anpassung führt Übertreibungen mit sich und droht, das Dasein zu sprengen. Übertreibung folgt auf Übertreibung. Bald in der einen, bald in der anderen Richtung. Folgt die Person ihrem Dämon, so lebt sie zwar ihr Dasein vital, doch ist es eine zersplitterte Vitalität.

Der Schmerz der Verfehlung des Schicksals vertieft sich, weil sie zugleich Verfehlung des Glücks im Bund mit dem universalen Sein bedeutet. Die Zersplitterung, über die die Resignation hinwegtäuschte, wirkt sich nun aus. Die Gedanken, Gefühle und Handlungen der Person werden zu Bruchstücken, die sich gegenseitig bekämpfen. Was sich hätte sammeln sollen, spaltet sich auf — das ist es, was aus der Offenheit fürs universale Sein, was aus dem Flug in den Weltraum herauskam. Das Universum scheint gesprengt, zusammenhanglos und unfruchtbar, beherrscht von blinden und stummen Kräften. Der Rabe ist sowohl Verheißung des Glücks, das das Universum für den Menschen bereithält, als auch der Auflösung, die das Ergebnis ist.

Doch bedeutet dies nicht, daß das Schicksal des einzelnen ein Spiegel ist, in dem sich das Universum spiegelt, und wo sich die Welt, wenn das Schicksal böse ist, als demiurgisch verzerrt, und wenn das Schicksal gut ist, als freundlich erweist. Wir haben es nicht mit zwei

Spiegelbildern zu tun, von denen die eine Wiedergabe so getreu wie die andere ist. Im bösen Schicksal wird das Universum in den Verzerrungen erlebt, die innerhalb der Reichweite unserer destruktiven Kräfte liegen, wenn wir uns der Fülle der Natur entzogen haben und der Natur die Unfruchtbarkeit unserer eigenen Natur auflegen. Doch können wir damit die Unantastbarkeit des universalen Seins in seiner lebenspendenden Fülle nicht aufheben. Was dem Menschen im bösen Glück begegnet, ist nur sein eigenes Zerstörungswerk. So titanisch und bedrohlich dies auch für die Menschheit sein mag, so ist es nur ein Zerstörungswerk am Rande des universalen Seins, wo der Mensch mit seinem eigenen Dasein angesiedelt ist.

Aus der Darstellung des Symboldenkens und seiner Veranschaulichung durch den »Raben« sollte hervorgehen, daß sich das Symbol daran überprüfen läßt, ob es eine Komplexität festhält, die sonst nicht beachtet wird und zu verschwinden droht, und deren Verschwinden unser Dasein ärmer machen und verfälschen würde. Für den Künstler ist das Grunderlebnis der Eindruck, daß die Phänomene miteinander verbunden sind, obgleich sie für das gewöhnliche Verständnis nichts miteinander zu tun haben. Was wir im Alltäglichen nicht im entferntesten miteinander verbinden, das wird im Symbol vereint, weil es auf elementare Weise zusammengehört.

Der Unterschied zwischen dem Übergang von der Empirie zur Metaphysik und von der Metaphysik zum Symboldenken. Ich kehre zurück zum Vergleich der beiden Übergänge: dem Übergang von der Empirie zur Metaphysik — und dem Übergang von der Metaphysik zum Symboldenken, wie es uns in der Dichtung begegnet und wie es sich auch in allem religiösen Denken vorfindet. Was vom künstlerischen Symbol gilt, das betrifft auch das religiöse Symbol. Nebenbei bemerkt legt der dänische Theologe Jens Glebe Møller in einer interessanten Studie über »Wittgenstein und die Religion«[8] dar, daß für Wittgenstein die ästhetischen Aussagen in logischer und erkenntniskritischer Hinsicht in die gleiche Gruppe wie die religiösen und ethischen Aussagen gehören.

Die Bewegung von der Empirie zur Metaphysik geschieht in einem analytischen Urteil, und zwar deshalb, weil die Metaphysik in der Empirie enthalten ist. Wir schälen die Metaphysik — die Unbedingt-

---

[8] Kopenhagen 1972.

heit — heraus aus der empirisch-psychologischen Konstatierung, der sie innewohnt, und die besagt, daß die Daseinsäußerung durch Begründen und Bedingen zerstört wird. Wenn wir uns unwillkürlich dagegen sträuben, daß sich die Metaphysik durch ein analytisches Urteil aus der Empirie ergibt, und sogar als selbstverständlich davon ausgehen, daß zwischen Empirie und Metaphysik ein Abgrund besteht, so hat das seine Ursache in einem zu engen Begriff, den wir uns von der Empirie gebildet haben. Die begriffliche Enge liegt darin, daß ein bestimmtes methodisches Verfahren von vornherein entscheidet, was in den Gesichtskreis der Empirie gehört. Die Methode kann z. B. rein operational arbeiten und Quantifizierung und Mathematisierung als grundlegende Prinzipien benutzen. Kurzum, was geschieht, ist, daß die Methode verabsolutiert wird, und damit fällt sie unter Adornos Kritik, bei dem es heißt, es werde vorgegeben, einen Gegenstand durch ein Instrument untersuchen zu können, das selbst durch seine eigene Konstruktion entscheide, was Gegenstand sei[9].

Im Symboldenken dagegen ist es die Phantasie, die wirksam ist; wir gehen hierbei synthetisch ans Werk. Unwillkürlich sind wir der Meinung, daß wir uns dabei in unkontrollierbaren Sphären befinden und sind daher geneigt zu bestreiten, daß das Symbol einen Zugang zur Wirklichkeit darstellen kann. Wieder ist es ein zu enger Begriff, hier der von der Wirklichkeit, der unsere Meinung prägt. Die Begriffsenge rührt auch hier wieder von daher, daß ein bestimmtes methodisches Verfahren von vornherein entschieden hat, was unter Wirklichkeit begriffen werden darf. Die Methode, die hier verabsolutiert wird, ist die atomistische. Man geht davon aus, daß wir die Wirklichkeit nur dann erfassen, wenn alles, was für unsere unmittelbare Erfahrung komplex ist, in seine Bestandteile zerlegt wird. Zwar verleiht uns eine solche atomistische Methode festen Boden unter den Füßen, doch ist der Preis dafür eine Verkümmerung unseres Wirklichkeitsbegriffs und eine Verarmung der Wirklichkeit: wesentliche Phänomene und Erfahrungen werden beseitigt.

---

[9] Zitiert bei W. Keller, Philosophische Anthropologie — Psychologie — Transzendenz, in: Neue Anthropologie Bd. 6, Stuttgart 1974, S. 20.

Mythos und Psyche

ERWÄGUNGEN ZUR RELIGIONSPSYCHOLOGISCHEN INTERPRETATION
DER MYTHOLOGIE

Ulrich Mann, Saarbrücken

6600 Saarbrücken, Kaiserslauterner Str. 83

Von einer Indienfahrt zurückgekehrt, den Sinn noch ganz erfüllt von den zahllosen Bildern aus der Götterlegende, die dort die Tempelwände überziehen, erzählte ich Carl Heinz Ratschow auf einer Tagung davon; ich äußerte, es käme mir vor, als handle es sich hierbei viel weniger um Mythologie, im üblichen objektivistischen Sinn genommen, um Darstellung von Vorgängen und Gestalten in einem von Anderen erlebten Einst einer Sagenepoche oder in einem nur von wenigen Erwählten erfahrbaren äußeren Transzendenzraum, ich fand vielmehr, es handle sich hierbei in erster Linie und vorrangig um von allen Gläubigen erlebbare Phänomene des psychischen Bereichs. Der Gesprächspartner stimmte sogleich zu und fügte an, die Gestaltenfülle etwa des lamaistischen Systems von Bodhisattvas, und deren vielfachen Inkarnationen nebst ihren Shaktis und dazu noch allen Götter- und Dämonengestalten sei auch von tantristischen Meistern nicht mehr im einzelnen gedächtnismäßig zu überschauen, darauf komme es aber offenbar auch gar nicht so sehr an, als vielmehr auf die Kunst der psychologischen Interpretation der eben vorwiegend psychologisch gemeinten Bilder und Chiffren. Ja, so fügte er hinzu, im Grund scheine ihm das auch in mancher Hinsicht von den altmittelmeerländischen Religionen, insbesondere auch vom Griechentum zu gelten. In Erinnerung an diesen damaligen kurzen und fragmentarisch gebliebenen Dialog möchte ich dem verehrten Jubilar die folgenden Erwägungen zum Verhältnis von Mythologie und Religionspsychologie widmen.

Religionspsychologische Interpretation von Mythologie kann nur geleistet werden von einer Psychologie, die sich vorwiegend mit dem sogenannten »Unbewußten« befaßt und es als eine dem Bewußtsein gegenüber weithin eigenständige Wirklichkeit nimmt: diese psychologische Richtung, die auf Freud, Adler und Jung zurückgeht, ist die »Tiefenpsychologie«. Die Tiefenpsychologie sieht die Sphäre des Unbewußten als gleichsam »relativ transzendent« an — was sogar in gewisser Hinsicht schon bei Freud gilt —, sie ist davon durchdrungen, daß Psyche in Bereiche reicht, die weiter und tiefer sind als diejenigen, die etwa durch eine konsequente Verhaltensforschung bis ins letzte erhellbar wären, ja, sie rechnet auch, so vor allem bei Jung, mit außermenschlichen Ursprüngen mythischen Erkennens. Man kann es, vielleicht etwas überspitzt ausgedrückt, so sagen: die Religionspsychologie, die hier zur Deutungsarbeit berufen ist, sieht letztlich die Psyche als den Bereich an, in dem sich Göttliches offenbart[1]. Dies braucht der Wissenschaftlichkeit jener Religionspsychologie aber keinerlei Abbruch zu tun. Eine Wissenschaft, die sich mit Religion befaßt, wäre nicht wirklich Wissenschaft, wenn sie von vornherein ausschlösse, daß sich dem Menschen in der Religion Götter offenbaren! Wir müssen es mit dieser These hier bewenden lassen, ohne sie weiter begründen und ausführen zu können; sie gelte als Prämisse für die Erwägungen, die im folgenden am Leitfaden einiger religionsgeschichtlicher Beispiele angestellt werden sollen.

Die mit Abstand bedeutsamste Gottheit der vedischen Mythologie ist Indra[2]. An vielen Stellen wird seine Heldentat, die Tötung der Vṛtra-Schlange, gepriesen; die wichtigsten Texte hierzu sind RV 1,32 und 1,33. Indra wird gerühmt als Drachentöter, der mit seiner Keule Vajra das riesige Ungeheuer erschlägt, und dadurch die Wasser, die Kühe und die Frauen befreit, die der Umschlinger gefangen gehalten hatte; die sieben Ströme — eigentlich die fünf des Pandschab — hat er zum Fließen gebracht, und Soma, den Rauschtrank, ersiegt, er, der »Burgenbrecher«, all das in einem. Was will diese Mythologie besagen?

Die Deutungen sind seit ungefähr hundert Jahren Legion geworden. Sie reichen mit vielen Zwischengliedern und in zahlreichen Varianten vom Naturmythos (Sieg der Frühlingssonne über die Himalayagletscher) über Hirtensagen (Befreiung gestohlenen Viehs), Märchenmotive (der Prinz und die gefangene Jungfrau), Geschichtssagen (Einbruch der Arier) bis zum allgemein bekannten und deshalb im Grund

---

[1] s. hierzu C. H. Ratschow, in: Theologie und Religionswissenschaft, hrsg. v. U. Mann, Darmstadt 1973, S. 423: »Im Christentum wie in jeder Religion gewinnt die menschliche Antwort auf die praesentia dei Gestalt. Die Religionen sind als diese Gestalten da. Als solche sind sie Religionen.«

[2] Im Register des Standardwerks von K. F. Geldner, Der Rig-Veda, Cambridge (Mass.)-London-Leipzig 1951, füllt der Name Indras 77 Spalten, der Vishnus dagegen deren 2! — Neben Geldner wird im folgenden zu RV 1,32 auch die vorzügliche moderne Übersetzung (mit Kommentierung) von P. Thieme, Gedichte aus dem Rig-Veda, Reclam 8930 (Unesco), Stuttgart 1964/75 benutzt.

konturlosen Lichtheldenmotiv (Apollon, Siegfried). Das Merkwürdige: alle diese Deutungen haben einiges, was für sie spricht, ganz abwegig ist keine. So ist es eben bei einem echten Mythos, in dem sich das gesamte geschichtliche Erleben einer Völkergruppe wie auch die ganze menschliche Welterfahrnis mitspiegelt. Doch das eigentliche, unverwechselbar Indoarische und Indrahafte ist damit noch nicht erfaßt.

Man wird vom Namen des unholden Gegners ausgehen müssen, um Näheres bestimmen zu können. Paul Thieme deutet den Namen vom Neutrum vṛtra her, was ungefähr »Einschließung« bedeutet, und übersetzt den Namen der Schlange als »Wall« und »Wehr«, letzteres nicht zuletzt auch im Sinn etwa eines Flußwehrs, ohne daß dabei sogleich an die fünf Ströme gedacht werden müßte. Ein Stauwehr, so könnte man sagen. Doch was wird eingeschlossen, gestaut, versperrt? Der Text 1,32 wie auch der des folgenden Preislieds nennt Gewässer zuerst, das ist richtig, dann aber auch Kühe, schließlich (V. 11) Frauen, die die »Fremdstämmigen«, die Dunklen (dâsa), also die drawidischen Ureinwohner des Pandschab gefangen- und den Ariern vorenthielten, und gerade hierzu fügt sich das »Burgenzerbrechen« recht gut. Es ist nicht völlig auszuschließen, wenngleich in neuerer Zeit nicht mehr einhellig angenommen, daß die endgültige Zerstörung der großen altdrawidischen Kulturstätten, an der Spitze Mohenjo daro am Indus und Harappa — das vedische Hari Yupiya? — am Ravifluß durch den Einbruch der Arier erfolgte[3]; aber auch wenn diese Großstädte schon vor dem Ariereinbruch zerstört gewesen sein sollten, daß die Eindringlinge aus dem Hindukusch noch bis in die Zeit der im Mahâbhârata geschilderten Kämpfe genug Wälle zu brechen hatten, auch solche der alt-drawidischen Bevölkerungsreste, ist unbestreitbar: und Indra war der Kriegsgott, der diesen Scharen Sieg verlieh. Also doch eine reine Geschichtsmythologie? Nein, denn dazu reimen sich nun eben andere gewichtige Züge nicht. Welches Interpretationselement kann aber dann den gemeinsamen Nenner darstellen?

Hier ist hilfreich ein zwar alter, aber keineswegs überholter Aufsatz von Hans Reichelt[4]. Ein weitverbreiteter Mythos handelt von einem als

---

[3] s. hierzu Sir Mortimer Wheeler, Alt-Indien und Pakistan, deutsch Köln o. J., S. 99f.
[4] H. Reichelt, Der steinerne Himmel, Ztschr. f. Indogerm. Forsch., 32/1913. — Ich verdanke den Hinweis Herrn Kollegen Klaus Strunk, mit dem zusammen ich 1973 ein gemeinsames Seminar über indische Mythologie abgehalten habe.

Steinkalotte gebildeten Ur-Himmel, den ein Lichtheld zerschlägt, um die Menschen am Licht teilhaben zu lassen; an Stelle des Steinhimmels wird dann der lichtdurchlässige Nachthimmel gesetzt, so daß es auf Erden weder tags noch nachts an Helligkeit mangelt. Der Steinhimmel ist zugleich ein göttlich-dämonisches Wesen, bei den Griechen Akmon — der als Vater des Uranos galt —, bei den Indern ist die sprachverwandte Bezeichnung für den alten zerschlagenen Steinhimmel asman oder asan. Dies nun wieder ist bedeutungsgleich mit vṛtra, der »Einschließung«, dem »Wehr-Wall«[5].

Also wären wir wieder beim bekannten Lichthelden-Motiv? Ja, aber mit bedeutsamen Weiterungen, die sich auf die disparaten Einzelbelege in den vedischen Texten stützen können. Die Arier haben offensichtlich ihre verschiedenartigen naturbedingten religiösen und geschichtlichen Erfahrungen während der Epoche des Einbruchs ins Fünfstromland unter ein ihnen vorgegebenes mythisches Thema subsumiert, dieses Thema also sozusagen als Generalnenner ihrer eigensten Existenzerfahrung erkannt und als brauchbar erfunden: so reimen sich die diversen Motive geradezu fugenlos aneinander. Im hymnischen Akt ist hier keine Frage mehr, alles ist wie Antwort auf Offenbarung und zugleich wie darbringendes Opfer der eigenen Existenzerfahrung. Alles in einem, das ist das Wesentliche. Und der Generalnenner? Der bedeutet von Haus aus eindeutig die göttliche Schenkung des Lichts. Was aber heißt das?

Es heißt zunächst und wiederum eindeutig, daß es hier um ein Lebens-, Daseins- und also primär religionspsychologisch zu interpretierendes Element geht. Licht, das heißt Existenzerhellung, so deutet Rudolf Bultmann treffend den Begriff Licht im Johannesprolog[6]; freilich muß hier beachtet werden, daß Bultmanns, vom frühen Heidegger bestimmte, als selbstverständlich vorausgesetzte und deshalb nur selten

---

[5] Ich muß es mir an dieser Stelle versagen, eine verlockende Kontrastdiagnose durchzuführen, die ich in meinem 1975 erschienenen Buch »Die Religion in den Religionen« näher darlege: ich verweise nur auf das erste Kapitel der Genesis (Par. und Vorlage im bab. Enuma Elisch), wo Jahwe gerade als Errichter und Festiger des »Firmamentum« gepriesen wird — hier ist die vorauszusetzende religiöse Grundkategorie konträr verschieden von der indo-arischen.

[6] s. hierzu R. Bultmann, Das Evangelium des Johannes, Göttingen, Nachdruck der 10. Aufl. 1964, S. 22.

erwähnte strukturbestimmende Prämisse die These ist, daß Existenz gar nichts mit Psychologie zu tun habe; Psychologismus und Psychologisieren ist einer der ärgsten Vorwürfe, denen man sich bei Bultmann aussetzen kann. Dahinter steckt freilich wieder jene schon erwähnte Festgelegtheit vieler Theologen auf ein Verständnis von Psychologie im Sinn einer individualistischen Bewußtseinspsychologie, für die im Psychischen alles mehr oder weniger direkt zur Verfügung des sich des Gegenstands bemächtigenden Erforschens steht, die also keine Transzendenzen im Psychischen kennt und nicht zugibt, daß hier die Sphäre des bloß »Subjektiven« genauso entschieden transzendiert wird wie bei der Existenz im Bereich der Existentialphilosophie.

Setzt man aber das hier vertretene Verständnis von Psyche voraus, das der Tiefenpsychologie, so ist klar, daß es transzendentale Sachverhalte im Raum der Psyche gibt, die dennoch nicht einfach unzugänglich im Sinn einer absoluten Transzendenz, sondern sozusagen »relativ transzendent« sind[7]; das aber heißt dann: solche Sachverhalte sind grundsätzlich erschließbar für wissenschaftliches Forschen, nur eben nicht auf empirisch direktem Weg, wohl aber auf dem Weg eines behutsamen, rückschließenden Erfahrens, das freilich durchaus den Anspruch erheben kann, zur Empirie gerechnet zu werden. Denn Empirie ist letztlich alles; auch in der Religion geht es um Erfahrung. Wesentlich ist immer nur, die jeweilige Eigenart des Empirischen recht zu erfassen, und zwar in jener methodischen Hinsicht, die es als der jeweiligen Erfahrung zugänglich aufzeigt. Dies ist die eigentliche und auch lohnendste, wenngleich zugegebenermaßen schwierigste Aufgabe der Religionspsychologie. Halten wir jedenfalls zusammenfassend fest: Religion ist Sache der Erfahrung, und die eigentlichste Sache der Erfahrung überhaupt ist Gott! Dafür stehen als Zeugen alle religiösen Dokumente rund um die Welt und längs durch die Zeiten. Sie sind die Erfahrungsberichte, welche die Religionspsychologie, und sie mit den synoptischen Nachbarwissenschaften Religionsphilosophie, Religionswissenschaft und Theologie zusammen, in erster Linie zu erschließen hat[8].

---

[7] Näheres hierzu in meinem Aufsatz Transzendenz — Religion — Kunst, Zeitwende 1975, 4.

[8] Näheres hierzu habe ich dargelegt in meinen Büchern Theogonische Tage, Stuttgart 1970; Das Christentum als absolute Religion, Darmstadt 1974³; Einführung in die Religionsphilosophie, Darmstadt 1970; Einführung in die Religionspsychologie, Darmstadt 1973.

Zurück zum Mythos von Indras Drachenkampf. Um Daseinserhellung geht es hier also; unterm genetischen Aspekt gesehen handelt es sich hier um den Bericht vom vollen Aufstrahlen des Bewußtseinslichts in mythologischer Form. Von diesem Generalnenner aus läßt sich erst jener Gesamtsinn gewinnen, in dessen Rahmen auch alle schon genannten Einzelzüge ihren richtigen Ort und Stellenwert gewinnen können.

Demnach wäre der Mythos von der Indratat vorrangig als ein psychologisches, nämlich bewußtseinsgeschichtliches Ereignis aufzufassen, und so, natürlich unbewußt, auch von vornherein gemeint gewesen. Ob das nur für indische Mythologie zutrifft, lassen wir zunächst offen; in Indien nimmt es jedenfalls nicht wunder, denn hier ist nun einmal der Bereich der Seele, das »Innen«, der den Religiösen eigentlich interessierende Bereich[9], der auch keineswegs als bloß »subjektive« Sphäre genommen wird: das zeigt sich am deutlichsten in der Mahâyâna-Lehre von den fünf Seinselementen, deren vier — die Gruppe von nâman — auf den ersten Blick als rein psychologische Größen erscheinen, die aber dennoch zugleich metaphysische Wirklichkeiten sind. Jedes religiöse Symbol ist in Indien zunächst einmal Chiffre für seelische Phänomene, sei es in der Baukunst, sei es in der Bildkunst und Plastik, sei es in der Hymnik und Epik: und ich kann mich des Eindrucks nicht erwehren, daß dies auch von den einigermaßen »gebildeten« Frommen, und derer sind dort sehr viele, durchweg auch so empfunden wird. Jeder Tempel ist der Weltberg Sumeru, gewiß, aber er ist es so, daß er in der Seele des sich nähernden Frommen die Sinnmitte und den Weltgipfel erfahrbar werden läßt! Die Bilder auf den Tempelwänden, insbesondere die berühmten Maithuna-Szenen — die der photobeflissene Abendländer meist nur als erotische Pikanterien schätzt —, sie spiegeln sozusagen die Außenseite des Bewußtseins wider, mit dem der Fromme sich nähert; um so kräftiger wird es ihm dann widerfahren, daß er in der engen, dunklen Zella den Reflex der geheimnisvollen Mitte seines Unbewußten erfährt. Alles ist Chiffre des Psychischen, und daraus baut sich Welt auf.

Ein bekanntes Beispiel aus der Bildkunst mag das noch verdeutlichen, es ist der Typ des tanzenden Shiva. Ungefähr zwischen dem

---

[9] Dies betont mehrfach H. Zimmer, s. Philosophie und Religion Indiens, deutsch Zürich 1961, S. 19.

zwölften und vierzehnten nachchristlichen Jahrhundert sind in Südindien zahlreiche, meist etwa meterhohe Bronzebildwerke des »königlichen Tänzers«, Natarâja, entstanden, wie er sich einst in Citambaram dem Ekstatiker Vira Cola Raja visionär offenbart hatte: In einem Flammenkranz tanzt der Herr der Welt über der gekauerten Gestalt des Dämons Muyalaka, das linke Bein erhoben, auf dessen Fußspitze einer der vier Arme weist, eine andere Hand gewährt Schutz durch die Segensgeste abhayamudrâ, die dritte hält die Trommel des »Schöpfungsgetöses« und die vierte die Flamme der periodischen Weltvernichtung. Das ganze ist eminent psychologisch gemeint und doch auch wieder ontologisch. Denn es ist objektive Wirklichkeit, daß die Welt periodisch in Flammen aufgeht, um, von kâla zu kâla, zyklisch neu zu erstehen; aber viel wesentlicher ist doch, daß dies überhaupt richtig erkannt werde, darin liegt ja die heilsame Überwindung des Unheilskreises, daß sich der Fromme dem Schutz Shivas liebend hingibt und so mit dem »großen Gott«, Mahadeva, eins wird. Das eben merkt Muyalaka nicht, der uns selbst als die durch psychische Trägheit unwissend Gewordenen repräsentiert; schläfrig glotzt der Kauernde den Betrachter an, der typische Alltagsmensch, der wir jeweils eben immer auch sind, der wir aber dann nicht mehr sind, wenn die mythische Wahrheit des Bildes uns gepackt hat[10]. Diese psychologische Dichte — Bultmann würde ebendafür existentielle Betroffenheit sagen — zur transzendenten Wirklichkeit herzustellen, ist in Indien der Sinn der Mythologie.

Wir wollen im folgenden den eben gebrauchten Ausdruck »Psychologische Dichte« in zweifacher Weise verstehen. Einmal im eben angesprochenen Sinn, dem der Nähe zur transzendenten Wirklichkeit: denn nur dann wirkt Mythologisches wirklich »mythisch«, wenn es auf numinose Weise Transzendenz vermittelt. Zum andern meinen wir damit die dichte Anreicherung des Mythologischen mit psychologisch unmittelbar relevanten Inhalten.

Von daher fällt ein weiteres Licht auf die Indramythologie. Es gehört ja zu den vielumstrittenen Problemen, warum gerade diese Hauptgottheit der vedischen Religion in späterer Zeit so stark in den Hintergrund geraten ist, daß man in Tempelbereichen nach Bildwerken von ihr unter tausend anderen mühsam suchen muß. Bei buddhistischen

---

[10] Eine herrliche Bronze dieses Typs befindet sich im Musée Guimet in Paris; die meisten dieser mittelalterlichen Bildwerke stehen in indischen Museen, vor allem in Madurai.

Stupa-Anlagen zwar dient Indra mit Indrânî nicht selten als Türhüter, das aber nur, um die Minderrangigkeit der Götter überhaupt gegenüber der Buddhaschaft zu demonstrieren; im Hinduismus jedoch sind andere Hochgottheiten an die Spitze gelangt — warum aber konnte sich der vedische »Held« — vîra — und »Sieger« — jina — dagegen nicht halten? Ich möchte eine Vermutung zu erwägen geben, die gerade auf dem vorhin genannten Element der »psychologischen Dichte« indischer Mythologie basiert.

Das Helden- und Siegerideal ist für die indische Religion immer ungemindert bestimmend geblieben, im Hinduismus nicht weniger als im Jainismus und Buddhismus, ja auch für den weltlichen Bereich gilt das: Indien nennt sich selbst amtlich Bharat, Heldenland. Jeder Religiöse ist ein Sieger und Held! Die Indraschaft ist so vollständig in das Ideal und Selbstverständnis des indischen Religiösen eingegangen, daß es des Namens gar nicht mehr bedarf, ja daß nunmehr ein »mythologischer« Indra gerade von dieser psychologischen Dichte zur Indrawirklichkeit ablenken müßte ...

Doch nun von hier aus ein Blick zur westlichen Religiosität hin, zunächst zur verwandten iranischen. Hier ist zunächst an die religiöse Wasserscheide des Hindukusch zu denken, von der Helmuth von Glasenapp gesprochen hat: östlich von dieser ist das höchste Prinzip der Religion ein impersonales Gesetz, westlich der personhafte Hochgott[11]. Das wird verschiedenartige Ursachen und Gründe haben, über die noch zuwenig nachgedacht worden ist, auch ist die These natürlich sehr einseitig: denn auch in Indien hat sich, beginnend mit der Bhagavadgîtâ, das Element des Personhaften in der Religion mächtig in den Vordergrund geschoben, übrigens auch im Mahâyâna-Buddhismus, besonders in der japanischen Amida-Religion. Aber etwas richtiges ist zweifellos daran. Damit könnte es auch ursächlich zusammenhängen, daß im indischen Bereich die objektivistische Mythologie grundsätzlich durchbrochen und die »psychologische Dichte« gesucht wird: denn wenn schon das sich entwickelnde Bewußtsein ohne Zweifel auch nach Personhaftigkeit in seinem Wertsystem strebt und diese in der äußeren mythologischen Götterwelt nicht findet, so sucht es sie eben in der eigenen Seelentiefe. Die iranische Religion nimmt nun zwischen Ost und West eine gewisse Mittelstellung ein. Einerseits haben die

---

[11] s. hierzu H. von Glasenapp, Die fünf Weltreligionen, Düsseldorf/Köln 1967, Einleitung.

Iranier schon früh personhaft strukturierte Gottesvorstellungen aus sumerisch-semitischer Wurzel übernommen; andererseits aber haben sie immer einen typisch indoarischen Grundzug der Religion festgehalten, nämlich ein pantheistisch zu nennendes Element, wonach Einzelseele und Universum in einem makro-mikrokosmischen Korrespondenzverhältnis gesehen wurden, also wiederum im Verhältnis eines impersonalen Gesetzes[12]. Wenn nun aber auch im Iran die «psychologische Dichte» in der Mythologie gesucht und erreicht wurde, wie gleich zu zeigen sein wird, so muß sie sich hier vorwiegend in jener Sphäre nachweisen lassen, die in Indien eine vergleichsweise geringere Rolle spielt als in den westlicheren, personhafter strukturierten Religionen, es ist die Sphäre der Vorstellungen vom Tod und vom Postmortalen, mit der die Iranier in voller Wucht erst durch die Begegnung mit westlicheren Religionen zusammenstießen. Gerade in dieser Sphäre mußte nämlich die Bewährung jenes mit dem indoarischen Denken verwandten Prinzips der »psychologischen Dichte« der Mythologie gesucht werden, wenn die Iranier von den uralten gemeinsamen Bewußtseinserfahrungen her darauf nicht verzichten konnten. Das bedarf einer Erläuterung.

Die Vorstellung vom Tod und vom Postmortalen spielt in Indien spätestens seit der Upanishadenzeit strenggenommen insofern nicht die Rolle wie westlich des Hindukusch, als es einen eigentlichen Tod dort gar nicht gibt! Seitdem sich hier die Vorstellungen von der kreislaufmäßigen Wiedergeburt durchgesetzt haben, angefangen von Lehren, die etwa den primitiven Metempsychose-Vorstellungen der Volksreligion noch nahestehen[13], bis hin zu Lehren, vertreten vor allem seit dem großen Yâjnavalkya[14], die die arische Alleinheitsidee zur reinen Erkenntnismystik weiterentwickelt haben, ist der Tod entweder verhängnisvolle Wiederkehr oder auch heilsame Ursprungsgewinnung, aber gerade im letzteren Fall doch auch wieder Rückkehr ins Ur-Sein nach Zerreißung des Mâyâ-Schleiers. Ganz anders aber in einer personhaft strukturierten Hochgott-Religion. Hier ist der Tod entweder Abschied vom Treuegott, der das Leben begleitet hat, so etwa im frühen Israel, wo es, möglicherweise im guten Sinn »lebenssatt«, zu den Vätern in die

---

[12] s. hierzu G. Widengren, Die Religionen Irans, Stuttgart 1965, S. 8ff.
[13] s. z. B. Chân. Up. 5.
[14] s. z. B. Brhadâranyaka-Up. 4.4.4.

Scheol zu gehen heißt; oder der Tod ist Durchgang zum Gericht, wo man vor dem Antlitz des zornigen Richters bestehen muß, und erst zaghaft dämmert die Hoffnung auf, im Drüben den gnädigen Vater zu finden. In all dem aber zwingt auch und gerade der Tod zum achtsamen Hinblicken auf die »Seele«, gemeint im Sinn dessen, was irgendwie bleibt — auch schon für die frühe Scheol-Vorstellung dürfte das gelten —, und folglich muß jede mythologische Vorstellung, die die Sphäre des Todes verdeutlichen will, sich dicht am Psychologischen halten. Die Psyche bangt um ihr Heil, das treibt sie dazu, ihr eigenes Augenmerk schon im Leben kräftig auf sich zu lenken: »Was betrübst du dich, meine Seele, und bist so unruhig in mir?« (Ps 42,6). In der Sorge der Psyche um sich selbst, die in der Nähe zum Hochgott durch den Todesgedanken ausgelöst wird, wurzelt die Ausgestaltung aller Hadesmythologien; wer weiß, vielleicht gar jeder Mythologie im Bereich personhafter Hochreligionen überhaupt? Mindestens sehr viel mehr als gemeinhin angenommen wird.

Die eschatologischen Vorstellungen Irans[15] sind besonders stark charakterisiert durch das, was wir »psychologische Dichte der Mythologie« genannt haben. Bei der Todesfahrt der Ich-Seele (urvan) begegnet diese ihrem sozusagen besseren Ich, so hofft der Fromme, es ist die daênâ, die man sich, sofern man gottesfürchtig gelebt hat, als ein schönes fünfzehnjähriges Mädchen vorstellt. Das ist natürlich sehr patriarchalistisch gedacht, von dem Jüngling, der der weiblichen Ich-Seele begegnen müßte, ist nicht besonders die Rede. Trotzdem, hier liegt eine eindeutig tiefenpsychologische Beobachtung zugrunde: es handelt sich offensichtlich bei der daênâ um jenen seelischen Komplex, den C. G. Jung als »Anima« bezeichnet[16], und also um jene psychische Größe, die, in Träumen nicht selten eher störend als verlockend wirkend, dem Mann aus dem Unbewußten heraus oft genug durch Mißstimmungen und Launen schwer zu schaffen macht. Die Anima will nämlich gehegt sein, sie will in versöhntem Mitsein mit dem männlichen Seelen-Ich heranwachsen, und sie rächt sich, manchmal in neurotischen Nöten, wenn der Mann sie vernachlässigt. Wie aber geschieht solche Hege? Durch rechte, nicht verkrampfte, sondern frei gelöste Religion!

---

[15] s. hierzu bes. G. Widengren, Die Religionen Irans, Stuttgart 1965, z. d. St.
[16] s. hierzu C. G. Jung, Werke Bd. 6, Definition Anima, S. 508f.; 510f.

Die daênâ ist im Grund nach iranischer Vorstellung nichts anderes als die Religion des Frommen selbst, die im Leben heranreift. Aber sie ist keineswegs bloß eine Allegorie, sondern, das bezeugen die wichtigsten Stellen sehr deutlich, eine Wirklichkeitsgröße, die der Fromme in seiner Hoffnung und dennoch schon in seinem jeweiligen Jetzt durchaus kennt. Die Daênâ-Mythologie ist also zugleich und durch und durch Psychologie!

Solche psychologische Dichte kann freilich im Lauf der Entwicklung auch wieder nachlassen, dann tritt ein verfestigter Mythologismus an ihre Stelle. Der Islam hat die altpersische, zarathustrische daênâ-Vorstellung übernommen, daraus ist die Vorstellung von den Paradiesjungfrauen erwachsen, die schon bei Muhammad selbst einen deutlich primitiveren Charakter haben; dennoch, diese Mädchen mit unverwüstlicher Jungfrauschaft repräsentieren den Schwund an »psychologischer Dichte« eigentlich nicht wegen der dinglichen Freuden, für die sie zuständig sind — ein Zug, der auch im zoroastrischen Hadôxt Nask nicht ganz fehlt —, sondern weil sie in einem erhofften äußeren Bereich eine völlig eigenständige Existenz haben, also mit anderen Worten rein mythologistische Vorstellungen sind — ohne »psychologische Dichte«! Die daênâ dagegen ist auf Grund der guten Taten des Verstorbenen so lieblich und schön geworden, daß sie dem Toten zur hilfreichen und ermutigenden Geleiterin auf seinem gefährlichen Weg werden konnte: gerade hierin ist deutlich wieder das Element der »psychologischen Dichte« zu sehen.

Wollte man die hier untersuchte psychologische Struktur des Mythos in den personhaften Hochreligionen des alten Orients systematisch weiterbehandeln, so müßte nun zunächst eine ausführlichere Darstellung der Totenweltmythologien in den sumerischen, elamischen und altsemitischen Religionen — von der akkadischen bis schließlich zur syrisch-kanaanäischen — erfolgen[17]. Im hier gesteckten Rahmen kann jedoch nur weniges stichwortartig angedeutet werden. Für Elam ist auf den Rang des Todesgottes zu verweisen, der hier wie nirgendwo anders an die Spitze des Pantheons gerückt ist; damit hängt zusammen

---

[17] Für Einzelheiten, auch für das folgende, darf ich auf die einschlägigen Darstellungen in meinem Buch Theogonische Tage, Stuttgart 1970, verweisen, weil entsprechende Mythologien hier schon unterm psychologischen Aspekt geschildert sind.

die Bedeutung des chthonischen Symbols der Schlange, die (im Felsrelief von Kurangan) zusammengeringelt dargestellt, sogar als Herrscherthron dient. Die Schlange spielt dann bis in die Sphäre des Gilgamesch-Epos hinein die Rolle des paradiesischen Unsterblichkeitswesens, wofür die neueren Ausgrabungen von Bahrein-Dilmun[18] überraschende Aspekte gezeigt haben; nur kurz braucht hierbei auf die Rolle von Schlangenträumen in psychotherapeutischen Analysen hingewiesen zu werden. Nur ein kleiner Hinweis sei nebenbei noch verstattet, und zwar im besonderen als Anregung für die Mytheninterpretation der Tiefenpsychologie: die übliche Deutung der sich in den Schwanz beißenden Schlange, des Uroboros, die sich weithin an Erich Neumann anschließt[19], ist ergänzungsbedürftig! Der Uroboros, neuerdings auch auf einem Grabgefäß der prähistorischen Yang-Chao-Kultur nachgewiesen[20], also auch in Alt-China eindeutig auf die Todes-Vorstellungen bezogen, bedeutet, was jeder Terrarianer kennt, die Häutung des Reptils und ist damit das Symbol für Lebenserneuerung, man darf sogar schon Auferstehung sagen, von Alt-Dilmun bis nach Ostasien; das Motiv aus dem Gilgamesch-Epos von der sich häutenden Schlange, die soeben das Lebenskraut verschlungen hat, ist also eindeutig auf den Uroboros zu beziehen.

Aus Alt-Mesopotamien ist noch besonders der Mythenkreis um Inanna und Dumuzi hervorzuheben: beide treten die Hadesfahrt an und kehren wieder zurück, die Innin endgültig, der Geliebte zyklisch, im halbjährlichen Austausch mit seiner Schwester Geschtinanna, und die Mythenmotive wurden, wie ich meine aus dem Grundriß des Tempels D des Eanna in Uruk erschließen zu können[21], rituell nachgespielt. Was aber ereignete sich in diesem Ritus, religionspsychologisch gesehen? Die Initiation des Epopten in die Totenwelt und ihre heilsame Durchschreitung! Und das im Außen der Tempelanlagen; aber zugleich, und das ist das Wesentliche, in der Psyche, deren Räume durch das Außenbild sozusagen reflektorisch erhellt wurden...

Vielleicht ist auch der Mythos von Baal und Mot in den Tempelanlagen von Ugarit rituell nachgespielt worden? Daß zum hethitischen

---

[18] s. hierzu G. Bibby, Dilmun, Hamburg 1973.
[19] E. Neumann, Die Große Mutter, Zürich 1956, bes. S. 33ff.
[20] Trésors d'Art Chinois, Petit Palais (Paris) 1973, Abb. 30.
[21] Theogonische Tage, S. 289ff.

Götterritus, der in Yazilikaya als Prozession nachgespielt wurde, auch Unterweltdämonen gehörten, ist ebenfalls in diesem Zusammenhang zu erwähnen.

Für Ägypten ist auf den Mythen- und Ritenkreis um Osiris zu verweisen. Der Osiriskult, dessen eigentliches Zentrum in den jüngeren Tempelanlagen von Abydos das von (Todes-)Wassern umgebene Osirisgrab bildete, hat auch nach dem spätminoischen Kreta hinübergestrahlt. Hier, wo wir nun zu den Ursprüngen der griechischen Kultur und Religion gelangt sind, ist das am deutlichsten sprechende Monument der bemalte Poros-Sarkophag von Hagia Triada[22]. Es steht m. E. außer Zweifel, daß auf dem Sarg, in welchem die sterblichen Überreste des Minos-Herrschers ruhten — jeder Kreterkönig war Minos —, die Totenrituale verewigt waren, die somit ständig um den Toten spielten — ganz wie in Ägypten. Minos hatte also im Leben eigentlich kein anderes Amt, als für sich, für alle Untertanen und somit die ganze Thalassokratie ständig das Totenritual als Initiation vor- und nachzuspielen; dieser Mimos also war der König, war Minos und kein anderer. So sehen wir ihn auf dem einen Längsbild eben aus einem Grabtempel heraufsteigen, sehen den Lebenden also als schon Totgewesenen und nun Wiederauferstandenen! Was aber, so müssen wir religionspsychologisch fragen, ging einst in den Seelen vor derer, die diesen Ritus als Epopten miterlebten, als Priesterinnen vorab und als Opfergabenträger, und als Musikanten, die zur Kithara ihre Hymnen sangen — verlorengegangene Texte, aber doch sicher eben diejenigen, welche die mythologischen Vorlagen für alle späteren griechischen Hades- und Elysions-Vorstellungen enthielten; was ging in den Seelen dieser Menschen und der anderen Zuschauer vor, und schließlich derer, die nicht unmittelbar an diesen zentralen Reichs-Totenfeiern teilnahmen, aber doch wußten, daß und was hier gefeiert wurde, zum ewigen Heil aller? Doch dies, daß sie diese mythologischen Bilder in der Psyche wachhielten, Bilder und Weisungsworte, die seit Urzeiten in der menschlichen Seele eingeleibt waren.

Auch die spätere olympische Mythologie hatte ihre Todes-Komponente, ohne die sie niemals so stark die Seelen hätte erfüllen können. Zeus' gleichrangiger Bruder war Hades! Und Apollon, den

---

[22] Abb., dazu Lit., bei Spyridon Marinatos, Kreta, Thera und das mykenische Hellas, München 1973², Tafel XXX ff.

wir uns angewöhnt haben, rein als Lichtgott und Lebensweiser zu sehen, der mit dem Tod so wenig zu tun haben will, daß schon im Jahr 456 v. Chr. die Athener es wagen konnten, alle Gräber von Delos auf die Insel Rheneia zu überführen — angeblich um den Lichtgott nicht zu kränken, in Wahrheit aber, um die Delier zu entmachten; nun, Apollon war ursprünglich, wie neuerdings eine hervorragende Untersuchung von Manfred Schretter überzeugend nachgewiesen hat[23], aufs engste verwandt mit dem syrisch-kyprischen Pestgott Reschef und, das ist das Überraschendste, mit dem altmesopotamischen Todesgott Nergal: Apollon war ursprünglich also selbst ein Todesgott!

Das wichtigste Beispiel für die psychologische Dichte des Mythos in der Sphäre der klassisch-griechischen Religion sind die Mysterien, vor allem die von Eleusis[24]. Leben kommt aus dem Tod, das erfuhren die Epopten, die bei den großen Feiern zu mitternächtlicher Stunde im Telesterion versammelt saßen, jenem gewaltigen Innenraum, den der Erbauer des wohl herrlichsten Außenbaus der Welt-Architektur errichtet hatte, Iktinos, der Baumeister des Parthenon. Sie erfuhren es dadurch, daß auf dem Höhepunkt der Feier die Gestalt der Persephone, wie aus der Unterwelt heraufsteigend, zwischen Flammen vor ihnen erschien. Priestertrug, Theatertrick? Das wären völlig unangemessene Begriffe. Wir wissen zuwenig Einzelheiten, die Berichte der alten Zeugen über Mysterien sind bekanntermaßen äußerst zurückhaltend; dennoch kann kein Zweifel sein darüber, daß die größten Geister der Antike, bis hin zu Cicero und Hadrian, sich nicht hätten jahrhundertelang zum Narren halten lassen, wenn es nur um Illusionskunststücke gegangen wäre. Ich schließe die Möglichkeit kollektiv-ekstatischer Visionen keineswegs aus; doch halte ich es auch für selbstverständlich, daß Menschen, welche die großen Tragödien so zu erleben vermochten, daß die Polis nach der »Aufführung« — Zelebration sollte man besser sagen — wieder heil war, daß solche Menschen keine Schwierigkeit hatten, die Wahrheit der Mysterienspiele zu erfassen, auch wenn sie wußten, daß heute die ihnen gut bekannte

---

[23] s. hierzu M. K. Schretter, Alter Orient und Hellas, Innsbrucker Beiträge zur Kulturwissenschaft, Sonderheft 33, Innsbruck 1974; dazu meine Rezension in »Anzeiger für die Altertumswissenschaft«, hg. von der Österreichischen humanistischen Gesellschaft, Innsbruck 1975.
[24] s. hierzu die äußerst aufschlußreiche Interpretation von K. Kerényi, Die Mysterien von Eleusis, Zürich 1962.

Priesterin Aristonike aus Eleusis die »Rolle« der Demetertochter spielte. Denn der Mythos wurzelte in der Seele der Epopten! Demeter und Baubo, Plutos, Hades, Thanatos und Persephone, sie alle waren zuhaus in der Seelentiefe der Alten. Und Zeus war des Hades Bruder, und alle Olympier waren mit ihm verschwistert, denn letztlich war Psyche die Schwester — oder vielleicht Mutter? — des Mythos.

Blicken wir zum Schluß hinüber zum alten Israel. Wie schon gesagt war Jahwe in der frühen Zeit geradezu eifersüchtig darauf bedacht, daß man die Toten ruhen lassen und von ihrer Sphäre kein Wesens machen sollte. Das war vielleicht die entscheidende Phase im Kampf des Bundesgottes um sein Volk wider die anderen Götter. Vielleicht konnte die Mythologie der »anderen Götter« überhaupt nur dadurch beiseitegerückt werden, daß die Blicke mit äußerster Energie weggerissen wurden vom Reich des Todes und hin zu Dem, der sein Volk als lebendiges durch die Geschichte führte[25]. »Im Tode gedenkt man Dein nicht...« (Ps 6,6), die Todesnot führt den alten Israeliten zunächst dazu, Jahwe um irdische Lebensverlängerung zu bitten — denn in der Scheol wäre man ja von ihm getrennt. Doch schon im 139. Psalm ist die Erkenntnis aufgebrochen, daß man Jahwe nicht einmal in der Scheol entgehen könnte. Die alte Phase der Jahwe-Konkurrenz gegen die Hades-Mythologie ist hier offensichtlich bereits abgeschlossen, und man kann sich des Eindrucks nicht erwehren, daß die Jahwe-Mythologie hier einfach die bislang übliche Verdrängung eines ursprünglichen Wissens nicht länger ertragen hat, die zuvor eine

---

[25] Ob dabei auch noch religionspsychologisch eine andere Tendenz eine Rolle gespielt haben könnte, die hier nur angedeutet werden kann? Etwa so: Die im kanaanäischen Bereich schon seit der durch die ugaritische Mot-Mythologie bekannte und dort sozusagen endemisch gewordene Todesfurcht, mit der der verstädterte und schon etwas individualisierte Kanaanäer zu leben gewohnt war, wirkte auf die neu eingedrungenen Israel-Bündner als ein so schwerer Schock, daß dagegen nur ein Mittel wirkte, die entschlossene Regression zum alten Sippenkollektiv unter dem bewährten, dem Stamm Lebensmeisterung gewährenden Treuegott, der in der Amphiktyonie von Sichem zum Kultmittelpunkt als Orakelspender wurde. Dann wäre in diesem bewußtseinsgeschichtlich einmaligen und unwiederholbaren Augenblick der bewußte Blick auf den Tod des Einzelnen zum Anlaß geworden, die Augen von diesem dunklen Bereich wegzulenken auf den Einzigen hin, der zwar, wie es die neuerlebte Geisteslage erforderte, personhaft, aber doch als Hochgott nicht dem Totenreich verfallen war! Damit wäre ein wesentlicher Schritt aus Israels Geistesgeschichte verständlich geworden, aber doch nicht wegerklärt: auch dies darf man ansehen als ein »Wunder vor unseren Augen«.

Zeitlang nötig war: was wäre auch auf Dauer ein Hochgott ohne Herrschaft über das Totenreich? War also vielleicht Jahwe doch ursprünglich ein Herr der Toten — die eben darum auch die Lebenden waren? Hat das Symbol der Schlange, deren Abbild in Timna gefunden wurde[26], in der vorgeschichtlichen Jahwe-Vorstellung vielleicht doch eine andere Rolle gespielt, als es der frühe Jahwismus aus gewiß zwingenden inneren Gründen hinzustellen für nötig befand? Hätte die Moral von 1 Sam 28, das Verbot jeglichen Sich-Befassens mit der Totenwelt, dauernde Gültigkeit, so wäre die spätere Rezeption iranischer Auferstehungslehren[27] ins spätantike Judentum wie ins Christentum als verfälschende Verleugnung des lebendigen religiösen Ansatzes zu bezeichnen, der unbedingt korrigiert werden müßte. Damit aber wäre der Zusammenhang des altchristlichen, auf die Auferstehung ausgerichteten Kerygmas mit der alttestamentlichen Tradition in keiner Weise mehr aufrechtzuerhalten.

Fassen wir zusammen, behutsamerweise in Form von Fragen. Sind wir mit der Beobachtung der »psychologischen Dichte« des Mythologischen überhaupt an den Wesenskern des Mythischen geraten? Im indischen Bereich scheint sich, ohne bedrängende Hochgottvorstellungen und Todesgedanken, die »psychologische Dichte« einfach von selbst eingestellt zu haben und erkennbar zum Kern des Mythischen geworden zu sein; in den westlichen Hochreligionen aber ist es die Todessphäre, welche die Phantasie von ihrer stetigen Neigung zur Ausbildung immer verspielterer Mythologistik unausweichlich zur Sache zurückruft, nämlich eben wiederum zur »psychologischen Dichte«. Ja, weist sich vielleicht gar Gottes Offenbarung als solche überhaupt durch »psychologische Dichte« aus? Daß wir damit nicht einer billigen Psychologisierung das Wort reden, sollte deutlich geworden sein. Aber: Wenn sich die entwickelte Religion im Unterschied zur noch ahistorischen, magischen Stufe durch ihre Geschichtlichkeit und Geschichtsbezogenheit ausweist, wie Carl Heinz Ratschow schon in seiner noch lang nicht zulänglich ausgewerteten Frühschrift dargelegt

---

[26] B. Rothenberg, Timna, Das Tal der bibl. Kupferminen, deutsch Bergisch-Gladbach 1973, Tafel XIX und XX.

[27] Im Zusammenhang mit einem universalen und für die Folgezeit höchst bedeutsamen Kulturaustausch; vgl. hierzu bes. G. Widengren, Iranisch-semitische Kulturbegegnung in parthischer Zeit, Köln und Opladen 1960.

hat[28], wie und wo anders soll dann die Offenbarung, von der jede Religion lebt, selbst geschichtlich werden als in der sich selbst geschichtlich entwickelnden Psyche? Und wie anders könnte sich dann der Mythos, das lebendige Wort aller Offenbarung, eigentlich vernehmbar machen, wenn nicht durch jene Eigenheit, die wir als »psychologische Dichte« bezeichnet haben?

---

[28] C. H. Ratschow, Magie und Religion, Gütersloh 1947.

Das Weltbild der Parapsychologie

WANDLUNGEN IM SEELENVERSTÄNDNIS DER GEGENWART

Adolf Köberle, Tübingen
8000 München 80, Trogerstr. 15/III

Die Wissenschaft von der Seele hat im Verlauf des 20. Jahrhunderts mehrfache Umformungen erlebt. Die Philosophie des Materialismus, die am Ausgang des 19. Jahrhunderts in Karl Vogt und Ludwig Büchner ihre Hauptvertreter hatte, wollte dem seelischen Bereich keine eigenständige Wirklichkeit zuerkennen. Die Materie galt als die Alleinursache von allem Geschehen. Das, was man Seele nannte, sollte nichts anderes sein als ein geheimnisvolles Nebenprodukt, aus biochemischen Abläufen im Gehirnstoffwechsel hervorgegangen. Gedanken und Erinnerungen waren »Molekulartänze in der Großhirnrinde«.

Die Abhängigkeit der geistigen Leistung und der seelischen Empfindung von der Unversehrtheit der Gehirnsubstanz ist nicht zu bestreiten. Ein Gehirntumor oder eine Cerebral-Sklerose kann auch die herrlichste Begabung lahmlegen und veröden lassen. Wie der Künstler als Geiger oder Pianist an die Qualität seines Instruments gebunden ist, so sind auch Geist und Seele des Menschen abhängig von der Intaktheit der Gehirnströme. Trotzdem bleibt es oberflächlich, über der instrumentalen Gebundenheit den Spieler selbst zu vergessen und zu leugnen. In diesem Sinn hat schon Schopenhauer gewarnt, man dürfe vom Stillstehen des Spinnrades nicht auf den Tod der Spinnerin schließen. Die personale Existenz ist auch dann noch da, wenn ihr die Äußerungsmöglichkeiten genommen sind.

Die experimentelle Schulpsychologie, die in den Jahren vor dem Ersten Weltkrieg in dem Leipziger Wilhelm Wundt einen hervorragenden Vertreter hatte, beschränkte sich in der Hauptsache darauf, nachzuweisen, wie geistig-seelische Erfahrung zustande kommt. Man untersuchte, wie das Gedächtnis für Namen und Zahlen funktioniert, wie unser Wahrnehmungsvermögen auf Lichtreize reagiert. Man entwarf eine Landkarte des Gehirns, wobei erstaunlicher- oder auch nicht erstaunlicherweise die religiöse und die erotische Ansprechbarkeit unmittelbar nebeneinander zu liegen kamen. Ein eigentliches Wissen um die Geheimnisse der Seele blieb auch dieser Art von Forschung verschlossen, so daß man ironischerweise schon von einer »Psychologie ohne Seele« gesprochen hat.

Einen wesentlichen Schritt weiter führte die psychosomatische und biographische Medizin, die in den Jahren nach dem Zweiten Weltkrieg besonders durch führende Internisten zur vollen Auswirkung kam. Man war darauf aufmerksam geworden, daß ein Mensch nicht allein dadurch krank wird, weil bösartige Viren und Bakterien in die Blutbahn gelangt sind und dort fieberhafte, zerstörende Prozesse auslösen. Ein Mensch kann auch krank werden an unbewältigten seelischen Konflikten. Die Organe mögen anatomisch intakt sein, trotzdem ist ihre Funktion gelähmt, weil Angst, Schuld oder Sorge einen normalen Ablauf nicht zulassen. Viktor von Weizsäcker hat für diese Zusammenhänge den klassischen Satz geprägt: »Die Seele gibt die Not, mit der sie nicht fertig wird, an den Leib weiter, der darauf in Gestalt von Krankheit reagiert.« Das Dogma von der Alleinherrschaft der Materie war damit jedenfalls erledigt.

Eine gewaltige Bereicherung empfing die Wissenschaft von der Seele durch die Ergebnisse der modernen Tiefenpsychologie. So sehr sich die Schulen von Freud, Adler und Jung auch untereinander befehdeten und weithin heute noch bekämpfen, das eine haben sie jedenfalls miteinander gemeinsam: es ist die Grundüberzeugung, daß zu der menschlichen Seele nicht nur der Bereich des Bewußtseins gehört, sondern auch das viel umfassendere Meer des Unbewußten, aus dem unsere Träume und Wünsche, Leitbilder und Zielsetzungen aufsteigen. Die beiden Wiener Schulen, die Psychoanalyse und die Individualpsychologie, beschränkten den Ursprung der triebhaften Mächte auf das Persönlich-Unbewußte, wobei den leidvollen und frohen Prägungen aus Kindheit und Jugend besondere Tragweite zugesprochen wird im Blick auf die ganze weitere Lebensentwicklung. Die Züricher Schule ging noch einen Schritt weiter und erbrachte den Nachweis, daß die Einzelseele auf dem Weg über den Erbzusammenhang angeschlossen ist an ein universales Weltbewußtsein, von dem das Tagesbewußtsein beschenkt und bedroht werden kann. Durch all diese Forschungsergebnisse wurden völlig neue Einsichten ermöglicht in die Struktur der Seele und die sie beherrschenden Ablaufgesetze.

Es lohnt sich, darüber nachzudenken, wie sich all diese Wandlungen im Seelenverständnis der Gegenwart auf das religiöse Bewußtsein der Zeit ausgewirkt haben.

Die materialistische Auffassung vom Wesen der Seele konnte nur zu einer völligen Zerstörung des Gottesglaubens führen, und sie hat dieses Ziel auch weithin erreicht. Nicht nur in der Arbeiterschaft, auch in den Kreisen des Bürgertums breitete sich eine radikale Diesseitsgesinnung aus, für die das Gewissen, das Gebet, die Hoffnung auf ein ewiges Leben nichts mehr zu bedeuten hatten.

Die empirische Schulpsychologie huldigte zwar nicht einem physiologischen und chemischen Pankausalismus, aber sie blieb doch mit ihren Laboratoriumsexperimenten religiös indifferent und trug nichts dazu bei, den Menschen in der Begegnung mit der Welt des Heiligen erschauern zu lassen.

Die psychosomatische Medizin dagegen ermöglichte ganz neue Begegnungen zwischen Arzt und Seelsorger. War die Krankheit nicht nur ein naturwissenschaftlich faßbarer Prozeß, kamen auch psychogene Hemmungen und Antriebe dabei mit ins Spiel, dann war es durchaus sinnvoll, Beichte und Absolution anzubieten und darauf hinzuweisen, daß die Botschaft von dem lebendigen Gott Leib und Seele zu erneuern vermag.

Auch die reichhaltigen Einsichten der Tiefenpsychologie haben sich auf das Leben des Glaubens fruchtbar ausgewirkt. Zwar hat Sigmund Freud in der Nachfolge von Ludwig Feuerbach nie ein Hehl daraus gemacht, daß er die Religion in allen ihren christlichen und außerchristlichen Äußerungen für eine Illusion hielt, für eine kollektive Zwangsneurose, aus uralten Vaterängsten hervorgegangen. Immerhin hat er nie bestritten, daß religiöses Verhalten ein hilfreicher Weg sein kann, gestaute Triebmengen der Libido zu sublimieren und in eine dienend sich verschenkende Liebe zu verwandeln. Ungleich positiver hat sich Carl Gustav Jung über den Zusammenhang von Seele und Religion geäußert. Er kam zu der Erkenntnis, daß mindestens von der Lebensmitte an kein Mensch seelisch gesund werden und gesund bleiben kann, der nicht der Gottesfrage begegnet und standhält. Als reiner Empiriker wollte Jung freilich immer nur diese Feststellung beschreiben. Den Theologen überließ er die Aufgabe, nach dem Ursprung solcher seelischen Inschriften zu fragen und sie zu begründen.

DER SIEGESZUG DER PARAPSYCHOLOGIE

Die Wissenschaft von der Seele hat in unserem Jahrhundert bei den bisher aufgezeigten Einsichten nicht haltgemacht. Man hat festgestellt, daß die Psyche daneben (= para) und darüber hinaus noch über weitere Fähigkeiten verfügt, die in der Richtung außersinnlicher Wahrnehmung und Ausstrahlung gehen. Die Parapsychologie, die von diesen zusätzlichen Möglichkeiten Kunde gibt, hat in der Öffentlichkeit lange um Geltung und Ansehen ringen müssen. Von den einen wurde sie verachtet und verspottet als Wahn und Selbsttäuschung, als Lug und Trug, während sie von anderen kritiklos hochgelobt und als Religionsersatz gefeiert wurde. Seitdem sich aber in Deutschland und Holland, in England und Amerika Forscher von hohem Rang der Dinge angenommen haben, darf auch von der Parapsychologie als von einer seriösen Wissenschaft mit gut gesicherten Ergebnissen gesprochen werden.

Zweiflern und Spöttern, die es als ansehnliche Nachhut heute noch immer gibt, sollte es zu denken geben, daß sich neuerdings auch Rußland, Bulgarien und Rumänien diesem Forschungszweig weit aufgeschlossen haben, und das noch dazu unter staatlich konzessionierter und finanziell gestützter Förderung, begünstigt im übrigen vor allem durch den Umstand, daß der unermeßliche Osten ein besonders reiches Reservoir an medialen Begabungen aufzuweisen hat. Auf den ersten Blick scheinen sich ja Parapsychologie und Marxismus schlecht miteinander zu vertragen. Man denkt denn auch im Osten nicht daran, aus diesem Erfahrungsbereich Beweisführungen für ein Leben nach dem Tod zu gewinnen. Wohl aber hat man entdeckt, daß außersinnliche Kontakte im Kriegsfall von entscheidender Bedeutung werden können, wenn die technischen Nachrichtenmittel durch Feindeinwirkung zerstört worden sind.

Während die als gültig erprobten Versuche im chemischen und physikalischen Laboratorium beliebig oft wiederholt werden können und sich dabei jedes Mal die gleichen Resultate zeigen, ist die Parapsychologie in der weniger günstigen Lage, daß ihre Ergebnisse geknüpft sind an die subjektive Verfassung der Versuchspersonen. Diese können der Müdigkeit unterworfen sein, oder es liegen starke Gefühlsspannungen vor, wodurch es zu Schwankungen kommen kann. Wenn dieser Faktor auch berücksichtigt werden muß, so kann doch die Gültigkeit paranormaler Erfahrungen heute nicht mehr bestritten werden.

DIE DEUTUNG DER TELEPATHIE

Es ist einwandfrei erwiesen, daß die Seele ohne technische Nachrichtenvermittlung Botschaften aussenden und empfangen kann, wobei selbst große räumliche Entfernungen kaum ein Hindernis bilden. Es ist vorgekommen, daß Mütter im Krieg des Nachts jäh aus dem Schlaf erwacht sind, von einem bösen Traum gequält, und sie haben gespürt: mein Sohn liegt im Sterben. Hinterher hat es sich bestätigt, daß der Mann zur selben Stunde in äußerster Leibes- und Seelennot nach der Mutter gerufen hatte. Das feine Kabel war auch ohne Drahtfunk von Seele zu Seele gelaufen. Bekannt ist, daß Uhren gelegentlich stehenbleiben oder Bilder von der Wand fallen zu der Zeit, da ein nahvertrauter Mensch an einem anderen Ort seinen Geist aufgibt.

Man hat lange Zeit zur Erklärung solcher rätselhafter Übertragungen mit der Strahlenhypothese gearbeitet. Man sprach von einem Radio des Gehirns. Man dachte an elektromagnetische Wellen, die über ein psychisches Feld weitergeleitet werden. Doch mußte diese Deutung wieder aufgegeben werden. Es hat sich nämlich gezeigt, daß medial begabte Versuchspersonen, die in einen Bleikäfig gesperrt wurden, gleichwohl auf hellseherischem Weg Gedanken übertragen und Mitteilungen empfangen konnten. So bleibt nichts anderes übrig, als mit einer noch unbekannten Energie zu rechnen, der man neuerdings in allgemeiner Übereinstimmung den Namen Psi gegeben hat. Dabei sind zwei Möglichkeiten denkbar. Entweder es handelt sich um eine noch unbekannte Kraft physikalischer Art, der Elektrizität vergleichbar, die ja immer schon vorhanden war, aber erst im Laufe der Zeit entdeckt und ausgewertet wurde. Oder wir müssen die Physik dahinten lassen und uns einer völlig neuen Dimension im Bereich der Wissenschaftserkenntnis öffnen.

DIE DEUTUNG DER PSYCHOKINESE

Für den technisch gebildeten Verstand kann ein Gegenstand nur durch mechanische Mittel, durch die Anwendung von Druck, Schlag oder Stoß verändert oder bewegt werden. Die Parapsychologie aber hat den Beweis dafür erbracht, daß es auch eine animistische Einwirkung auf die Materie gibt. Ein Uri Geller soll Gabeln verbogen haben, ohne jede manuelle Anwendung. In spiritistischen Sitzungen kommt es vor, daß ein schwerer Eichentisch sich langsam vom Boden abhebt, daß ein Klavier zu spielen anfängt, ohne von menschlichen Händen bedient zu werden. Gewiß ist es nicht nötig, solche Vorkommnisse mit der Anwesenheit von abgeschiedenen Geistern zu begründen. Die Tatsache bleibt gleichwohl bestehen, daß ein starker medialer Wille der gegenständlichen Welt seinen Willen aufzwingen kann.

Die moderne Atomphysik vermag wesentlich dazu beizutragen, uns den Vorgang der Psychokinese verständlich zu machen. Unter dem Elektronenmikroskop hat sich die dem naiven Eindruck als starr und fest erscheinende Materie verwandelt in ein dynamisches Geschehen. Ist aber die Materie nicht ein ruhendes Sein, sondern ein immer neues Geschehen und Bewegtwerden, dann erscheint es nicht mehr undenkbar, daß ein magisch beschwörender Wille auf den stofflichen Bereich einwirken kann.

DEUTUNG DER PRÄKOGNITION

Die Seele des Menschen kann nicht nur Botschaften aussenden und empfangen, sie vermag nicht nur Materie aus geistiger Kraft zu formen, sie kann, eine entsprechende Begabung vorausgesetzt, auch erstaunliche Blicke in Vergangenheit und Zukunft tun. Es ist, als würde sich alles Geschehen niederschlagen in aufgezeichneten Büchern der Weltseele, aus denen vorgelesen werden kann. Noch unfaßlicher will es erscheinen, daß die übersinnliche Begabung auch kommende Dinge, noch dazu vielfach mit erstaunlicher Präzision, anzuzeigen vermag. Zukünftiges wird vorweggenommen in Ahnungen, Gesichten und Träumen, die sich früher oder später bis in alle Einzelheiten hinein erfüllen. An dieser Stelle gerät unser Denken in ungleich größere Not, als wenn wir der Alleinherrschaft der technischen Beeinflussung den Abschied geben müssen. Denn wie soll ein noch in der Zukunft liegender Vorgang die Ursache für einen jetzt schon entstehenden Eindruck sein? Es können doch aus einer noch nicht bestehenden Zukunft keine energetischen Signale auf uns zukommen! Vor allem aber erhebt sich beunruhigend die Frage: wo bleibt die menschliche Freiheit, wenn alles bereits festgelegt ist? Es gibt verschiedene Antworten, wie die Parapsychologie mit dem Ärgernis der Präkognition fertig zu werden versucht.

In Bulgarien lebt eine blinde Frau, Wanja Dimitrowa, von ungewöhnlich hellsichtiger Begabung. Sie weigert sich, vermutlich schon, weil das in einem totalitär regierten Staat zu gefährlich wäre, irgendwelche Auskünfte über politische Zukunftsereignisse zu geben. Dagegen sollen ihre Voraussagen, die das Schicksal einzelner Personen betreffen, von erstaunlicher Treffsicherheit sein. Die Seherin gibt als Begründung an: Wir tragen unser künftiges Schicksal vorgezeichnet in uns, darum kann diese Inschrift auch gelesen und gedeutet werden.

Eine andere Erklärung geht in der Richtung: es gibt nicht Vergangenheit, Gegenwart und Zukunft, es ist alles bereits vorgegeben, und wir wandern den festgelegten Geschehnissen entlang, auch wenn wir wähnen, wir würden sie im Nacheinander gestalten.

In dem Zusammenhang mag es von Interesse sein, daß sich schon die altprotestantischen Väter darum bemüht haben, den Zwiespalt zwischen Vorherbestimmtheit und personaler Verantwortung zu lösen. Sie haben sich geholfen mit der Unterscheidung von der praescientia und praevolentia Dei. Kraft seiner Allwissenheit sieht Gott voraus, wie sich die Menschen verhalten und wie sich ihr Geschick demgemäß gestalten wird. Es wäre denkbar, daß Menschen dank besonderer Begabung und Erleuchtung Anteil gewinnen können an dieser umfassenden Gottesschau. Gleichwohl gilt: der Heilswille Gottes zielt auf das Beste aller Menschen. Aber dieser universale Rettersinn vollzieht sich nicht mit naturhaftem Zwang, gleich wie der Föhn über ein Land hereinbricht oder wie die Frühlingssonne den Schnee zum Schmelzen bringt. Der Liebeswille Gottes geschieht als »Wahrheit in Begegnung«. Er gibt Raum für persönliche Entscheidung. So läßt sich beides sinnvoll zusammenschauen: Präkognition und Verantwortung im menschlichen Handeln.

ERGEBNISSE UND KONSEQUENZEN

Wir haben uns absichtlich auf die drei wichtigsten Phänomene beschränkt, mit denen die Parapsychologie ständig konfrontiert wird. Es wäre noch manches Seltsame hinzuzufügen. Die Psychometrie, ein wenig glücklich gewählter Ausdruck, rechnet damit, daß auch die

Materie so etwas wie ein Gedächtnis zu haben scheint. Materie kann sich verflüchtigen und erneut substantielle Gestalt annehmen, so daß ein Gehen durch verschlossene Türen nicht mehr als denkunmöglich erscheint. Russische Forscher haben neuerdings den Nachweis erbracht, daß der Mensch von einem Fluidalkörper umgeben ist, ja, es ist gelungen, diese Aura, die in verschiedenen Farben aufleuchtet, zu photographieren. Von daher mag auch Licht fallen auf das Doppelgängertum, daß die Gestalt eines Menschen aus sich heraustreten und an einem anderen Ort sich kundmachen kann. Doch das alles sind Dinge, die man nur denen zumuten mag, die schon länger und tiefer in den Urwald des Okkultismus eingedrungen sind. Uns mag es genügen, deutlich gemacht zu haben: die Seele des Menschen ist ein weit größeres Geheimnis, als wir es bisher für möglich gehalten haben. Mit der Telepathie werden die Grenzen des Raumes gesprengt, mit der Präkognition die der Zeit. Die Psychokinese zeigt, daß die Materie auch willensmäßiger Beeinflussung zugänglich ist.

Die ältere Naturwissenschaft, die den gesunden Menschenverstand für sich hat und allezeit für sich haben wird, die sich noch dazu rühmen kann, die großartigsten technischen Leistungen ermöglicht zu haben, stand und steht dem allem ratlos und ärgerlich ablehnend gegenüber. Die von der Parapsychologie aufgewiesenen Phänomene sind mit den überlieferten Wissenschaftsbegriffen nicht erklärbar, nicht vereinbar. Entweder kennen wir noch nicht alle Naturgesetze oder, was näherliegen dürfte, wir müssen uns entschließen, völlig neue Aspekte der Wirklichkeit zu den überlieferten Vorstellungsweisen hinzuzunehmen. Die Gültigkeit des rationalen Denkens wird auch weiterhin volle Anerkennung behalten. Seine Größe besteht in dem, was es weiß, seine Grenze in dem, was es nicht weiß. Das überkommene Bild vom Wesen der Seele und der Natur ist auf jeden Fall zu eng eingegrenzt. Es muß ergänzt und erweitert werden zugunsten neuer Aspekte.

Wenn schon Psychosomatik und Tiefenpsychologie nicht ohne Einfluß geblieben sind auf das Verständnis von Seelsorge und christlicher Wahrheitserkenntnis, so gilt das nicht weniger von der Auswirkung der Parapsychologie auf die Arbeit der Theologie. In dem Weltbild der älteren Schulphysik waren die biblischen Wunder nicht unterzubringen. Die Evangelien berichten von Fernheilungen, die Jesus an dem Knecht des römischen Hauptmanns, an der Tochter der Syrophönizierin vollbracht hat. Jesus weint über Jerusalem. Er sieht die

Stadt in Trümmern liegen, nahezu vierzig Jahre, ehe das Ereignis geschah. Für den in Haft befindlichen Petrus öffnen sich die Türen des Gefängnisses, so daß er frei herausgehen kann.

Wer sich dem kausalmechanischen Denken ausgeliefert und unterworfen hatte, dem blieb nichts anderes übrig, als all diese Berichte zu entmythologisieren. Statt der Präkognition half man sich mit einem vaticinium ex eventu. Die Wunderheilungen ließen sich als Predigttexte für die Botschaft von der Rechtfertigung uminterpretieren. Was sich der existentialen Auslegung widersetzte, wurde in die Bereiche der religiösen Legendenbildung verwiesen. Unbegreiflicherweise unterwarf sich die protestantische Theologie auch noch in den Jahren nach dem Zweiten Weltkrieg nur allzu bereitwillig den naturwissenschaftlichen Vorstellungen der älteren Schulphysik, obwohl diese durch die Quantenphysik und die allgemeine Relativitätslehre längst erschüttert und überholt waren. Von den Ergebnissen der Parapsychologie hat man vonseiten der Theologie bisher kaum Kenntnis genommen, obwohl diese Fakten sehr wohl dazu beitragen könnten, den biblischen Berichten eine neue glaubwürdige Stütze zu verleihen.

Ist der Gottesglaube unter der Monopolherrschaft des mechanischen Kausaldenkens ungezählten Zeitgenossen verlorengegangen, dann können sich neue Türen auftun, wenn diese babylonische Gefangenschaft sich unter den Forschungsergebnissen der Parapsychologie zu lösen beginnt.

DIE FRAGE NACH EINER POSTMORTALEN EXISTENZ

Die materialistische Auffassung vom Wesen der Seele mußte konsequenterweise eine nachtodliche Existenz leugnen. Mit dem Ende des irdischen Daseins soll alles für immer aus und vorbei sein. Auf Grund einer an sich berechtigten Kritik an den Unsterblichkeitsbeweisen der platonischen Philosophie haben sich neuerdings auch lutherische Theologen der Ganztot-Lehre angeschlossen, was in dem Lager der »Ernsten Bibelforscher« eine nicht geringe Genugtuung hervorgerufen hat. Trotz aller vorhandenen Bezeugung von der Auferstehung der Toten am Jüngsten Tag hat diese Verkündigung im Effekt zweifellos dazu beigetragen, die materialistische Anschauung im allgemeinen Bewußtsein der Zeit zu verfestigen.

Der christliche Glaube hat den Grund seiner Hoffnung in Christi Kreuz und Auferstehung. Er bedarf nicht der apologetischen Stützen durch die Parapsychologie. Er hängt nicht an den Postulaten der idealistischen Philosophie, wie sie von Kant, Goethe und Fichte erhoben worden sind. Von der Gemeinschaft mit Christus getragen, spricht der Glaube: »Lässet auch ein Haupt sein Glied, welches es nicht nach sich zieht.«

Aber nun sollte die christliche Gemeinde gleichwohl Verstehen und Erbarmen aufbringen und sich all der vielen erinnern, die auf das »So steht es geschrieben« heute nicht mehr unmittelbar ansprechbar sind, nachdem die neuzeitlichen Denksysteme die Denkmöglichkeit des Glaubens angezweifelt und zerstört haben. Ihnen allen sucht die Parapsychologie zu Hilfe zu kommen mit dem Hinweis, daß es in Geschichte und Gegenwart eine Fülle von Spontankundgebungen aus dem Jenseits gibt, die den absoluten Diesseitsglauben in Frage stellen. Es wurde schon darauf hingewiesen, daß die übersinnlichen Phänomene sich nicht mit der gleichen Regelmäßigkeit vollziehen wie experimentelle Versuche in Physik und Chemie. Wo nicht eine ausgesprochen mediale oder visionäre Begabung vorliegt, bedarf es starker emotionaler Erschütterungen durch Schmerz, Angst und Todesnähe, um die Empfangsbereitschaft der Seele für eine »Botschaft von drüben« zu öffnen. Da hört ein Soldat an der Front die Stimme der verstorbenen Mutter und wird dadurch bewogen, einen bestimmten Platz zu verlassen, an dem kurz danach ein Volltreffer einschlägt. In dem Schreckenswinter Januar und Februar 1945 haben deutsche Frauen aus Ostpreußen auf der Flucht vor den nachdrängenden russischen Truppen vielfach Anleitungen übersinnlicher Erfahrungen empfangen, die solange anhielten, bis sie aus der Gefahrenzone heraus waren. Der heimgegangene Vater hatte die Tochter geführt, die ohne einen solchen Beistand verzweifelt wäre. Wer je einmal eine derartige Spontankundgebung aus dem Jenseits erlebt hat, wird nicht mehr so leicht bereit sein, ein Leben nach dem Tod zu leugnen. Im Alltagsgeschehen bleiben uns die Grenzen zwischen Diesseits und Jenseits schmerzlich verschlossen. Der Gott aber, dem alle Kräfte im Himmel und auf Erden zur Verfügung stehen, hat jederzeit die Freiheit, diese Grenzen zu durchbrechen. Er kann nicht nur Engel, er kann auch abgeschiedene Seelen zu Boten seiner Weltregierung machen.

Auch die Spukphänomene werden von der Parapsychologie geltend gemacht, um auf die Existenz nachtodlicher Geschicke hinzuweisen. Um den persongebundenen Spuk zu erklären, sind solche hintergründigen Zusammenhänge freilich nicht nötig. Denn es können junge Menschen in der pubertären Entwicklung gelegentlich erstaunlich heftige psychokinetische Erschütterungen hervorrufen. Ist das betreffende unruhige Glied aus der Haus- oder Berufsgemeinschaft entfernt, hört jeder Rumor schlagartig auf. Auch der Spuk von Rosenheim in der Praxis eines Rechtsanwalts aus dem Jahr 1967 hat sich in diesem Sinn restlos aufklären lassen.

Aber nun gibt es ja neben dem persongebundenen auch den ortsgebundenen Spuk. Er haftet an alten Häusern oder Schlössern mit einer erstaunlichen Hartnäckigkeit. Er wird auch denen bewußt, die ahnungslos dorthin kommen und eine Schreckensnacht erleben. Dabei konnte in vielen Fällen der Nachweis erbracht werden, daß an dem betreffenden Ort in vergangenen Zeiten frevelhafte Dinge geschehen waren, sei es ein Mord oder Selbstmord. So drängt sich die Vermutung auf, daß eine friedlos abgeschiedene Seele den Zwang empfindet, die Stätte ihrer Schuld immer aufs neue aufzusuchen. Aus dem Schwabenland, das für spekulativ philosophische Gedankengänge stets besonders offen war, wird berichtet, daß Männer wie Oetinger und Blumhardt zu gewissen Zeiten die Nähe solcher unglückseligen Wesen erspürten und ihnen zu helfen suchten durch den Hinweis auf Jesus Christus als den Herrn in sichtbaren und unsichtbaren Reichen, bei dem Vergebung in Zeit und Ewigkeit zu finden ist.

Innerhalb des Spiritismus stehen sich die Anhänger der animistischen und der spiritualistischen Interpretation noch immer in unversöhnlicher Feindschaft gegenüber. Niemand bestreitet heute mehr die außergewöhnlichen psychokinetischen und psychologischen Vorgänge, die sich in spiritistischen Sitzungen ereignen: das Tischrücken, das Reden des Mediums in nie gelernten Sprachen, die Materialisationsphänomene, die von der photographischen Platte aufgenommen werden. Während die einen in dem allen seltsame Auswirkungen sehen, die von einem starken Medium ausgehen, sind die religiösen Anhänger fest davon überzeugt, daß das Medium nur eine Mittlerrolle spielt, um Abgeschiedene zum Reden und Handeln zu bringen. Wie dem auch sein mag, der christliche Glaube läßt die Hände von solchem Treiben. Denn es ist ein qualitativer Unterschied, ob Kundmachungen aus dem Jenseits, seien sie tröstlich-hilfreicher oder bedrängender Art, ohne unser Zutun geschehen oder ob wir gewaltsam in die uns verborgen gehaltene unsichtbare Welt einzudringen versuchen.

Es kommt gegenwärtig eine Flutwelle von Okkultismus auf die Menschheit zu. Die Theologie kann daran nicht achtlos vorübergehen. So wie es möglich war, die Psychotherapie in die Seelsorge, wenn auch nach langem Zögern, zu integrieren und dieser dadurch neue Impulse zu vermitteln, so gilt es auch, die Parapsychologie in den christlichen Schöpfungs- und Erlösungsglauben sinnvoll einzubauen.

Übersinnliche Begabung — sie kann von der Mutter auf die Tochter und auf das Enkelkind vererbt werden — ist als solche nichts Göttliches und nichts Dämonisches. Die übersinnliche Veranlagung ist genauso eine geschöpfliche Ausrüstung wie das physikalische, mathematische oder sportliche Talent. Es kommt alles darauf an, wie ein Mensch mit diesem seltsamen anvertrauten Pfund umgeht. Es kann damit Segen gestiftet werden, wenn der Mensch in der Furcht Gottes lebt, und es kann namenloses Unheil damit angerichtet werden, wenn ein Mensch selbstsüchtigen und unreinen Herzens ist. Auch die parapsychologische Wissenschaft von der Seele tut darum gut daran, sich an das Psalmwort zu halten (119, 109): »Ich trage meine Seele immerdar in meinen Händen und ich vergesse Deines Gesetzes nicht.«

Überlegungen zur gegenwärtigen Bedeutung der reformatorischen Lehre von „Gesetz und Freiheit"

Wenzel Lohff, Göttingen
2000 Hamburg 65, Up de Worth 1a

I

Das Thema »Gesetz und Freiheit« hat für die reformatorische Theologie vor allem lutherischer Prägung zentrale Bedeutung. Es stellt gewissermaßen die Abbildung des Grundthemas »Gesetz und Evangelium« auf die Ebene der Praxis des Glaubens und damit zugleich auf die Ebene der theologischen Anthropologie dar. Es kann daher nicht wundernehmen, daß mit der Erneuerung reformatorischer Grundthemen in der Theologie vor einem halben Jahrhundert auch die Thematik von Gesetz und Freiheit (etwa im Streit um den Gesetzesbegriff, um »Gesetz und Gebot«, um eine spezifische »christliche Ethik«) wieder aufgenommen wurde.

Inzwischen freilich ist das Feld theologischer Problemstellungen namentlich im Gebiete der Ethik so komplex geworden, daß es kaum noch möglich erscheint, die reformatorisch so grundlegenden Begriffe Gesetz und Freiheit schlicht im überlieferten Sinne weiter zu verwenden, wie es in der kirchlichen Umgangssprache, auch etwa in neueren Bekenntnisformulierungen wie der Leuenberger Konkordie, ohne weiteres geschieht. Es erscheint kaum noch möglich, daß die Theologie verbindliche Aussagen über die mit diesen Begriffen benannten Probleme für sich reklamieren kann. Vielmehr sind andere Wissenschaften auf dem Plan, um die genannten Problemkomplexe zu erörtern — ja mit dem Anspruch größerer Kompetenz: seien es die Naturwissenschaften im Blick auf den Begriff des Gesetzes, seien es Humanwissenschaften im Blick auf den Begriff der Freiheit. Ja, diese Wissenschaften haben Verfahren der Verifikation bzw. Falsifikation entwickelt, die wenigstens der traditionellen Theologie nicht zur Verfügung standen. Über der naiv direkten Stellungnahme der Theologie im Gebiete der Anthropologie und Ethik steht die drohende Frage Blumenbergs, ob die »sog. Säkularisierung als Wahrnehmung eines theologischen Erbes ..... nicht in Wahrheit die philosophische Wahrnehmung solcher Aspekte und Probleme der Theologie (sei), die diese aus eigener Kraft und den ihr zu Gebote stehenden Gründen gerade nicht angemessen zu lösen vermocht hat, so daß es sich nicht um Säkularisate handelt, sondern um die Aufarbeitung theologischer Aporien«.

Nicht, daß diese Frage ohne weiteres bejaht werden müßte. Wohl aber muß die Theologie heute sagen können, warum sie dennoch im Kontext der anderen Wissenschaften zu Fragen wie »Gesetz« und »Freiheit« das Wort nimmt. Ohne auf die Weitläufigkeiten der heutigen Diskussion des Theologiebegriffes einzugehen, kann man dabei sicher folgende Arbeitshypothesen aufstellen: Theologie hat gewiß nicht die Aufgabe, die Ergebnisse anderer wissenschaftlicher Disziplinen zu verdoppeln oder gar den gewagten Versuch zu unternehmen, es auf deren eigenem Felde besser zu machen als die Humanwissenschaften selbst. Das schließt natürlich nicht aus, daß humanwissenschaftliche Ergebnisse kritisch geprüft werden. Zum anderen: Theologie kann gegenwärtig jedenfalls nicht die Aufgabe haben, die Ergebnisse anderer Wissenschaften zu einem Gesamtsystem des Wissens vom Menschen zu integrieren. Zumindest ist keine Theologie bekannt, die, wenn sie schon diesen Anspruch stellt, ihn auch wirklich einlöst. Aufgabe der Theologie kann dann vielmehr nur sein: die Theoriebildung im Dienste einer ganz bestimmten Praxis, der Praxis des christlichen Glaubens, institutionalisiert in den Kirchen. Weiterhin: Diese Praxis des Glaubens ist angeleitet durch eine ganz bestimmte normgebende Überlieferung (traditionell etwa: Schrift und Bekenntnis). Inhalt dieser Traditionen sind neben geschichtlichen Berichten zentral Symbole, wie etwa Schöpfung, Sünde, Erlösung. Dabei versagen wir uns abermals eine Reflexion darüber, ob der Inhalt der christlichen Symbole (etwa: Rechtfertigung) funktional aufgelöst werden kann. Das würde heißen, daß das in den christlichen Glaubensaussagen Gemeinte auf bestimmte gesellschaftliche Funktionen oder anthropologische Grundbedingungen (etwa: Bewältigung von Grenzsituationen, Interpretation von Lebenserfahrungen) zurückgeführt werden könnte. Gelänge dies, dann könnte das in den Symbolen Gemeinte auf andere Weise möglicherweise besser ausgedrückt und in

Praxis überführt werden. Dergleichen behauptet etwa die Religionskritik verschiedener Spielarten. Freilich keine der Symboltheorien kann den zwingenden Nachweis erbringen, daß ihr Postulat der funktionalen Auflösung der Symbole einlösbar ist.

Andererseits: Theologie steht im Dienste einer vorwissenschaftlichen Praxis des Glaubens, die wiederum im Interesse des Menschen, im Interesse seines »Heils« geschieht. Schon deshalb muß Theologie Kommunikation suchen mit allen Disziplinen, die auch diesem Interesse dienen. Theologie ist damit eine »pragmatische« Wissenschaft im Sinne Kants. Kant unterscheidet 1797 in seiner Vorlesung über »Anthropologie in pragmatischer Hinsicht« bekanntlich zwischen physiologischer und pragmatischer Menschenkenntnis. Physiologische Menschenkenntnis gehe auf das, was Natur aus dem Menschen macht — pragmatische gehe auf das, was er als freischaffendes Wesen aus sich selber macht, machen kann, machen soll. In dieser Unterscheidung gewahren wir eine Abschattung des Themas »Gesetz und Freiheit« auf der Ebene wissenschaftstheoretischer Distinktionen. Freilich muß man sehen, daß Kant's reinliche Scheidung nicht gelingt. Denn auch physiologische Menschenkenntnis, also die Reflexion auf das »Gesetz«, hat ein pragmatisches Motiv. Warum wollen wir Gesetze und Fakten des Menschlichen so genau kennen? Offenbar, um sie beherrschen zu können, um Schaden vom Menschen abwenden zu können. Medizin und Technik haben auch jedenfalls dieses Motiv, sie dienen der Weltbewältigung im Interesse des menschlichen Lebens. In diesem Sinne ist Wissenschaft sicher eine »Heilsmacht« nicht nur per abusum, sondern aus ihrem Motiv heraus. Niemand kann das im wissenschaftlichen Zeitalter im Ernst verwehren wollen. Auf der anderen Seite: pragmatische Menschenkenntnis, Interesse an seiner Freiheit verwandelt unter Umständen auch seine Vorfindlichkeit. Eine Medizin, die Überlebenschancen stiftet, eine Soziologie, die wirklich Befreiung des Menschen einleiten könnte, würden auch die »Natur« des Menschen (wenn schon nicht in den anthropologischen Konstituenten, so doch in der geschichtlichen Gewordenheit) verwandeln. Es ist sicher kein Zufall, daß wir in der Gegenwart vor allem die negativen Seiten der Macht von Wissenschaft sehen: etwa in der Zerstörung gewachsener Sozialstrukturen, der Verschlechterung der biologischen Erbsubstanz, der Möglichkeit der Genmanipulation.

Man kann nun wohl Einverständnis darüber erreichen, daß die Ziele für eine pragmatische Menschenkenntnis nicht eindeutig auszumachen sind. Sagt man ganz traditionell, ihr Ziel sei »Heil« oder »Wohl« des Menschen, so bleibt doch offen, worin wir das Heil und das Wohl erblicken wollen und noch mehr, mit welchen Schritten es zu erreichen ist. Keineswegs kann diese Frage durch die Ergebnisse von Einzelwissenschaften beantwortet werden. Hier liegt die eigentliche Gefahr des Wissenschaftsaberglaubens. Der Entwurf von Zielen muß vielmehr in die Fragestellungen schon eingegangen sein, wenn diese etwas Heilsames für den Menschen herausbringen wollen. Hier tritt nun die Theologie in die Auseinandersetzung ein. Sie tut es genau mit den Fragen, die heute in der Reflexion auf die geistige Situation der Zeit dort gestellt werden, wo exaktes Forschen seine Grenze findet: Gibt es eine »Natürlichkeit« des Menschlichen oder muß dies angesichts der Menschengeschichte wie angesichts der theologischen Tradition vom Bösen problematisiert werden? Führt das Bemühen um Befreiung und Selbstbefreiung zum Heil, oder führt es in eine fürchterliche Ambivalenz der Aufklärung, in der lediglich die schützende Macht traditioneller Institutionen verfällt, ohne daß die Stabilisierung des menschlichen Lebensraumes mit neuen Mitteln gelingt? Ist »Innovation« selbstverständlich und veranstaltbar oder nur in Form der Erwartung des Geistes anzusprechen? Es gibt auf diese Fragen bekanntlich keine Patentantworten, man kann die Aufgabenstellung der Theologie so bestimmen: Sie tritt im Interesse der Praxis des Glaubens, die sich dem Menschen trotz aller Irrtümer der Kirchengeschichte bewährt hat, in diese Auseinandersetzung um die Ziele und die Zukunft des Menschen ein. Sie stützt sich dankbar auf die Ergebnisse der Wissenschaften über den Menschen, aber sie streitet mit ihnen, wo es nötig ist, um die Zielsetzungen ihres Einsatzes. Denn die Frage nach dem Wesen des Menschen, ist die Frage nach seiner Bestimmung, die Frage nicht nach der Freiheit schlechthin, sondern nach der Freiheit, die das Telos des Gesetzes ist, nach der heilsam gebrauchten menschlichen Freiheit.

Wenn man versucht, diese methodischen Überlegungen für unser Thema fruchtbar zu machen, so ergeben sich drei Schritte:
1. Auszugehen ist von einer Verständigung über das Thema Gesetz und Freiheit in der theologischen Tradition vor allem der Reformation.
2. Es ist zu reflektieren auf die neuen Bedingungen unserer Situation, die uns von den klassischen dogmatischen Aussagen zu Gesetz und Freiheit trennen.

3. Es muß schließlich gefragt werden, welche Interpretation der traditionellen Probleme möglich ist, um die Begriffe Gesetz und Freiheit in der christlichen Glaubensverkündigung gegenwärtig fruchtbar zu machen.

II

Freiheit gehört zu den Grundsymbolen christlicher Überlieferung überhaupt. Im Neuen Testament, bei Paulus und Johannes, erscheint sie als Gesamtausdruck des Heils. Was mit diesem Begriff gemeint ist, steckt auch in den anderen Zentralsymbolen, z. B. dem der »Erlösung« (Freikauf aus Knechtschaft), ja auch in bestimmten Äquivalenten des Begriffes »Heil« (Freisein von äußerer Verletzung, von Knechtschaft). Demgegenüber erscheint die Unheilssituation, aus der der Glaube rettet, als Unfreiheit. Diese Unfreiheit ist schon bei Paulus bedingt durch das Gesetz, das den Menschen in einen Unheil erzeugenden Leistungszwang führt. Zugleich freilich wird das Gesetz in der Heilsverkündigung nicht abgeschafft. Das Verhältnis von Gesetz und Freiheit hat die Dogmengeschichte vielfältig beschäftigt. Die lutherische Reformation trifft im Blick auf das Verhältnis von Gesetz und Freiheit lapidar drei Aussagen:
1. Der Mensch ist nicht frei, um mittels der Erfüllung des göttlichen Gesetzes das Heil ins Werk zu setzen, sondern der Mensch ist schlechterdings unfrei zum Heil, versklavt durch das Gesetz.
2. Durch das Heilsgeschehen in Christus, durch die Verkündigung des Evangeliums wird der Mensch befreit zum Heil, und zwar bedingungslos. Und er wird frei auch vom Gesetz. »Ein Christenmensch ist ein freier Herr über alle Dinge und niemand untertan«.
3. Der also befreite Christ begibt sich um der Liebe willen wieder unter das Gesetz. Er dient dem Nächsten nach dem Gesetz im praktischen Leben in dieser Welt und läßt sich in diesem Dienst konsumieren: »Ein Christenmensch ist ein dienstbarer Knecht aller Dinge und jedermann untertan«.

Der Begriff des Gesetzes ist in diesen Feststellungen von großer Ambivalenz. Dennoch bewahren alle Deutungsnuancen einen inneren Zusammenhang. Gesetz meint:
1. auch das ontisch-ontologisch gefaßte Naturgesetz als Inbegriff der vorgegebenen Wirklichkeit. Freilich kennt die Reformation noch nicht den strengen Begriff des Naturgesetzes weder im klassischen noch im modernen Sinne der Naturwissenschaft. Gesetz meint:

2. in nicht ganz klarer Abgrenzung: Naturrecht als Inbegriff gesellschaftlicher Ordnungen und Normen, die in der traditionsgeleiteten Gesellschaft als Schicksal verstanden werden. Dabei fließt zusammen, was heute nicht ganz unumstritten als »anthropologische Konstanten« begriffen werden kann und die institutionell geordneten Verhältnisse als Inbegriff von Ordnungsmacht. Gesetz meint aber:

3. den furchtbaren Zusammenhang der vorfindlichen Verhältnisse, in denen der Mensch, was immer er anfängt, nur Unheil ausrichten kann. Das Gesetz treibt mit seinen Forderungen den Menschen zur Selbstrechtfertigung, treibt die Verkrümmung des Herzens in sich selbst hervor, führt letztlich zum Kampf aller gegen alle.

Luthers Spitzensätze aus den Antinomerdisputationen, daß diese drei: Gesetz, Sünde, Tod untrennbar seien, und daß, wer das Gesetz aufheben wollte, zuerst Sünde und Tod aufheben müsse, zeigen mit letzter Konsequenz, was hier zusammengedacht wird. Hier wird ganz deutlich, daß das Gesetz nicht nur Naturgesetze, sondern ebenso das Gesetz menschlichen Handelns meint — Gesetz ist eben ein Syndrom aus beidem: Vorgegebenem und Bewirktem: Inbegriff der als Unheil erfahrenen menschlichen Praxis. Aber

4. das ist die schwierigste, höchste »Staffel des Glaubens« — dieses Gesetz ist nicht etwa nur das vom Menschen Bewirkte, sondern hinter diesem Gesetz steht Gott selbst, Gott mit seinem Gebot, das Menschen zu äußerer Gerechtigkeit und zur Ordnung anweist. Hinter diesem Gesetz steht Gott, der angesichts der menschlichen Verhältnisse den Menschen nach eben diesem Gesetz dann zu Fall kommen läßt, umbringt und tötet. Die Macht dieses Gesetzes, das ist der verborgene Gott.

Nur wenn es gelingt, diesen gesamten Zusammenhang zu interpretieren, ist die Vergegenwärtigung der reformatorischen Lehre von Gesetz und Freiheit möglich und sinnvoll. Die neuere Theologie und Philosophie haben vielfache Anläufe gemacht, Gott und dieses Gesetz auseinander zu führen. Das Gesetz erscheint im allgemeinen als ein Mißverständnis der wahren Intentionen Gottes bis hin zur neuen Gnosis, die gegen den alten patriarchalischen Zwangsgott den neuen sich selbst aufopfernden Gott der menschlichen Selbstbefreiung setzt. Für die Reformation hingegen gehören beide Aspekte zusammen. Befreiung aus dem Verhängniszusammenhang von Sünde, Gesetz und Tod gibt es für sie nur im Kreuz Christi. Frei vom Gesetz bin ich nur, wo ich dem Gesetz auch gegen meinen alten Menschen Recht gebe, ihn in den

Tod gebe — um nicht mehr in mir, sondern aus der Macht Christi zu leben, in der Freiheit der Hingabe an den Nächsten.

III

Vermag diese Sicht des Menschen für heute noch eine Orientierungsfunktion auszuüben? Gibt sie eine Hilfe für die Zieldiskussion? Um dies festzustellen, muß bedacht werden, was zu den Bedingungen unserer Situation gehört, die gegenüber der Reformation neu sind.
1. Neu ist das Aufhören der Traditionsleitung. Wir können Aussagen über Sünde und Gesetz aber auch über die Erlösung in Christus, nicht mehr wegen ihres bloßen Überliefertseins als unfragliche Gegebenheiten hinnehmen. Wir müssen sie für uns rekonstruieren, wenn wir Hilfe von ihnen erwarten wollen.
2. Neu ist in diesem Zusammenhang auch die Erkenntnis, daß gesellschaftliche Strukturen nicht schicksalhaftes Gesetz sind, sondern verändert werden können: zum Schlechteren, aber eben auch zum Guten. Wie immer über den umstrittenen Emanzipationsgedanken geurteilt werden mag, daß er in vielen Fällen eine Freisetzung vorher nicht gegebener Lebenschancen bewirkt, wird unbestritten sein.
3. Neu ist schließlich auch die Verschärfung bestimmter Aspekte des traditionellen Gesetzesbegriffes in den »Gesetzen«, welche neuzeitliche Natur- und Humanwissenschaften aufstellen. Dabei soll die wissenschaftstheoretische Qualifikation solcher Gesetze, die Frage ihrer objektiven Gegebenheit oder subjektbedingten Konstruktion nicht diskutiert werden. Wesentlich an der Qualität dieses Gesetzesverständnisses ist der Verwertungszusammenhang neuzeitlicher Wissenschaft. Auf die Naturwissenschaft baut eine Technik, die den menschlichen Lebensraum planend verfügbar macht und immer neue Daseinsmöglichkeiten erschließt. Neu ist freilich auch, daß dieser Verwertungszusammenhang, in den der Mensch einbezogen wird, immer mehr zum unabwendbaren Schicksal wird, zum »stählernen Gehäuse« (Max Weber), in dem menschliche Freiheit als persönliche Initiative wie verschwunden scheint. Hierin könnte man geradezu eine Wiederkehr des reformatorischen Gedankens vom Verhängniszusammenhang, von Gesetz, Sünde und Tod sehen. Bezeichnend ist, daß alle Prognosen über die Zukunft der Menschheit, sofern sie nicht geschichtsphilosophischen Totaltheorien anhängen, eher einen düsteren Unterton haben.

IV

Gleichzeitig hat sich nun freilich auch das Problem der Freiheit differenziert. Der Freiheitsbegriff hatte in der theologischen Tradition sowohl den Aspekt der psychologischen Freiheit (Wahlfreiheit) als auch den Aspekt der Freiheit zum Guten (sittliche Freiheit) und schließlich den Aspekt der allein im Heilsgeschehen konkret ermöglichten Freiheit des Glaubens. Die neuere Anthropologie gewährt nun aber die Möglichkeit, diese verschiedenen Aspekte in ihrem Verhältnis deutlicher zueinander zu bestimmen.

Freiheit ist zunächst zu begreifen als »Freiheit im Dasein« im Sinne einer biologisch-anthropologischen Grundkennzeichnung des Menschen. Das Verständnis des Menschen als weltoffenen Wesens, wie es Gehlen, Plessner, Portmann u. a. vorgetragen haben, kennzeichnet einen trotz aller Spezifizierungen breiten Konsensus anthropologischer Forschung. Sie findet ihre Entsprechung im angelsächsischen Raum in den Arbeiten von G. H. Mead, Berger, Luckmann und in den Forschungen ethnologischer Anthropologie. Der Unterschied all dieser anthropologischen Ansätze zum Gedanken der Wahlfreiheit in der philosophischen Tradition ist darin zu sehen, daß dem traditionellen Begriff der Wahlfreiheit ein abstraktes Menschenbild des animal rationale zugrunde liegt, während in den modernen Untersuchungen die biologischen und gesellschaftlichen Bedingungen der Menschwerdung reflektiert werden. Freiheit bezieht sich dabei zunächst auf Entbundensein von tierischer Instinktsteuerung. Sie bedeutet also noch nicht konkrete Wahlmöglichkeit. Der menschliche Lebensvollzug wird freilich erst möglich, wo die fehlende Instinktsteuerung kompensiert wird durch andere Stabilisationsfaktoren, insbesondere durch die Institutionen. Erst die Institutionen sowohl äußerlicher (gesellschaftlicher) wie innerlicher (sprachlicher) Art stabilisieren das Antriebsleben so, daß der Mensch Alternativen der Wahl erhält. Was traditionell als »pädagogischer Brauch des Gesetzes« begriffen wurde, wird so bestimmbar als Inbegriff der Institutionen des Lebens der Gesellschaft, die durch gesellschaftliche Traditionen ihre Legitimation finden. Sie werden im Sozialisationsprozeß vom einzelnen verinnerlicht und eben durch solche Verinnerlichung gesellschaftlicher Normen findet der einzelne seine soziale Identität, das »Gesetz spricht« nunmehr im »Gewissen«. Man kann also sagen: Konkrete menschliche Freiheit ist durch Institutionen zugleich begründet und begrenzt. Man kann von einer Geburt der Freiheit aus dem *Gesetz*, d. h. aus der Entäußerung des Menschen an das institutionelle Leben sprechen. Der Bestand der Freiheit erfordert Institutionen, die erst den Schutz von Individualrechten gewähren. Das wird heute neu gesehen. Angesichts radikaler Bewegungen, die heute gegen alles Recht (als angebliche »Repression«) revolutionäre Ansprüche anmelden, um dann in scheinbar institutionenfreier Menschlichkeit faktisch dem Terror der stärkeren Vitalität Raum zu geben, leuchtet die Freiheitsbedeutung der Rechtsordnungen, der »pädagogische Brauch des Gesetzes«, in neuem Glanz.

Die bisher gekennzeichnete Freiheit ist freilich nicht sittlich qualifiziert. Freiheit im Dasein ist allenfalls »Möglichkeit« des Handelns, sie enthält kein sittliches Prinzip. Ohne ein solches aber ist Freiheit im Dasein lediglich Beliebigkeit der Wahl. Sie kann, am sittlichen Maßstab gemessen, gerade Unfreiheit sein, Verfallenheit an spontane Antriebe ebenso, wie Verfallensein an das bloß Bestehende der gesellschaftlichen Institutionen und Konventionen. Daß der Mensch mit Kant als freihandelndes Wesen etwas aus sich machen kann, daß er seine Bestimmung ergreifen kann, ist nicht durch den Augenschein zu begründen. Freiheit in diesem Sinne ist vielmehr ein sittliches Postulat, ist nicht im Dasein gegeben, sondern aufgegeben, gefordert durch das Sittengesetz. Seit der philosophischen Tradition der Antike, gehören in diesem Sinne Nomos und sittliche Freiheit zusammen. Sittliche Freiheit ist nicht Ungebundenheit, sondern Gebundenheit an das Gesetz. Dieser Gedanke begründet als Frage nach einem »Naturrecht« einen Gesetzesbegriff, der über das institutionelle Recht der bestehenden Gesellschaften hinausgeht. Der Mensch vermag eben als weltoffenes Wesen auch die Institutionen zu überschreiten. Und heilsame Gestaltung menschlichen Lebens geschieht im Entwurf sittlicher Ziele, die solche Institutionen zugleich wahrnehmen und überschreiten. Nicht im bloßen Gewährenlassen des Bestehenden, sondern in der Zustimmung zur sittlichen Bestimmung des Menschen ist Freiheit im sittlichen Sinne erschlossen. Es fällt nicht schwer, etwa auch den Marx'schen kategorischen Imperativ: alle Verhältnisse umzustürzen, in denen der Mensch ein unterdrücktes Wesen ist, als Spielart eben dieser sittlichen Freiheit zu begreifen.

Die Frage, die sich freilich nun stellt, lautet: Wo und wie ist solche postulatorische Freiheit eigentlich zu verwirklichen? Gerade wer die Forderung der Emanzipation bejaht, macht nämlich die Erfahrung, daß sie so direkt gar nicht zu erfüllen ist, daß sie ihre Grenze findet nicht nur an gesellschaftlichen, sondern eben auch an vitalen Ursprungsbedingungen menschlichen Lebens und schließlich an der Unmöglichkeit, die jeweils gesonderten Ansätze von Selbstbefreiung heilsam zu integrieren. Eben hier wird die reformatorische Erfahrung des »servum arbitrium« in neuer Weise bedeutsam, und es stellt sich noch einmal die Frage nach einer neuen Befreiung. Daß die marxistische Hoffnung von einem zwangsläufigen Umschlag der ökonomischen Verkehrsformen in eine kommunistische Gesellschaft nicht zutraf, hat man bald gemerkt. Heute sieht man, daß der Emanzipation ein eigentliches Subjekt überhaupt fehlt, und keine Revolution ist bis jetzt denkbar auch nur als Idee, die mit den Problemen der Weltgesellschaft wirklich fertig wird. Das gibt den Befreiungsbewegungen etwas Sektiererisches und einen Unterton von Hoffnungslosigkeit. Solche Feststellung ist fern von jeder Genugtuung. Denn auch die Christen sind mitsamt ihrem Glauben von dem Verhängniszusammenhang der natürlichen, gesellschaftlichen Entwicklung nicht dispensiert. Das einzige, was sie können, ist, die Aussage über den Verhängniszusammenhang des Gesetzes neu ernst zu nehmen, und damit die Frage nach der Freiheit auch neu zu stellen.

Man kann das, worum es hier geht, noch einmal anknüpfen an den Freiheitsgedanken des Paulus. 1 Cor 3,22 spricht von der universalen Freiheit der Christen: »Alles ist euer, sei es Leben, sei es Tod, sei es Gegenwärtiges, sei es Zukünftiges«. Doch schließt die Sequenz mit der Aussage: »Ihr aber seid Christi, Christus aber ist Gottes.« Gegenüber dem Bestimmtsein durch das Sittengesetz, wie es Paulus auch geltend macht, verweist er auf eine neue Instanz, durch welche Freiheit möglich wird: das geschichtliche Handeln Gottes in Christus. Freiheit soll allein in Christus erschlossen sein. Dabei wiederholt sich im Gedankengang des Paulus noch einmal, was beim Übergang von der »Freiheit im Dasein« zur »sittlichen Freiheit« festgestellt wurde: Die neue Erfahrung der Freiheit qualifiziert die bisherige als Unfreiheit. Wie von der »sittlichen Freiheit« aus »Freiheit im Dasein« als Unfreiheit erscheint, so erscheint nun die »sittliche Freiheit« des natürlichen Menschen im Paulinischen Denken als Unfreiheit, Sklaverei, Fluch, solange der Mensch nicht durch Christus befreit ist. Die postulatorische Freiheit des Sittengesetzes ist Unfreiheit, weil der geschichtliche Mensch das Gesetz, das seinerseits heilig, recht und gut ist, zur Selbstrechtfertigung mißbraucht. Hier erweist sich eben das servum arbitrium, von dem Röm 7 in starken

Wendungen redet. Dieser Erfahrung gegenüber erscheint die Reflexion auf die moralische Freiheit als nur abstrakt und allgemein, sie reflektiert auf die Bedingungen der Möglichkeit sittlichen Handelns. Paulus hingegen faßt die konkrete Wirklichkeit seiner sittlichen Existenz vor Gottes Gericht ins Auge. Sie erscheint auswegslos, der Mensch ist gerade durch das Gesetz gefangen in sich selbst.

Bis hierher erscheint der Gedankengang auch im Blick auf die sich verstärkenden Antinomien der Weltgesellschaft wie des individuellen Lebens, das der tragenden Institutionen enträt, neu interpretierbar. Nicht dieses »Gesetz«, vielmehr die angesichts dieser Verschärfung des Gesetzes verkündete Freiheit stellt auch heute das eigentliche theologische Problem. Aus dem Verhängniszusammenhang der Verfehlung seiner Bestimmung wird der Mensch nach paulinischem Verständnis befreit allein durch das konkrete Angebot der göttlichen Gnade im Heilsgeschehen Jesu Christi. In seiner Auferstehung, in der Gerechtigkeit für den Menschen erschlossen ist (Röm 4,25), ist allein heilsame Freiheit begründet. Sie erscheint als Signum der eschatologischen Wirklichkeit des Heils, der Versöhnung. Sie wird beschrieben als Freiheit von der Sünde (Röm 6,18), vom Gesetz (Röm 7,3), vom Tode (Röm 6,21; 8,21). Diese Freiheit besteht in Christus. Wer glaubt, der hat sie nicht für sich allein, sondern nur in der Gemeinde der Freien, in der das Handeln des einzelnen sein Maß an der Bedürftigkeit des anderen findet (1 Kor 10,23). Daß das Heilsgeschehen dem Menschen Freiheit gibt, erweist sich in der Kommunikation der Liebe, wie in der Parrhesia (Eph 3,12), der Freiheit zum brüderlichen Wort. Solche Freiheit des Glaubens ist deshalb nicht nur — wie die Freiheit im Dasein — ein Bestimmungsmerkmal des Menschen schlechthin, sie ist ebenfalls nicht nur eine Idee oder ein Postulat wie die sittliche Freiheit — sie ist, wenn sie ist, Ereignis einer gottmenschlichen Gemeinschaft und einer zwischenmenschlichen Gemeinschaft.

Es läßt sich nunmehr kennzeichnen, wie die drei beschriebenen Formen von Freiheit sich zueinander verhalten. Was hier als »Freiheit des Glaubens« gekennzeichnet wird, setzt sowohl »sittliche Freiheit« wie formal anthropologische Freiheit als »Freiheit im Dasein« voraus. Christliche Freiheit ist nicht identisch mit allgemeiner Freiheit. Sie fordert jedoch Freiheit im Dasein, wenn sie konkret werden soll, denn Liebe gibt es nur in Freiheit. Christliche Freiheit setzt aber auch sittliche Freiheit als Gehorsam gegenüber der sittlichen Bestimmung des

Menschen voraus, weil sie selber Entwurf solcher Bestimmung und Zusage der Erfüllung solcher Bestimmung des Menschen ist. Was als christliche Freiheit gekennzeichnet wurde, ist also in der Freiheit im Dasein in doppelter Weise vermittelt.

Gleichzeitig kann die christliche Freiheit nicht einfach als Erfüllung der anderen Aspekte von Freiheit begriffen werden. Sie bedeutet vielmehr ein Durchbrechen dessen, was »Freiheit des natürlichen Menschen« meinen kann. Schon sittliche Freiheit erweist sich gegenüber der Freiheit im Dasein gerade nicht nur daran, daß sie die Institutionen rechtfertigt, sondern daß sie sie kritisiert, und wenn nötig, durchbricht und überschreitet. Die Gesetzeskritik Jesu ist das unvergängliche Paradigma hierfür. Die Freiheit des Glaubens aber kann ihrerseits nicht nur als gewissermaßen Spezialform der sittlichen Freiheit verstanden werden: etwa eine besonders wirksame Weise, das Reich allgemeiner Sittlichkeit oder auch menschlicher Emanzipation zu verwirklichen. Vielmehr erweist die christliche Freiheit ihr Eigentümliches gerade in der Durchbrechung des Verhängniszusammenhanges, in den auch alle »sittliche Freiheit« noch einmal eingeschlossen ist, ja den sie immer wieder fördert. In diesem Sinne ist christliche Freiheit im strengen Sinne Freiheit »gegen den Augenschein«. Nicht in der besseren Organisation vorfindlicher natürlicher Gaben oder sittlicher Kräfte, sondern dort, wo alle menschlichen Wege abbrechen, erreicht diese Verkündigung der Freiheit ihr eigentliches Wort, in den Grenzsituationen: Leid, Schuld, Tod.

Das heißt nun nicht, daß damit der Mensch aus der Verantwortung entlassen und über sein Scheitern auf ein Jenseits vertröstet ist, wie die Religionskritik meint. Denn der Glaube an die eschatologische Freiheit ist Quelle und Motivation für den unermüdlichen Mut, an der Verbesserung und Verwandlung der menschlichen Verhältnisse zu arbeiten. Die Christen erwarteten nicht nur den lieben Jüngsten Tag, sondern sie wußten sich gerufen, ihrer Erwartung gemäß zu leben und ihre Verhältnisse zu ändern. Ja, diese Erwartung begriffen sie selbst als Zeichen der anbrechenden Freiheit der Auferstehung, als Gabe des Geistes.

Freilich bedarf diese Aussage noch der Differenzierung. Die christliche Freiheit, die den Verhängniszusammenhang von Sünde, Gesetz und Tod ineins aufhebt, kann kein realisierbares Ziel sein, sie liegt offenbar jenseits der geschichtlichen Möglichkeiten. Der reformatorischen Lehre, die in dieser Weise Gesetz und Freiheit aufeinander bezogen sieht, wird deshalb von vielen Bewegungen der Christenheit, die das Geschick der Menschheit leidenschaftlich bedenken, der Vorwurf gemacht, daß sie den Menschen eschatologisch der Geschichte entreiße, ihn durch das Vorspiegeln totaler Freiheit der endlich möglichen Freiheit entfremde. Dazu ist zu sagen:

Wer heilsame Freiheit des Menschen will, muß beim gegenwärtigen Menschen ansetzen. Er muß untersuchen, welche Möglichkeiten der Mensch hat und was Freiheit verwehrt. Nur wo die christliche Verkündigung dem Menschen den Mut gibt, mögliche Freiheit zu ergreifen, kann sie dem Menschen zur Erfahrung jener Grenzen führen, an denen er inne wird, welcher Freiheit er wirklich bedarf. Allein, wo der Mensch dieses »Gesetz« seiner Grenzen und seiner unverfügbaren Ursprungsbedingungen hinnimmt und nicht schwärmerisch überfliegt, wo er bereit wird, dem Gesetz zu sterben, ist der Weg zum Gehorsam des Glaubens und zur endgültigen Freiheit eröffnet.

Deshalb muß der christliche Glaube gewiß mit jedem vernünftigen Menschen gemeinsam Modelle ersinnen, in denen menschliches Leben frei, in denen Freiheit vernünftig ist. Glaube an die eschatologische Freiheit aber bedeutet, an Freiheit und Heil des menschlichen Lebens festzuhalten auch angesichts des Verhängniszusammenhanges von Sünde, Gesetz und Tod, d. h. auch angesichts der Prognose von schier unabwendbaren Bedrohungen, wie wir sie heute in den Prognosen über die Zukunft der Menschheit gewahren.

Vor einer Generation hat in den Flammennächten die Vision der Apokalypse nicht vollends zur Verzweiflung gebracht, sondern getröstet. Glaube an die Auferstehung ist Glaube an den Sieg der Freiheit auch im universalen Scheitern, denn er ist Glaube an den Gott, der aus dem Nichts neu schafft.

Heil und Wohl des Menschen in biblischer und aktueller Sicht

Gustaf Wingren, Lund
S-22357 Lund, Vintergatan 2c

Wenn man über »Heil und Wohl des Menschen« heute zu sprechen hat, wenn man darüber vor einer kirchlichen Konferenz spricht[1] und wenn man dazu noch die »biblische« und die »aktuelle« Sicht konfrontieren soll, dann ist in der Tat der Tod des Menschen das Hauptproblem.

Denn gerade an diesem Punkt trennen sich oft die Vertreter der »biblischen« und die Vertreter der »aktuellen« Sicht. Heil und Wohl wird unter »den Aktuellen« als Heil und Wohl hier, in diesem Leben, vor dem Tode, aufgefaßt. Und »die Biblischen« andererseits sprechen von Seligkeit und ewigem Leben. Dieser Zusatz, meint man, ist der Beitrag der Kirche. Die Kirche kann zwar auch den Leib des Menschen pflegen und heilen, ungefähr so, wie die Welt es tut, mit vergänglichen Mitteln und mit einem Gesundheitsresultat, das nicht ewig bleibt — denn der Tod kommt ja ohnehin, früher oder später —, aber wenn die Kirche so allgemein menschlich handelt, hat sie doch immer das »Mehr« als Endziel, die ewige Gemeinschaft mit Gott. Und dieser Zusatz ist das Biblische.

Es ist die Aufgabe dieser Vorlesung, eine so einfache und scheinbar christliche Teilung und Konfrontation aufzulösen.

Als Ausgangspunkt nehme ich einige Beobachtungen, die wir alle machen können und die für alle Menschen, Christen und Nicht-Christen, zutreffend sind. Kein Mensch lebt, ohne mit anderen Menschen zusam-

---

[1] Diesem Aufsatz liegt ein am 22. Mai 1973 auf dem Nordisch-Deutschen Kirchenkonvent in Wittenberge (DDR) gehaltener Vortrag zugrunde.

mengeflochten zu sein. Das menschliche Leben ist ein Leben in der Interdependenz[2]. Wenn wir hoffen, hoffen wir nicht nur für uns selbst, sondern immer auch für andere Menschen. Dies ist nicht nur eine Hoffnung aus Liebe zu diesen anderen Menschen. Als Hoffnung für »Heil und Wohl« der anderen ist die Hoffnung eine Hoffnung für uns selbst — denn allein, ohne die anderen, wären wir nichts. Eine Stadt, die von Feinden belagert ist, sowie eine Gegend, wo eine tödliche Epidemie um sich greift, ist voll von Menschen, die für sich selbst und auf ihr eigenes Heil und Wohl hoffen und die — geradeso — auf das Heil und Wohl von Tausenden hoffen.

Dazu kommen die Beobachtungen der Ärzte. Es gibt offenbar eine allgemein menschliche Neigung, beim Sterben auf Heil und Wohl eines anderen Menschen oder einer Gruppe von Menschen zu hoffen. Der Soldat, der seinen eigenen Tod als Dienst an seinem Land oder seiner unterdrückten Gruppe ansieht, dieser Soldat ist ein Spezialfall eines allgemein menschlichen Phänomens. Eltern beschäftigen sich in ihren letzten Gedanken zwar mit der Zukunft, selten aber mit ihrer eigenen, ihrer privaten Zukunft, viel öfter mit der Zukunft der Weiterlebenden und besonders ihrer weiterlebenden Kinder.

Das hängt nun mit der ganzen Konstruktion der menschlichen Existenz zusammen. Kinder zu gebären und ihnen, mehrere Jahre hindurch, Essen und Kleider zu geben, das ist eine Lebensform, die sich als privates Unternehmen betrachtet nicht lohnt. Sinn hat diese Lebensform nur unter einer Voraussetzung, nämlich wenn meine Existenz ihrem Sinn nach gerade außerhalb meiner Existenz, in der Existenz der anderen liegt. Die Geburt des Lebens geschieht immer, in der ganzen Schöpfung, durch Mühe und Schmerz der Eltern, die sich gewissermaßen in die neue Existenz verlieren und gerade *so* den Sinn des Lebens finden.

Das Muster, wovon wir jetzt sprechen, Leben durch Tod, also: neues Leben durch Hingabe des alten Lebens, dieses Muster ist nicht nur allgemein menschlich — es ist in der Tat ein biologisches Gesetz,

---

[2] Die Betonung der Interdependenz ist charakteristisch für den dänischen Religionsphilosophen K. E. Løgstrup, der diesen Gedanken in vielen Schriften entwickelt hat. Siehe hierüber Lars-Olle Armgard, Antropologi 1971, S. 32—34, auch 94. Das Buch von Armgard ist eine Doktorarbeit in Lund und analysiert eingehend die Grundideen Løgstrups.

gültig auch in der Welt der Tiere und der Pflanzen. Und mit der Feststellung dieses rein biologischen Gesetzes haben wir schon die andere Seite unseres Themas, »Heil und Wohl des Menschen in biblischer Sicht«, gestreift. Denn — und das ist überraschend — die Deutung des Todes Jesu und auch die Deutung des Todes der Gläubigen, wird sehr früh, schon im Neuen Testament und in der Alten Kirche, mit biologischen Kategorien durchgeführt. Die Parallelen zu der Welt der Pflanzen und Tiere werden sehr oft betont und in die Symbolik der christlichen Kunst einbezogen.

Da ist erstens das Weizenkorn (Joh 12,24), zweitens der Pelikan, der sich gemäß der Vorstellung der Alten Kirche selbst zerschneidet, um mit seinem Blut die Jungen zu füttern, drittens die Aussaat auf dem Felde als eine Parallele zu dem Tod der Märtyrer. Betrachten wir einen Augenblick diese drei Beispiele!

Überall steht der Tod im Zentrum. Es geht immer um den Verlust des Lebens. Zwar wird in allen drei Fällen Leben gewonnen. Aber diejenigen, die Leben gewinnen, sind eben andere — das ist der Punkt! Falls das Weizenkorn privat gewinnen will, weigert es sich, in die Erde zu fallen, es weigert sich, dort verlorenzugehen. Dann wird es geschützt und »heil« — es wird bleiben und allein sein, d. h. ohne Sinn bestehen. Falls es verlorengeht, wird eine Ernte, eine »Frucht«, leben. Nur in diesem Falle hat das Weizenkorn eine sinnvolle Existenz: der Sinn liegt außerhalb der Existenz des Weizenkorns und wird im Tod gewonnen.

Man könnte sagen, daß diese Deutung des Todes auf den Tod Christi, und nur auf ihn, bezogen ist. Das klingt sehr orthodox, aber es hat keine Stütze im johanneischen Text. Im Gegenteil: die Aussage über das Weizenkorn, die mit einer Andeutung des kommenden Todes des Herrn beginnt, geht direkt in Paränese über: »Wer sein Leben liebhat, der wird es verlieren ... Wer mir dienen will, der folge mir nach ...« (Joh 12,25—26). Das Wort vom Weizenkorn handelt zweifelsohne in erster Linie von dem Tod Christi, sekundär aber auch von dem Tod des gläubigen Menschen. Eine Denkweise, die in moderner Religiosität häufig vorkommt und die durch die Erweckungsbewegungen ihr besonderes Gepräge bekommen hat, kann dagegen nicht in den biblischen Text vom Weizenkorn hineingepreßt werden: hier komme ich als privater Christ zu meinem Todestag und gehe, durch die Tür des Todes, in meine Seligkeit hinein. Für solche Gedanken gibt es hier keinen Platz.

Wenn das Blut der Märtyrer als die Aussaat der Kirche betrachtet wird, folgt diese Sicht ganz dem johanneischen Muster, das wir in den Worten über das Weizenkorn gefunden haben. Der wesentliche Gesichtspunkt ist nicht der private, daß jeder Märtyrer als einzelner in den Himmel eingetreten ist (so kann man sich auch ausdrücken, wir kommen bald darauf zurück). Nein, die Frucht sind wir, wir in der Kirche, die wir noch leben! Denn was in der Kirche lebt, ist Ernte, ist Frucht, die durch die Aussaat der Verstorbenen ihre Existenzmöglichkeit bekommen hat und die heute für neue Menschen außerhalb der Kirche lebt, also in Mission existiert, ausgestreckt bis an die Enden der Welt und gern leidend, um diesen anderen Menschen zu dienen — also: um selbst, wiederum, Aussaat zu werden.

Die Privatisierung der Seligkeit ist in diesem Rahmen unmöglich. Der Pelikan, der selbst seinen Leib öffnet, damit seine Jungen Nahrung bekommen sollen, wirkt in seiner Abwesenheit von jeder Privatisierung auf uns beinahe anstößig, ein Symbol, das in dieselbe Richtung zeigt: der Sinn meines Lebens besteht nur darin, daß andere Wesen leben und daß ich durch Verlust meines Blutes dazu beitragen kann.

Wenn wir uns diese große biblische Sicht vorzustellen versuchen, haben wir Schwierigkeiten; wir können kaum alles zusammenhalten. Wir sind durch den modernen Evolutionismus in der Weise geprägt, daß wir uns eine fortlaufende Linie vorstellen, wo das Alte verloren ist, aber durch seine Wirkung im Jetzt weiterlebt. Das würde bedeuten, daß Jesus Christus gestorben ist, aber durch seinen Effekt heute als ein lebendiger Faktor wirksam ist. Eine religiöse Vorstellung, die in guter Harmonie mit diesem Gedanken von dem Effekt kombiniert werden kann, ist unsere Auffassung von »Erbauung« und »Erbaulichkeit«: ich hole mir im Gottesdienst privat etwas, was mich erbaut.

Der Gottesdienst in der Alten Kirche wurde aber ganz anders aufgefaßt. Die Verstorbenen im Himmel und die noch Leidenden auf Erden feierten gemeinsam ihren Gottesdienst, mit Jesus Christus in ihrer Mitte. Es leben gewissermaßen alle, keiner ist »vergangen«, alle preisen Gott. Deshalb können die Aussagen über die Toten, daß sie »in das himmlische Reich eingetreten sind« u. dgl., gut mit den anderen Aussagen zusammengebunden werden (daß sie als Aussaat der Kirche ihr Leben verloren haben). Diejenigen Menschen, die sich sichtbar sammeln, um den Gottesdienst zu feiern, haben einen anderen Horizont, das ist alles: ihr Horizont ist der Tod, der für sie noch nicht geschehen ist. Die anderen, die im Gottesdienst Unsichtbaren, haben den Tod hinter sich. Aber alle, alle leben, sie leben von dem auferstandenen Herrn, sie sind alle seine Ernte.

Es ist aber eine überraschend weite und sozusagen »unkirchliche« Ernte. Die unschuldigen Kinder, die in der Umgebung von Bethlehem getötet wurden, die ersten Märtyrer, sind da. Der Verbrecher, der zusammen mit Jesus gekreuzigt wurde und der sonst nicht viel von Christlichkeit besaß, ist da. Die Nineviten, die Zöllner, die Huren, die Fremden aus dem Osten und dem Westen, alle sind sie da und sie sind kraft des Wortes Jesu da. Es herrscht in der Alten Kirche eine deutliche und in den Erzählungen über Jesus begründete Scheu vor allzu schnellen Identifikationen — man wagt nicht, die Grenzen der himmlischen Gemeinde mit den Grenzen der Kirche auf Erden zu identifizieren. Jesus Christus ist Richter und in seinem Gericht werden die Ersten oft die Letzten und die Letzten die Ersten.

Was bedeutet das für die Frage nach »Heil und Wohl des Menschen«? Besonders in zwei Richtungen sieht man, so scheint es mir, Warnungszeichen, die eine scharfe Trennung zwischen menschlichem Heil und christlichem Heil verhindern. Erstens spricht das große Gleichnis vom Jüngsten Gericht (Mt 25,31—46) von menschlichem Heil im schlichtesten Sinn, von Essen, Trinken, Haus, Kleidern, Besuch in Gefängnissen. Wer mit solchen Dingen beschäftigt ist, der sorgt für das »Heil und Wohl des Menschen in biblischer Sicht«. Zweitens aber ist der Horizont meines Lebens der Tod, d. h. mein Fallen in die Erde, so wie ein Weizenkorn fällt. Dieses simple Fallen ist das Ende. Versuche ich »mehr« zu gewinnen, dann will ich als Jünger mehr und höher als der Meister sein. Der Tod ohne sichtbares Resultat war sein irdisches Ende. Der Jünger ist in ihm, wenn er schlicht in die Erde fällt.

Diese beiden Warnungszeichen bedeuten auch für uns heute ein Memento. Das menschliche Heil ist in das endgültige, das eschatologische Heil eingeschlossen. Das schlichte In-die-Erde-Fallen ist Hingabe dessen, was ich habe. Jeder, der alles gibt, was er hat, jeder so beschaffene Mensch fällt in die Erde. Es kann sein, daß er anderen Menschen dient und daß er ihnen in einer für die christliche Kirche beschämenden Weise dient. Das wird sich einmal zeigen. Zurückhaltung, Weigerung vor der Versuchung, hier selbst zu richten, gehört zu der wahren christlichen Hoffnung, die ja eine Hoffnung für alle ist. Aber dazu kommt das Zweite: das eschatologische Heil kann nie ein privater

Besitz sein. Die Privatisierung des Heils bedeutet immer Entgleisung aus der biblischen Sicht.

Hier ist eine allgemeine exegetische Beobachtung am Platze. Es gibt, soviel ich sehen kann, keine Stelle im Neuen Testament, wo der Tod als eine Tür aufgefaßt wird, durch die ein einzelner zu seiner Seligkeit eingeht. Der Text, der diese (später sehr gewöhnliche) Vorstellung nahezulegen scheint (Phil 1,20—3,21), ist in der Tat ein Zeugnis, das in die entgegengesetzte Richtung zeigt. Paulus steht am Scheideweg, entweder »aufbrechen, um bei Christus zu sein« (Phil 1,23) oder, hier bleiben und »im Fleische weiterleben«, um im Dienst der Gemeinde zu stehen (1,24f.). Hier, in diesem Zusammenhang, wird das Bild von Christus als dem Gehorsamen, der die Existenz bei Gott opferte und Mensch wurde, Mensch bis zum Tode am Kreuz (Phil 2,5—11), gerade hier wird dieses Bild eingeführt. Danach kehrt Paulus zu seiner eigenen Situation zurück und wünscht durch einen Tod gehen zu dürfen (Phil 3,10), der dem Tode Christi ähnlich ist, d. h.: er wünscht im Dienst auf Erden weiterzuleben. Nur so kann er auf seine Auferstehung mit Christus hoffen, nicht aber, wenn er seine eigene Seligkeit »wie einen Raub« an sich reißt.

Auch die anderen neutestamentlichen Stellen setzen voraus, daß Himmel und Erde zusammengehören (das gilt sogar auch für das Gleichnis Lc 16,19—31), weiter setzen sie voraus, daß das ewige Leben Lobgesang ist, immer Lobgesang von »vielen«, also Lobgesang in Gemeinschaft. Seligkeit für das einzelne Individuum gibt es nicht. Solche Vorstellungen von Seligkeit kann man in den platonischen Dialogen, z. B. in Phaidon, finden; dort ist ja Unsterblichkeit ein Besitz des einzelnen, kraft seines eigenen göttlichen Wesenskernes.

Nun frage ich: sind wir, nach dem Pietismus und nach den Erwekkungsbewegungen, wirklich biblisch geblieben? In der Andachtsliteratur spielt seit dem Mittelalter die griechische Vorstellung von den zwei Welten, der Welt der Phänomene und der vergänglichen Leiber einerseits und der Welt der Ideen und der Unveränderlichkeit andererseits, eine entscheidende Rolle. Wir sind in der Kirche heute noch durch diese Teilung der Wirklichkeit beeinflußt. Das bedeutet auch Teilung von »Heil und Wohl des Menschen«. Am stärksten wurde diese Teilung im vorigen Jahrhundert durchgeführt, denn damals konnten sich die Politiker und die Kirchenführer fast reibungslos über die Teilung der Gebiete einigen: Leib und äußerliche Fürsorge werden dem Staat oder

der Kommune zugeführt, Predigt, Gebet und Frömmigkeit werden — sozusagen »ohne den Leib« — in die Kirche eingesperrt. Kranke zu heilen, Hungrigen Essen und Trinken zu geben, das waren Wirksamkeiten, die in der Apostelgeschichte und in der Alten Kirche selbstverständlich aus dem Evangelium herausströmten. Eine solche Kombination von »Heil und Wohl des Menschen in biblischer und in aktueller Sicht« kommt heute wohl nur in Afrika vor. Dort hat erstens der Platonismus nicht die Evangelienauslegung geprägt, zweitens aber (das ist ebenso wichtig!) hat dort die säkularisierte Jesusgestalt noch nicht die soziale Fürsorge gefärbt.

Denn Jesus und die Erzählungen über seine Taten haben zweifelsohne hier in Europa alle Menschen, auch die Atheisten, beeinflußt und zwar praktisch beeinflußt. Durch Jahrhunderte wurden diese Erzählungen von Generation zu Generation weitergegeben, im Unterricht, in den Liedern und in den Gemälden. Der Staat und die Kommune, die im 19. Jahrhundert (oder in einigen Teilen von Europa erst jetzt, im 20. Jahrhundert) von der Kirche Abschied nahmen, würde nie ein solches Aussehen gehabt haben, wäre nicht der Heiland überall durch fast zwei Jahrtausende hindurch gepredigt, gemalt und gefeiert worden. Es liegt ein Stückchen Wahrheit in der These Dietrich von Oppens, daß die Welt — die atheistische Welt in Europa — »Christus folgt«[3].

Aber es handelt sich hier nicht nur um eine historische Wirkung, die von Jesus Christus ausgeht. Der Mensch ist eben als ein Mensch in der Interdependenz geschaffen, er kann nicht anders, als auf Gesundheit, Heil und Wohl zu hoffen — und auf Heil und Wohl anderer Menschen zu hoffen. Es gibt zwei Heiden in den Evangelien, zwei Fremde, die zu Jesus mit einer Bitte in menschlicher Not kommen, die Syro-Phönizierin (Mt 15,21—28) und der römische Offizier (Mt 8,5—13). Sie sind keine Jünger Christi, sie sind keine Israeliten. Beide werden durch Krankheiten anderer Menschen zu Jesus getrieben, sie bitten ihn nicht um ihre eigene Heilung. »Mein Diener zu Hause leidet schwer«, »Meine Tochter wird von einem bösen Geist geplagt«. Die Schöpfung lebt unter der Bedrohung; das Heil, um welches die zwei Heiden bitten, ist Wiederherstellung des Geschaffenen, recapitulatio würden die Kirchenväter sagen[4].

---

[3] D. von Oppen, Das personale Zeitalter, Stuttgart 1967, S. 150.

[4] Ausführlicher z. B. in meiner Arbeit 'Man and the incarnation. A study in the biblical theology of Irenaeus', Philadelphia 1959, S. 85—88, 126—128, 178—180, 211—213.

Ihre Bitte wird nicht abgelehnt. Jesus findet ihre Wünsche nicht zu oberflächlich oder zu geistlos. Die Heilung des Leibes ist ein Ziel, das Gott bejaht — er ist ja Schöpfer des Leibes und der Tod gehört zu seinen Feinden, endgültig besiegt erst am Ende der Zeiten (1 Kor 15,26), er wird aber schon jetzt in den Heilungen bekämpft und zurückgedrängt. Deshalb gehören alle Werke auf Erden, die zum Heil des Leibes führen, in die Eschatologie hinein: sie sind Vorboten des ewigen Heils.

Natürlich, den Leib heilen können viele. Daß Jesus Kranke heilt, ist im Neuen Testament nicht seine höchste, nicht seine göttliche Macht im strengsten Sinn. In der Erzählung von dem Gichtbrüchigen (Mc 2,1—12) ist die Heilung nur ein Zeichen; die wirkliche Macht dieses ungewöhnlichen Arztes besteht in einer Funktion, die der Arzt sonst nicht ausübt, in der Vergebung der Sünden. Um zu zeigen, daß er das tun kann, was sonst nur Gott tut, um das zu zeigen, heilt Jesus. Und die jüdische Umgebung empfindet den ungeheueren Anspruch und reagiert danach: »Er lästert. Wer kann Sünden vergeben außer Gott allein?«

Die Kategorie der Vergebung ist in der Politik unbekannt. Wer einen falschen Weg betreten hat, kann zwar in der Welt »brauchbar« sein, aber rein und schuldlos ist er nie. Die Kategorie der Vergebung ist die spezifische Kategorie des Evangeliums. Deshalb gibt das Evangelium Hoffnung auch im Tode, nicht weil das Evangelium eine private Seligkeit nach diesem Leben garantieren will, sondern weil es Vergebung schenkt und damit völlige und unverdiente Wiederherstellung bietet. Das zeigt sich besonders klar bei der Kreuzigung Jesu: alles ist da Vergebung, das Wort an den Verbrecher neben ihm, das Gebet für die Kriegsleute, die seine Kleider teilen. Deshalb kann auch der Tod Anfang sein, Anfang der Gemeinschaft und Anfang des Lobgesanges.

Aber Vergebung bedeutet auch als Grundlage der menschlichen Gemeinschaft hier in dieser sichtbaren Existenz etwas Neues. In der Welt vor dem Tode kann man nicht vergessen, man erinnert sich immer der bösen Taten anderer Menschen. Das heißt: man gibt nie der Umgebung einen neuen Anfang. Im diakonischen Amt der Kirche gehört das zu den spezifischen Zügen: die Menschen dürfen wirklich das Vergangene als vergangen betrachten — es ist veraltet, gestorben, ohne Bedeutung. Dieses Wegnehmen der Schuld ist Heilung der Wunden. So wie Vergebung und Heilung in der Tätigkeit Jesu zusammengehörten, so gehören sie auch heute im Handeln der Kirche zusammen.

Ein solches Handeln der Kirche ist aber im Grunde ein weltliches Handeln. Es wirkt — erneuernd — in der Welt der Ungläubigen, wo man nicht vergessen kann und wo man darunter leidet, daß man nicht vergessen kann.

Weltveränderung — Utopie oder Realität?

VORÜBERLEGUNGEN

Walter Künneth, Erlangen
8520 Erlangen, Burgbergstr. 6

Womit haben wir es zu tun, wenn wir heute von »Weltveränderung«, »Weltverwandlung« reden?

Schenken wir damit einer illusionären Erwartung, einer trügerischen Selbsttäuschung über kommende Möglichkeiten unsere Aufmerksamkeit — oder aber wird hier ernsthaft ein neues Wirklichkeitsverständnis, ein Ringen um neue bessere Existenzmöglichkeiten, um realistische Zukunftsvorstellungen zur Debatte gestellt? — »Utopie oder Realität«: Das scheint die entscheidende Alternative, das Entweder–Oder, auf das alles ankommt, zu sein!

Wenn wir nun speziell in der Sicht der »Evangelischen Kirche« diese Thematik bedenken, dann treten zunächst folgende Urteile in unseren Gesichtskreis, die für unsere heutige Bewußtseinslage charakteristisch sein dürften.

Da ist einmal das längst bekannte stets wiederholte kritische Urteil: Das »Christentum« und damit das »Evangelium« seien während einer fast 2000jährigen Geschichte nicht in der Lage gewesen, die Welt und den Menschen zu verändern! Hieraus folgt die Anklage: Wo sind denn »Gerechtigkeit« und »Frieden« auf Erden geblieben? Nach wie vor hat sich ein Strom des Unheils durch die Menschheitsgeschichte bis heute gewälzt. Soll das so weitergehen?

Dazu tritt heute freilich eine ganz andere Erscheinung: Das Bild von der beklagten »christlichen Passivität« hat offenbar in unserer Zeit eine gewisse Korrektur erfahren: Als Reaktion gegen dieses angebliche Versagen in der Vergangenheit stoßen wir heute auf einen neuen, leidenschaftlichen Willen zu »christlichen Aktivitäten«, zu einer umfassenden Weltverantwortung, und das heißt doch wohl: die Tendenz, im Namen des Evangeliums die Welt zu verändern!

Ein universaler Erneuerungswille hat die Kirche, die Christenheit erfaßt. Er manifestiert sich in den verschiedensten Formen, Bewegungen, Demonstrationen und Forderungen. So verschieden auch im einzelnen die Ausdrucksweisen sein mögen, Übereinstimmung besteht in der Bewußtseinsänderung. So heißt es: Eine Realisierung des Evangeliums in sozialen-gesellschaftspolitischen Aktivitäten tut not, das Evangelium ziele ab auf eine Weltveränderung.

Damit ist unser Problem klar markiert, unsere theologische Aufgabe eindeutig bestimmt. Gibt es eine Weltveränderung—Welterneuerung durch das Evangelium? Utopie oder Realität?

Bei der Beantwortung kommt es allerdings ganz darauf an, von welchen Voraussetzungen aus gedacht und geurteilt wird. So ist einmal zu fragen, wie man diese unsere Weltwirklichkeit überhaupt versteht, welche Möglichkeiten, welche Chancen, welche Zukunft man ihr zugesteht. Sodann ist zu fragen, wie denn das Evangelium interpretiert werden muß, wie es sich selbst versteht. Oder wir können diese Anfrage auch so formulieren: Was heißt das für uns heute, das Evangelium wirklich ernst zu nehmen?

Diesen Vorüberlegungen gemäß gilt es daher: in der Perspektive des Evangeliums unsere Daseinswelt zu erkennen, zu deuten und dementsprechend die Folgerungen zu ziehen.

I. DIE WESENSSTRUKTUR DER WELTWIRKLICHKEIT

Auch hier ist es unerläßlich, die Prämissen[1] nicht aus dem Auge zu verlieren, aus denen sich die jeweiligen, zeitbedingten Positionen, Stellungnahmen und Beurteilungen ergeben.

1. Das Gesicht der Welt im Aspekt des »Immanentismus«

Unter »Immanentismus« verstehen wir jene Ideologie, welche nur die diesseitige, raumzeitliche Welt als die einzige Wirklichkeit anerkennt. Diese Behauptung von der Alleingültigkeit dieser diesseitigen

---

[1] J. B. Metz, Zur Theologie der Welt, München und Mainz 1968.

Welt ist die Urvoraussetzung, das Axiom, welches alles Nachdenken und alle Deutung der Weltverhältnisse bestimmt. Das Urteil lautet dann: Als »wirklich« kann nur das anerkannt werden, was rational berechenbar und für den Menschen einsehbar ist. Damit tritt der Glaube an die Absolutheit der raum-zeitlichen Dimension an die Stelle des Gottesglaubens oder anstelle der Anerkennung einer jenseitigen, transzendenten Wirklichkeit.

Wir kennen jene banalen Aussagen, wie sie schon Ludwig Feuerbach[2] programmatisch vertreten hat und die heute in neuer Drapierung eine erstaunliche Wiederbelebung erfahren haben: »Gott sei abwesend in dieser Welt«, »er existiere nicht«, der Mensch sei zu einer »Auswanderung aus dem Jenseits« hinein in das Diesseits genötigt. Das Weltliche, das Humanum selbst müsse als das Göttliche erkannt werden!

Die diesseitige Weltwirklichkeit ruht demnach in sich selbst als eine »autonome«, selbstschöpferische Größe, repräsentiert ein in sich geschlossenes Weltsystem, das selbst seinen Sinn in sich tragen und daher selbst nach seiner Sinnhaftigkeit befragt werden muß. Dabei darf jedoch nicht übersehen werden: Alle diese oder ähnliche Theorien und Hypothesen haben mit wissenschaftlichen Forschungsergebnissen nichts zu tun, sondern sind ein Niederschlag eines rein ideologischen Weltverständnisses, also eine immanente Ersatzgläubigkeit, welche den christlichen Glauben verdrängt hat.

2. Die Ergebnisse des Immanenzdenkens

Zunächst treffen wir auf eine weittragende Einsicht: Anstelle des Welt-Optimismus früherer Zeiten, die von einem unaufhaltsamen Fortschritt der Menschheit hin zu einem Zustand vollkommener Glückseligkeit träumte, ist ein neues Bewußtsein getreten, das von einer geheimen Weltangst diktiert wird. Es ist das die Einsicht in die Fragwürdigkeit der bestehenden Weltstrukturen, in die unheilvollen Konflikte zwischen Besitzenden und Zukurzgekommenen, zwischen Herrschenden und Unterdrückten, die Einsicht in die sich bekämpfenden Wirtschafts- und Gesellschaftssysteme. Die notvolle Feststellung lautet: Die weltpolitischen Hochspannungen zwischen den Supermächten, aber auch die Konflikte zwischen rivalisierenden Volksgruppen

---

[2] L. Feuerbach, Das Wesen des Christentums, 1844; Das Wesen der Religion, 1851.

und Staaten im Kleinformat sind von einer explosiven Brisanz, die Frage ist nur, »Wann kommt es zur Katastrophe«? »Wie ist sie vermeidbar«?

Dazu treten die erregenden Signale einer Welthungersnot, einer rasanten Bevölkerungszunahme, einer »ökologischen« Bedrohung durch Vergiftung der Umwelt, welche die Lebenselemente des Menschen, Luft und Wasser, mit der Zerstörung heimsucht.

Also: eine Weltwirklichkeit, die nicht in Ordnung ist, die sich von Grund auf als »revisionsbedürftig« erweist.

In dieser globalen Notsituation wird der Schrei nach Veränderung, nach Verbesserung verständlich. Da nach der Weltdeutung des Immanentismus die ganze Hoffnung der Menschheit auf diese sichtbare Welt sich konzentriert, kommt alles darauf an, eine Welterneuerung zu verwirklichen. Die Weltgläubigkeit verlangt wesensmäßig »eine bessere«, eine »schönere«, eine »paradiesische« Welt. Die Zukunftsbilder sind verschieden, wie auch die Mittel, die Methoden, die Wege zu ihrer Realisierung differenziert sind. Entscheidend ist nur der Glaube an die »Revisionsfähigkeit«, an die Möglichkeit einer totalen Weltveränderung!

Folgende Kennzeichen sind für dieses Bemühen um Weltverbesserung bedeutsam: Zu denken ist an die »ideologisch-philosophisch-sozialpolitischen« Konzeptionen und Theorien von K. Marx über Lenin zu Mao, an die Entwürfe einer Gesellschaftsveränderung von Marcuse, Adorno, Horkheimer, Richard Shaull bis Ernst Bloch[3], der »das Prinzip Hoffnung« als Grundpfeiler der Weltentwicklung statuiert. Hinter allen diesen Ideen aber erweist sich nach wie vor die Grundmotivation von K. Marx als maßgebend wirksam: »Die Philosophen haben die Welt nur verschieden interpretiert, es kommt darauf an, sie zu verändern«.

Beachtung verdient der französische Denker Roger Garaudy, ein Vertreter des Marxismus, der auch auf den Ökumenischen Rat in Genf erheblichen Einfluß ausübt. Seine Parole lautet: »Changer le monde et la vie!«[4] »Unsere Gesellschaft steht im Begriff sich aufzulösen. Eine fundamentale Umwandlung ist notwendig. Sie kann nicht mit traditionellen Mitteln vollzogen werden. Eine Krise dieses Umfanges bedarf zu ihrer Lösung mehr als eine Revolution: Eine radikale Veränderung!«

---

[3] E. Bloch, Das Prinzip Hoffnung, Frankfurt/M. 1959.
[4] R. Garaudy, Die Alternative, Paris/Wien 1972, S. 126.

Das eigentliche Ziel besteht darin, allen Hemmungen und Verfallserscheinungen zum Trotz, eine Öffnung für die Zukunft, eine Höherentwicklung der Menschheit zu einer harmonischen »Weltgesellschaft« zu postulieren. »Wir müssen vom Wohlfahrtsstaat zur Wohlfahrtswelt kommen!« So erklärte schon 1968 der Inder Samuel L. Parmar auf der ökumenischen Vollversammlung in Uppsala[5]. Es gilt daher einen umfassenden »Humanisierungsprozeß« auf allen Gebieten einzuleiten. Diese Zielsetzung, die sich auch der Ökumenische Rat in Genf zu eigen gemacht hat, fordert »die Mitarbeit zum Aufbau einer neuen Weltgemeinschaft, in der alle Völker, Rassen, Klassen und Religionen in Frieden, Gerechtigkeit und Humanität vereinigt sind« (Beyerhaus)[6]. Damit ist die Strukturveränderung der menschlichen Verhältnisse zu einem unaufgebbaren Gebot der Stunde geworden. Gewiß sind dazu auch sozialpolitische Hilfsaktionen für die »Entwicklungsländer« nötig, aber es kann und darf auch nicht auf einen »Gewalteinsatz«, vor allem in der »Dritten Welt« (Afrika, Südamerika) verzichtet werden! Weltveränderung ist offenbar ohne »Umweltverteilung der Macht« nicht denkbar und nicht durchführbar. Demgemäß muß erkannt werden, daß eine Weltgemeinschaft nur durch Machtmittel aller Art verwirklicht werden kann. Die gewaltsame Revolution erscheint somit als eine Garantie wirklicher, wirksamer Weltveränderung.

Wir fassen zusammen: Das entstellte Gesicht der Welt muß — so lautet die zeitgemäße Parole — verändert werden. Diese Zukunftsvision erscheint zweifellos einleuchtend, ja faszinierend, sie mobilisiert neue Kräfte und Aktivitäten in der Menschheit.

Hieraus resultiert die erregende Anfrage an die christliche Kirche: Ist diese Kirche, die sich auf das »Evangelium« beruft, nicht in erster Linie dazu verpflichtet, sich an dieser Erneuerungsaktion zur Weltveränderung zu beteiligen? Ist die Kirche nicht geradezu dazu bestimmt, die geistige Führung zu übernehmen? »Utopie oder Realität«?

---

[5] Bericht über die 4. Vollversammlung des Ökumenischen Rates der Kirchen in Uppsala 4.—20. 7. 1968, Genf 1968, S. 42.
[6] P. Beyerhaus, Bangkog 73, Anfang oder Ende der Weltmission? Ein gruppendynamisches Experiment, Telos 56, Bad Liebenzell 1973, S. 35.

II. DIE WELTWIRKLICHKEIT IN DER PERSPEKTIVE DES EVANGELIUMS

1. *Der neutestamentliche Realismus*

Bei der Beantwortung der schwerwiegenden, ja kardinalen Frage, wie es mit der Weltverantwortung der Kirche steht, kann es sich nicht um theologische Privatmeinungen, nicht um subjektive Geschmacksurteile handeln, sondern von elementarer Bedeutung sind die Aussagen der biblischen Überlieferung; daher ist es grundlegend notwendig, einen Blick auf die neutestamentlichen Tatbestände zu werfen.

Unsere spezielle Frage lautet daher an dieser Stelle ganz konkret: Welche Verhaltensweisen Jesu und seiner Jünger in bezug auf die Fragen einer Gesellschafts- oder Welt-Veränderung treten uns hier entgegen? Folgende Modellfälle sollen zur Klärung des Sachverhaltes dienen:

»Jesus und die Frage der sozialen Gerechtigkeit.« Nach den Urteilen des heutigen Zeitgeistes gilt Jesus als »der große Sozialreformer«, der sich für die Interessen der in der Gesellschaft Benachteiligten und Deklassierten eingesetzt hätte, um eine bessere Ordnung zu schaffen.

Lc 19,13—21 hören wir von einem Mann, der mit seinem Bruder in einem »Erbstreit« steht und Jesus um seine Mithilfe bittet, damit ihm Gerechtigkeit zuteil wird. Also eine hervorragende Gelegenheit, der sozialen Gerechtigkeit zum Siege zu verhelfen. Aber wir werden enttäuscht:

Jesus erklärt: Die Schlichtung dieses Erbstreites sei nicht seine Sache! Er kümmert sich nicht um die damaligen Rechtsordnungen der Gesellschaft und ihre Verbesserung. Umgekehrt aber verweist Jesus diesen Mann auf die eigentliche Lebensfrage. Er warnt vor »Geldgier«, »Geiz«, »Habsucht«. Der Schwerpunkt ruht nicht auf der gerechten Verteilung der Güter dieser Welt — sie alle sind nichtig und vergänglich —, sondern auf der »Frage nach Gott«. »Reich sein in Gott«, einen »Schatz im Himmel« besitzen, ist das Lebensziel, alles andere — ohne Gott — »wird zur Narrheit«!

»Jesus und die Frage der politischen Revolution.« Gehört Jesus auf die Seite der Widerstandskämpfer gegen die römische Besatzungsmacht? War er Untergrundkämpfer und Revolutionär wie Barrabas? Jesus erkennt die politische Machtordnung, die obrigkeitliche Vollmacht rückhaltlos an. Charakteristisch ist das Gespräch über die »Zinsmünze«: »Gebt dem Kaiser, was des Kaisers ist, und Gott, was Gottes ist« (Mt 22,21). Zu Pilatus gewendet erklärt er: »Du hättest keine Macht, wenn sie Dir nicht von oben gegeben wäre«. In Jesu Nachfolge nehmen sämtliche Apostel die gleiche Haltung ein. Politische Vollmachten sind »von Gott verordnet« (Joh. 19,11; Röm 13). Zugleich aber wird die Abgrenzung des Auftrages Jesu gegenüber einer politischen Inanspruchnahme unübersehbar markiert: »Mein Reich ist nicht von dieser Welt!« (Joh 18,36). Die Dimension des Glaubens steht nicht unter den Gewaltgesetzen der Welt, hat nicht an ihren Methoden teil. Daher die Mahnung: »Stecke dein Schwert in die Scheide« (Joh 18,11; Mt 26,39). Jesus ist der »König der Wahrheit« und nicht ein »politischer« Machthaber.

»Jesus und die Weltfriedensfrage.« Zwei Grunderkenntnisse sind kennzeichnend: »Der Kosmos liegt im Argen«, (1 Joh 5,18f.) das Weltuniversum ist Machtbereich der satanischen Macht. Die Grundstruktur der Welt trägt die Struktur der »Apostasie«, der von Gott abgefallenen Schöpfung. Die Signatur der ganzen Weltwirklichkeit, der Menschen-Welt, der Geschichtswelt und Naturwelt, der mikrokosmischen Zone des »Wassertropfens« bis hin zu den makrokosmischen Milchstraßensystemen ist die des »Existenzkampfes«, der Todesgesetze. Diese Welt steht »im Vergehen« (1 Cor 7,31). Daher sind Kriege, Katastrophen, Weltnöte aller Art die Symptome dieser »Dämonisierung« der Weltverhältnisse (Mt 24,6.7). Obwohl Gott der Schöpfer im Widerstreit zum »Abfall« durch bestimmte Lebensordnungen die Welt dennoch erhält, ist im Verborgenen »der Fürst dieser Welt«, der Diabolos am Werke (Mt 4,8.9).

Die andere Grunderkenntnis besteht nicht in einer Weltskepsis: Die Jünger Jesu stehen vielmehr in der Ausrichtung auf eine »andere Welt«, sind unterwegs zum »neuen Äon«. Ihre »Reichsbürgerschaft« ist im Himmel (Phil 3,20). Entscheidend ist der welttranszendente Zuspruch: »In der Welt habt ihr Angst, aber seid getrost, ich habe die Welt überwunden!« (Joh 16,33). »Meinen Frieden gebe ich euch, aber nicht wie die Welt gibt« (Joh 14,27). »Fürchte dich nicht, du kleine Herde; denn es ist eures Vaters Wohlgefallen, euch das Reich zu geben« (Lc 12,32). »Euer Herz erschrecke nicht!« (Joh 14,27).

Diese Verhaltensweise Jesu und seiner Jünger aber wird in der Tiefe erst verständlich von dem Höhepunkt und dem geschichtlichen

Ende des Christusgeschehens aus: nämlich dem Versöhnungstod Jesu am Kreuz und der Auferstehung Jesu als dem Aufbruch der ewigen Dimension des Lebens, und damit der »neuen Welt Gottes« als des geheimen Beginns des »Reiches Gottes«.

Der Realismus des Evangeliums ist in diesem einzigartigen Geschehen am Kreuz und in der Auferstehung Jesu begründet. »Evangelium« bedeutet demnach nicht »Aufruf zur Weltveränderung«, sondern die Botschaft, daß Gott in dem Christusgeschehen im Innersten, im Geheimen schon die Welt verändert hat. Das eigentliche, wesenhaft notwendige Heil für die Welt ist schon da. Das ist die neue Proklamation des Evangeliums. Von hier aus wird aber auch verständlich, daß Jesus sich weder auf die Seite der Armen noch der Reichen stellt. sondern »gekommen ist zu suchen und zu retten, was verloren ist« (Lc 19,10).

Jesus Christus — incarnatus, crucifixus, resurrectus — ist das Heil für alle Menschen (Apg 4,12)! Solus Christus — das Thema des Evangeliums!

Wir haben es hier mit einem völlig anderen Klima zu tun als bei der Denkweise und der Bewußtseinslage des in Immanenzgläubigkeit verstrickten Menschen. Der harte Gegensatz zum bloßen Diesseitsdenken darf nicht nivelliert werden.

2. Die Erneuerungskräfte des Glaubens

Von diesem Fundament urchristlicher-apostolischer Glaubenserkenntnis aus stellt sich die Frage: Was wird aus der Weltveränderung? Welche Konsequenten ergeben sich für die Weltverantwortung, für den Weltauftrag der christlichen Kirche[7]?

Die vom Evangelium her ermöglichte und bewirkte prinzipielle Nüchternheit, Illusionslosigkeit gegenüber den Problemen einer Weltveränderung ist unübersehbar. Man kann diese nüchterne Zurückhaltung verurteilen, als falsch verwerfen, aber man kann nicht bestreiten, daß in der Perspektive des Evangeliums Wesen und Ziel der Welt in ein ganz anderes Licht gerückt werden.

Die Geschichte der Menschheit ist erfüllt von Entwicklungen, Reformen, tatsächlichen Verbesserungen der Lebensverhältnisse, von

---

[7] W. Künneth, Fundamente des Glaubens, Biblische Lehre im Horizont des Zeitgeistes, Wuppertal 1975, S. 185, 193 und 195.

Umwälzungen und Umbrüchen, durch welche Machtpositionen und Sozialstrukturen sich radikal verändern. Aber alle diese Weltereignisse sind »ambivalent«, »zweideutig«, »positiv und negativ« zugleich. Nur zu oft handelt es sich lediglich um den Rollenwechsel, so daß der gestern »Unterdrückte« heute zum »Diktator« wird und der einst Mächtige im Gefängnis endet. »Befreiung« schlägt um in neue »Versklavung« und Grausamkeiten, wie es ja das Ende des »Kolonialismus« in Afrika anschaulich vor Augen führt.

Die christliche Tiefenerkenntnis weiß: der Grundcharakter der Welt ändert sich nicht. »Das Bild des Menschen« bleibt immer dasselbe, nur die Etiketten ändern sich und die Farben. Der Mensch des Immanentismus, der besessen ist von der Weltgläubigkeit, ist eben der schlechthin »gottgelöste« Mensch, der sich selbst nicht retten, der diese Welt daher auch nicht erlösen kann.

Das lutherische Bekenntnis der »Augustana« enthüllt auch heute noch seine bleibende Gültigkeit in der abgrundtiefen Menschenbeurteilung: »ohne Gottesfurcht, ohne Gottvertrauen, aber erfüllt von Eigensucht, Eigenmächtigkeit und Selbstherrlichkeit«. Das ist der Mensch in der Perspektive des Evangeliums[8].

Was bleibt, wenn es so steht, für den Christen, für die Kirche zu tun? Welche Möglichkeiten sind noch vorhanden? Der Christusglaube lebt nicht weltferne, nicht abseits von den Menschen in einem Ghetto, sondern er besitzt eine ausstrahlende Kraft, eine Dynamik, die sich in der christlichen Agape verwirklicht. Diese Agape, »christliche Liebe« im Unterschied zum Eros, zur Freundschaft und Sympathie, ist nicht eine menschliche Selbstverständlichkeit, über welche die Menschen verfügen, sondern die Frucht des Glaubens, ein Geschenk und Verwirklichung des Christusgeistes! Nicht menschliche Anlage oder moralische Leistung, sondern ein »pneumatisches« = »geisterfülltes« Geschehen, aus der »Vertikale«, der »Dimension Gottes« in die »Horizontale« der Welt einbrechend. Dadurch entstehen die Leuchtfeuer der Liebe in einer verfinsterten Welt!.

Die Begegnung mit Jesus Christus löst ungeahnte Erneuerungskräfte im Menschen aus:

---

[8] C. H. Ratschow, Der angefochtene Glaube. Anfangs- und Grundprobleme der Dogmatik, Gütersloh 1957.

Da wird uns im Lukas-Evangelium geschildert, wie es bei dem durch seine Betrügereien in der Gesellschaft verrufenen, aber schwerreichen Steuerbeamten Zachäus zu einer innersten Lebensveränderung, einer Lebenswende kommt. Jesus war in seinem Hause eingekehrt. Jesus schenkte ihm die »Vergebung seiner Sünden«, nahm ihm die geheime Lebenslast ab. Und jetzt bekennt Zachäus: »Die Hälfte meiner Güter gebe ich den Armen, und so ich jemanden betrogen habe, gebe ich vierfältig wieder!« (Lc 19,8). Seine persönliche Existenz und damit seine Beziehung zur Umwelt hatte sich radikal verändert.

In dem Brief des Paulus an Philemon wird berichtet, daß dessen entlaufener Sklave Onesimus eine Bekehrung zu Jesus Christus erfahren hat und dadurch ein ganz »neuer Mensch« geworden ist. Jetzt hat sich die Situation in dem Verhältnis des Herrn zu seinem Sklaven und umgekehrt des Sklaven zu seinem Herrn total geändert. Zwar wurden die Sozialstrukturen der damaligen Welt nicht aufgelöst, aber es ereignet sich eine unerhörte Verwandlung der persönlichen Beziehungen. Das ist erstaunlich und soziologisch im Aspekt des Immanentismus schlechterdings nicht zu begreifen: Beide Menschen werden zu »Brüdern«, denn beide stehen in demselben Glauben zu Jesus, ihrem »Herrn«, und beide sind dadurch in einzigartiger Weise in der Agape, der christlichen Bruderliebe, miteinander neu verbunden: anstelle des Gesetzes-Zwanges tritt die Freiheit in Glaube und Liebe.

Es gibt demnach eine spezifisch christliche Aktivität, weil stets »der Glaube durch die Liebe tätig« ist (Gal 5,6). Diese Realität der aktiven Liebe vollzieht sich immer ganz konkret, in einer bestimmten Situation, angesichts eines akut gewordenen »Notfalles«, partiell an einem Menschen, sporadisch da und dort! Das bleibende Vorbild ist nach Jesu Gleichnis »der barmherzige Samariter« (Lc 10,30f.), der sich des »elenden Menschen« erbarmt, gleichviel welcher Rasse und Nation. Er kann die Welt nicht verändern, aber »die Wunden verbinden«, einem einzelnen Menschen helfen und retten. Diese Liebe ist ein Abbild der Liebe Jesu und daher grenzenlos, universal, phantasiereich und »hört nimmer auf« (1 Cor 13).

Der heutige Einwand gegen solche Individualhilfe behauptet: Die Hilfe müsse über das einzelne Individuum, den einzelnen Bedürftigen hinausgehen, denn die Einzelexistenz sei mit den Umweltverhältnissen verzahnt und von den Weltzuständen abhängig! In dieser richtigen Einsicht hat daher das »diakonische Werk der Kirche«, die »Caritas«, die christliche Mission sich stets um die Verbesserung der sozialen Zustände gekümmert (angefangen von Familienfürsorge, Kindergärten, Pflegeheime aller Art, gerade für die Elendesten, oder Altersheime und Krankenhäuser). Das alles sind reale Niederschläge eines christlichen Sozialaktivismus!

Aber auch in der Zone des öffentlichen Lebens können diese Kräfte und Erkenntnisse eines biblischen Weltverständnisses und der christlichen Verantwortung für das wahre Humanum, das »biblische Menschenbild« wirksam werden. Nicht durch politische Rezepte der Kirche, nicht durch Weltverbesserungsprogramme im Namen des Evangeliums wird diese Verpflichtung erfüllt, sondern der einzelne Christ in der Politik, in der Gesellschaft, im Volk, im Staat kann auf Grund seiner speziellen Sachkenntnis gemäß der jeweiligen Ausbildung und Stellung im Gefüge des öffentlichen Lebens die Impulse des vom christlichen Glauben aus gesteuerten Gewissens und der christlichen Liebe zur Geltung bringen. Diese christliche Verantwortung des Einzelnen muß dann allerdings auch den Mut aufbringen, der Propaganda der »öffentlichen Meinung« und ihres »Zeitgeistes« zu widerstehen.

3. Die Weltsendung der Kirche

Es ist hier notwendigerweise zu unterscheiden zwischen den Möglichkeiten des einzelnen Christen und dem Auftrag der Kirche. Gerade diese Unterscheidung zwischen den Verpflichtungen zu einem Weltdienst, wie sie den Politikern und damit den einzelnen Christen gestellt wird, und der spezifischen Verantwortung der Kirche pflegt heute bestritten und nivelliert zu werden.

Die Utopie der Politisierung

Infolgedessen gerät die Kirche in den Sog einer »Politisierung« und damit auf einen fundamentalen Irrweg[9]. Die Idee der politisch-sozialen Veränderung der Weltstrukturen wird auf einmal von der Kirche als eine neue christliche Weltverantwortung übernommen, die allgemeine Weltproblematik bis hin zur Tagespolitik diktiert der

---

[9] U. Asendorf, Über den politischen Mißbrauch des Evangeliums, Radikale Mitte 9, Schriftenfolge für Christliche Erziehung und Kultur, Berlin 1974.

Kirche ihre Themenstellung und damit kommt es zu einer Verfälschung des Weltauftrages, wie er nur allein von der Kirche im Sinne des Evangeliums geleistet werden müßte.

Die Ursachen dieser theologisch-kirchlichen Fehlhaltung sind verschieden. Ohne Frage stoßen wir hier auf die geistes- und theologiegeschichtlichen Auswirkungen eines Denkansatzes, wie er schon von Zwingli[10] in seinem politischen Aktivismus praktiziert wurde und in der Idee der »Königsherrschaft Christi« auf Erden bei Calvin eine klassische Ausprägung fand. Daß K. Barth diese theologisch-politische Grundkonzeption in leidenschaftlicher Verwerfung der lutherischen »Zwei-Regimentenlehre« in neuer Gestalt in seiner Analogietheorie von »Christengemeinde und Bürgergemeinde«, von Kirche und Staat zum Ausdruck brachte, muß als Nährboden der heutigen politisierenden Theologie und Kirche durchschaut werden. Aus seiner These, daß die »christliche« und die »politische« Gemeinde im Verhältnis »zweier konzentrischer Kreise« zueinander stehen, ergaben sich als Konsequenz der Verdunkelung der »Rechtfertigung« als »Glaubensgerechtigkeit«, die Vermischung von Gottesgerechtigkeit mit weltlicher Gerechtigkeit, die Parallelität zwischen Glauben und politischer Aktivität sowie die betonte Nähe von Kirche und Evangelium zu einem demokratischen Sozialismus unter gleichzeitiger Verharmlosung der kommunistischen Partei- und Staatstotalität. Somit war grundsätzlich die Türe aufgestoßen für das Programm einer Welterneuerung im Namen des Evangeliums.

Diese von Barth intendierten »christlich-politischen« »Entsprechungsverhältnisse« wurden bewußt von J. Moltmann in seine ökumenische Weltgesellschaftskonzeption in seltsamer Ableitung aus der »Theologie des Kreuzes« aufgenommen[11]. Revolutionäre Aufbrüche wie im Marxismus und Sozialismus, in den »Befreiungsbewegungen«, »die Durchbrechung der Teufelskreise der Armut und Ausbeutung, der Gewalt und Unterdrückung« werden als eschatologische Zeichen des kommenden Reiches Gottes deklariert. Die gesellschaftspolitische Ideologisierung des Evangeliums ist damit offenkundig geworden und

---

[10] R. Friedenthal, Luther. Sein Leben und seine Zeit, München 1970, S. 593 ff.
[11] J. Moltmann, Der gekreuzigte Gott, München 1972, S. 293 ff.; ders., Theologie der Hoffnung, München 1964; ders., Gemeinschaft in einer geteilten Welt, Utrecht 1972, ÖR Beiheft 23, 1973.

»unter Umgehung der Unterscheidung von Gesetz und Evangelium aus dem Evangelium ein politisches Handlungsmodell geworden« (U. Asendorf)[12].

Daß die lutherische Kirche angesichts dieses radikalen Zerstörungsfeuers sich der »Zwei-Reiche-Lehre« in ihrer heutigen Aktualität nicht erinnerte, kann nur als tragisch empfunden werden.

Im Hintergrunde dieses fatalen Vorganges, der für die heutige kirchliche Lage weithin symptomatisch ist, steht aber auch die modernistische Umdeutung des Evangeliums, wie sie in verschiedenen Spielarten bis hin zu einer »Theologie der Revolution« und der heute weithin herrschenden »Theologie des Humanismus« programmiert wird. Es ereignet sich eine entsetzliche »Sprachverwirrung«, indem dieselben biblisch-christlichen Grundbegriffe mit einem anderen neuen Inhalt gefüllt werden, was allerdings von vielen Verantwortlichen in Kirche und Theologie immer noch nicht eingesehen wird. Die Umwandlung der zentralen Begriffe wie »Gerechtigkeit«, »Freiheit«, »Frieden«, »Versöhnung«, »Hoffnung« und »Einheit« im Aspekt eines weltlichen, diesseitigen Horizontes zu einem »sozialpolitischen« Deutungsverständnis führt zu einer »Ideologisierung« der christlichen Verkündigung! Es geht demnach bei diesen Aussagen nicht mehr um Gottes Heilstaten und christliches Erlösungswerk, sondern um die »menschliche Machbarkeit« der Idee der Weltveränderung, um die gesellschaftspolitische Verwirklichung der in diesen Begriffen ausgesprochenen Welterneuerung[13].

Überaus charakteristisch ist die grundstürzende Umwandlung des Heilsverständnisses. »Heil« wird nicht mehr »christozentrisch«, also nicht von der Mitte der Welterlösung her gedeutet, sondern »horizontal« und bezeichnet »die politisch-soziale Befreiung«, die Humanisierung des Lebens. Dr. Philipp Potter[14], der Generalsekretär des Ökumenischen Rates der Kirchen in Genf erklärte in seiner Weihnachtsbotschaft 1973, die »Inkarnation Gottes« besage die »Fleischwerdung der Menschen-

---

[12] Asendorf, a. a. O., S. 69.
[13] W. Künneth und P. Beyerhaus, Reich Gottes oder Weltgemeinschaft? Die Berliner Ökumene-Erklärung zur utopischen Vision des Weltkirchenrates, Telos-Dokumentation 900, Bad Liebenzell 1975.
[14] Ph. Potter, Nachrichtenspiegel epd Nr. 1/73; s. a. Künneth und Beyerhaus, Reich Gottes und Weltgemeinschaft, S. 82 und S. 97—79 u. ö.

rechte«, die Bestätigung der Menschengesellschaft. Die Menschwerdung Gottes in Jesus wird zum Symbol »des Rechtes des Menschen auf Lebensverwirklichung und Lebensqualität«.

Die verhängnisvollen Auswirkungen solcher »Verfremdung des Evangeliums« und infolgedessen des kirchlichen Weltauftrages begegnet uns heute nicht nur in den deplazierten politischen Predigten, die sich einst auf Vietnam und die Schuld der U.S.A. richteten, heute auf Chile und den Boykott Südafrikas beziehen. Diese Verfremdung des Evangeliums finden wir auch in dem »politischen« Dilettantismus, in dem manche offizielle Stimmen der Kirche zu politischen Tagesfragen Stellung nehmen und den Anschein erwecken, als wolle die Kirche sich eine politische Schiedsrichterrolle anmaßen. Sie zeigt sich aber auch beispielhaft in der Fehlentscheidung des Ökumenischen Rates über Fortbestand des »Sonderfonds« des Antirassismusprogramms 1970 zugunsten der politischen »Befreiungsbewegungen« Afrikas[15].

Die Utopie der Weltgesellschaft

Am Horizont aller dieser humanitären Aktionen zur Weltveränderung leuchtet die »utopische Vision« einer vollkommenen »Weltgesellschaft« auf. Dieses Hochziel eines perfektionierten »Welthumanismus« sei anzustreben auf dem Wege des ökumenischen Programms, »eines Dialogs« mit den außerchristlichen Religionen (Islam, Buddhismus, Hinduismus, Marxismus, Maoismus und den Ideologien unserer Zeit). In dieser Intention hat 1971 auf einer Tagung des Ökumenischen Rates in Addis Abeba der Metropolit von Antiochien seltsame Thesen vorgetragen[16]. Der «Geist des kosmischen, universalen Christus« sei ja überall in der Menschheit gegenwärtig, es bedarf nur der Erweckung dieses »schlafenden Christus«, dann ereigne sich heute eine neue Stunde der Offenbarung Gottes! Daß jedoch die Präsenz des Heiligen Geistes an das biblische Zeugnis gebunden ist, wird bei diesen Proklamationen übersehen oder verschwiegen. Folgerichtig wird auch damit der christlichen Mission der Boden entzogen, so daß es zu einer Scheidung der

---

[15] W. Künneth, Der theologische Horizont der ökumenisch-missionarischen Problematik heute, in: Dem Wort gehorsam. Festschrift H. Dietzfelbinger, München 1973, S. 181 ff., 185 und 193. Bestätigt durch die Beschlüsse von Nairobi 1976.
[16] Evangelische Kommentare 1971, 3, S. 132, 139 und 149 f.

Geister kommen muß. Die Hypothese von einer »latenten Kirche« und einem »anonymen Christentum« in den Tiefen des Menschseins muß den missionarischen Heilsauftrag der Kirche lähmen. »Mission heißt, das Evangelium zusammen mit den anderen entdecken, so wie sie sind als Ungläubige und Gleichgültige.« Mission ist »gemeinsame Suche nach dem Menschsein des Menschen«. Das besagt die Integration der Kirche in die Welt und damit die Preisgabe ihrer Eigenständigkeit in der Gesellschaft[17].

Auf die Frage nach der eigentlichen Weltsendung der Kirche im Sinne des Evangeliums kann es nur eine einzige Antwort geben: Der Evangeliumsverkündigung der zentralen Christusbotschaft gebührt der Vorrang, die Priorität vor allen anderen Aktivitäten[18].

In der Perspektive des Evangeliums wird, wie in einem Scheinwerferlicht, in aller Schärfe deutlich, daß sich Welt und Menschheit in einer »heillosen« Lage befinden und daher der Erlösung bedürfen. Es ist eben gerade nicht so, daß — wie die heutige Immanenzgläubigkeit meint — das Heil Gottes vor allem »sozial« verstanden werden müsse. Es ist nicht so, daß das »Reich Gottes«, das »Heil der Welt« dann verwirklicht ist, »wenn der Rassismus aufhört, wenn Kriege beendet werden, wenn Hunger gestillt wird, wenn der weiße Imperialismus in seine Schranken gewiesen« und die kapitalistische Weltordnung überwunden wird (R. Scheffbuch[19]). Das ist schlechthin Utopie.

Die Realität der Welterneuerung

In einem unübersehbaren Kontrast dazu steht das Evangelium von dem gekreuzigten und auferstandenen und wiederkommenden Welterlöser. Hier enthüllt sich der Wurzelgrund einer innersten Erneuerung der Welt[20].

Das »Eigentliche«, das »Proprium« der missionarisch-ökumenischen Weltaufgabe der Kirche ist es daher, das »Christusheil allen Völkern

---

[17] W. Hollenweger, Sonntagsblatt für Westfalen vom 11. 1. 1970, Nr. 2; ders., Die Kirche für andere?, Genf 1967.

[18] P. Beyerhaus, Allen Völkern zum Zeugnis, Wuppertal 1972; ders., Humanisierung — einzige Hoffnung der Welt?, Bad Salzuflen 1970.

[19] R. Scheffbuch, Ökumene contra Mission? Neuhausen-Stuttgart 1974, S. 71.

[20] U. Asendorf und W. Künneth, Von der wahren Einheit der Kirche 1, Berlin 1973; ders., Leuenberg — Konkordie oder Diskordie? 2, Berlin 1974.

und Rassen, allen Menschen« zu bringen. Alles Weitere, alle Sozialhilfe und karitative Aktivitäten sind Zeichen, Signale dieser Heilsbotschaft, sind Bestätigung und Bewährung des christlichen Glaubens und der christlichen Liebe. Das echte Humanum kann ja nur Frucht jener Erneuerung sein, die Christus bringt, nur Auswirkung des Christusglaubens sein. Dabei ist nicht zu vergessen, daß gerade auch inmitten aller Unmenschlichkeit, mitten im Elend dieser Welt der Christus praesens seine Kraft erweist[21].

So wird das Christusevangelium letztlich zu einem Angriff auf die Utopie der Weltgläubigkeit, zu einer Infragestellung aller humanitären Zukunftsillusionen!

Der Anruf des Evangeliums an den heutigen Menschen lautet daher genauso wie vor 2000 Jahren und zur Reformationszeit: »Kehrt um!« »Trachtet am ersten nach dem Reiche Gottes und seiner Gerechtigkeit, so wird euch solches alles zufallen!« (Mt 6,33). Die Konfrontation zwischen Gottes Gerechtigkeit und der humanitären Weltgerechtigkeit ist unübersehbar.

Die eigentliche und radikale Weltveränderung hat schon in dem Christusgeschehen ihren Anfang genommen. Die wahre Welterneuerung kann niemals das Werk des Menschen sein. Die »Sozialisation« und die »Humanisierung« der Welt durch Menschenweisheit und Menschenkraft sind nichts anderes als eine »Utopie«. Das Vertrauen auf den »Menschen als Schöpfer«, als »Heilsbringer«, als »Vollender« (Scheffbuch[22]) dokumentiert das Verfallensein an den widergöttlichen Geist utopischer Menschenvergötterung!

Die Realität einer Weltveränderung, einer Erneuerung und Vollendung des Menschseins als Gottes Geschöpflichkeit ist einzig und allein das Rettungswerk des Christus redivivus, des wiederkommenden Herrn. Seine Verwirklichung steht unter der souveränen Zusage dieses Kyrios: »Siehe, ich mache alles neu!« (Apc 21,1—5). »Der neue Himmel und die neue Erde, in welchen Gerechtigkeit wohnet« (2 Petr 3,13) repräsentiert die Realität einer von Christus kommenden Weltveränderung[23].

---

[21] H. Staudinger, Einheit der Kirche — Einheit der Menschen in der Sicht des Historikers, in: Zum Thema: Eine Kirche — Eine Menschheit, hg. J. Scharbert, Stuttgart 1971, S. 125f.
[22] R. Scheffbuch, ebd., S. 77.
[23] W. Künneth, Fundamente des Glaubens, S. 200f.

Resultat

Unsere Besinnung läßt sich in folgende Thesen zusammenfassen:

1. Unter »Utopie« begreifen wir das ideologisch begründete und konkret propagierte und manipulierte Bemühen um eine Wesensveränderung der Weltwirklichkeit ohne Bedenken der Wirklichkeit Gottes. Damit ereignet sich die groteske Peripetie von der Realität Gottes zu einem radikalen Wirklichkeitsverlust, dessen Defizit durch immer neu produzierte Illusionen getarnt wird.

2. Die erstrebte Weltveränderung ist eine Konsequenz des rein anthropologischen Denkansatzes des »aufgeklärten« Säkularismus im Gegensatz zu dem im biblischen Zeugnis gesetzten Offenbarungsaspekt. Infolgedessen wird die Realität Gottes und der nur in Gottesrelation zu verstehenden Schöpfungswelt prinzipiell verfehlt und einem utopischen Weltverständnis unbegrenzte Möglichkeiten gegeben.

3. Die Weltutopien gründen in einem dreifachen Irrtum. Erstens tritt die pervertierte kosmische Struktur als eine Welt der sich nicht mehr in Ordnung befindlichen Schöpfung, also einer »gefallenen Welt«, überhaupt nicht in den Gesichtskreis. So kann der Glaube an die menschlichen Möglichkeiten zugleich den Zukunftsglauben an die unbegrenzten Möglichkeiten technokratischer Machbarkeit einer Weltveränderung hervorrufen. Sodann scheitert der Zukunftsoptimismus einer Welterneuerung an der Wirklichkeit einer satanischen Dimension und ihrer Konkretisierung in »Sünde« und »Schuld«. Es ist überaus bezeichnend, daß diese Realitäten im Rahmen einer politisierenden Theologie kaum eine Rolle spielen. Zum dritten bleibt das eschatologische Gefälle des Weltprozesses, das durch Ungerechtigkeit, Friedlosigkeit und Vergänglichkeit qualifiziert ist, ohne Beachtung. Dieses Nichterkennen der apokalyptischen Züge des Weltlaufes ist daher die stets erneute Veranlassung, utopische Modelle für eine Zukunftsgestaltung der Menschheit zu entwerfen.

4. Die Umwandlung des Evangeliums zu einem Prinzip der Weltveränderung ist nichts anderes als die »Ursünde« der Vermischung von Gesetz und Evangelium. So kommt es zur Aufrichtung eines neuen »Nomismus«, der die Utopie der Machbarkeit des »Heils« erzeugt, jedoch umgekehrt die Realität des Heils zerstört.

Die Krise des utopischen Bewußtseins als Problem theologischer Ethik

Martin Schloemann, Wuppertal
4630 Bochum—Stiepel, Kemnader Str. 340

I. VORBEMERKUNG ZU BEGRIFF UND PHÄNOMEN DES UTOPISCHEN

Dieser Problemskizze, in der sich Bestandsaufnahme und weiterführende Überlegung verbinden, muß eine kurze Erklärung darüber vorangestellt werden, in welcher Bestimmtheit und Begrenztheit die Ausdrücke »Utopie« und »utopisches Bewußtsein« hier gebraucht werden[1].

1. Das »utopische Bewußtsein« manifestiert sich vornehmlich in Phantasie, Wachtraum, Vision, Symbol, Idee, literarischer Konstruktion und ähnlichem. Sein Gegenstand ist die »Utopie«, ein radikal alternativ vorgestellter Zustand außerhalb bisheriger Erfahrung. In Abgrenzung zur Alltagssprache, die hierbei nur abschätzig an Unmögliches und Illusionäres denkt (»Utopismus« ist definitiv so besetzt), wird die Utopie heute ernst genommen als »eine der größten und wichtigsten Mächte im Lebensprozeß des einzelnen und der Völker« (Tillich)[2]. Das Utopische ist als ein wesentliches menschliches Grundphänomen anzusehen, auch wenn die besonders von Bloch vertretene Auffassung nicht geteilt wird, das »Noch-Nicht« sei die Grundkategorie überhaupt.

2. Das utopische Bewußtsein überschreitet das Gegebene in Freiheit. Die Utopie ist deshalb unterschieden von der Prognose, welche Erfahrenes fortschreibt. Utopie ist freie Antizipation, von der extra-

---

[1] Zu Begriffsbestimmung, Literaturgeschichte und Bibliographie s. W. Biesterfeld, Die literarische Utopie, Stuttgart 1974 = Samml. Metzler 127; ders., Art. Bewußtsein, utopisches, Hist. Wb. Philos. 1, 906.
[2] P. Tillich, Die politische Bedeutung der Utopie im Leben der Völker (1951), GW VI, 188 (157—210).

polierenden Prognose aus freilich auch kritisierbar, ein Stück weit kontrollierbar.

3. Das im Laufe der Geschichte vielgestaltige utopische Bewußtsein richtete sich zwar überwiegend auf die «positiven Utopien» eines ersehnten Zustandes. Daneben und, wie ein Blick schon auf die Literaturgeschichte zeigt, in zunehmendem Maße gibt es die »negative Utopie«, oft aus Übersteigerung und Umschlag von Positivem sich bildend. Die dafür mancherorts üblich gewordenen Bezeichnungen »Gegenutopie« oder »Antiutopie« empfehlen sich weniger als die Bezeichnung »negative Utopie«, welche eine vorweg sprachregelnde Wertung (vgl. »Konterrevolution«) vermeidet[3].

4. In ethischer Hinsicht können Utopien als antreibendes Zielbild oder als abstoßendes Schreckbild wirken, im äußersten Fall gleichsam als Gipfel, in dessen Bezwingungsbann man gerät, oder als Abgrund, in dessen Sog man sich verliert. Dabei werden drei Charakteristika des utopischen Bewußtseins wichtig: Wo die Utopie in der Funktion des ethischen Leitbildes steht, wirkt sich besonders aus, daß dem utopischen Bewußtsein als »antizipierendem Bewußtsein« grundsätzlich eine (a) Tendenz auf Zukunft eignet. Mit guten Gründen unterscheidet Bloch den auf künftige Verwirklichung drängenden Tagtraum der Utopie von dem Nachttraum, der sich auf die Reise zurück macht[4]. Gerade in ihrer Unwirklichkeit wollen solche Wachträume nicht form- und gestaltungslos bleiben, sondern haben eine (b) Tendenz auf Realisierung, drängen auf neue »Konstruktion«[5], auf denkbare und beschreibbare Ausgestaltung mindestens in der Vorgestelltheit. Das utopische Bewußtsein gerät oft in eine (c) Nähe zu teleologischem Denken. Die verbreitetste Spielart des Marxismus setzt auch heute noch die Teleologie einer Natur- und Menschheitsgeschichte mit der zwangsläufigen Abfolge von Gesellschaftsformationen bis hin zur klassenlosen Gesellschaft voraus. Aber auch für Bloch ist utopisches Bewußtsein prinzipiell gleich Hoffnung und die streng positive »Invarianz der Richtung« des auf das Telos schon der gärenden Materie bezogenen antizipierenden Bewußtseins so grundlegend, daß die Enttäuschbarkeit der Hoffnung nur noch die

---

[3] Ähnlich zurückhaltend L. Gustafsson, Utopien. Essays, München 1970 = Reihe Hanser 53, S. 82f.
[4] E. Bloch, Das Prinzip Hoffnung, Frankfurt/M. 1959, S. 86ff.
[5] Ebd. S. 521ff.

Möglichkeit des Scheiterns ins Nichts offenläßt[6]. So verkündet er den »militanten Optimismus«, von dem Adorno sagte, er sei »Optimismus, mit Trauerflor kämpfend«, aber dennoch Optimismus, der die »Wahrheit der Teleologie« ohne vorgeordnete, vielmehr sich im aktiven Prozeß erst bildende Zwecke auf das Fernziel hin verfolgt[7]. Ob diese Konzeption und die hier noch weiterschreitende Marxinterpretation, die das geschichtsphilosophische Erbe Hegels zugunsten eines stärker an Kant orientierten praxeologischen Ansatzes zurücktreten läßt[8], Randerscheinungen bleiben, steht noch dahin.

II. THEOLOGISCHE VERÄNDERUNGEN IN DER PHASE DES DURCHBRUCHS UTOPISCHEN DENKENS

Die bewegte Zeit des Durchbruchs utopischen Denkens seit den 60er Jahren hat nicht nur in Politik, Philosophie, Pädagogik oder Kunst Spuren hinterlassen, es gab auch Umorientierungen in der Theologie, die dabei sogar keineswegs nur hinterdrein kam. Ohne Anspruch auf alle hier nun bald mögliche theologiegeschichtliche Akkuratesse oder gar Vollständigkeit seien nur einige hier wichtige, oft miteinander verbundene Merkmale herausgehoben:

Erstens vollzog sich eine erneute Futurisierung der Eschatologie, verbunden mit einer fast abrupten Abkehr von den verschiedenen Gestalten der sog. überzeitlichen Eschatologie. Nicht mehr in der geschichtslosen Existenz im »Augenblick« wortgeschenkter Christusgegenwart liegt nun die Erfüllung des Heils, sondern wieder in einer realen Zukunft Gottes. Vergangenheit und Zukunft werden nun wieder auch als linear-zeitlicher Ablauf in den Glaubensvorgang einbezogen, nicht mehr zugunsten der sog. »reinen Geschichtlichkeit« und »Zukünftigkeit« des Existierens abgewertet. An dieser Stelle lag für viele die wichtigste Wirkung der »Theologie der Hoffnung«.

Zweitens war hiermit eine tiefgreifende, neuartige Eschatologisierung des Gottesbegriffs verbunden. Auch dort, wo dies nicht mit einer

---

[6] Hierzu s. C. H. Ratschow, Atheismus im Christentum? Eine Auseinandersetzung mit Ernst Bloch, Gütersloh 1970, S. 19—29.
[7] E. Bloch, Das Prinzip Hoffnung, S. 1626.
[8] z. B. H. Fleischer, Marxismus und Geschichte, Frankfurt/M. 1970³ = es 323.

oft kurzatmigen Kritik am »Theismus« einherging, wurde erkannt, daß angemessenes Reden von Gott nicht in dem Hinweis auf seine Vorgegebenheit, auf sein Von-Ewigkeit-her-Sein aufgehen kann. Aber auch die immanentisierende Verrechnung Gottes als nur gegenwärtig-zwischenmenschliche Bezüglichkeit will man nun überwinden. Auffällig ist die Gemeinsamkeit der Richtung, die man von ganz verschiedenen Ausgangspunkten her nun einschlägt. Man versteht jetzt vor allem die Zukunftserfahrung als Gestalt der Transzendenzerfahrung. Man will nun definitiv vom zukünftigen Gott sprechen, von Gott als dem kommenden, von »Gott vor uns« (Metz), von Gott als der »Macht der Zukunft« (Pannenberg), ja in direkter Übernahme der Blochschen Formulierung von Gott »mit Zukunft als Seinsbeschaffenheit« (Moltmann).

Und drittens: Zugleich damit hat sich auch das Verständnis des christlichen Weltverhältnisses geändert. Nicht das Individuum in abstrakter »Weltlosigkeit« des Glaubens ist länger der bevorzugte Gegenstand theologischen Nachdenkens, sondern Welt, Geschichte und Gesellschaft in ihrer Konkretion und Variabilität. Es soll sich die Relevanz christlichen Glaubens jetzt fast ausschließlich daran erweisen, daß er das Transindividuelle nicht nur in seiner Gegebenheit zu verstehen sucht, sondern es im drängenden Vollzug sich realisierender Hoffnung auch verändert.

Im Blick auf unsere Fragestellung ist nun bemerkenswert, wie sich das neuartig eschatologisch-dynamisierte Gottes- und Weltverhältnis im ethischen Denken ausgewirkt hat. Unübersehbar ist hier der Niederschlag der erwähnten Charakteristika utopischen Bewußtseins, nämlich seiner Tendenzen auf Zukunft und auf konstruktive Realisierung sowie auch seiner schwer zu vermeidenden Nähe zur teleologischen Festlegung. Auch hier können nur in aller Kürze drei Typen herausgehoben werden:

1. Den ersten Typ könnte man den kirchlichen Typ zukunftsorientierter Praxis nennen. Hierzu gehört vor allem die »Theologie der Hoffnung« nach ihrer ethischen Seite. Für Moltmann ist ja — bei aller Kritik am Bestehenden der Kirche — die Bemühung um ein neues, eschatologisches Kirchenverständnis wesentlich. Die Exodusgemeinde erfüllt den Beruf der christlichen Sendung, die aus — freilich in ganz bestimmter Weise alttestamentlich vorstrukturierter — Auferstehungshoffnung lebt. Die Kirche ist es, die die in ihren Hoffnungsmöglichkeiten offene, noch nicht fertige Welt »in ihren Erwartungshorizont eschatologischer

Erfüllung von Recht, Leben, Humanität und Sozialität hineinnimmt«[9], und zwar durch exemplarische Praxis von Botschaft und befreiendem Handeln. Allgemeinmenschliche Utopie und christliche Hoffnung sind hier zwar nicht identisch, aber doch prinzipiell richtungsgleich.

2. Daneben und z. T. eng damit verwoben findet sich ein zweiter, mehr auf bewußte Säkularisierung gerichteter Typ theologischer Zukunftsethik, dessen Exponent etwa Harvey Cox ist[10]. Bei ihm wird zugleich die Nähe des Utopischen zu teleologischem Geschichtsdenken besonders deutlich. Nach Cox hat die Gemeinde nicht — wie bei Moltmann — die Welt in den Horizont der Verheißung hineinzunehmen, sondern sie hat sich selbst einem gottgewollten Geschichtsablauf auf Säkularisation hin zur Disposition zu stellen. Aus der Dynamik der Geschichte hat die Christenheit das zielgerichtete Welthandeln Gottes auf eine eindeutig diesseitige Vollendung hin herauszuspüren und es mitzuvollziehen. Trotz Abkehr von einer klassischen Teleologie, die in der Arché begründet und gebunden ist[11], legt sich dieses Denken doch faktisch fest, und zwar auf eine ganz bestimmte technisch-soziale Zielvorstellung hoch-utopischer Art, nämlich auf die Idee einer — inzwischen freilich schon wieder veralteten — Entwicklungspolitik: Es geht um den Bau der »Secular City«, der Stadt Gottes in aller Welt; und zwar wird die alte eschatologische Verheißung gleichgesetzt mit dem Vorgang der durchgreifenden, ganz wörtlich zu verstehenden »Urbanisierung« der Erde. Die »Stadt der Verzweiflung« bedroht zwar noch die »Stadt der Hoffnung«, der Weg dorthin ist zwar ein im Übergang noch gefährlicher, in der Richtung aber gottgewollter, ja Begeisterung auslösender Weg der Befreiung[12]. Die utopische Hoffnungsphilosophie steht dabei Pate: »Mit Blochs Hilfe können wir uns rückhaltlos mit dem Säkularen befassen, ohne das Transzendente zu opfern. Gott ist nicht über uns oder unter uns oder gar 'in' uns, er ist voraus[13]«.

3. Den dritten Typ christlicher Ethik aus utopischem Bewußtsein braucht man hier, weil am erkennbarsten der Fragestellung zugeordnet, nur zu erwähnen. Es ist der in verschiedenen Formen neuerwachte

---

[9] J. Moltmann, Theologie der Hoffnung, München 1973⁹, S. 302.
[10] H. Cox, Stadt ohne Gott? Stuttgart/Berlin 1968; ders., Stirb nicht im Warteraum der Zukunft, Stuttgart/Berlin 1968², bes. S. 167 ff.
[11] H. Cox, Stirb nicht..., S. 59 ff.
[12] Ebd., S. 141 ff.
[13] Ebd., S. 129.

christlich motivierte religiöse Sozialismus, der weithin ein modifiziert teleologisches Geschichtsverständnis und vor allem die Praxisentwürfe dem Marxismus entnimmt. Freilich, entsprechend den verschiedenen Richtungen des Sozialismus ist auch er aufgesplittert[14]. Sehr häufig aber werden hier christliche Hoffnung und soziale Utopie mehr oder weniger bewußt identifiziert.

An dieser Stelle ist daran zu erinnern, daß schon in den 20er Jahren Paul Tillich diesen Weg beschritten und übrigens als erster in diesem Zusammenhang auch den Begriff der Utopie als positiv-theologischen aufgenommen hat. Bekanntlich hat Tillich aber schon in den 30er Jahren nicht mehr wie vorher einen bestimmten »Kairos« zur Verwirklichung der »Sozialistischen Entscheidung« gesehen; später hat er die Reflexion des Utopischen unter Berücksichtigung seiner nun deutlicher erkannten Ambivalenz in sein ontologisches Denken eingebaut[15].

III. DIE KRISE DES UTOPISCHEN BEWUSSTSEINS UND ERSTE THEOLOGISCHE REAKTIONEN DARAUF

Inzwischen sind die Versuche einer direkten Synthese von eschatologischer Ethik und allgemeinem utopischem Bewußtsein wieder fragwürdig geworden. Denn das utopische Bewußtsein selbst als allein positives Zukunftsbewußtsein ist in den Jahren, die wir jetzt erleben, in eine fundamentale Krise geraten. Dies hängt zusammen mit der wachsenden Erkenntnis der Grenzen menschlicher Selbstverwirklichung unter den natürlichen und weltgesellschaftlichen Bedingungen.

Eine Gesellschaft im Aufbruch sieht sich plötzlich zum Einhalten oder wenigstens zur dramatischen, vielleicht auch ihrerseits wieder gefährlichen Verlangsamung des Tempos gezwungen. Für viele kam das ganz überraschend, manche wollen es auch heute noch nicht wahr-

---

[14] Die Spannweite zwischen denen, die von Barth, denen, die von Tillich, denen die vom älteren Reich-Gottes-Denken und einzelnen, die von der Zweireichelehre herkommen, ist hier groß. Am meisten vermißt man eine Arbeit, die die gelegentlich behauptete Möglichkeit einer theologisch ersprießlichen Aufnahme des Praxis-Modells etwa H. Fleischers (Anm. 8) unter Beweis stellt.

[15] Dazu s. Th. Mahlmann, Eschatologie und Utopie im geschichtsphilosophischen Denken Paul Tillichs, NZSTh 7, 1965, S. 339—370; H.-J. Gerhards, Utopie als innergeschichtlicher Aspekt der Eschatologie, Gütersloh 1973 = StevEth 11, S. 76 ff.

haben. Unsicherheit aber herrscht überall. Undeutlich ist noch weithin, welche bekannten und unbekannten Faktoren hier wirklich im Spiel sind und wie ernst sie genommen werden müssen. Aber im Bewußtsein, auf das es uns hier ja ankommt, hat sich deutlich etwas vollzogen. Offenkundig wird nun überall die Unüberwindlichkeit von Grenzen, an die man vorher nicht gedacht hat. Das Hohngelächter von rechts und links, mit dem die erste Studie des Clubs von Rom kommentiert wurde, ist fast verstummt. Das Memento der »Grenzen des Wachstums« ist als steinerner Gast nun immer dabei, wo über menschliche Selbstverwirklichung nachgedacht und debattiert wird, wenn man nicht die Gesamtheit der Weltprobleme einfach wegblendet. Wie auch die Details im einzelnen immer zu beurteilen sind, fest steht jetzt schon die grundsätzliche Unausweichlichkeit einer fundamentalen Bedrohung für die Menschheit, deren Abwendung vielleicht noch möglich, aber keineswegs gesichert ist.

Eben dies hat zu einem wachsenden Grenz-Bewußtsein geführt, welches dem frei ausgreifenden utopischen Optimismus nun im Wege steht und das utopische Bewußtsein, wie wir es in letzter Zeit gekannt haben, in eine schwere Krise bringt: Die technischen Utopien stoßen auf die Grenzen der Natur und der menschlichen Moralität. Die sozialen Utopien stoßen auf die Grenzen der Ökonomie und der Institutionen. Die politischen Utopien stoßen auf alle diese Grenzen zusammen. Es ist aber die Frage nach dem puren Überleben gestellt. Die Gefahr wird bewußt, daß die geistige »große Transformation« als »einzige Chance des Überlebens«[16] nicht im Menschheitsausmaß und nicht in der erforderlichen kurzen Frist gelingen könnte. Mit einem Mal wird im sich langsam verschärfenden weltweiten Verteilungskampf aller gegen alle auch die Dämonie der Macht wieder erkennbar. Es formieren sich hinter den sozialen Fronten Nationalismen und auch Religionskräfte verschiedener Couleur in aller Harmlosigkeit neu. Es treten neue ökonomisch-politische Imperialismen zu den alten hinzu. Und am Horizont erscheint wieder die Möglichkeit gewaltsamer Zuspitzung. Wir können darauf verzichten, die Bilder der nun massiert aufschießenden negativen Utopien auszumalen. Wichtig ist nur, daß deutlich wird, wie diese vielleicht bislang schwerste Krise der Menschheit, von der man

---

[16] G. Picht, Die Bedingungen des Überlebens, in: Die Zukunft des Wachstums, Kritische Antworten zum »Bericht des Club of Rome«, Düsseldorf 1973, S. 85.

überzeugt sein muß, daß wir gerade erst ihren Anfang erleben, das utopische Bewußtsein in allen seinen erwähnten Bezügen erfaßt hat: Seine Tendenz auf Zukunft ruft mit einem Mal Beklemmung hervor, weil viele jetzt mehr die Stationen des Aufhörens vor sich sehen als neue Anfänge. Seine Tendenz auf konkrete Realisierung wirkt lähmend, weil für viele die konstruktive Phantasie jetzt plötzlich böse Schreckbilder und nicht mehr nur Wunschbilder produziert. Und wer sich schließlich heute noch auf teleologisches Denken einläßt, dem droht dieses zum Geschichtsfatalismus auszuschlagen.

Diese Krise des utopischen Bewußtseins, die die öffentlichen Einstellungen so tief verunsichert, hat auch die Theologie erfaßt. Auch hier ist ein Aufbruch ins Stocken geraten. Hinzu kommt, daß das Hineinverwickeltsein des Christentums in die Entstehungsgeschichte der Weltnöte auch zu Schuldvorwürfen geführt hat[17]. Ganz abwegig sind solche Gedanken ja nicht, denkt man nur etwa an Cox, dem der selbstmörderische Charakter seines globalen Urbanisierungsideals zumindest zeitweise nicht bewußt war. Jedenfalls steht die theologische Ethik nun vor neuen, hoffentlich hinreichend selbstkritischen Überlegungen. Mit einer hastig entworfenen »Umweltethik« allein ist es ja nicht getan, so nötig sie ist. Das Problem auch ihrer Grundlegung spitzt sich jetzt auf unsere Frage zu, ob die christliche Praxis sich vom ausgreifenden utopischen Bewußtsein wieder ganz lossagen oder ob sie sich mit ihm noch enger oder nur auf eine vorsichtigere Weise verbinden soll. Man stößt da auf einige — wiederum herausgegriffene — Antworten, die sich zugleich auch charakteristisch unterscheiden durch den jeweiligen Grad des Erkennens des Problems, des Betroffenseins von ihm und der Annahmebereitschaft im Blick auf seine Herausforderung.

1. Für eine verbreitete theologische Einstellung gibt es keinen Anlaß, das Problem nicht zu erkennen oder es zu verdrängen. Dennoch nimmt man es nicht eigentlich an. Man ist ja selbst auch nicht direkt betroffen, denn man hat von jeher die Kategorie des Utopischen säuberlich aus der Theologie herausgehalten. Rolf Schäfer z. B. sagt: »Wahres christliches Handeln entwickelt sich nicht aus Utopien, sondern folgt aus dem Rechtfertigungsglauben«; darum ist bei der Ethik, besonders

---

[17] z. B. C. Amery, Das Ende der Vorsehung, Die gnadenlosen Folgen des Christentums, Reinbeck 1972, dazu s. M. Schloemann, Wachstumstod und Eschatologie, Stuttgart 1973, bes. S. 21 ff.

der politischen, »das Christentum keineswegs auf die 'Utopie' angewiesen«[18]. Ähnlich konnte ja auch schon Paul Althaus — freilich auf dem Hintergrund einer weniger dürftigen Eschatologie — nur kritisch von »unchristlichem Utopismus« sprechen[19]. Richtig an dieser Einstellung ist in der Tat das Bemühen, den christlichen Glauben und seine nüchterne Praxis geistgewirkter Liebe freizuhalten und abzusichern gegen seine Verkehrung durch sowohl einen gesetzlichen Aktivismus, der Endgültigkeit beansprucht und darin selbstgerecht ist, als auch durch die Verwechslung des eschatologischen Kommens Gottes mit menschlich berechenbarer, wünschbarer und herstellbarer Zukunft[20]. Dennoch bleibt hier zu fragen, ob utopisches Bewußtsein nur in einer teleologisch-atheistischen Geprägtheit vorstellbar ist. Kann es nicht auch noch anders eingeordnet werden, so daß es dem Rechtfertigungsglauben nicht bloß entgegensteht, sondern einer produktiven Vermittlung mit ihm wenigstens teilweise offen ist?

2. Der zweiten Art der theologischen Reaktion ist ein Betroffensein durch die Krise des utopischen Bewußtseins wohl abzuspüren. Es ist aber eher ein befriedigtes Betroffensein, das nicht mit einer wirklichen Annahme der Herausforderung verbunden ist. In einem Atemzuge könnte man hier sehr »linke« und sehr »rechte« Theologie nennen. Für beide ist der eigene krisisfähige Ermöglichungsraum für utopisches Bewußtsein schon weithin besetzt durch Konzeptionen apokalyptischer oder immanent-politischer Art. Für die einen kann es solche Krise im Grunde nur als Werk des kapitalistischen Klassenfeindes geben[21]. Denn selbst will man — trotz Anknüpfung an utopische Ahnungen — ja eben nicht utopisch, sondern »wissenschaftlich« vorgehen[22]. Für die anderen ist jedes utopische Denken grundsätzlich suspekt, weil man es nur in seinem Widerspruch zum festgelegten apokalyptischen Geschichtsschema

---

[18] R. Schäfer, Der evangelische Glaube, Tübingen 1974², S. 162, vgl. auch ders., Politischer Glaube oder christlicher Glaube, ZThK 71, 1974, S. 218 (181—226).
[19] P. Althaus, Die letzten Dinge, Gütersloh 1970¹⁰, S. 249.
[20] C. H. Ratschow (Atheismus im Christentum?, bes. S. 95f., 108f., 112f., 119) hat diese Bedenken noch bedeutend vertieft durch seine Auseinandersetzung mit dem teleologischen Utopie-Denken E. Blochs, das, wie schlüssig dargelegt wird, eben nichts mit der christlichen Eschatologie zu tun hat.
[21] Nicht frei von dieser Beschränkung ist auch H. Gollwitzer, der die Herausforderung bewußt annehmen will: Die kapitalistische Revolution, München 1974.
[22] Vgl. F. Engels, Die Entwicklung des Sozialismus von der Utopie zur Wissenschaft (1882).

sieht. Es gilt darum von vornherein ausschließlich als Ausgeburt endgeschichtlicher Hybris und verdient zusammen mit Technik und moderner Zivilisation nur Mißtrauen und Widerstand[23]. Diese anti-utopische Stellungnahme ist ja höchst zweischneidig: Man scheint nicht nur bedenkliche theologische Begründungen für bestimmte Erscheinungen in der Ökumene abzulehnen. Darüber wird man wohl reden können und müssen. Vielmehr lehnt man offenbar weithin überhaupt den für das Leben auf der Erde heute zwingenden, freilich höchst utopischen Gedanken der »Weltinnenpolitik« (v. Weizsäcker) als eine Versuchung des Antichrists grundsätzlich ab. So kann man wohl sagen: Beide Spielarten dieses Typs theologischer Reaktion auf die Krise arbeiten einander in die Hände: Militanter politischer Optimismus und extreme christliche Kulturkritik stehen — ausdrücklich oder de facto — gegen eine vielleicht doch mögliche Einbringung des utopischen Bewußtseins in die Praxis christlicher Liebe.

3. Die dritte Einstellung zur Krise des utopischen Bewußtseins ist geprägt durch weitgehendes Erkennen und Annehmen der Herausforderung. Hier meine ich die Theologen, die die Bedrohung der Lebensbasis der Menschheit deutlich vor Augen sehen, die sich von daher ergebenden Rückfragen ernstnehmen und entsprechende Neuorientierungen versuchen.

a) Der erste bemerkenswerte Versuch dieser Art ist Jürgen Moltmanns teilweise Revision der vor allem anfangs stark von Bloch geprägten Hoffnungstheologie. Der Gekreuzigte, so sagt Moltmann nun deutlicher als früher, »widerspricht der optimistischen Gesellschaft«[24]. Erst als theologia crucis kann die Theologie der Hoffnung zur wahren politischen Theologie werden, die zu den Befreiungen der Menschen aus den Teufelskreisen führt. Ich habe auf die auch hier offenbleibenden Fragen an anderer Stelle hingewiesen, vor allem darauf, ob — immer noch zu wenig betroffen — die faktischen Folgen der eigenen Theorie, auch der revidierten, genug bedacht worden sind[25]. Man muß überdies fragen, ob hier nicht immer noch zu viel abstrakte Dialektik im Spiel ist, die dazu verleiten kann, daß die nun häufig beschworene »Erinnerung« an

---

[23] Vgl. H. Lindsey, Die Feuerflut, Wetzlar 1974, etwa S. 111 ff.; 140 f., aber auch G. Huntemann, Was kommen wird, Gießen/Basel 1973, S. 38 ff., 56 ff., 81 f. und einige Formulierungen der »Berliner Erklärung« vom Himmelfahrtstag 1974.
[24] J. Moltmann, Die Verwandlung des Leidens, Ev. Komm. 1972, S. 713.
[25] M. Schloemann, Wachstumstod und Eschatologie, S. 34—41.

Kreuz und Leiden doch nur eine theoretische Entlastungsfunktion bekommt und wie eine Verbrämung wirkt, vergleichbar mit Blochs »Trauerflor«, der am Fundamental-Optimismus im Grunde nichts ändert. In Hinsicht auf die christliche Hoffnung ist jedenfalls immer noch nicht klar, in welchem Verhältnis sie eigentlich zur Utopie des Selbstersehnten steht.

b) Unter den anderen Revisionsvorschlägen ist besonders jene merkwürdige Wendung zu einem neuen religiösen Naturalismus zu nennen, wie er aus der amerikanischen »Prozeßtheologie« herüberkommt. In der Theologie zwar noch wenig beachtet, spielen ähnliche Gedanken im vortheologischen Raum und in den Gemeinden zunehmend eine Rolle. Man ruft das Christentum zur Annahme der Herausforderung auf, weil man seine Mitverantwortung an der Umweltkrise nicht abstreiten kann. Gefordert wird nun, etwa bei John B. Cobb[26], eine neue religiöse Naturphilosophie, die die Sonderstellung des Menschen aufhebt. Er, der Mensch, hat sich nur als ein Teil der Natur in den allgemeinen Lebensprozeß einzuordnen, ein Prozeß, der letztlich synonym für »Gott« steht. Der leere Raum, den der Schöpfungsglaube hinterlassen hat, füllt sich im Bewußtsein religiös gestimmter Naturfreunde mit anderen Ideen, oft unter Beibehaltung eines vage weiterverwendeten Begriffs von »Schöpfung«. Franziskus von Assisi wird — so verstanden — zum letzten, einzigen Heiligen. Die christliche Begründbarkeit dieses Denkens steht aber noch dahin. Auch ist noch offen, ob es in der Welt technischer Massenzwänge die notwendigen Planungen und wirksamen Maßnahmen eher behindert, wenn es im Ansatz ratio- und technikfeindlich ist.

c) Der dritte Neuorientierungsvorschlag geht demgegenüber auf eine Neubelebung echten Schöpfungsglaubens hinaus. Z. B. stellt Francis A. Schaeffer[27] die theologische Unangemessenheit jenes religiösen Naturalismus heraus, der vom Zurücksinken des Menschen in ununterschiedene Natur das Heil erwartet. Mit Recht weist Schaeffer dagegen auf die unausweichliche geschöpfliche Sonderstellung des Menschen hin, der seinen Herrschaftsauftrag wohl verraten, aber nicht loswerden kann. Es komme vielmehr darauf an, diesen Auftrag nun dem christlichen Schöpfungsglauben gemäß, der — bis zur endgültigen »substantiellen Heilung«

---

[26] J. B. Cobb, Der Preis des Fortschritts, Geleitwort v. K. Scholder, München 1972.
[27] F. A. Schaeffer, Das programmierte Ende, Wuppertal 1973.

— Verantwortung einschließt, wirklich wahrzunehmen. Es ist aber dennoch zu fragen: Bleibt nicht eine solche schöpfungstheologische Ethik im Grunde genauso wie die von ihr bekämpfte natur-religiöse trotz Erkenntnis und Annahme doch noch zu wenig betroffen von dem eigentlichen Problem? Müssen nicht beide mit ihrer Beschränkung auf das Spannungsfeld »Ursprung und Verantwortung« weithin hilflos bleiben? Hat die sozialethische Debatte der deutschen Theologie trotz mancher Irrwege nicht doch gezeigt, daß die Orientierung am Gegebenen, nur an der »Herkunft« nicht hinreicht? Müßte der Zusammenhang von Schöpfung und Verantwortung nicht auch nach vorn geöffnet werden? Stehen wir nicht heute unter einem durch die Krise eben nicht erledigten, sondern nur noch verschärften »Zwang zur Zukunft«, welcher weltinnenpolitisches Denken auf Zukunft hin unabdingbar macht und dazu neue, antizipierende Konstruktivität erfordert? Geht es nicht um eine solche Wahrnehmung des Schöpfungsauftrages, die die Freiheit des Glaubens zur weitest geöffneten Zukunftsperspektive einschließt? Wer diese Fragen bejaht, muß allerdings die Bedingungen kennen, unter denen allein sich das utopische Bewußtsein mit dem Leben des Christen vermitteln läßt.

IV. GESICHTSPUNKTE ZUR BLEIBENDEN BEDEUTUNG DES UTOPISCHEN BEWUSSTSEINS FÜR EINE EVANGELISCHE ETHIK

1. Eine angemessene theologisch-ethische Argumentation angesichts der Krise des utopischen Bewußtseins muß sich auch weiterhin der Erkenntnis stellen, daß das utopische Bewußtsein als ein anthropologisches Grunddatum unausweichlicher Bestandteil individueller und politischer Praxis und ihrer Reflexion ist.

Wer die Herausforderung also wirklich annehmen will, muß auch die Unausweichlichkeit und Ununterdrückbarkeit des utopischen Bewußtseins in Rechnung stellen. Gerade durch die Wachstumskrise ist nur noch deutlicher geworden, daß für wirksames, sach- und zukunftsbezogenes politisches Handeln das utopische Bewußtsein unentbehrlich ist, nämlich als Bestandteil des Dreischritts von Prognose—Utopie—Planung[28]. Frei-

---

[28] G. Picht, Prognose — Utopie — Planung, Stuttgart 1967.

lich ergeben sich aus dem in der Krise vielleicht Gelernten auch kritische Vorbehalte, wenn auch etwas andere als die gewöhnlich vorgebrachten.

Auf etwas ganz Richtigem besteht Rolf Schäfer ja, wenn er sagt, daß christliches Handeln, das dem Rechtfertigungsglauben entspricht, sich nicht in vager Beliebigkeit utopischer Schwärmerei ergeht, sondern solche »Zielbilder« vor Augen hat, die aus »vernünftigen Hoffnungsentwürfen« stammen[29]. Er irrt aber gründlich, wenn er meint, solche Zielbilder hätten mit Utopie nichts zu tun oder seien prinzipiell überhaupt davon unterscheidbar. Denn das utopisch antizipierende Bewußtsein, das im Wechselspiel von Nahziel und Fernziel[30] unvermeidbar dabei ist, steht als ein anthropologisches, dabei immer auch geschichtlich sich vermittelndes Grunddatum grundsätzlich auf derselben Ebene wie andere, früher üblicherweise allein berücksichtigte »Seelenvermögen«, wie Erinnerungskraft und logische Rationalität. Davon kann heute aber das Handeln in rebus civilibus nicht mehr absehen. Die cooperatio Dei cum hominibus[31] hat es mit allen Möglichkeiten des Humanum zu tun. Darum muß die Vernunft, welcher, wie Luther sagte, Gott alles »zeitlich Regiment und leiblich Wesen« unterworfen hat[32], gemäß unserer heutigen Kenntnis der — immer auch utopischen — Bewußtseinsstruktur des Menschen bestimmt werden. Der Begriff sachbezogener Ratio, die das Medium der Liebe sein soll, ist so zu erweitern, daß in ihm das utopische Bewußtsein mit seiner Tendenz auf zukunftsbezogene, konstruktive Realität mitgemeint ist, also etwa das, was man »Realutopie« genannt hat[33].

Die Vorbehalte liegen indessen da, wo das utopische Bewußtsein auch in der gleichen Gefährdung steht wie die anderen »Seelenvermö-

---

[29] R. Schäfer, Der evangelische Glaube, S. 162.
[30] Die wichtigen Ausführungen C. H. Ratschows hierzu (Atheismus im Christentum?, S. 113, vgl. 20, 70, 108f., 118f.) stellen die unabweisbare Frage nach der Nüchternheit in den Mittelpunkt. Es bleibt aber noch offen, ob die ernüchternde, relativierende »Entideologisierung« der Ziele und damit die Entteleologisierung der Ethik exklusiv dem hervortretenden Gott zugeordnet werden muß. Kann und muß sie nicht — ein sehr hilfreiches Stück weit — auch von der »natürlichen Vernunft«, heute von der futurologisch-prognostischen »Falsifikationskontrolle« geleistet werden?
[31] Dazu s. M. Seils, Der Gedanke vom Zusammenwirken Gottes und des Menschen in Luthers Theologie, Gütersloh 1962 = BFchrTh 50, bes. S. 130ff.; 184ff.
[32] WA 30 II, 562, 9 (Eine Predigt, daß man Kinder zur Schule halten solle 1530).
[33] W. Dantine, Realutopie als Grundlage christlichen politischen Handelns, WPKG 59, 1970, S. 515—524.

gen«. Nicht erst, weil jetzt geahnt wird, daß zur Realität der Utopie ihre unheimliche Ambivalenz, die Präsenz der Negativität des Utopischen hinzugehört, sondern weil alle Möglichkeiten des Humanum zweideutig sind und bleiben. Theologisch kann man das auch so ausdrücken: Die Utopie gehört wie alles menschlich-natürliche Vermögen zur Sphäre des Gesetzes, das von Haus aus gute Gabe Gottes ist, aber dennoch unter den Bedingungen des Willens zur Selbstverwirklichung — und das hieße hier: bei seiner Einvernahme in eine spekulative Teleologie oder in eine militant-gesetzliche[34] Praxeologie — nicht lebendig macht, sondern tötet. In der Hand des sündigen Menschen hat es darum letztlich zweischneidige Folgen, welche für sich und von sich aus im Gericht nicht bestehen.

2. Wegen solcher Zweideutigkeit des utopischen Bewußtseins ist heute die Rücknahme der Versuche seiner religiösen Überhöhung geboten. Utopie und christliche Hoffnung sind im angefochtenen Leben des Glaubens schwer auseinanderzuhalten, doch in ihrer Zugeordnetheit zu Gesetz und Evangelium streng zu unterscheiden und in den Horizont des Gerichts zu stellen.

Ein wirkliches Betroffensein durch die Krise des utopischen Bewußtseins könnte also zum Anlaß werden, eine kritische Überprüfung seiner in letzter Zeit oft vorgenommenen Einordnung als Kategorie eschatologischen Heils zu versuchen[35]. Das, was in die Krise geraten ist, ist zwar für die Theologie nicht ohne weiteres schon Möglichkeit oder

---

[34] Dazu in bezug auf Bloch s. C. H. Ratschow, Atheismus im Christentum?, S. 98.

[35] Ebensowenig wie aus der Negativität der Utopie der Gerichtshorizont direkt ablesbar ist (dazu vgl. M. Schloemann, Wachstumstod..., S. 46ff.), so ist es nicht möglich, wie z. B. H.-J. Gerhards (s. o. Anm. 15) eine dezidiert positive »konkrete Utopie« zum »innergeschichtlichen Aspekt« einer ethisch auswertbaren Eschatologie zu machen. Die Grundthese seines im einzelnen interessanten Buches mit dem Untertitel »Die konkrete Utopie Ernst Blochs unter dem eschatologischen Vorbehalt der Theologie Paul Tillichs« ist nicht durchführbar. Denn das, was Bloch unter »konkreter Utopie« versteht, läßt sich grundsätzlich nicht unter irgendeinen theologischen Vorbehalt stellen, weil es materialistisch und atheistisch festgelegt ist (vgl. P. Steinacker-Berghäuser, Das Verhältnis der Philosophie Ernst Blochs zur Mystik. Diss. Marburg 1973, S. 155ff., 164ff., 225ff., ders. Mystischer Marxismus?, NZSTh 17, 1975, S. 39—60). Man sollte deshalb, um Verwechslungen zu vermeiden, christlicherseits den Ausdruck »konkrete Utopie« zurückstellen und lieber von »Realutopie« sprechen. Nur die Utopie, wie wir sie im Zusammenhang von Anthropologie und Gesetz zu bestimmen versuchen, kann als ethisch in Dienst genommenes und zugleich gerichtsfähiges menschlich-geschichtliches Grundphänomen zum Medium möglicher Verwirklichung von Glaubenspraxis werden.

Berechtigung utopischen Denkens überhaupt. Ein solcher Schluß würde alles Denken mit betreffen, alle Bezüge der Vernunft und alle gegenwärtigen Möglichkeiten der Rede vom primus usus legis. Aufzugeben ist hingegen die unbesehene oder versteckte Gleichsetzung des utopischen Bewußtseins mit dem eschatologischen Glauben und seiner Praxis, die Verwechslung der Utopie menschlicher Selbstverwirklichung mit der Christenhoffnung. Dies wäre unter dem Aspekt des coram Deo als eine aktuelle Form der Vermischung von Gesetz und Evangelium zu bezeichnen.

In der Praxis des Lebens aus christlichem Glauben, die als unvermeidlich politische an eigenem und fremdem utopischen Antizipieren nicht vorbeikommt, ist diese Unterscheidung freilich nur schwer möglich. Es ist ja keine vorgängige Festlegung und leicht einsichtige Aufteilung der theoretischen Inhalte gegeben. Alle Ausgestaltungen des utopischen Bewußtseins, alle Vermittlung mit gegebenen Ordnungen, alles Eingehen auf Theoriebildungen anderer, ja selbst alles Wagnis der Inanspruchnahme von Inhalten religiöser Schau dafür sind vom glaubenden Christen in seiner Angefochtenheit selbst zu verantworten. Die notwendige Unterscheidung ist ein Lebensprozeß, in dem die Liebe Christi Gestalt gewinnt, zugleich aber der grundsätzliche Gesetzescharakter des utopischen Bewußtseins deutlich wird. Parallel dazu ist aber erforderlich, daß in der Theologie der überlieferte Gesetzesbegriff nach seiner wirklichen Reichweite bestimmt wird. Er darf weder allein an der »Herkunft«, nur an geschehener Schöpfung und ihrer Ordnungen, festgemacht werden, noch auch auf die abstrakte, anonyme Totalforderung des Augenblicks der Existenz zusammenschrumpfen. Vielmehr muß das Gesetz gerade auch in seiner Gestaltwerdung in den Antizipationen der utopischen Vernunft und ihren Vermittlungen aufgespürt und theologisch qualifiziert, d. h. nach seinen usus erkannt und zum befreienden Gnadenwort des Evangeliums in Beziehung gesetzt werden.

3. Das utopische Bewußtsein kann dann, wenn es von der christlichen Hoffnung klar unterschieden ist, als verantwortlich mobilisierbares, weil kritik- und gerichtsfähiges Potential zur Wirksamkeit und Kommunikationsfähigkeit evangelischer Ethik beitragen.

Die Aufnahme des utopischen Bewußtseins als anthropologisches Medium der Liebe in die christliche Ethik ist sinnvoll, wenn nicht nur die Erkenntnis seiner Nicht-Heilhaftigkeit und die in der Krise gewonnene Erkenntnis seiner stets präsenten Negativität festgehalten wird, sondern auch seine unausgeschöpften Möglichkeiten wirklich genutzt werden. Die Grenzen sind zwar abgesteckt: Realutopie kann nicht für eine geschichtsphilosophisch präjudizierte Pseudoeschatologie mißbraucht werden. Aber es ist auch erforderlich, daß die utopische Phantasie sich mobilisieren lassen darf und soll. Eben weil Christen aufgrund ihrer Hoffnung über den Tod und das Ende dieser Welt hinaus frei sind vom Zwang der Geschichtstheorien, haben sie Handlungsfreiheit, Freiheit auch zum Wagnis utopischer Antizipation. Hierbei müssen sich aber die Zukunftsbilder mit historischer Analyse und mit extrapolierender Prognose kritisch vermitteln lassen, wenn sie in politisches Handeln umgesetzt werden sollen.

Für die Disziplin der theologischen Ethik bedeutet das, daß die interdisziplinäre Perspektive an der heute entscheidenden Stelle erweitert wird. Es geht um die Berücksichtigung der Futurologie, sofern diese heute immer weniger ein windiges Geschäft, sondern selbstkritische und utopiekritische Wissenschaft wird. Möglich ist dies der Theologie aber nur, wenn sie sich dessen bewußt bleibt und wieder wird, daß das letzte Wort über Wert und Gültigkeit von positiven wie negativen Utopien nicht das philosophische oder theologische Urteil und auch nicht die futurologisch-prognostische Falsifikationskontrolle spricht, sondern der wiederkommende Herr. Die Berechtigung der heftigen Dynamisierung christlichen Weltbezuges und die Kommunikations- und Kooperationsfähigkeit der theologisch-ethischen Theorie müssen sich erst noch erweisen an der Fähigkeit, in der Praxis der Liebe realutopisches Bewußtsein mit wirklich kritischer Zukunftsanalyse zu vermitteln, auch dann, wenn die Ergebnisse den eigenen Wünschen und dem, was man für die naheliegenden Bedürfnisse der Menschen gehalten hat, nicht entsprechen. Die Frage nach dem Nächsten muß ja heute auf die Nachgeborenen ausgedehnt werden. Jede Ethik, die sich hieran orientiert, ist heute auf Utopisches angewiesen, nicht nur auf das Zielbild einer zum Guten organisierten Weltgesellschaft als der Bedingung des Friedens und Überlebens, auch wenn die Aussichten dafür nicht groß sind, sondern auch auf warnende negative Visionen.

Christliche Ethik kann um so wirksamer an solcher Bemühung um den Menschen beteiligt sein — und das wäre der vorläufig wichtigste Ertrag der Krise des utopischen Bewußtseins für die Theologie —, wenn sie die Utopie besserer Weltordnung, ohne die kein Mensch auskommt, nicht mit dem kommenden Reich Gottes verwechselt und dennoch an ihrer Verwirklichung arbeitet. Die Spannung, die hier erkennbar wird, besteht darin, daß die Idee einer guten gesamtplanetarischen Ordnung, die für die Überlebensfrage heute unabdingbar ist, in Konflikt gerät mit dem Glauben an die neue Schöpfung, die den Untergang der alten voraussetzt, womit auf ihre Weise auch die negative Utopie befaßt ist. Damit sind aber die utopischen Ideen des sozialen Ausgleichs oder die der Vereinten Nationen ihres eigentlichen Heilscharakters entkleidet und können zum Vehikel des Erhaltungsauftrags werden, für den Christen zum Ort des exercere caritatem in ordinationibus (CA 16), der Überlebenshilfe bis zum Ende der Tage.

Evangelischer Glaube müßte diese Spannung aushalten können, weil er die dunkle Ambivalenz, die Möglichkeit des Scheiterns alles menschlich Erstrebten, nicht nur kennt, sondern auch nicht von sich abzuschieben braucht, weder auf den Klassenfeind rechts oder links noch auf ein böses Schicksal, vielmehr sie schon bei sich findet — und sich abnehmen läßt. Er glaubt, daß Christus für diese Welt schon dahingegeben ist. Er ist darum des Kommens Gottes hoffend gewiß.

Evangelische Ethik sollte sich also mit dem utopischen Bewußtsein auf die ihr eigene Weise befassen. Sie sollte sich seiner Tendenz auf Zukunft mutig stellen, sie sollte seine Tendenz auf konstruktive Realisierung stärken, schon um es kritikfähig zu halten, sie sollte aber bei alledem der Versuchung des geschichtsteleologischen Selbstabschlusses widerstehen. So würde sie anders, als es Tillich möglich war, frei vom »Geist der Utopie«[36], dafür aber dann frei zum unbefangenen, kritischen und gerichtsoffenen Umgang mit der Utopie selber, fremder und eigener.

---

[36] P. Tillich: Die politische Bedeutung ... (s. o. Anm. 2), S. 210.

Ernest Ansermet über die Krise in Musik und Religion

Johan Bouman, Marburg/Lahn
3551 Göttingen Kr. Marburg, Frankenberger Str. 20

Anläßlich des Buches: *Ernest Ansermet*: Die Grundlagen der Musik im menschlichen Bewußtsein, München 1965.

Große Worte in den Mund zu nehmen, ist leicht; sie aber glaubwürdig zu machen, ist eine wissenschaftliche oder künstlerische Leistung ersten Ranges. Besonders wenn es darum geht, in unserer Kultur krisenhafte Erscheinungen aufzudecken, läuft der Betrachter Gefahr, Strömungen, die mit seinem persönlichen Geschmack und seiner Tradition nicht übereinstimmen und die dennoch eine hoffnungsvolle Zukunft eröffnen, zu verpönen. Dennoch herrscht in der Welt der Musik und der der Religion keine gelassene Ruhe. Die Tatsache, daß die Komponisten der heutigen Avantgarde sich nicht mehr nach den Regeln der tonalen Musiksprache richten, hat Gerhard Albersheim zu der Feststellung veranlaßt: »Wie immer man ihre Musik auch bewerten mag, wir haben unleugbar eine kritische Phase in der Entwicklung der Musik (wie auch der anderen Künste) erreicht, die offensichtlich nur ein besonderer Aspekt der tiefen und schicksalsträchtigen allgemeinen Krise ist, durch die die heutige Menschheit geht[1].«

In dieser Bemerkung wird davon ausgegangen, daß die Krise in der Kunst nur ein Aspekt einer tiefgreifenden Verunsicherung der heutigen Menschheit ist, also aus einer gemeinsamen Wurzel empor-

---

[1] G. Albersheim, Zur Musikpsychologie, Wilhelmshaven 1974, S. 19—20.
Aus ganz anderem Gesichtspunkt: K. Lorenz: »Wenn man aber als vergleichender Verhaltensforscher und Arzt die heute viel deutlicher gewordenen Verfallserscheinungen unserer eigenen Kultur betrachtet, sieht man selbst bei dem geringen Stande unseres gegenwärtigen Wissens eine Reihe von Störungen, deren pathologische Natur offensichtlich ist.« (Die Rückseite des Spiegels. Versuch einer Naturgeschichte des menschlichen Erkennens, München 1975, S. 14, vgl. auch S. 31).

wächst. Wenn das zutreffen würde, dann würde die Krise in Musik und Religion darauf hinweisen, daß beide einer gemeinsamen Quelle des menschlichen Geistes entspringen, so daß man erwarten könnte, daß eine klare Einsicht in die Struktur des einen Phänomens Aufschlüsse auf die des anderen ergäbe.

Es wird tatsächlich von sehr vielen behauptet, daß Musik und Religion einen gemeinsamen Ursprung haben. Man weist darauf hin, daß bereits seit den ältesten Religionen die religiöse und die musikalische Erfahrung eng verknüpft waren[2]. Die Sumerer haben ihren Göttern Psalmen und Hymnen in Vokal- sowie in Instrumentalmusik dargeboten; der chinesische Gott Shang-ti erlebte Freude an Opfergaben, Musik und Tanz; in der indischen Religion wird der Gott Indra gelegentlich »der Tanzende« genannt[3], und die Açvins, die Besitzer von māyā, »die tanzenden Helden«[4], denn ekstatische Tänze lösten Kraft aus; Prajāpati hat nicht nur den Geist, sondern auch die Poesie und die Melodien geschaffen — er ist das Opfer, oder besser die kultische Darbringung des Opfers (yajna), das irdische Gegenbild des kosmischen Dramas, und der Mensch, der dieses Opfer darbringt, singt den Purusasāman[5]; die Priester im alten Ägypten betrachteten die Musik als eine wichtige Wissenschaft; in der klassischen Religion Griechenlands bietet Hermes dem Phoebus Apollo die Lyra an[6]; von besonderer Bedeutung ist Orpheus, der Sohn des Apoll und der Muse Kalliope, der durch seine Musik die wilden Tiere, Sterne und Bäume bezauberte und durch sein Lied die Unterweltgötter bewog, ihm seine Gattin Euridike zurückzugeben; in dem dem Gott Dionysos geweihten Kultus hatten ekstatischer Tanz und Musik die reinigende Wirkung der Katharsis[7]. Diese

---

[2] Über die enge Verbindung von Musik und Religion: G. van der Leeuw, Muziek en Religie, Amsterdam 1934; R. W. S. Mendl, The Divine Quest in Music, London 1957. — Zusammen mit Musik war auch der Tanz von Anfang an Ausdrucksform der religiösen Erfahrung. Dazu: C. Sachs, World History of the Dance, New York 1937.

[3] Rk 2,22,4.

[4] 6,63,5.

[5] Vgl. J. Gonda, Die Religionen Indiens, I. Veda und älterer Hinduismus, Stuttgart 1960.

[6] Die Lyra kam der Sage nach aus dem Norden, doch wurde die Erfindung dem Gott Hermes zugeschrieben.

[7] E. R. Dodd, The Greeks and the Irrational, p. 78: »... claimed to operate a catharsis by means of an infectivous 'orgiastic' dance accompanied by the same kind of 'orgiastic' music-tunes in the Phrygian mode played on the flute and the kettle-drum«, zitiert in Mendl, S. 22.

allzu dürftigen Beispiele[8] verleihen schon einen Anhaltspunkt für die Annahme, daß Musik — zusammen mit den verschiedensten Formen des Tanzes — von Anfang an ein wesentlicher Ausdruck der religiösen Erfahrung gewesen ist. Deswegen konnte sie auch als eine Gabe der göttlichen Welt verstanden werden.

Was die biblische Tradition anbelangt: das alttestamentliche Volk Israels hat die Psalmen gesungen, und die Musik der Leviten hat der Darbringung des Opfers zusätzliche Kraft verliehen. Später wurde sich das talmudische Judentum der göttlichen Quelle der Musik immer mehr bewußt. Die Rabbinen sprachen von der himmlischen Musik der Engel und der Gerechten (Hag. 12b; 14a; Av. Zar. 3b; Er. 21a; Sanh. 91b; Meg. 10b). Diese Idee hat die Kabbalah, und besonders das Buch Zohar, weitergeführt: es bekundet die Vision der himmlischen Chöre und ihrer Entsprechung auf Erden: Israels Dankgesang.

Über die engen Beziehungen zwischen der christlichen Religion und der Musik braucht kaum gesprochen zu werden. Einerseits hat die kirchliche Liturgie in der Musik eine vollends angemessene Form gefunden, den Glauben zu bekennen und zu feiern; zum anderen hat das christliche Abendland der Musik zu ihrer höchsten Entwicklung verholfen. »Hier sei bemerkt, daß es ein Gesetz gibt, das in allen wichtigen Phasen der abendländischen Geschichte zu beobachten ist: Die Musik beginnt in der religiösen Sphäre, weil das »Religiöse« das Fundament von allem anderen ist; ... «[9]. Wir wollen durch einige Beispiele dieses Phänomen von einer anderen Seite beleuchten. Es liegen Aussagen vor, die bestätigen, daß die musikalische Erfahrung entweder ohne weiteres mit der religiösen wesensgleich sei, oder mindestens die gleiche existentielle Grenzerfahrung des Daseins und des Sinnes des Lebens berühre. Johann Sebastian Bach betrachtete alle Musik, die sakrale wie die sog. profane[10], als Religion und Heiligung. Zu seinen Schülern hat er gesagt, daß der bezifferte Baß[11], wie alle Musik, kein anderes Ziel hätte als die Ehre Gottes und die Heiligung der Seele. Joseph Haydn bestätigte,

---

[8] Die beliebig vermehrt werden können. Mendl hat sie ausführlich aufgezählt und untersucht, a. a. O. S. 8—25.

[9] Ansermet, S. 380.

[10] Auch seine profane Instrumentalmusik ist des öfteren auf kirchlichen Gesängen aufgebaut. Ich weise für dieses Phänomen auf die in nächster Zukunft erscheinende Studie von Fenger hin.

[11] Also reine Theorie und Harmonielehre.

niemals so religiös ergriffen gewesen zu sein, als während der Zeit, in der er »Die Schöpfung« komponierte. Jeden Tag fiel er auf die Knie und bat Gott, ihn in dieser Arbeit zu stärken. Nachdem Jean-Jacques Rousseau Glucks 'Orpheus und Eurydike' gehört hatte, sagte er: »Weil man während zwei Stunden so viel Freude erlebt, verstehe ich, daß das Leben für etwas gut sein kann[12].« Der englische Dirigent Sir Adrian Boult hat die restlose Hingabe der Zuhörer als: »This is the next thing to an act of worship« erklärt bekommen.

Vor diesem Hintergrund ist es verständlich, daß der niederländische Musikwissenschaftler und Komponist Rudolf Mengelberg[13] die Krise in der Musik unmittelbar auf die in der Religion zurückführt. In einer Untersuchung stellt er fest, daß die zeitgenössische Musik, was Stil und Form anbelangt, nicht mehr schöpferisch sei. Er kommt zu dem Schluß, daß diese Musik erst dann wieder zum Schöpferischen in Form und Stil fähig sei, wenn das Abendland den Weg zum christlichen Glauben zurückgefunden habe[14]. Dennoch bleibt die Frage im Raum stehen, ob pauschal alle Musik a priori so unmittelbar mit der Religion verbunden sei. Wir haben zuvor Ansermet nur teilweise zu Wort kommen lassen; sein Gesetz geht weiter und besagt: »sodann geht sie in die weltliche Sphäre über, wo sie zunächst eine Funktion hat; erst hierauf wird sie um ihrer selbst willen — als Ausdrucksakt — gepflegt«[15]. Somit ist zu erwarten, daß es ein kompliziertes Verhältnis zwischen Musik und Religion gibt, dessen Komponenten jeweils in eigener Struktur untersucht werden müssen[16]. Ernest Ansermet hat in seinem Buch, das als eine Phänomenologie der Musik verstanden sein will, diese mehrfachen strukturellen Verhältnisse untersucht.

---

[12] Vgl. M. Vermeulen, De Muziek, dat Wonder, Den Haag 1958, S. 123, und Matthys Vermeulen fügt hinzu: »In seinen jungen Jahren hatte er selbst komponiert. Als er dies sagte, hatte er schon viel philosophiert und geforscht.«

[13] Er war vor dem zweiten Weltkrieg lange Jahre Mitglied des Vorstandes des Amsterdamer Concertgebouworchesters und hat auch einige Werke, darunter 'Salve Regina', auf seinem Namen stehen. Er war ein Neffe des Dirigenten dieses Orchesters, Willem Mengelberg.

[14] Zitiert bei Ansermet, S. 220.   [15] S. 380.

[16] Auf eine Strukturform hat Ernst Bindel, Die Zahlengrundlagen der Musik im Wandel der Zeiten I und II, Stuttgart 1950—51, hingewiesen. Er behandelt die der Musik zugrunde liegende Zahlenordnung. Doch dieser Numerus darf nicht entseelt werden: »Er muß wieder dem Numen, der Gottheit angenähert werden ... So kommt alles darauf an, daß in immer bewußterem Schaffen die Verbindung mit dem Unendlichen, ohne die keine Klangvision möglich ist, nicht abreißt.« II, S. 144—145.

Die Methodologie seiner Arbeit besteht darin, daß er immer von der Musik ausgeht und von daher Einsichten in andere Gebiete, vor allem die Ethik und die Religion, aber auch die abendländische Kultur und ihre politische Entwicklung, zu gewinnen sucht. Folgen wir ihm auf dem Wege dieser Methode.

Unter Musik versteht er ein »*Erlebnis, das der Mensch hat, ohne es zu reflektieren*«[17]. Deshalb hat es in der Geschichte keine einheitliche Musiktheorie gegeben, denn »was wir heute festhalten müssen, ist die Tatsache, *daß die musikalische Schöpferkraft nicht aus der Theorie entstehen kann*«[18]. Die Musik hat also ein Eschaton, weil sich »der Sinn der Musik erst am Ende der Zeiten zeigt«[19]. Durch diesen Sachverhalt ist aber ipso facto die innere Verbindung zu Gott und Welt hergestellt. »Es erweist sich, daß die Bewußtseinsphänomene, die bei der Musik eine Rolle spielen, dieselben sind, die am Ursprung aller Grundbestimmungen des Menschen in seiner Beziehung zur Welt, zu Gott und zur menschlichen Gesellschaft stehen; sie gehören zu einer quasi unbekannten Bewußtseinssphäre ... [20].« Die Musik kann als physischer Vorgang allein nie ganz erklärt werden. Ein anderes Organ unserer Bewußtseinsstruktur als das rein auditive Bewußtsein greift ein, »und das kann nur das psychische Selbstbewußtsein sein, das in diesem Augenblick zur reinen Reflexion seiner Hörtätigkeit wird und so der gehörten Tonfolge einen Sinn verleiht«[21]. »Das Phänomen wird dadurch gänzlich *verinnerlicht*. Die Musik ist ein innerliches, rein psychisches Phänomen«[22], die dennoch »eine totale Signifikation der menschlichen Subjektivität in sich trägt«[23]. »Denn, was sie uns vom Menschen offenbart, ist sein verborgenes Wesen[24].«

Es erhebt sich an dieser Stelle die Frage, wieso die Musik diese integrale Funktion erfüllen kann. Die menschliche Existenz nämlich ist als Bewußtseinsexistenz eine Dauer, »die sich verzeitlicht, indem sie ständig von einer Vergangenheit werdenden Gegenwart zu einer Zukunft übergeht« und ist als körperliche Existenz eine kadenzielle Struktur gemessener Zeitlichkeit, »die seine Dauer erzeugt«. Diese beiden parallelen, aber nicht zusammenfallenden Zeitlichkeitsstrukturen — dieser Doppelbegriff von Zeit und Dauer —, signifizieren sich gegenseitig.

---

[17] S. 11. [18] S. 15. [19] S. 21.
[20] S. 22. [21] S. 128. [22] S. 130.
[23] S. 739. [24] S. 143.

»Diese doppelte Zeitlichkeitsstruktur signifiziert jede melodische Struktur einerseits durch ihre Tonstruktur und andererseits durch ihre rhythmische Struktur«[25]. Die räumliche Struktur des Melodieweges ist »das getreue Abbild unserer existentiellen Zeitlichkeit«[26], denn mindestens zwei Intervalle konstituieren die Zeitlichkeitsstruktur Vergangenheit—Gegenwart—Zukunft[27]. Dadurch ist die Tonstruktur des Melodieweges »ein absolut realistisches Abbild unserer existentiellen Zeitlichkeit, während die rhythmische Struktur des Melodieweges ... ihrer Kadenz ein exaktes Maß geben muß, das sie in unserem täglichen Dasein nicht hat oder das unbemerkt bleibt«[28]. Diese Kadenz ist nun aber nicht mechanisch, metronomisch, sondern ihrem Wesen nach seelischer Art[29]. Es gibt »zwei rhythmische Grundkadenzen: die zweizeitige und die dreizeitige. Da unsere existenzielle Kadenz im musikalischen Akt der Modus ist, unter dem sich das Musikbewußtsein in diesem Einbildungsakt unsere Atemkadenz signifiziert, besteht unsere einzige Möglichkeit, den Sinn dieser Grundkadenzen zu erfassen, darin, daß wir uns erinnern, daß in unserem Tun in der Welt — beim Gehen oder bei jeder beliebigen Arbeit — unsere Atmung regelmäßig ist und in einer zweizeitigen Kadenz verläuft, während sie in der Ruhe oder im Schlaf in dreizeitiger Kadenz verläuft: *pp*. Beim Ruhen oder Schlafen lösen wir uns gewissermaßen von der Welt, wir leben für uns; und auf diese Weise wird für uns die dreizeitige Kadenz die Kadenz unserer introvertierten Einstellung, die zweizeitige dagegen zur Kadenz unserer extravertierten Haltung«[30]. Ist also die rhythmische Grundkadenz an das Wesen unseres Lebens gebunden, ist auch die Tonstruktur existentiell an unser Bewußtsein gebunden und kann nicht frei und chaotisch herumtoben. Die Hörwahrnehmung ist logarithmisch: »Der Umstand, daß das Hörbewußtsein die Töne wahrnimmt, indem es sie zu einer eingenommenen

---

[25] S. 739.   [26] S. 141.

[27] z. B. die Tonfolge e—gis—h, die den ersten Satz von Bachs Violinkonzert Nr. 2 (E dur) eröffnet. Wenn das Bewußtsein das gis (Gegenwart) hört, weiß es, daß es von e (Vergangenheit) gekommen ist und schaut von dem gis nach dem kommenden h (Zukunft) aus.

[28] S. 141.

[29] S. 139. Genauso wie m. E. der melodische Übergang der Intervalle von Vergangenheit über Gegenwart nach der Zukunft mit der Zeitlichkeit der Uhr nichts zu tun hat. Hier ist die Einteilung in 60 Minuten bzw. Sekunden völlig indifferent. Jede Musik erschafft ihre eigene Zeitlichkeitsstruktur. Diese Tatsache ist ein Hinweis auf die Relativität der Zeit. Vgl. Albersheim, S. 41.

[30] S. 296.

Tonposition in Beziehung setzt, zeigt an, daß die Bildung eines Logarithmensystems, auf das sich alle Tonpositionen beziehen, möglich sein muß[31]; denn ein Logarithmensystem muß einen Anfang haben. Es folgt daraus, daß die *conditio sine qua non* für die Wahrnehmung von Tonpositionen im musikalischen Erleben die ist, daß in einem gegebenen musikalischen Geschehen alle diese Positionen von einer anfangs eingenommenen Position als Zentrum der Hörperspektive (Tonzentrum) aus bestimmt werden müssen. Das wäre das Gesetz der *musikalischen Hörwahrnehmung*«[32]. Dieses auf unserer natürlichen Hörbeschaffenheit beruhende Gesetz impliziert, daß »Reine Tonstrukturen, die aus mathematischen Formeln hervorgegangen sind und mit unserem logarithmischen System nicht übereinstimmen, zu nichts führen können«[33]. Mit diesem, unseren natürlichen Hörmöglichkeiten angepaßten Vorsatz hängt auch das Gesetz der Tonstruktur, eines bestimmten Tonwegs, zusammen. Denn Grundlage aller musikalischen *Form*[34] ist die Tonstruktur Tonika—Dominante—Tonika[35], und diese setzt ipso facto die Struktur Vergangenheit—Gegenwart—Zukunft«[36]. Weil also die melodische Kadenz unserem Herzschlag, unserem Atem entspricht, der Melodieweg unserer zeitlichen Existenz Vergangenheit—Gegenwart—Zukunft, und die Tonstruktur Tonika—Dominante—Tonika unserer natürlichen Hörbeschaffenheit, muß die Abwechslung von Konsonanz und Dissonanz eine Qualifikation des Musikbewußtseins sein[37]. Ist die Konsonanz auf das Rationale, ist die Dissonanz auf das Irrationale gerichtet, und in dieser Weise wirkt in der Musik die Vernunft, dieselbe, die auch in der Logik und in der Mathematik wirkt. »Die Musik erscheint also als ein bevorzugtes Erlebnis, durch das sich der Mensch selbst offenbart, daß das Gefühl, das ihn angesichts der Dinge bewegt, an sich

---

[31] Ich nehme noch einmal mein Beispiel von Bachs Violinkonzert auf. Die vom Hörer eingenommene Tonposition ist das in seinem Ohr wahrgenommene e — wobei es unwichtig ist, ob er die Tonhöhe als e erkennt oder nicht. Wichtig ist, daß er alle nachfolgenden Töne von diesem e her beurteilt, also in seinem Bewußtsein ein Intervallsystem aufbaut, das ein Logarithmensystem eines Frequenzverhältnisses ist.

[32] S. 48.

[33] S. 577.

[34] S. 303.

[35] Bedeutet in der C-Tonleiter c—g—c, oder mit der Subdominante c—f—c. Dazu Albersheim, S. 120f.: »Wir hören sie als feste Strukturen...«

[36] S. 152f.

[37] Dazu das Kapitel: Der Begriff der Konsonanz, S. 673f.

eine vollkommene, in sich klare und ausreichende Vernunft ist und daß es wahrscheinlich sogar eine Ur-Vernunft ist, wenn sie auch nur erlebt ist und vom Denken nicht reflektiert wird«[38].

Weil die Musik den ganzen Menschen in Anspruch nimmt, kann Ansermet von ihr aus unmittelbar auf das Gebiet der Ethik übergreifen, denn Musik und Ethik sind aufs engste miteinander verknüpft. Wenn der Mensch sich musikalisch ausdrückt, vermag er das nur in seiner Eigenschaft als ethisches Wesen, denn »die Musik ist ein ästhetischer Ausdruck der menschlichen Ethik«[39]. Und da die abendländische Musik so tiefgreifend ist, muß man sagen: sie »ist Ausdruck der christlichen Ethik«[40]. »Die Ästhetik ist eine äußere Manifestation der Ethik«[41] und ist im Grunde auf der Ethik gegründet[42]. Das Ganze ist die schöpferische Aktivität des abendländischen Menschen in seinem uneigennützigen Tun[43]. »Diese Signifikation ist tatsächlich von Christus vollendet worden, als er den Mitmenschen nicht als anderen oder Fremden bezeichnete, sondern als unseren 'Nächsten', den wir wie uns selbst lieben sollen«[44]. Aus allen diesen Überlegungen kommt Ansermet zu seinem Thema: »das ethische Gesetz des musikalischen Bewußtseins ist sein Tongesetz«[45], und zwar die Struktur T—D—T, die in ihrer logarithmischen Form mit unserem Hörbewußtsein, in ihrer kadenziellen Form mit unserem Atem und Herzschlag korrespondiert.

Mittels der Ethik ist die Musik auch Ausdruck der Religion. Wir hörten schon, daß das Neue Testament die Sammelstätte der Offenbarung von der menschlichen Ethik war[46]. Weil die Musik sich so und nicht anders äußern muß, kann sie nicht lügen und ist somit das getreue Abbild des Ablaufs der Menschheitsgeschichte[47]. »Denn die Ethik hat *Normen* — das Wahre, das Rechte, das Gute usw. —, die absolute Größen sind ..., und zwar so, daß die Ethik das natürliche Gesetz seiner (des Menschen) Freiheit ist, nicht anders als das tonale Gesetz das natürliche Gesetz der Freiheit des musikalischen Bewußtseins bildet«[48]. Ihr Leben steht mit dem Leben Gottes in Verbindung[49]. »Der Seinsvorsatz des Menschen als ethischen Wesens, den uns das musika-

---

[38] S. 683. [39] S. 142. [40] S. 194.
[41] S. 203. [42] S. 204. [43] S. 207.
[44] S. 213. [45] S. 220. [46] S. 608.
[47] S. 598. [48] S. 600.

[49] So daß wir den Satz »Gott ist tot« existentiell aus der Tatsache, daß die Ethik in der Allgemeinheit tot ist, verstehen müssen. Vgl. S. 601.

lische Bewußtsein enthüllt, ist nicht, Gott zu *sein*, sondern durch sein Existieren ... ein Sein zu erreichen, das in dem Sinn gottähnlich ist, als dieses Sein im Menschen begründet ist. Gottähnlich sein zu wollen, ist ganz etwas anderes, als Gott sein zu wollen; es ist sogar dessen Gegenteil, weil der Mensch dadurch für alles verantwortlich wird, was er aus sich macht, wogegen er — wenn er Gott sein will — wie Gott niemandem Rechenschaft schuldet«[50]. Die Struktur dieser Gottähnlichkeit hat Ansermet nicht nur in der Ethik, sondern auch in der Musik gefunden. Dazu hat er folgendes festgestellt: »der immanente Horizont des musikalischen Bewußtseins ist eine Doppeloktave, z. B. f—c—f in aufsteigender, wie auch absteigender Richtung[51]. Aber für das musikalische Bewußtsein hat die Oktave als Grundlage die Struktur T—D—T, die für es als Selbstbewußtsein eine existierende Struktur V—G—Z ist«[52]. In dieser dreifachen Struktur[53] erkennt man ein *analogon* des Gottseins, des Gottes, »der war, ist und sein wird«, aber die christliche Trinitätslehre erklärt dieses Phänomen am deutlichsten. »Die Beziehung V—G—Z oder T—D—T als reine, *abstrakte*, bezügliche Struktur, die in der konkreten Bewußtseinsexistenz die Grundlage des *Seins* in der Welt und in uns ist, ist das, was das Dogma von der Dreieinigkeit als den Vater, den Schöpfer, das Wort oder den Logos bezeichnet. *Wird diese selbe Struktur phänomenalisiert* — und das kann sie nur in der Welt —, also z. B. f—c—f in ihrer Eigenschaft als T—D—T und V—G—Z für das Bewußtsein, so ist sie das, was das Trinitätsdogma als den *Sohn* bezeichnet, der in sich das Substanz gewordene Wort, den Logos, trägt. Und die *Bezüglichkeit* als solche, die sich im Phänomen aktualisiert, ist das, was das Dogma den Heiligen Geist nennt, oder,

---

[50] S. 159.

[51] Musikpsychologisch bedeutet dies: man hört den tieferen Ton als Grundton und den höheren als seine Oktaven-Intervallfunktion. »In der abendländischen tonalen Musik sind also drei Phasen in der Strukturierung der Tonhöhendimension zu unterscheiden. Grundlegend ist die Oktavenstruktur durch die Intervallfunktionen des Dreiklangs weitergegliedert: schließlich werden die verbleibenden Abstände zwischen den Intervallfunktionen durch zusätzliche Tonleiterstufen ausgefüllt...« »Die jeweilige Oktavstruktur ist eben die Form, in welcher sich uns der Tonraum von dem veränderlichen Standpunkt des Ichs aus darstellt.« Albersheim, S. 138f. M. a. W. das musikalische Bewußtsein erfaßt die Basis, von der aus es der Musik einen Sinn verleiht, und diese Basis ist die Oktavenfunktion, in der die Quinte der wichtigste Anhaltspunkt ist.

[52] S. 167.

[53] Also f—c—f; T—D—T; V—G—Z.

insofern sie Energie ist, den Paraklet, d. h. den 'Herbeigerufenen'«[54]. Diese Wesensverbundenheit von Musik, Ethik und Religion führt zu der Feststellung, daß sich im menschlichen Herzen die Gegenwart Gottes in der Welt verkünde. »Wir betrachten Christus als Drehpunkt der Geschichte, weil er der erste und einzige war, der den Menschen die Wahrheit ihrer Gotteserfahrung offenbarte und sie vom *transzendenten* Gott ... zum *immanenten* Gott führte, der sich in ihren Herzen verkündet. Und er blieb in der Wahrheit des Phänomens, indem er den immanenten Gott zur Verkündigung eines *transzendenten* Gottes im Menschenherzen machte, eines reinen Reflexes der psychischen Affektivität im Himmel, und als solcher zugleich Geist und Liebe«[55]. Aber der transzendente Gott bleibt dem Menschen unsichtbar[56]. Die Musik trachtet danach, den Menschen auszudrücken, und zwar das allen Menschen Gemeinsamste, d. h. Allgemeinste, und das ist »*sein Vorsatz, nach dem Ebenbild Gottes zu sein*«. Das kann die Musik nur durch das Hervortreten ihrer Grundstruktur, der Kadenz T—D—T, die in der tonalen harmonischen Musik zur transzendenten Grundlage der Form wird. Die Zielsetzung nach dem Ebenbilde Gottes zu sein, findet ihren Ausdruck in der *Sonate* und der *Symphonie*, während die *Fuge* den allgemeinsten Aspekt der *existenziellen* Beschaffenheit des Menschen ausdrückt«[57]. »Das folgenschwerste Ergebnis unserer Untersuchung ist die Aufhellung des Gotteserlebnisses ... Die Tatsache, daß im Herzen des Menschen eine psychische Kraft gegenwärtig ist, deren zeitliche Struktur die Grundlage all unserer Sinnbestimmungen, den göttlichen Logos, bildet, die über die Geschicke der Einzelnen wie über das Schicksal der Spezies gebietet, ist uns als das entscheidende Phänomen in der menschlichen Wirklichkeit erschienen«[58].

Von diesen Ergebnissen aus kommt Ansermet auf die Krise in Musik, Ethik und Religion zu sprechen. Die Argumentation geht methodologisch in demselben Verfahren weiter, indem er eine Rückkoppelung anwendet, die die psychischen Verfallserscheinungen in der Musik auf die Krise in Ethik und Religion zurückführt. In der musika-

---

[54] S. 169.   [55] S. 175.   [56] S. 176.
[57] S. 454. Vgl. S. 319. Die Fuge drückt das statische Sein aus. Die Beharrlichkeit und ständige Wiederkehr des Fugenthemas machen die Einheit einer individuellen Existenz aus. Das harmonische Bewußtsein signifiziert sich in der Seinsdynamik durch die Sonatenform und zwar durch die Zweithemigkeit der Exposition.
[58] S. 606.

lischen Analyse wendet er sich der Atonalität und dem Zwölftonsystem zu. Technisch stellte er, aufgrund der Beschaffenheit unseres Hörbewußtseins, den Grundirrtum der Dodekaphonisten fest: »Sie haben das temperierte System *ernst* genommen und die *Töne* mit den 'Tonpositionen' ..., mit den *Noten* verwechselt — wie sie ja auch sagen, daß ihre 'Reihe' aus zwölf als temperiert vorausgesetzten Tönen besteht. Aus diesem Irrtum sind alle übrigen entstanden, und dieser Irrtum ist so grundlegend, daß es zum Schwierigsten gehört, ihnen angesichts ihrer zu einem *System* versammelten ... Irrtümer klarzumachen, daß sie irren«[59]. Ein Irrtum ist, daß man »*nicht mehr weiß, wohin es geht*«[60], und hat somit alles »zerstört«, was aus der Musik eine klare Sprache macht«[61]. Nun ist aber das Anliegen des Systems der zwölf Töne, die keine anderen Beziehungen als die des einen zum anderen haben, die Notwendigkeit eines tonalen 'Systems' auszuschließen. Doch an Stelle des Gesetzes der Tonalität, »das natürliche Gesetz des musikalischen Bewußtseins«, dessen »Freizügigkeit innerhalb der tonalen Wege durch nichts beschränkt ist«, steht nun ein anderes Gesetz. »Das Gesetz der Reihe ist ein äußeres Gesetz, dessen Grundlage eine materielle Gegebenheit ist: die zwölf Töne der Reihe, die sich in jeder einzelnen Reihe unter

---

[59] S. 126. Psychologisch bedeutet die Komposition atonaler Musik, daß die Abwesenheit einer harmonischen Struktur keine festen Standpunkte im Hörbewußtsein aufkommen läßt — wie die Basisposition der Oktave — und folgerichtig sich der Hörer desorientiert fühlt. Die Komposition auf der Basis konsonanter Intervalle ist keine veraltete abendländische Konvention, sondern ist musikgeschichtlich aus der sich mehr und mehr vertiefenden Einsicht in das Wesen der schon lang und universal bekannten und angewandten konsonanten Intervalle entstanden. Die räumliche Anwendung der Chromatik auf die Tonleiter mit ihren zwölf diatonischen und chromatischen Stufenpositionen bildet das Maximum der innerhalb dieses Intervalls melodisch brauchbaren und unterscheidbaren Töne. Es bringt die Töne so nahe wie möglich aneinander, so gleichmäßig wie möglich verteilt: »Bedauerlicherweise hat man häufig die grundlegenden Unterschiede zwischen der zwölftönigen chromatischen Tonleiter, der zwölftönigen gleichschwebenden Temperatur und der Zwölfton-Theorie-Kompositionsmethode (Dodekaphonie) zuwenig beachtet oder verstanden, was zu schwerwiegenden theoretischen Mißverständnissen geführt hat. Vor allem ist zu betonen, daß die chromatische Tonleiter kein musikalisches Tonsystem im Sinne einer Anordnung von Nachbarstufen ist«, Albersheim, S. 220. Vgl. auch S. 107 und 123. Dieses System verstößt in dem Maße gegen die natürliche psychische Beschaffenheit des Hörbewußtseins, als »die« chromatische Tonleiter — die es nicht gibt — keine Basis im Bewußtsein hat, sondern das feste Gerüst jeder chromatischen Tonleiter ist, die auf der Basis der Oktavenstruktur aufgebaut ist.
[60] S. 540.   [61] S. 542.

einem neuen Beziehungsaspekt zeigen. Der serielle Musiker befindet sich somit hinsichtlich seiner Freiheit in der gleichen Lage wie der Mensch schlechthin nach den Grundsätzen des Marxismus. Der Marxist ist der materialistischen Dialektik, der Zwölftonkomponist der seriellen Dialektik unterworfen, und die eine wie die andere Dialektik hat ihre Grundlage in der *gegenständlichen Welt*, nicht in der Transzendenz der Welt[62]: in beiden Fällen ist das 'Transzendente' *materialisiert*«[63].

Die atonale Musik eröffnet eine außerordentliche Freiheit, und *Schönberg* verkündete seine 'Emanzipation' der Dissonanz. »Es gibt kein objektives Kriterium mehr für Möglich und Unmöglich, für Falsch und Richtig in den Tonstrukturen, und *alles ist erlaubt*«[64]. Dadurch aber geht ein bestimmter menschlicher Charakter der Musik verloren. Es entstehen immer »neue strukturelle Fakten, es hält den Zuhörer in Erwartung einer Lösung, die niemals eintritt und folglich in einer ununterbrochenen Spannung. Nun besteht aber unser seelisches Dasein in einer Folge von Spannungen und Entspannungen, wie sie gerade durch die tonalen Kadenzen hervorgerufen werden, und so betrachtet, ist ein Dasein in der Dodekaphonie ein unmenschliches Dasein«[65]. Dieser Prozeß zeigt, wie es zum Verfall einer Kultur kommt. »Die Generation, die unmittelbar vor oder nach dem ersten Weltkrieg die musikalische Arena betrat, hatte das tonale *Fundament* der musikalischen Strukturen *in Frage gestellt*, ohne zu ahnen, daß sie damit zugleich das Fundament des *Sinnes* und *aller menschlichen Bedeutungen der Musik* in Frage stellte ... Die folgende, nach 1890 geborene Generation trat in eine musikalische Welt ein, in der sie Zeuge ist, daß man Musik machen kann, die sich dem tonalen

---

[62] Man muß Ansermets Interpretation der Transzendenz vor dem Hintergrund der Musikpsychologie verstehen. Wenn wir eine Harmonie hören, gibt es einzelne Töne, die zu gleicher Zeit entstehen und mit gleicher Geschwindigkeit das Ohr erreichen. Aber im Hörbewußtsein findet »eine transzendente Signifikation des Phänomens« statt, »durch welche das Hörbewußtsein die Struktur aus harmonischen Intervallen überschreitet, und damit ihre Konsonanz in der Simultanität qualifiziert« (S. 67). Aber dies ist mehr als ein nur psychisches Phänomen. Mozarts Ouvertüre zu Figaros Hochzeit, D dur, beruht auf einer einfachen musikalischen Analyse — ein Ton wechselt mit einem Nebenton ab, steigt leiterartig zur Dominante auf und sinkt mit einigen Verzierungen wieder zurück. Aber die Frische des Eindrucks verblaßt nie. Das »Erlebnis der Transzendenz, d. h. die Tiefe und Unergründbarkeit, die uns im musikalischen Akt zur Schönheit öffnen, ist unerschöpflich. Daraus folgt, daß allein Transzendenz des musikalischen Ausdrucksaktes, dem Werk Dauerhaftigkeit und Ewigkeit sichert« (S. 337).

[63] S. 545, 546.   [64] S. 770.   [65] S. 550.

Gesetz sowie dem Gesetz der kadenziellen Einheit entzieht oder doch zu entziehen scheint. — Sie sucht nach anderen Gesetzen. Für die nächstfolgende Generation gibt es schon kein *normatives* Gesetz mehr; das tonale Gesetz erscheint nur noch als überwundene Konvention; es gibt überhaupt kein Gesetz mehr — *alles ist erlaubt*; Gott ist tot. Die Musik dieser jungen Leute ist ein Produkt des *Zerfalls*, der Auflösung der Gesetze und die Vernichtung des Fundaments unserer Sinngegebenheiten. Und deshalb erfinden sie neue Gesetze — ganz nach Gutdünken. Sie sind 'verlorene Söhne' in doppeltem Sinn; denn sie haben keine Wurzel in der Geschichte und sie haben den Weg verloren«[66].

Aus der Diagnose der Erkrankung der Musik hat Ernest Ansermet die Ansätze für eine Diagnose der Erkrankung unserer Kultur gewonnen. Wie immer pendelt er auch hier zwischen Ethik und (christlicher) Religion. Er bewertet unsere Epoche folgendermaßen: »Unsere Epoche weiß nicht, wohin sie geht ... Das vom Christentum gebildete kollektive ethische Selbstbewußtsein, das bis dahin Quelle der abendländischen Musik und dessen Bannerträger die schöpferischen Musiker gewesen waren, erkrankte an der Schwelle unserer Epoche — man könnte genauer sagen: nach 1918 — an einer Art Hemmungsneurose und als Folgeerscheinung an schöpferischem Unvermögen — es ist das, was wir den Tod Gottes genannt haben. Unsere Epoche war somit verdammt, keinen Stil zu haben; und eine gänzlich dem Äußerlichen zugewandte, ausschließlich materiellen, wirtschaftlichen und sozialen Problemen ergebene Epoche 'verdient' gar nicht, eine Musik zu haben, weil doch das musikalische Bewußtsein außerhalb aller Wechselfälle des wirtschaftlichen Lebens liegt; in einer vom Materialismus beherrschten Welt findet es keine Antriebe; seine Freiheit ist die des Gefühls und nicht die des praktischen Handelns, und die Freiheit des Gefühls erfordert die Loslösung vom Ich und von den äußeren Umständen. Bei diesem Stand der Dinge ist der Komponist ganz auf eigene Hilfsquellen angewiesen. Er fühlte sich allein und *ohne Auftrag* in einer Welt, die ihm auf ethischem Gebiet weder das *Wozu* noch das *Was*, noch das *Wie* seiner schöpferischen Tätigkeit schon *a priori* diktiert. So betrachtet ist der zeitgenössische Komponist das Opfer seiner Epoche«[67]. Die Wechselwirkung zwischen künstlerischem Schaffen und Gestalt der Kultur hat gezeigt, daß der Materialismus eine erste Ursache der Erkrankung ist,

---

[66] S. 577f. [67] S. 584f.

die sowohl Musik, Ethik als auch Gottesbewußtsein angetastet hat. Die zweite Ursache ist der Intellektualismus unserer Zeit. Und wiederum geht die Diagnose methodisch von der Musik aus, um in die Kultur auszumünden. Der reine Intellektualismus äußert sich in der Musik: »Musikstrukturen z. B. auf einer Zwölftonreihe aufbauen zu wollen, entspricht offensichtlich keinerlei *Notwendigkeit* des musikalischen Bewußtseins als solchen; folglich ist die Zwölftonmusik eine Technik und kein Stil«. Sie ist »Musik nach einer völlig willkürlichen, gewollten Technik ohne jede ethische, d. h. menschliche Verankerung«[68]. So ist der »gespaltene Mensch« unserer Zeit entstanden: auf der einen Seite sein intellektuelles, technisches und wirtschaftliches Wesen, auf der anderen sein ethisches Wesen, und das Problem liegt dann darin, daß das erste das zweite ersticken wird«. Dieser Intellektualismus hat eine außerordentliche Freiheit eröffnet. Aber ihre Gefahren werden sichtbar, zuerst in der Musik. »Die außerordentliche Freiheit, die in der Bildung von Tonstrukturen erworben worden ist, hat manche Komponisten zu dem Glauben verführt, es könne überhaupt nichts mehr dissonieren ... Diese Verleugnung des Fundaments aller Tonbeziehungen verbunden mit der Negation jedes Gesetzes ... (ist) eine eigentlich diabolische Einstellung«[69]. Diese Einstellung herrscht nicht nur in der Musik, sie ist die Erkrankung unserer Kultur. »Und schließlich ist der 'Intellektualismus' die Quelle des Atheismus und der Tod der Ethik«[70].

Somit kommt Ansermet zu der Schlußfolgerung: »Die gesamte schöpferische Aktivität der Epoche (nicht die der Einzelnen) spielt sich in der Wissenschaft, in Handel und Industrie ab — d. h. überall dort, wo der Intellekt regiert, aber das seelische Bewußtsein des Abendlandes, das selbständig und aktiv war, ist nun passiv geworden, nachdem es sich den materiellen Lebensbedingungen und der Dialektik der Umstände unterworfen hat«. Aber es gibt einen möglichen Ausweg: »Die schöpferischen Kräfte verbinden sich, ergänzen einander und bringen eine geschichtliche Entwicklung hervor, die sich ins Unendliche fortsetzen kann. ... Die Rettung des Abendlandes wäre somit ein Wiedererwachen des ethischen Bewußtseins, das bis an die Schwelle unserer Epoche Lenker seiner Geschichte war«[71].

---

[68] S. 205. [69] S. 770f.
[70] S. 603. [71] S. 604f.

Wir fassen zusammen und versuchen eine Beurteilung. Ansermet's Musikphänomenologie hat folgendes klar herausgestellt: Musik ist eine Ausdrucksform, in der der ganze Mensch sich betätigt; in ihren Kadenzen, in der Abwechslung von Konsonanten und Dissonanzen, in ihrem Grundgesetz der T—D—T-Struktur klingt der menschliche Pulsschlag mit und veräußert sich, die Überstruktur von zwei nicht gleichzeitigen Herzkadenzen. In der kadenziellen Struktur des melodischen Vorganges objektiviert sich die Grundstruktur der menschlichen zeitlichen Existenz, die aus der Vergangenheit kommend über die Gegenwart in die Zukunft sich erstreckt. Ich fasse diese Phänomenologie kurz in den Sätzen zusammen: Musik als Ausdruck des ganzen Menschen muß atmen, muß, wie das Herz, die Pendelbewegung von Spannung und Entspannung, von Systole und Diastole vollziehen. Deshalb ist die Musik eine ethische Entscheidung, die, im Sinne des Neuen Testaments, nicht ohne die Erfahrung des Gottesbewußtseins getroffen werden kann. Materialismus und Intellektualismus, so Ansermet, haben die Ethik erstickt, und somit ist die Musik zu einer rein technischen Angelegenheit geworden.

Aber Musik kann nicht lügen, sie ist — wie wir gehört haben — genaues Abbild unserer Geschichte. Wenn nun in der »modernen«[72] Entwicklung der Musik der Dissonanz zur Herrschaft verholfen worden ist, wenn die Melodie nichts mehr und der Rhythmus alles geworden ist, dann erleben wir nicht nur die Zerrüttung des ethischen Gesetzes in der Annahme, daß alles erlaubt sei, sondern darüber hinaus eine Ausdrucksform der post-modernen Zeit, die durch eine tiefere Dimension als Materialismus und Intellektualismus charakterisiert werden soll. Solange die Musik noch atmete und auf der Grundlage der T—D—T-Struktur unter Ausnutzung aller Modulationsmöglichkeiten, wie uns das Claude Debussy und Belâ Bartók meisterhaft vorgeführt haben, sich bewegte, konnte unsere Existenzweise sich noch in Kunst, Ethik und Religion signifizieren. Die letzten Entwicklungen zeigen uns, daß dies nicht mehr möglich ist. Dissonanz und Rhythmus verlautbaren eine unerträgliche Spannung, das Ventil einer hektischen Zivilisation, die

---

[72] Eigentlich kann man hier nicht mehr von »Moderne« reden. Die moderne Epoche läuft von der Aufklärung über Feuerbach, Marx, Freud, Niels Bohr bis auf Einstein und Oppenheim. Sie ist die Periode des freudigen Glaubens an den Fortschritt und die segnende Allmacht von Vernunft und Wissenschaft. Jetzt aber werden uns auch ihre dämonischen Züge offenbar, weswegen wir, so Zwi Werblowski, in einer post-modernen Zeit zu leben anfangen.

nur unter größter Belastung des Nervensystems ihr Leistungspotential aufrechterhalten kann. Ein alarmierender Hinweis, daß unsere Kultur nicht mehr atmet, dem Menschen eine Belastung, die seinem Herzrhythmus zuwidergeht, aufbürdet. So lautet die Botschaft der musikalischen »Avantgarde«, des Interpreten der heutigen Welt. Und wenn der Mensch in seiner Umwelt keine Heimat mehr findet, sucht er einen Ausweg in »sex, noise and speed«. »The necrophilous quality of these phenomena becomes more clearly visible if we examine the more direct evidence of the fusion of technique and destructiveness of which our epoch offers so many examples«[73]. Wo dieser Lebensatem bedroht ist, verkehren Kunst, Ethik und Religion in der Krise.

---

[73] E. Fromm, The anatomy of human destructiveness, Fawcett, Greenwich/Conn., 1975, S. 382.

Was ist Religionsphilosophie?

VERSUCH EINER ORTSBESTIMMUNG

Theodor Mahlmann, Marburg
355 Marburg 1, Wiesenweg 21

»Als selbständige Disziplin ist die Religionsphilosophie nicht älter als Kant.« Diese, von Sören Holm an den Anfang seiner Religionsphilosophie gesetzte Behauptung[1] trifft zu. Kant hat als erster, in der Vorrede zu der 1793 erschienenen »Religion innerhalb der Grenzen der bloßen Vernunft«, »der biblischen Theologie im Felde der Wissenschaften eine philosophische Theologie gegenüber, die das anvertraute Gut einer andern Fakultät ist«, gefordert. Diese Disziplin müsse, »aber nur für sich«, »volle Freiheit haben«. Das schließt auch ihre Institutionalisierung ein: »Ich getraue mir sogar in Vorschlag zu bringen:« dem Studium der Theologie »jederzeit noch eine besondere Vorlesung über die reine philosophische Religionslehre ... zum Beschlusse hinzuzufügen«[2]. Dagegen gebraucht Kant den Begriff »Religionsphilosophie« noch nicht. Konrad Feiereis hat in seinem Buch »Die Umprägung der natürlichen Theologie in Religionsphilosophie«[3] nachgewiesen, daß der Begriff vielmehr zuerst von dem Wiener Philosophieprofessor Siegfried von Storchenau geprägt worden ist, der sein seit 1772 erscheinendes Werk »Die Philosophie der Religion« seit 1784 selbst als seine »Reli-

---

Die Abkürzungen entsprechen denen der »Religion in Geschichte und Gegenwart«[3].

[1] S. Holm, Religionsphilosophie (dänisch 1955, dt.) Stuttgart 1960, S. 11.
[2] I. Kant, Werke in sechs Bänden, hg. v. W. Weischedel, IV, Darmstadt 1956, S. 655. 656. 657. — Vgl. A. E. Abd Elhamid Elschazli, Kants kritische Philosophie und das Problem der Offenbarung, Hamburger Studien zur Philosophie 1, 1970, S. 19. — Hinsichtlich dieser programmatischen Absicht wäre das Urteil O. Kaisers, Kants Anweisung zur Auslegung der Bibel, NZSTh 11, 1969, S. 126 einzuschränken.
[3] Ein Beitrag zur dt. Geistesgeschichte des 18. Jhs., Erfurter theol. Studien 18, Leipzig 1965. Hieraus die folgenden Zitate mit Seitenzahlen im Text.

gionsphilosophie« zitiert (227, 235, 237). Aber mit Kants Forderung hat dies sachlich nichts zu tun. Friedrich Nicolai hat Storchenaus Werk 1785 in der »Allgemeinen deutschen Bibliothek« zutreffend dahingehend rezensiert, es habe »darauf 'sehr hingearbeitet', den übernatürlichen Glaubenswahrheiten 'ein philosophisches Mäntelchen umzuhängen'[4] ... 'Der Himmel bewahre uns vor einer solchen Religionsphilosophie'«. »'Unverständlich'« ist Nicolai eine »Religionsphilosophie«, die »darauf ausgeht, die Grundlagen des katholischen Glaubens als vernunftgerecht zu erweisen« (249). Das setzt voraus, daß schon Nicolai die Auffassung ablehnt, Religionsphilosophie, im Sinne der klassischen theologischen Beurteilung der theologia naturalis, als ein in sich selbst insuffizientes Unternehmen zu beurteilen. Indirekt nimmt Nicolai damit den Begriff von Religionsphilosophie bereits vorweg, der erstmals von den Kantianern J. Ch. Schaumann, K. H. L. Pölitz (dem späteren Herausgeber von Kants »Vorlesungen über die philosophische Religionslehre« [1817]) und L. H. Jakob zwischen 1793 und 1796 als Bezeichnung der von Kant gemeinten Disziplin und zu gleicher Zeit auch von H. Ph. K. Henke (der auch darum »als unmittelbarer Bahnbrecher des eigentlichen [theologischen] Rationalismus«[5] zu bezeichnen ist) eingeführt wird[6].

---

[4] Das hier gebrauchte, auf Eusebius' (Hist. eccl. IV 11,8) Beschreibung Justins des Apologeten zurückgehende Bild erinnert daran, daß W. Herrmann sich von den »Bemühungen, der Religion den Philosophenmantel umzuhängen, nicht gefördert fühlen« konnte (Schriften zur Grundlegung der Theol., hg. v. P. Fischer-Appelt, ThB 36, II, München 1967, S. 206). P. Fischer-Apelt hat mit Recht gegen meinen Versuch, Herrmann als Religionsphilosophen einzuordnen (NZSTh 6, 1964, S. 70—107) eingewandt, daß dies eine Äquivokation darstelle (Metaphysik im Horizont der Theologie Wilhelm Herrmanns, FGLP 10, XXXII, München 1965, S. 10 Anm.).

[5] E. Hirsch, Geschichte der neueren evangelischen Theologie im Zusammenhang mit den allgemeinen Bewegungen des europäischen Denkens, V, Gütersloh 1954, S. 11.

[6] M. Heinze, Art. Religionsphilosophie, RE³ 16, S. 625,13 nennt zutreffend als ersten Autor: J. Ch. Schaumann, Philosophie der Religion überhaupt und des christlichen Glaubens insbesondere, Halle 1793 (bei Feiereis [Anm. 3] übersehen!). — H. Ph. K. Henke (Hg.), Magazin für Religionsphilosophie, Exegese und Kirchengeschichte, 6 Bände, Helmstedt 1794—1796. — K. H. L. Pölitz, Beitrag zur Kritik der Religionsphilosophie und Exegese unseres Zeitalters, Leipzig 1795. — L. H. Jakob (Hg.), Annalen der Philosophie und des philosophischen Geistes von einer Gesellschaft gelehrter Männer, 2. Jahrgang, Leipzig 1796, Rubrik »Religionsphilosophie« S. 239—307. 535—576. — Angaben nach Feiereis, S. 159. 163—164. 173. 174. 249f. und K. G. Bretschneider, Systematische Entwicklung aller in der Dogmatik vorkommenden Begriffe ... nebst der Literatur, vorzüglich der neuern ... (1804), Leipzig 1825³, S. 47 Nr. 5; 152 Nr. 12.

Das schließt natürlich nicht aus, daß die mit dem Begriff Religionsphilosophie gemeinte Sache nicht auch vorher vorhanden gewesen wäre. In der Tat geht dem Begriff eine Vorstufe voran. Der Kantianer K. H. Heydenreich veröffentlichte schon im Jahre 1790/91 in Leipzig »Betrachtungen über die Philosophie der natürlichen Religion«[7]. Und schon vor Storchenaus Werk erschienen von A. F. Ruckersfelder 1770 in Bremen und Amsterdam »Philosophiae de religione naturali libri duo seu theologiae naturalis pars theoretica de Deo eiusque operibus et pars practica de hominis officio«[8]. »Natürliche Religions(lehre)« und »natürliche Theologie«, deren Kernbestand die »philosophische Theologie« der Metaphysik, der philosophia prima, ist, sind also ältere Namen der Religionsphilosophie gewesen. Diese ist also, vor ihrer Verselbständigung als philosophische Disziplin, untergeordneter Bestandteil der (offenbarten) Theologie und zugleich als rationale Theologie höchster Gegenstand der Philosophie gewesen[9]. Man kann mit Feiereis (21,68f.) annehmen, daß seit der Mitte des 18. Jahrhunderts Begriff und Inhalt der »VernunftReligion« bereits betont die Brücke zur »philosophischen Religionslehre« gebildet haben; der neue Name Religionsphilosophie drückt dann nur Kants Schritt zur Verselbständigung als philosophische Disziplin klar aus.

Daraus läßt sich zwar ableiten, daß die Geschichte der Religionsphilosophie bis zu ihrer Verselbständigung in ihrem Sachbereich mit der Geschichte der Theologie und Philosophie überhaupt zusammenfällt. Man gelangte so zu einer weiten Ausdehnung des Begriffes über die Geschichte[10]. Jedoch folgt nicht, daß darum der Begriff Religionsphilosophie für jede historisch wirkliche und systematisch mögliche Kombination seiner konstitutiven Elemente, wie sie in den älteren Namen zutage liegen, offen sein könnte. Soll der Begriff von den Bedingungen seiner Entstehung nicht gelöst werden, so beschränkt sich notwendig seine Vorgeschichte und hellt diese umgekehrt die Bedingungen des Begriffs auf. In diesem präzisierten Sinn[11] reicht die Religionsphilosophie

---

[7] Feiereis (Anm. 3), S. 154; Bretschneider (Anm. 6), S. 47 Nr. 1.
[8] Bretschneider (Anm. 6), S. 44 Nr. 16.
[9] W. Weischedel, Der Gott der Philosophen. Grundlegung einer Philosophischen Theologie im Zeitalter des Nihilismus, I, Darmstadt 1971, S. XVIII.
[10] z. B. bei H. Kraemer, Art. Religionsphilosophie, EKL III, Sp. 594.
[11] Vgl. dazu O. Pfleiderer, Geschichte der Religionsphilosophie von Spinoza bis auf die Gegenwart, Berlin 1893³, S. 3. 30; Feiereis (Anm. 3), S. 1.

nicht weiter zurück als bis in die Mitte des 17. Jahrhunderts. »Tatsächlich ist Herbert [von Cherbury] ... der erste europäische Schriftsteller, welcher Gotteserkenntnis und Gottesdienst offen und klar von allen besondern christlichen Voraussetzungen ablöst und auf eine rein menschlich-vernünftige Grundlage stellt. Man hat ihn mit Recht den Anfänger einer selbständigen — oder mit dem Lieblingswort des neunzehnten Jahrhunderts: autonomen — Religionswissenschaft geheißen«. Diese These von Emanuel Hirsch[12] scheint unbestritten[13]. Als geschichtswirksame Leistung Herberts wird allgemein angesehen, daß er als erster, auf der Grundlage der behaupteten Autonomie der Vernunft gegenüber der Offenbarung, einen Allgemeinbegriff von Religion aufgestellt hat, der einen kritischen Maßstab für die Vielheit der Religionen, einschließlich der christlichen, darstellen sollte. Trotz der nachaufklärerischen Kritik[14] an dem unhistorischen Konstrukt der »natürlichen Religion« ist die Bildung eines von der Autorität einer bestimmten Religion und ihres Normbegriffes einer religio vera unabhängigen, empirisch oder normativen Begriffs einer »Religion überhaupt« (Schaumann) im Prinzip bestehen geblieben, wie gerade die auf Schleiermacher zurückgehende Redeweise von der »Religion in den Religionen«[15] beweist und nicht widerlegt[16]. Den hinreichenden Beweis, daß mit der Schaffung eines theoretischen Religionsbegriffes Religionsphilosophie beginnt, liefern

---

[12] E. Hirsch (Anm. 5), I, Gütersloh 1949, S. 244, greift dabei auf Ernst Troeltsch zurück, der Herbert von Cherbury als venerabilis inceptor mit Descartes und Grotius zusammenstellt (Art. Deismus, RE³ 4 [1898], S. 535f.; dann Gesammelte Schriften, IV, Tübingen 1925, S. 436—438, vgl. S. 801—804).

[13] Martin Schmidt, Art. Herbert von Cherbury, RGG³, III, Sp. 232f.

[14] Nach J. G. Herder, Älteste Urkunde des Menschengeschlechts (1774) ist »nie Natürliche ohne Positive Religion, nie Philosophie und Deismus ohne Offenbarung und Anordnung in der Welt gewesen« (GesW, hg. v. B. Suphan, VI, S. 307). — F. D. E. Schleiermacher, Über die Religion. Reden an die Gebildeten unter ihren Verächtern, Berlin 1799, S. 243. 277.

[15] Schleiermacher (Anm. 14), S. 238: »in den Religionen sollt Ihr die Religion entdecken...« — Vgl. G. van der Leeuw, Phänomenologie der Religion (1933), Tübingen 1970³, S. 669.

[16] »Die entscheidende Grundlage war die Erstellung des theoretischen Begriffs der Religion.« C. H. Ratschow, der dies konstatiert, fährt fort: »Sosehr es am Tage liegt, wie ganz anders nun die Religionsgeschichte ihre Forschung lenkt, so wenig ist zu übersehen, daß der begriffliche Grundsatz, der die ganze Auseinandersetzung erst ermöglichte, nicht aufgegeben, sondern nur tiefer begründet wurde« (Magie und Religion, Gütersloh 1947, 1955², S. 9. 10).

schon die orthodoxen Zeitgenossen, die Herberts Hauptwerk »De religione gentilium errorumque apud eos causis« (entstanden 1642/45)[17] als grundlegend verschieden von den längst vorhandenen Literaturgattungen ansehen, denen es sich anscheinend zuordnet: der Literatur über die Wahrheit der christlichen Religion, z. B. Hugo Grotius' vielverbreiteter Schrift »De veritate religionis christianae« von 1627, den besonderen Behandlungen der natürlichen Theologie, die bis zu Raimund von Sabunde zurückreichen, und dem speziellen, später Pneumatologie genannten Teil der Metaphysik, der im 16. Jahrhundert gefordert wird und im 17. entsteht[18]. Nach dem Vorgang von Johannes Musäus erschien Johann Andreas Quenstedt als »naturalistarum hodiernorum ... haud postrem(us) ... famosus ille Edoardus Baro Herbert de Cherbury«[19]. Zwar schließt auch Herbert einen »neue(n) Kompromiß zwischen 'Vernunft und Offenbarung' ... Aber der inhaltliche Sinn dieses Kompromisses ist ein ganz neuer«[20].

Herbert von Cherbury hat den englischen Religions-Bürgerkrieg miterlebt. Ohne diesen gesellschaftsgeschichtlichen Hintergrund ist sein Werk nicht zu verstehen. Gehört es in die neuzeitliche Freiheitsgeschichte, so wird verständlich, inwiefern Religionsphilosophie »eine Folge oder auch nur eine Begleiterscheinung der Emanzipation wissenschaftlichen Denkens aus der Vorherrschaft der Theologie« — »nicht selbst Träger dieser Emanzipation, sondern der Ausdruck eines reif gewordenen Zustandes (ist)«[21]. In den neunziger Jahren des 18. Jahrhunderts wird das deutlich. Die Nachbarschaft zur Revolution des Bürgertums in Frankreich ist nicht zufällig. Die Religionsphilosophie besitzt ein originäres Verhältnis zur Aufklärung, ihren sozialen, politi-

---

[17] Faksimile-Neudruck der Ausgabe Amsterdam 1663, hg. u. eingeleitet v. G. Gawlick, Stuttgart/Bad Cannstatt 1967, S. XI.

[18] Vgl. H.-E. Weber, Reformation, Orthodoxie und Rationalismus, BFChTh 2, 51, II, Gütersloh 1951, S. 14, Anm. 4; W. Pannenberg, Wissenschaftstheorie und Theologie, Frankfurt a. M. 1973, S. 416; E. Hirsch (Anm. 12), S. 225f. 231—235; Feiereis (Anm. 3), S. 6. 11f. 13f. 15f. 18—20; M. Wundt, Die deutsche Schulmetaphysik des 17. Jhs., Heidelberger Abh. zur Philosophie u. ihrer Gesch. 29, Tübingen 1939, S. 116f. (kritisch dazu: W. Sparn, Wiederkehr der Metaphysik, Stuttgart 1976, S. 155f.

[19] J. A. Quenstedt, Theologia didactico-polemica sive systema theologicum, 1685, Druck Leipzig 1702, pars I, S. 262b.

[20] E. Troeltsch, Gesammelte Schriften, IV, Tübingen 1925, S. 802.

[21] W. Trillhaas, Religionsphilosophie, Berlin/New York 1972, S. 10. — Ders., Art. Religionsphilosophen, RGG³, V, Sp. 1014.

schen und geistigen Zielvorstellungen. Immanuel Berger, ihr erster Historiker, bezeichnet im Jahr 1800 ihre Geschichte als die »des freyen Nachdenkens über die Religion«[22].

Hegels zwischen 1821 und 1831 viermal gehaltene »Vorlesungen über die Philosophie der Religion«, von Philipp Konrad Marheineke 1832, von Bruno Bauer in zweiter veränderter und stark erweiterter Form 1840 herausgegeben[23], haben den Weg zur als Religionskritik verstandenen Religionsphilosophie freigemacht. Ludwig Feuerbach kündigt sein Werk »Das Wesen des Christentums« in der Vorrede zur ersten Auflage 1841 mit den Worten an: »Vorliegendes Werk enthält die ... kritischen Elemente zu einer Philosophie der positiven Religion oder Offenbarung, aber natürlich ... einer Religionsphilosophie weder in dem kindisch-phantastischen Sinne unserer christlichen Mythologie ..., noch in dem pedantischen Sinne unserer spekulativen Religionsphilosophie ... «[24]. Philosophie der Religion geht damit über in »Kritik der Religion«, wie Marx 1844 im Anfangssatz seiner »Kritik der Hegelschen Rechtsphilosophie« sagt, wobei schon der Platz, den Marx der Kritik der Religion gibt, zugleich seine Fortbildung zur »Kritik der Politik« zeigt[25].

Das Verständnis von Religionsphilosophie als Religionskritik stellt seitdem einen diakritischen Punkt in ihrer Bestimmung dar. Religionsforschung tritt jetzt in das Stadium »der vollen Konsequenz einer wissenschaftlichen Theoriebildung«, wie Carsten Colpe feststellt: »Diese beginnt wohl erst bei Marx, und zwar weil eine Konstellation verschiedenartiger universaler Ansätze ihm so vorausgeht und er selber die nunmehr fällige, mehr im kantischen als im polemischen Sinn des Wortes zu verstehende Kritik so universal anlegt, daß die hiermit entstandene Konfiguration von Ansätzen und Kritiken ihrerseits evident und zwingend die Aufgaben enthält, die seither verbindlich zu sein haben«[26].

---

[22] Zitiert nach Feiereis (Anm. 3), S. 1.
[23] G. W. F. Hegel, Werke, 17, Theorie-Werkausgabe Frankfurt 1969, S. 537.
[24] (Kritische) Ausgabe, hg. v. W. Schuffenhauer, I, Berlin 1956, S. 1.
[25] K. Marx, Frühe Schriften, hg. v. H.-J. Lieber u. P. Furth, I, Stuttgart 1962, S. 488. 489. — Die Geschichte des Begriffs Religionskritik ist anscheinend noch nicht untersucht worden.
[26] Religion. Ein Jh. theol., philosophischer, soziologischer und psychologischer Interpretationsansätze, hg. und eingeleitet v. Chr. Elsas, ThB 56, München 1975, Vorwort, S. 11. — Vgl. auch R. Robertson, Einführung in die Religionssoziologie, Gesellschaft

Das besagt für die Religionsphilosophie, daß sich diese philosophische Disziplin seitdem nur als eine kritische verstehen kann und auch versteht[27]. Umfang und Verständnis von Kritik sind freilich verschieden. S. Holm klammert von vornherein so viele der Religionskritik mitgegebene Fragen aus der Religionsphilosophie aus, daß sich ihre Aufgabe als »eine philosophisch-kritische« auch expressis verbis in den »Zweck« verwandelt, »die Religion als gültige Lebenshaltung zu legitimieren«[28]. Von Wilhelm Weischedel kann Religionskritik gerade noch der Religionsphilosophie zugeordnet werden, obwohl er sagt: »Zur Philosophie gehört wesenhaft ein kritisches Moment, ja, dieses ist das eigentliche Element, in dem sie sich bewegt«. Das hängt allerdings damit zusammen, daß Weischedel nicht Religionsphilosophie, sondern, im Rückgriff auf einen ihrer älteren Namen, die »tödliche Krisis« »der Philosophischen Theologie« als »die der Philosophie überhaupt« zum Thema des autonomen Denkens macht[29]. Heinz Robert Schlette dagegen gibt seine »Skeptische Religionsphilosophie« schon im Untertitel als Beitrag »zur Kritik der Pietät« zu verstehen. Für ihn »bedeutet Religionsphilosophie notwendig Kritik, wobei das 'Begründenwollen' nicht schon von vornherein apologetisch mit im Spiel sein darf«. Das bedeutet von Anfang an einen Unterschied zu der Religionsphilosophie, die »affirmativ und nicht negativ-religionskritisch auftritt, im Rahmen eines Konzepts entfaltet«, welches voraussetzt, »daß die Beziehung, die Religion heißt oder genannt werden könne, notwendig zum Menschsein hinzugehöre«. Das jedoch sei eine »anthropologische und religiöse Naivität«: »Religionsphilosophie, soll sie gegenwärtig sein und nicht nur vergangene Erfahrungen vergegenwärtigen, kann nur auf dem angedeuteten kritischen Reflexionsniveau entfaltet werden«, das ausdrücklich, aber doppelsinnig »als ein postmarxistisches Philosophieren« aufgefaßt wird[30].

---

und Theologie. Sozialwissenschaftliche Analysen 9, München/Mainz 1973, S. 204, der sich, allerdings etwas einseitig, auf R. Dahrendorf, Homo Sociologicus, Köln und Opladen 1968[7], S. 82, Anm. 87 bezieht.

[27] Ein Beispiel: Heinrich Julius Holtzmann schreibt im Lexikon für Theologie und Kirchenwesen von H. Holtzmann und R. Zöpffel (1881), Braunschweig 1895[3], S. 915a s. v.: »Die Religionsphilosophie 'will begreifen, was und warum Religion ist', sie ist demnach inhaltlich Psychologie und Kritik, unter Umständen auch Metaphysik der Religion«.

[28] Holm (Anm. 1) S. 15. 5; vgl. 324f.

[29] Weischedel (Anm. 9), S. 3, Anm. 1; S. 1, XXI; vgl. S. 410. 428 und § 2 im ganzen.

[30] rombach hochschul paperback 52, Freiburg 1972, S. 40. 13. 14f. 37.

Den gleichwohl vorhandenen Konsensus dürfte Wolfgang Trillhaas zum Ausdruck bringen. Er bildet den Begriff »vorkritische Religionsphilosophie«[31] und definiert sie als »eine Form des Philosophierens, die auf den 'Gegenstand', auf den Inhalt des religiösen Glaubens in derselben Einstellung zugeht wie die Religion selbst« (48). Für die »kritische Religionsphilosophie« ist dagegen wesentlich, daß sie diese affirmative Einstellung gerade nicht teilt: »Alle Religionsphilosophie ist insofern kritisch, als sie sich von der positiven, historisch gegebenen Religion unterscheidet und deren Glaubenssätze daraufhin prüft, ob sie vernünftig erweisbar und gedanklich nachvollziehbar sind« (41). Genau das faßt zusammen, was für die Religionsphilosophie seit Herbert von Cherbury konstitutiv war und den diakritischen Punkt der Religionsphilosophie bis heute bildet. Trillhaas bringt mit seiner These auf den Begriff, »daß ein religionskritisches Verhalten nahezu überall sichtbar wird«[32]. »Jede Beschäftigung mit der Religion resultiert gegenwärtig in ihrer Kritik. Das ist eine unumgängliche Konsequenz ...[33].« Diesen Konsensus stellt Trillhaas allerdings wieder in Frage, wenn er nun seinerseits kritische von »skeptischer Religionsphilosophie« abgrenzt, und zwar weil diese, obwohl grundsätzlich »gegen den Dogmatismus der Aussagen« eingestellt (49), doch nachweisbar »am Ende zu thetischen Auskünften« gelange. Damit befinde sich aber kritische Religionsphilosophie in »der tiefsten Identität mit der vorkritischen Form: Beide wollen sagen, was religiös gilt ... « (55). Davon jedoch möchte Trillhaas die Religionsphilosophie freihalten. Möglich sein soll dies durch eine phänomenologische Reduktion von Kritik, die Trillhaas »wahre Kritik« (57) nennt. Eine »Reduktion der Fragestellung« der Religionsphilosophie soll sich aus der »Reduktion auf das Bewußtsein« (61), d. h. durch die »Rückfrage nach der Intention selbst« (60) ergeben. Wenn aber die so vollzogene »Abwesenheit aller Vorurteile« (58) in die Analyse resultiert: »Die religiöse Intention ordnet die Realwelt auf die göttliche Welt hin« (70) — so ist hier doch offensichtlich das Vorurteil der Religion über ihre Gegenstandsebene in die Bewußtseinsebene

---

[31] Trillhaas, Religionsphilosophie (Anm. 21), S. 42. Hieraus die folgenden Zitate mit Seitenzahlen im Text.
[32] W. Post, Art. Religionskritik, Sacramentum Mundi, IV, Freiburg/Basel/Wien 1969, Sp. 226.
[33] G. Dux: Ursprung, Funktion und Gehalt der Religion, Internationales Jb. für Religionssoziologie 8/1973, S. 57.

projiziert und in ihr verankert. Nun bejaht Trillhaas selbst diese offenbar doch unausweichliche normative Struktur von kritischer Reduktion: »Auch wo die Religionsphilosophie apologetisch, in Übereinstimmung mit der (christlichen) Theologie verfährt, ist sie kritisch ... Umgekehrt wird auch eine kritische Religionsphilosophie ihre positiven oder negativen religiösen Überzeugungen durchscheinen lassen« (41). Nun ließ sich bei Trillhaas ein normativer Zusammenhang von Kritik mit Apologetik nachweisen. Daraus folgt aber, daß sich umgekehrt die Unterscheidung von Kritik und Skepsis nicht aufrechterhalten läßt.

Kritik in dem dargestellten, freilich umstrittenen Sinn hat sich als konstitutiv für die Religionsphilosophie erwiesen. Dennoch ist es verwehrt, bei der klassischen Religionskritik anzuknüpfen. Denn Religionsphilosophie selbst ist seit über einem Jahrhundert angefochten. Wie sie sich am Ende des 18. Jahrhunderts von der Theologie emanzipiert und ihr gegenüber verselbständigt hat, so hat sich mit dem Ende des deutschen Idealismus und durch das Aufkommen des Positivismus und Historismus die Religionswissenschaft von der Religionsphilosophie (und noch einmal von der Theologie) emanzipiert. Den Begriff »Religionswissenschaft« hat im strengen Sinn historischer vergleichender Religionsforschung zuerst Friedrich Max Müller im Vorwort zum ersten Band seiner »Chips from a German Workshop« 1867 gebraucht[34]; wie bei der Religionsphilosophie folgt auch bei der Religionsgeschichte der Begründung der Selbständigkeit der Disziplin ihre Institutionalisierung[35]. Seither wird die Religionsphilosophie entweder ausdrücklich oder gar stillschweigend als Spekulation, als empirisch unkontrollierte, ja unkontrollierbare normative Begriffsbildung angesehen, die am Rande oder gar jenseits der Erfahrungswissenschaft von Religion steht. Diese Abgrenzung bezieht sich gerade auf die Religionsphilosophie Hegels und die nachhegelische Religionskritik, gerade dann, wenn die Forschung darin entwickelte Begriffe und Schemata weiterverwendet. Dem entspricht, daß es Feuerbach trotz programmatischer Öffnung der Philo-

---

[34] Mircea Eliade, Das Heilige und das Profane. Vom Wesen des Religiösen, rowohlts dt. enzyklopädie 31, Hamburg 1957, S. 127. Vgl. J. Wach, Vergleichende Religionsforschung (englisch 1958, dt.) Urban-Bücher 12, Stuttgart 1962, S. 35.

[35] G. van der Leeuw (Anm. 15), S. 797 Anm. 2. — C. Colpe, Bemerkungen zu Adolf von Harnacks Einschätzung der Disziplin »Allgemeine Religionsgeschichte«, NZSTh 6, 1964, S. 52—54.

sophie zu empirischer Forschung[36] selbst in seinem Spätwerk »Theogonie nach den Quellen des klassischen, hebräischen und christlichen Altertums« von 1857 nicht, wie er wollte, gelungen ist, sich endgültig von seinem »hegelianischen Wesen« zu trennen[37]. Seither bleiben aber überhaupt die zahlreichen Religionsphilosophien bis hin zu Heinrich Scholz, Albert Görland, Friedrich Brunstäd und Paul Tillich[38] in einer Distanz zur Religionswissenschaft, die deren Urteil über Religionsphilosophie im ganzen noch einmal bestätigt.

Die Religionswissenschaft hat selber die Aufgabe übernommen und immer neu zu lösen versucht[39], die Grenze zu ziehen zwischen ihr selbst als einer Erfahrungswissenschaft, die beschreibend, vergleichend, Typen und Kategorien bildend verfährt und sich dabei zwischen den Grenzen von Religionsgeschichte und systematischer Religionswissenschaft bewegt, ohne dabei normative Aussagen über die Religion zu machen, die wissenschaftlich nicht begründbar sind[40]. Denn gerade diese Grenzziehung forderte ja immer wieder dazu auf, den empirischen Gehalt typologisch-systematischer Ordnungsbegriffe und Kategorien zu überprüfen und von normativen Implikationen kritisch zu unterscheiden[41]. Joachim Wach unterscheidet von einer früheren Phase der Religions-

---

[36] Feuerbach, Vorläufige Thesen zur Reformation der Philosophie (1843): »Die Spekulation ist nichts als die wahre und universale Empirie« (Werke in sechs Bänden, hg. v. E. Thies, III, Theorie-Werkausgabe Frankfurt a. M. 1975, S. 230. — Karl Löwith, Von Hegel zu Nietzsche. Der revolutionäre Bruch im Denken des 19. Jhs., Stuttgart 1964⁵, S. 96: »Feuerbachs Versinnlichung und Verendlichung von Hegels philosophischer Theologie ist schlechthin zum Standpunkt der Zeit geworden, auf dem wir nun alle — bewußt oder unbewußt — stehen.«

[37] Feuerbach, Werke (Anm. 36), IV, S. 487.

[38] H. Scholz, Religionsphilosophie, Berlin (1921) 1922². — A. Görland, Religionsphilosophie als Wissenschaft aus dem System des kritischen Idealismus, 1922. — F. Brunstäd, Die Idee der Religion. Prinzipien der Religionsphilosophie, Halle 1922. — P. Tillich, Religionsphilosophie (1925), Gesammelte Werke I, Stuttgart 1959, S. 295—366.

[39] Selbstverständnis und Wesen der Religionswissenschaft, hg. v. G. Lanczkowski, Wege der Forschung CCLXIII, Darmstadt 1974, enthält Beiträge aus den Jahren 1898 bis 1972.

[40] W. Holsten, Art. Religionswissenschaft, RGG³, V, Sp. 1038. — Ders., Art. Religionsgeschichte, ebd., Sp. 986. — J. Wach, Religionssoziologie (englisch 1944, nach der 4. Aufl. dt.) Tübingen 1951, S. 1. Dazu jetzt Rainer Flasche, Die Religionswissenschaft Joachim Wachs. Ihre Entwicklung, Vertiefung und Überwindung — dargestellt an seinem Gesamtwerk — und die Möglichkeit einer Weiterführung seiner religionssystematischen Ansätze, Habil.-Schrift Marburg 1975.

[41] Vgl. dazu C. Colpe (Anm. 35), S. 61f. 65f.

wissenschaft, in der »das spekulative Element sich häufig dem historischen Interesse unterordnet«, d. h. genetische und gesamtgeschichtliche Fragestellungen und Theorien noch eine starke Rolle spielen, eine weitere Phase, in der die Kritik am Historismus die Arbeit an der Formulierung eines religiösen Apriori hervortreibt[42]. Am stärksten auf die Religionswissenschaft gewirkt hat »das Heilige als Kategorie apriori«, die von Rudolf Otto entwickelt wurde[43], zumal ihm bei der Hervorhebung dieser Religionskategorie Emile Durkheim[44] und Nathan Söderblom[45] vorangegangen waren. Rudolf Otto verwendet diese Kategorie zur Begründung der »Behauptung ..., daß 'Religion mit sich selber anfängt'«, und daß das Verstehen der Religion diese somit immer schon voraussetze[46]. Weithin übernommen, aber auch in ihrer Normativität durchschaut[47], verbindet sich diese Kategorie in der Religionsphänomenologie mit dem »abschrecken lassen ... von der eigenmächtigen, herrschen wollenden Theorie«[48]. Joachim Wach faßt zusammen: »Dieser Religionsbegriff betont den objektiven Charakter des religiösen Erlebnisses im Gegensatz zu psychologischen Theorien von seiner rein subjektiven (illusionären) Natur ...«; ja er »widerlegt« diese[49]. In jüngerer Zeit erst zeigt sich, z. B. bei C. Colpe im Anschluß an Mircea Eliade und in Abkehr von van der Leeuw, die Forderung, »Kategorien für

---

[42] Wach (Anm. 34), S. 35; vgl. 35—37.
[43] R. Otto, Das Heilige. Über das Irrationale in der Idee des Göttlichen und sein Verhältnis zum Rationalen (1917), Breslau 1922⁸, Kapitel 15 und 22. — Über »verschiedene Auffassungen des religiösen Apriori« bei Otto 1909 (vgl. Elsas [Anm. 26], S. 130—135) und 1917 (er verlasse die »rationale Ansicht der Religion zugunsten einer irrationalen«, S. 64), bei Troeltsch und Anders Nygren siehe Holm (Anm. 1), S. 63—67.
[44] E. Durkheim: Zur Definition religiöser Phänomene (französisch 1898, dt.) in: J. Matthes, Religion und Gesellschaft. Einführung in die Religionssoziologie, rowohlts dt. enzyklopädie 279/280, I, Hamburg/Reinbeck 1967, S. 139 u. a. Stellen.
[45] N. Söderblom, Natürliche Theologie und allgemeine Religionsgeschichte, Leipzig 1913; vgl. Elsas (Anm. 26), S. 33f.
[46] R. Otto, Das Gefühl des Überweltlichen (Sensus Numinis), München 1932, S. 1; ders., Das Heilige (Anm. 43), Kapitel 17 und 3 Anfang. — Der Zusammenhang mit Schleiermachers Grundsatz, »daß auch Religion nur durch sich selbst verstanden werden kann« (Anm. 14; S. 286), und W. Herrmanns Aufnahme dieses Satzes im Jahr 1912 (Schriften [Anm. 4], S. 266) ist deutlich; vgl. auch ebd. (Anm. 4), I, München 1966, S. 282—287.
[47] W. Holsten (Anm. 40), Sp. 1039.
[48] G. van der Leeuw (Anm. 15), S. VI.
[49] Wach (Anm. 40), S. 15; ders. (Anm. 34), S. 37.

eine historische Religionsphänomenologie« zu entwickeln[50]. Dazu gehört als Voraussetzung, »daß ein Apriori nach Art der bisherigen, oft bis auf den heutigen Tag in Anspruch genommenen, grundsätzlich nicht in Frage kommt«[51].

Diese Skizze zeigt, daß Religionswissenschaft gerade als Erforschung der Religionen auf empirischer Grundlage mit dem deskriptiven und typologischen Verfahren auf dem Wege über systematische Ordnungsbegriffe und die allgemeinste Kategorie Religion immer auch Grundlagenforschung zur Konstitution und Wirklichkeitsverflechtung ihres Gegenstandes getrieben hat und treibt. Aber dieser Grundlagenforschung bleibt in der Gegenwart in der Regel der Name Religionsphilosophie vorenthalten, während noch J. Wach sagen konnte: »Es ist einleuchtend, daß solche Fragestellungen mehr oder weniger unmittelbar in die Philosophie hinüberführen: die Religionswissenschaft mündet in die Religionsphilosophie«[52]. Aber selbst das kann der Religionswissenschaft offenbar als heteronome Bestimmung für das Grundlagenproblem des unlösbaren Ineinanders empirischer Begriffe und normativer, häufig genug impliziter ontologischer, historischer, selbst ideologischer Voraussetzungen und Vorurteile erscheinen. Bei Walter Holsten ist dieser Eindruck freilich vermieden, wenn er schreibt: »So gewiß die Religionswissenschaft nicht eine normative, sondern empirische Wissenschaft ist, so gewiß kommt sie ohne die Hilfe einer normativen Wissenschaft, der Religionsphilosophie, nicht aus. Daß Religionswissenschaft und Religionsphilosophie immer wieder miteinander vermischt worden sind, hängt damit zusammen, daß Religionswissenschaft Religionsphilosophie voraussetzt, wie umgekehrt Religionsphilosophie, sofern sie sich nicht rein konstruktiv verhalten will, nicht ohne Beziehung zur Religionswissenschaft auskommt. ... Die Religionswissenschaft empfängt von der Religionsphilosophie die Kritik ihrer Erkenntnis und die Klärung ihrer Begriffe und stellt ihr die Frage nach Wahrheit und Wert der

---

[50] C. Colpe, Das Phänomen der nachchristlichen Religion in Mythos und Messianismus, NZSTh 9, 1967, S. 43; jedoch: »nicht für die Religionsgeschichte«, ebd.; vgl. dazu den begründenden Kontext, und von demselben Verfasser (Anm. 35), S. 56—61, sowie: Mythische und religiöse Aussage außerhalb und innerhalb des Christentums, in: Beiträge zur Theorie des neuzeitlichen Christentums, hg. v. H.-J. Birkner u. D. Rössler, Berlin 1968, S. 17, Anm. 1; 19, Anm. 6.
[51] Colpe (Anm. 35), S. 63.
[52] Wach, Art. Religionswissenschaft, RGG², IV, Tübingen 1930, Sp. 1954.

empirischen Religion, die aus der Empirie selbst nicht zu beantworten ist«[53]. Doch ist nicht einzusehen, warum diese Aufgabe nicht gerade von einer ihrer Konstitutionsproblematik bewußten Religionswissenschaft selber zu leisten wäre; und umgekehrt wäre zu prüfen, welche Religionsphilosophie die so beschriebene Aufgabe erfüllt.

Weiter führt die für einen Religionswissenschaftler auf den ersten Blick auffallende Feststellung von C. Colpe: » . . . religionssoziologische Kategorien sind es doch wohl, welche zunächst einmal die Beschreibung von Religion im engeren Sinne ermöglichen . . . «; sie sind »zwar nicht direkt jene Kriterien, die wir suchen, aber sie werden es, sobald man sie nur heuristisch handhabt«[54]. Dies lenkt den Blick darauf, daß es (neben der Religionspsychologie, auf deren Status in der Religionsforschung hier aus Raumgründen nicht eingegangen werden soll) seit Emile Durkheim und Max Weber, d. h. etwa seit der Jahrhundertwende, als einen eigenen Zweig ebenfalls bewußt von Religionsphilosophie emanzipierter Religionsforschung die Religionssoziologie gibt[55]. Den Begriff »Religionssoziologie« wird in Deutschland zuerst Max Weber, wenn nicht geprägt, so doch durchgesetzt haben, zumindest seit Erscheinen seiner »Gesammelten Aufsätze zur Religionssoziologie« in den Jahren 1920 und 1921[56]. Auffallend ist nun, daß, abweichend von dem Urteil C. Colpes, ein komplexer Spannungszustand zwischen diesen beiden Zweigen der Religionsforschung besteht. C. H. Ratschow konstatiert als »Tatsache, daß die beiden Arbeitsrichtungen wenig voneinander wissen«, und unterscheidet demgemäß »soziologische Religionssoziologie« von »religionswissenschaftlich arbeitende(r) Religionssoziologie«[57]. Darin folgt Ratschow J. Wach. Nach ihm zählt »die allgemeine Religionswissenschaft« — die wir hier mit dem umfassenden Terminus Religionsforschung benannt haben — zwar »Phänomenologie,

---

[53] W. Holsten (Anm. 40), Sp. 1041.
[54] Colpe (Anm. 35), S. 64.
[55] Vgl.: Religionssoziologie, hg. u. eingeleitet v. F. Fürstenberg, Soziologische Texte 19, Neuwied/Berlin 1964, S. 18 mit dem Max-Weber-Zitat, Anm. 2.
[56] Vgl. J. Wach, Art. Religionssoziologie, RGG², IV, Sp. 1933f.
[57] C. H. Ratschow, Die Rede von der Religion. Die Soziologie und die Entwicklungstendenzen der Religion in Europa, in: Chancen der Religion, hg. v. R. Volp, Gütersloher Taschenbücher 103, 1975, S. 129. — In vergleichbarer Weise spricht Gerhard Ebeling von der »Ambivalenz primären oder sekundären Interesses an der Religion« (Studium der Theologie. Eine enzyklopädische Orientierung, Uni-Taschenbücher 446, Tübingen 1975, S. 49; vgl. S. 48).

Geschichte, Psychologie und Soziologie zu ihren Aufgabengebieten«[58]. Aber diese Gleichordnung der vier Richtungen empirischer Religionsforschung bedeutet keine Gleichstellung. Wach meinte, mit seiner Religionssoziologie »zu einem besseren Verständnis einer Funktion der Religion beizutragen. Vielleicht ist es nicht ihre vornehmste Funktion, aber sicherlich eine wesentliche« (5). Daraus geht hervor, daß Wach als Religionssoziologe nicht von einer genuin soziologischen, aber spezifizierten »Grundkategorie des sozio-religiösen Handelns, sondern von dem Gesamtphänomen 'Religion'« ausgeht[59], dessen Kategorie bei Wach mit Rudolf Otto »'das Erlebnis des Heiligen'« ist (15). Da »Kern und Substanz dieses Erlebens adäquater Objektivierung trotzen« (17), meint Wach die Religionssoziologie »gegen eine einseitige Untersuchungsart schützen« zu sollen, die »Religion vorwiegend oder ausschließlich als ein Erzeugnis der kulturellen und sozialen Kräfte und Tendenzen zu interpretieren« unternimmt (13). Das gilt nach Wach in unterschiedlicher Weise für Marx, Comte und Durkheim (5). Dabei greift Wach auf Max Webers, allerdings vereinfacht gesehenen »Protest gegen die einseitigen Annahmen des sozialen und ökonomischen Materialismus« zurück (13). Daß Max Webers Ansatz auch abgesehen von dieser Bezugnahme verkürzt sein muß, zeigt dann Wachs Vorwurf, daß selbst »des großen Forschers Verstehen der Religion durch seine kritische Stellung ihr gegenüber eingeschränkt (war)« (4). Diese Kritik ist identisch damit, daß Wachs Religionssoziologie eben Max Webers religionssoziologische Grundkategorie »einer bestimmten Art von Gemeinschaftshandeln«[60] ausklammert.

So erklärt sich, daß Pieter Hendrik Vrijhof als beherrschendes Selbstverständnis der Religionssoziologie angeben kann, sie sei »keine Religionswissenschaft, sondern Soziologie, Wissenschaft vom Zusammenleben von Menschen und Gruppen«[61]. Eine scharfe kategoriale Differenz scheint zwischen den beiden Arbeitsrichtungen der Religions-

---

[58] Wach (Anm. 40), S. 1. Hieraus die folgenden Zitate mit Seitenzahlen im Text.
[59] Günter Kehrer, Religionssoziologie, Sammlung Göschen 1228, Berlin 1968, S. 11.
[60] Max Weber, Wirtschaft und Gesellschaft, in: Grundriß der Sozialökonomik, II,3, Tübingen 1921, S. 227.
[61] P. H. Vrijhof, Was ist Religionssoziologie?, in: Probleme der Religionssoziologie, hg. v. D. Goldschmidt u. J. Matthes, Kölner Zs. für Soziologie und Sozialpsychologie, Sonderheft 6 (1962), Köln und Opladen 1966², S. 10. Hieraus die folgenden Zitate mit Seitenzahlen im Text.

forschung zu bestehen. Denn von der anderen Seite her wird vom Übergreifen soziologischer Grundkategorien »der Soziologismus in der modernen Religionswissenschaft«[62] befürchtet. P. H. Vrijhof hat dagegen durch eine Analyse der Wachschen, weithin akzeptierten Formel, daß »die Aufgabe der Religionssoziologie die Erforschung der wechselseitigen Beziehungen und der Wechselwirkung zwischen Religion und Gesellschaft« sei[63], gezeigt, daß der Gegensatz ein scheinbarer ist. »Diese Umschreibung suggeriert« nämlich »die Auffassung, als seien Religion und Gesellschaft selbständige, primär voneinander unabhängige Größen, die als solche miteinander in Beziehung treten (können)« (10). Ihre Kategorien verhalten sich gar nicht so zueinander, daß sie das gleiche Ganze gegensätzlich interpretieren, sondern Religion ist Ganzes, Gesellschaft Teil. Da das Ganze dem Teil nicht unterworfen ist, kann »die Religion ... weder im menschlichen Verhalten oder in der Gesellschaft restlos aufgehen noch aus beiden Faktoren abgeleitet oder 'erklärt' werden« (10). Als Voraussetzung gehört dazu die These: »Religion ist ein meta-soziales Phänomen, das dem Menschen und der Gesellschaft prinzipiell vorgegeben ist« (10). Vrijhof stellt fest, daß damit in der Religionssoziologie »weniger eine soziologische als eine theologische Problemstellung« vorliegt; ihre Voraussetzung »ist selbst eine Aussage des Glaubens« (25). Es ist deutlich, daß die damit vorausgesetzte »Dichotomie von Natur und Übernatürlichem« (29) auch mit der, die die Religionswissenschaft mit der Kategorie des Heiligen — im Gegensatz zum Profanen — über ihren Gegenstand macht, zusammenstimmt, worin sich auch bei ihr christliches Erbe zeigt.

So ergibt sich: »Die wesentlichen Aspekte der Religion sind für die Religionssoziologie ungreifbar« (24). Und dies steht im Einklang mit dem Verzicht empirischer Wissenschaft auf Aussagen über das Wesen der Religion (16, 18, 20). Das gilt selbst für »soziologisch-funktionale Definitionen« (21), solange mit diesen zwar »die Religion als soziales Phänomen abgeleitet und begriffen wird«, aber doch nach wie vor »den soziologisch relevanten Funktionen der Religion nur ein abgeleiteter, kein ursprünglicher Charakter zuerkannt werden kann« (22).

Jedoch mußte gerade diese Harmonie das grundsätzliche Bedenken erwecken, daß die Religionssoziologie dann für den Gegenstand ihrer

---

[62] Titel eines Buches von J. Hasenfuß, Würzburg 1955.
[63] Wach (Anm. 40), S. 428. — Z. B. Fürstenberg (Anm. 55), S. 13.

Forschung, die soziale Funktion der Religion, auf eine eigentlich soziologische Theorie verzichtet, wie zuerst Thomas Luckmann 1960 feststellte[64] und in seiner Schrift »Das Problem der Religion in der modernen Gesellschaft« näher begründete[65]. Die Frage, ob mit Luckmann »in erster Annäherung, besser, in der weitesten Bestimmung ... mit Religion das, was den Menschen zum Menschen werden läßt«[66], gemeint ist und sie nicht, enger, »mit einem inhaltlich bestimmten Glauben« identifiziert werden soll[67], kann hier außer Betracht bleiben[68]. Wichtig ist in beiden Fällen, welche Voraussetzungen in eine jede Theorie der Religion eingehen. Luckmann verallgemeinert das Ergebnis der Analyse von Vrijhof, wenn er sagt, daß »schon in die Bestimmung dessen, was eigentlich für die Theorie die relevanten Daten sind, ... historische Vorentscheidungen ein(treten). Diese Vorentscheidungen beruhen auf Annahmen über Religion und Geschichte, die nur zum Teil noch als Elemente sozialwissenschaftlicher, empirie-bezogener Theorie ausgewiesen werden können. Zum Teil werden sie von meta-theoretischen, anthropologischen und geschichtsphilosophischen Voraussetzungen bestimmt«[69]. Die jeweilige Vorurteilsstruktur im Sinne einer stets vorgängigen und immer schon entschiedenen Bestimmtheit von, hier Religion genannter Realität zu durchschauen und zu kontrollieren, gehört also zur Konstitutionsproblematik der Religionssoziologie.

Wenn hier wie bei den meisten Autoren gemieden wird, von Religionsphilosophie zu sprechen, so ist gleichwohl, analog zur Grundlagenproblematik von Religionswissenschaft, Religionsphilosophie erreicht. Ausdrücklich wird nur von Edvard Vogt auf der Ebene der theoretischen Problematik der Religionssoziologie »die These formuliert, daß

---

[64] Vgl. das Zitat bei Vrijhof (Anm. 61), S. 15.
[65] Institution, Person und Weltanschauung, Freiburg 1963. Erweiterte englische Ausgabe: The Invisible Religion. The Transformation of Symbols in Industrial Society, New York 1967.
[66] Der Beachtung wert ist, daß schon W. Herrmann die Religion als »die volle Menschwerdung des Menschen« sah (Schriften [Anm. 4], S. 137f.).
[67] Luckmann, Religion in der modernen Gesellschaft, in: Religion im Umbruch. Soziologische Beiträge zur Situation von Religion und Kirche in der gegenwärtigen Gesellschaft, hg. v. J. Wössner, Stuttgart 1973, S. 5.4.
[68] Zum Problem der Definition von Religion eingehend Robertson (Anm. 26), S. 48—69; Peter L. Berger, Zur Dialektik von Religion und Gesellschaft, Elemente einer soziologischen Theorie (englisch 1967, dt.), Frankfurt a. M. 1973, S. 165—168.
[69] Luckmann (Anm. 67), S. 3f.

eine definitive Lösung dieses Problems nur eine philosophische sein kann. Der Archimedische Punkt ... muß außerhalb unserer Disziplin gesucht werden. Die uns unmittelbar angehenden Bereiche sind die Philosophie der Werte und insbesondere die Religionsphilosophie. Nur hier werden wir (als Religionssoziologen) die letzten Kriterien für die Bedeutung der Religion im allgemeinen und der verschiedenen Typen religiöser Erscheinungen im besonderen finden können. ... Alle empirischen Wissenschaften haben ihre besonderen Konstellationen philosophischer Voraussetzungen. Die höchst diffizile Disziplin der Religionssoziologie dürfte am wenigsten mit einigen elementaren philosophischen Reflexionen oder gar einigen philosophischen Primärerfahrungen auskommen ... «[70]. Vrijhof, der diese Aussage zustimmend zitiert, fügt hinzu: »Meines Erachtens sollte jedoch der Akzent mehr auf die Theologie und die philosophische Anthropologie gesetzt werden«[71]. Selbstverständlich gilt aber, wie bei der Religionswissenschaft, auch hier: »Diese Einsicht bedeutet keine Insolvenz-Erklärung der Religionssoziologie«[72]. Mit dem Hinweis auf die Theologie widerruft denn auch Vrijhof nicht etwa die gerade gewonnene Unabhängigkeit soziologischer Theorie von einem theologischen Religionsbegriff, sondern er bestätigt sie als eine eigene normative Aufgabe: »Es geht ja doch um das Erkennen der wahren, für diese Zeit angemessenen Religion und ihres Ausdrucks in Mensch und Gesellschaft« (30); eine Aufgabe, »der sich Religionssoziologie, Theologie und philosophische Anthropologie gemeinsam zuzuwenden haben« (31). Vrijhof greift dazu hinter Wachs Weiterführung der Religionssoziologie Max Webers zurück, indem er an die Stelle des Wachschen 'Wechselwirkungstheorems' wieder die von Wach verworfene, nicht näher gekennzeichnete »kritische Stellung«[73] Max Webers setzt: er faßt sie als »Frage nach dem philosophisch-anthropologischen Hintergrund der Religionssoziologie, vor allem nach der anthropologischen Begründung des sozial-religiösen Handelns«[74].

---

[70] E. Vogt, Über das Problem der Objektivität in der religionssoziologischen Forschung, in: Probleme der Religionssoziologie (Anm. 61), S. 221f.

[71] Vrijhof (Anm. 61), S. 29f.; vgl. S. 25. Hieraus die folgenden Zitate mit Seitenzahlen im Text.

[72] Vogt (Anm. 70), S. 221.

[73] Siehe oben S. 321.

[74] Vrijhof (Anm. 61), S. 31; vgl. S. 11; 18—20, auch zur Präsizierung, daß die »Intersubjektivität der menschlichen Existenz als unableitbar vorgegeben ist«, wie Alfred Schütz in seiner Analyse der Theorie Max Webers vom sozialen Handeln aufweise.

Dieser Ansatz hat, wie Vrijhof erwartete (32), in den vergangenen Jahren bei Thomas Luckmann, Peter L. Berger und Günter Dux eine eindrucksvolle Ausarbeitung erfahren[75].

So hat auch die Religionssoziologie die Aufgaben nicht nur erkannt, sondern auch gelöst, die ihr als von Religionsphilosophie emanzipierter Wissenschaft in der Reflexion auf ihre Grundlagen zugefallen sind. Doch ist mit dem Übergang der Religionssoziologie zu eigener Theoriebildung im Vergleich zu ihrer vorhergehenden Phase der Gegensatz der beiden Zweige der Religionsforschung gewachsen. Unter veränderten wissenschaftsgeschichtlichen Voraussetzungen und bei einem erheblich gewachsenen Stand empirischer Forschung kehren anthropologisch-genetische Fragestellungen, die eo ipso geschichtstheoretische sind, wieder. Wenn auch erfahrungswissenschaftlich »das eigentliche Erbe der Religionskritik« in »charakteristische(n) Denkmodelle(n)« und »in dem Versuch ihrer forschungstechnischen Operationalisierung« gesehen wird[76], so wird doch beansprucht, deren Konstitution nicht von einer das Selbstverständnis der Religionen reproduzierenden Wissenschaft zu Lehen zu nehmen, sondern selber aufzuklären. Das beleuchtet die, wohl gegen Kurt Goldammer gerichtete, noch wenig selbstverständliche, daher apodiktisch vorgetragene Aussage von Th. Luckmann: »die Behauptung, Religion entziehe sich dem systematisch-theoretischen Zugriff, ist natürlich Unsinn«[77]. Und Günter Dux hält es für »unerläßlich«, die in der Religionswissenschaft ebenfalls tabuierte »alte Frage nach dem Ursprung der Religion wieder aufzunehmen«, im Sinne »einer Aufklärung der Religion« »aus dem gesamtgesellschaftlichen Zusammenhang«[78]. Dazu stellt C. H. Ratschow zutreffend fest, werde »die Religion als Religiosität funktional gesehen«, so sei sie »ein Ausdruck des mit sich selbst befaßten Menschen«.

---

[75] Siehe Anm. 65, 68 (dazu von beiden Verfassern: Die gesellschaftliche Konstruktion der Wirklichkeit. Eine Theorie der Wissenssoziologie, englisch 1966, dt. Frankfurt a. M. 1969) und 33. Nicht einfach hier einzuordnen sind die Arbeiten von Niklas Luhmann, in: K.-W. Dahm/N. Luhmann/D. Stoodt, Religion — System und Sozialisation, Sammlung Luchterhandt 85, Darmstadt/Neuwied 1972, S. 11—132; und in: Wössner (Anm. 67), S. 245—285.

[76] J. Matthes (Anm. 44), S. 71. 44.

[77] Luckmann (Anm. 67), S. 4; vgl. O. Schatz (Hg.), Hat die Religion Zukunft?, Graz/Wien/Köln 1971, S. 303.

[78] Dux (Anm. 33), S. 10.

Ratschow fügt dem das dem Luckmannschen vergleichbare, ebenso entschiedene Urteil hinzu, »daß diese Auffassung von Religion mit den Religionen nicht viel zu tun hat« und »daß sich die weite Entfernung der Religionswissenschaft zur Soziologie auch nicht vermitteln läßt«[79]. Es kommt hinzu, daß diese Differenz auch in der Religionssoziologie und der Religionswissenschaft selbst auftritt. »Die Gefahr einer Spaltung der Religionssoziologie in eine kritische und in eine apologetische Richtung ist gegeben«, stellt Günter Kehrer fest, je nachdem ob sie »den dogmatisch gebundenen Einwand, daß die 'letzten' Gründe des religiösen Handelns dem wissenschaftlichen Zugriff entzogen seien« zurückweist oder anerkennt[80]. Und Carsten Colpe spricht im Blick auf »die Kritik der Religion« (nicht die sterile Wiederholung der Religionskritik) von der »zugegebenermaßen theoretisch zu wenig durchreflektierten ... Religionsforschung des 20. Jahrhunderts«, sofern sie »das enorme erkenntnistheoretische Potential, das in dem ... weggeblendeten Teil der Tradition des 19. Jahrhunderts bereitliegt«, nicht nutzt[81].

In dieser die Religionsforschung im ganzen übergreifenden und zugleich in ihre Forschungsrichtungen eingreifenden Konstitutionsproblematik findet die Religionsphilosophie zunächst ihren Gegenstand. Sie knüpft damit an den gegenwärtigen Stand der Selbstreflexion der empirischen Wissenschaften von Religion an[82], hat aber ihre Aufgabe darin, deren Unvermitteltheit zu überwinden. Das kann nur gelingen, wenn eine Theorie der Religion zugleich die Kategorie des Heiligen und die Kategorie des sozialen Handelns (oder gleichstehende Kategorien) in sich aufnehmen kann. Religionssoziologie scheint in der Lösung

---

[79] Ratschow (Anm. 57), S. 144. 156.
[80] Kehrer (Anm. 59), S. 5f.
[81] C. Colpe, Zur Logik religionsgeschichtlicher und historisch-theologischer Erkenntnis, in: Theologie und Wirklichkeit, Festschrift für W. Trillhaas zum 70. Geburtstag, hg. v. H. W. Schütte u. F. Wintzer, Göttingen 1974, S. 11.
[82] Auf einer allgemeinen Ebene stellt Jürgen Habermas fest: »Jede Diskussion über Bedingungen möglicher Erkenntnis muß deshalb heute an den von der analytischen Wissenschaftstheorie erarbeiteten Stand anknüpfen« (Erkenntnis und Interesse, Frankfurt a. M. 1968, S. 13). — Zur angloamerikanischen analytischen Religionsphilosophie vgl. in dieser Hinsicht die die Darstellung ihrer Entwicklung abschließende und prognostizierende Bemerkung von I. U. Dalferth (Hg.), Sprachlogik des Glaubens. Texte analytischer Religionsphilosophie und Theologie zur religiösen Sprache, BEvTh 66, München 1974, S. 54.

dieser Aufgabe gegenwärtig weiter fortgeschritten zu sein als Religionswissenschaft. Dennoch liegen auch in dieser die Voraussetzungen zur Lösung der religionsphilosophischen Aufgabe. Denn alle Religionsforschung ist empirische Wissenschaft. Das heißt, »auch die psychologische oder soziologische Analyse der religiösen Werte ... kann den verbindlichen Charakter solcher Werte für die Gruppe nicht ableugnen«[83]. Doch ist gerade diese normative Verbindlichkeit der Inhalte von Religion in der wissenschaftlichen Einstellung selbst ein empirisch Festzustellendes. Es übersteigt die Möglichkeit der Erfahrungswissenschaft, darüber selbst wieder ein normatives Urteil abzugeben. Dies darf als Konsensus der erfahrungswissenschaftlichen Einstellung vorausgesetzt werden. »In der Religion ist Gott der Agens in der Beziehung zum Menschen, die Wissenschaft weiß nur vom Tun des Menschen in der Beziehung zu Gott, nichts vom Tun Gottes zu erzählen«[84]. Der Gegenstand der Religionsforschung ist ein bestimmter Modus der einen menschlich-geschichtlich-gesellschaftlichen Wirklichkeit. Umstritten sind die normativen Setzungen, die in diese empirische Gegenstandsbestimmung der Religionsforschung eingeschlossen sind. Sie sind, nach ihrem Was und Warum, Gegenstand der Religionsphilosophie. Aufgabe der Religionsphilosophie ist, vermittelt über den Stand der Selbstreflexion der Religionsforschung, kritische Theorie der Religion.

Dieser Begriff von Religionsphilosophie wäre aber nicht vollständig, wenn nicht auch, wie bei Vrijhof[85], die mit ihm verbundene Beziehung zur Theologie gesehen würde. Diese kann mit J. Wach zunächst so beschrieben werden: »Eine Religionsphilosophie würde hinsichtlich ihres normativen Charakters mit der Theologie verwandt sein, aber sie würde ihren Gegenstand mit der Religionswissenschaft teilen[86].« Dieser nach zwei Seiten je spezifisch bestehende Zusammenhang bedeutet für die Religionsphilosophie aber genauer, daß die über die empirisch-normative Konstitutionsproblematik des Gegenstandes vermittelte Distanz zur Religionsforschung nicht etwa größer ist als die über die Auseinandersetzung über Normen vermittelte Stellung zur Theo-

---

[83] Wach (Anm. 40), S. 38f. Darauf bezieht sich Ratschow (Anm. 57), S. 129, Anm. 1.
[84] G. van der Leeuw (Anm. 15), S. 3.
[85] Siehe oben S. 324.
[86] Wach (Anm. 40), S. 2.

logie (und zur Ethik, worauf hier nicht eingegangen werden kann). Kritische Theorie der Religion steht in der Mitte dieser Differenzierung des Problemfeldes. Es entspricht den Bedingungen der Entstehung der Religionsphilosophie, »daß sie unabhängig von der Theologie zu denken hat«, wie W. Trillhaas feststellt: »Religionsphilosophie ist keine theologische Disziplin«[87]. Dies schließt aus, den Begriff Religionsphilosophie uneigentlich zu gebrauchen, wie dies am deutlichsten N. H. Søe tut, der sie als »eine theologische Einführung in die Philosophie« versteht[88]. Dafür stehen die Begriffe Apologetik oder Fundamentaltheologie zur Verfügung[89]. Zwar muß die Aufnahme des Begriffs Religionsphilosophie anstelle des älteren Namens natürliche Theologie auch als Berücksichtigung der Kritik der positiven Religion innerhalb dieser selbst verstanden werden. Aber damit wird die Disziplin, die zuvor theologie-immanent war und sich dann als philosophische emanzipierte, ihr nunmehr immanent gemacht, wobei sich der kritische Begriff von Religionsphilosophie in einen vorkritischen nach Art des von Siegfried von Storchenau geprägten zurückverwandelt[90]. Die für die Religionsphilosophie konstitutive kritisch-theoretische Frage wird dann aufgegeben. Umgekehrt ist die Theologie »als des Glaubens eigenes Denkprojekt«[91] aufzu-

---

[87] Trillhaas (Anm. 31), S. 3.8. — Vgl. Holm (Anm. 1), S. 15.
[88] N. H. Søe, Art. Religionsphilosophie, RGG³, V, Sp. 1013. Hierhin gehört neben den bei Trillhaas (Anm. 31), S. 3, Anm. 1 genannten Werken auch Karl Rahner, Hörer des Worts. Zur Grundlegung einer Religionsphilosophie (1941), neu bearbeitet von J. B. Metz, München 1969². — W. Pannenberg (Anm. 18) fordert eine »Religionswissenschaft als Theologie der Religion«, d. h. als »Fundamentaldisziplin der Theologie überhaupt« (361, 419). Dieser Religionswissenschaft (als Religionsphilosophie wie als Religionsgeschichte) mutet Pannenberg (in Umkehrung der zutreffenden Feststellung, daß ihre »Urteilsenthaltung hinsichtlich der Gegenstandswirklichkeit der religiösen Erfahrung ... ein Vorurteil zugunsten einer anthropologisch-immanenten Religionsdeutung begründet« [366]) zu, »zugleich die Erscheinungsgeschichte der Wirklichkeit Gottes, wie auch des Menschen« darzustellen (425; vgl. 365f., 370f.). Zur Kritik siehe G. Ebeling (Anm. 57), S. 53.
[89] P. Tillich versteht seine »philosophische Theologie« (Gesammelte Werke, V, Stuttgart 1964, S. 110) in bewußtem Anschluß an »die klassische Apologetik« (ebd., IV, Stuttgart 1961, S. 199) als »apologetische« (Systematische Theologie, I, Stuttgart 1956², S. 12—15). — G. Ebeling hat »Erwägungen zu einer evangelischen Fundamentaltheologie« unter weitgespannter Berücksichtigung ihrer Vorgeschichte vorgelegt (ZThK 67, 1970, S. 479—524; vgl. die Untertitel zu: ders., Wort und Glaube, II und III, Tübingen 1969 und 1975; ferner das 12. Kapitel des in Anm. 57 genannten Buches).
[90] Siehe oben S. 308f.
[91] C. H. Ratschow, Drei Weisen von Gott zu reden. Grundlagen der Debatte über die

fassen, »setzt also den christlichen Glauben voraus«. Aufgrund dieser konstitutiven Voraussetzung ist sie immer »spezielle Theologie[92], die gegenüber der Religionswissenschaft und der Religionsphilosophie ihren speziellen Bezugsgrund und Zielbereich hat«. Davon »Theologie im weiteren Sinne, die in ihren Fächern religionswissenschaftlich, religionsphilosophisch und speziell theologisch arbeitet«, zu unterscheiden, wie C. H. Ratschow vorgeschlagen hat, muß den Grundsatz aufheben: »Religion überhaupt ist es, auf die es in der Religionsphilosophie ankommt«« (140 a). Die die Emanzipationsgeschichte der Religionsforschung zusammenfassende Einsicht: »Die drei Denkbewegungen (der Religionswissenschaft, Religionsphilosophie und speziellen Theologie [143 a]) sind eigenständig« (143 b), ist dann nicht aufrechtzuerhalten. Die Eigenständigkeit der Religionsphilosophie im Verhältnis zur (allgemeinen) Religionswissenschaft besteht, wie zu zeigen versucht wurde, darin, daß sie die in dieser entwickelten Kategorien von Religion kritisch auf die darin enthaltene Normativität untersucht und den Religion genannten Modus der menschlich-geschichtlich-gesellschaftlichen Wirklichkeit aufklärt. Die Eigenständigkeit der Religionsphilosophie gegenüber der Theologie besteht darin, daß die kritische Theorie der Religion in die hermeneutisch bedeutsamen Basisannahmen[93] der Theologie eingeht, was keine neue Theologie, sondern »eine neue Art, Theologie zu treiben«[94] zur Folge hat. So könnte ich mir, bezogen statt auf die Soziologie auf die hier versuchte Ortsbestimmung der Religionsphilosophie im Verhältnis zur Theologie, C. H. Ratschows Situationsanalyse[95] zu eigen machen: »Sie erlaubt scheinbar eine zureichende Erklärung des Ursprungs von Religion, Glauben und Theologie und ermöglicht eine Definition der Theologie im Horizont des Selbstverständnisses dieser Zeit« (141 b); nur hinter »scheinbar« möchte ich ein Fragezeichen zusetzen.

Theologie, Evangelische Kommentare 10, 1974, S. 143 a. Hieraus die folgenden Zitate mit Seitenzahlen im Text.

[92] Daß der Theologiebegriff christlicher Herkunft auch auf islamische, buddhistische Theologie usw. übertragen wird, bestätigt dies.

[93] Zu diesem Begriff vgl. Chr. Gremmels, Konstitution und Reflexion. Bemerkungen zu einer »Logik der Theologie«, ZEE 19, 1975, S. 278—296.

[94] Gustavo Gutiérrez, Theologie der Befreiung, Gesellschaft und Theologie. Systematische Beiträge 11 (spanisch 1972, dt.), München/Mainz 1973, S. 21.

[95] Vgl. aber auch die Analyse der »Krise« der Theologie bei Carl Friedrich von Weizsäcker, Die Einheit der Natur, München 1971², S. 36.

Das denkende Nicht-Denken

"ZEN UND PHILOSOPHIE" BEI NISHIDA UNTER BESONDERER
BERÜCKSICHTIGUNG SEINER FRÜHPHILOSOPHIE
DER REINEN ERFAHRUNG

Shizuteru Ueda, Kyoto
611 Uji-shi. Kowota Hinokio 38—20, Kyoto, Japan

In seinem ersten philosophischen Werk 1911 versuchte Kitaro Nishida (1870—1945) »die Philosophie der reinen Erfahrung« zu entfalten. Vorher hatte sich Nishida zehn Jahre lang mit ganzem Herzen und Leib der Übung des Zen, aber auch gleichzeitig sehr eifrig dem Studium der klassischen wie modernen westlichen Philosophie gewidmet. Aus einer Art Integration von beiden entstand seine «Philosophie der reinen Erfahrung«. In einem früheren Brief sprach Nishida vom Zen als dem letzten Einheitsgrund der Gedanken. Um so mehr ist es beachtenswert, daß in dem Werk das Zen gar nicht erwähnt ist, daß das Zen als solches nicht zum Audruck gebracht ist. Wir müssen also fragen, in welchem Sinn von einer Integration des Zen und der westlichen Philosophie bei Nishida die Rede sein kann, auf welchem Weg und wie weit seine Philosophie vom Zen bestimmt ist und was dies überhaupt für die Philosophie bedeutet. Bei Nishida handelt es sich, dies sei als Behauptung vorangestellt, um eine »Transformation des Zen in einen philosophischen Grundsatz«, nicht um eine Identifizierung des religiösen »Gottes« mit dem philosophischen »Sein«, auch nicht um eine direkte Bestimmung der Philosophie durch eine Religion, aber auch nicht um ein Nebeneinander bzw. eine Zuordnung von Religion und Philosophie nach der Weise einer Oberbau-Unterbau-Struktur. Unter der »Transformation des Zen« möchte ich eine Entfaltung des Zen in die Form des Nicht-Zen verstanden wissen, welche Transformation dem Zen gerade eigentümlich ist, weil das Zen an sich formfrei ist. In seiner Geschichte ist das Zen mehrfach transformiert, z. B. in den Tee-

Weg, Blumen-Weg, Schwert-Weg, Tuschmalerei-Weg, Tuschschreib-Weg. Die Transformation des Zen in die Philosophie geschah aber erst in Nishida und zwar als die Philosophie Nishidas, wobei er durch seinen *Denk-Weg* die historisch gewordene Transformationsgrenze des Zen überschritten hat. Dieser Sachverhalt soll nun an dem Standort seiner Philosophie der reinen Erfahrung erhellt werden. Deren Grundeinstellung ist in dem Vorwort des Werkes deutlich zum Ausdruck gebracht. Dort heißt es: »Ich möchte versuchen, alles dadurch zu erklären, daß die einzig wirkliche Wirklichkeit die reine Erfahrung ist«. Damit gehört das Denken Nishidas in seiner Methode, »die Welt durch das erste Prinzip einheitlich zu erfassen«, wie es beim späteren Nishida heißt, ausgesprochen zum Bereich der ersten Philosophie.

I

Der thematischen Erörterung unseres Problems soll eine kurze Erklärung über »die reine Erfahrung« bei Nishida vorausgeschickt werden. »In dem Augenblick des Sehens, des Hörens, noch ohne Reflexion wie 'Ich sehe Blumen' z. B., auch noch ohne Urteil wie 'Diese Blumen sind rot' z. B., in diesem Augenblick des gegenwärtigen Sehens, des Hörens, da ist weder Subjekt noch Objekt.« Diese »unmittelbar erfahrende« Erfahrung wird auch als »rein« bezeichnet, weil sie vom reflektierenden und urteilenden Denken noch nicht bearbeitet ist. Für Nishida ist diese unmittelbare, reine Erfahrung der Seinsgrund der allerwirklichsten Wirklichkeit, da die Ununterschiedenheit als die Ur-einheit noch vor der Subjekt-Objekt-Spaltung hier gegenwärtig ist.

Hier zeigt sich eine direkte Verbindung des Empirischen und des Metaphysischen auf eigene Art. Wenn er vom Sehen, vom Hören spricht, so steht Nishida mitten im Bereich der Erfahrung. Indem er aber der Erfahrung noch viel näher als der Empirismus kommt, der der Erfahrung von Anfang an verschiedene Denkkonstruktionen wie z. B. Voraussetzung der Empfindungsatome als Grundlage der Erfahrung unterschiebt, so führt die Erfahrung bei Nishida, rein und in sich selbst, direkt zum Metaphysischen. Auf diese Weise ist für Nishida das Metaphysische nicht jenseits der Erfahrung, wie dies in der Metaphysik meistens der Fall ist, sondern in der umgekehrten Richtung, d. h. diesseits der erfahrenen Erfahrung inmitten der erfahrenden Erfahrung schlechthin erschlossen. »In dem Augenblick des Sehens, des Hörens, da ist es weder Subjekt noch Objekt«, als solches unbestimmbar. In diesem Sinne ist es »das Nichts«, zugleich aber gerade die Gegenwart der Ur-einheit vor der Spaltung, die lautere Präsenz schlechthin »ohne Sehenden und Gesehenes«.

Diesen »Augenblick« *kennen* wir unsererseits aber gewöhnlich nicht. Bei unserem Sehen und Hören springen wir über die Ununterschiedenheit des Vor-der-Spaltung hinweg, und in deren Vergessenheit sagen wir z. B.: »Ich sehe Blumen!«, wobei wir zugleich wie selbstverständlich denken, dieses »Ich sehe Blumen« sei eine unmittelbare Erfahrung. Das ist aber für Nishida schon eine Rekonstruktion der unmittelbaren Erfahrung im Subjekt-Objekt-Rahmen. Nicht mehr die erfahrende Erfahrung, sondern schon eine erfahrene Erfahrung, als welche die Reflexion in sich als das Ich und die Re-präsenz der Blumen als solchen zusammen entstehen. Es ist aber nicht so, daß Nishida überhaupt Reflexion und Repräsenz verneinen wollte. Es geht ihm vielmehr darum, woran die Unmittelbarkeit der Erfahrung angesetzt wird. Nishida verlagert die Unmittelbarkeit ins Vor-der-Spaltung zurück. Dieses können wir nicht gegenständlich erfassen (— für die Vergegenständlichung muß es ein leeres nichts bleiben —), sondern seiner nur unmittelbar auf nicht-gegenständliche Weise, ich-los inne werden. Auf nicht gegenständliche Weise d. h. durch die Präsenz schlechthin aus der Fesselung im Subjekt-Objekt-Rahmen herausgerissen. Und das bedeutet gleichzeitig ich-los, d. h. indem das geschlossene Ich-bin-ich durchbrochen wird. Hier sieht Nishida in eins mit dem Empirischen und mit dem Metaphysischen auch das Existenzielle, das das Selbst auf dem ursprünglichen Seinsgrund des Vor-der-Spaltung gründet. Nishida sieht also in dem Vor-der-Spaltung des gegenwärtigen Sehens, Hörens einen Einheitsgrund des Empirischen, des Metaphysischen und des Existenziellen, während diese drei meistens auseinander und gegeneinander treten und dieses Aus- und Gegeneinander ein verhängnisvolles Problem für das menschliche Dasein darstellt.

Auf diese Weise werden wir also in dem Augenblick des Sehens, des Hörens, von dem Augenblick getroffen, zum Nichts des Vor zurückgebracht, allerdings nicht so, daß wir im Nichts verschwunden blieben; nicht so, daß in dem »Vor« allein die volle Wahrheit waltete. Nishida sagte: »Vor der Spaltung«. Damit ist in einer Hinsicht die Spaltung vorausgesetzt. Aber Spaltung von was? Das ist frag-würdig. Es kommt Nishida alles darauf an, von wo her und als was diese Spaltung erfahren wird. Dazu meint Nishida: Zurück zum Nichts des Vor und von daher das Subjekt-Objekt als Selbst-Urteilung des Nichts zu erfahren, welche Erfahrung nun die Selbstentfaltung der reinen Erfahrung bedeutet. Jetzt stellt das von dem Vor-der Spaltung umgriffene Subjekt-Objekt-Feld den eigenen Spielraum für das Selbst, das, ins Nichts entworfen, aus dem Nichts wird. So hat Nishida die von der Subjektseite und der Objektseite entfaltete, ein und dieselbe Ganzheit im Auge. Es handelt sich um eine Doppelperspektive des Selben. Diese Entfaltung der Erfahrung gehört für Nishida, sofern sie von dem Vor-der-Spaltung umgriffen ist, zu der reinen Erfahrung.

II

In dem Vorwort zu der »Philosophie der reinen Erfahrung« heißt es: »Ich möchte versuchen, alles dadurch zu erklären, daß die einzig wirkliche Wirklichkeit die reine Erfahrung ist.« Hier ist ein dreifaches enthalten, das eine in doppelte Richtung gehende, mehrfach gestufte Bewegung darstellt, nämlich: a) Die reine Erfahrung. b) »Die einzig wirkliche Wirklichkeit ist die reine Erfahrung«. c) »Ich möchte versuchen, alles dadurch zu erklären, daß die einzig wirkliche Wirklichkeit die reine Erfahrung ist«. — Im Verhältnis dieser dreifachen Bewegtheit waltet die eigentümliche Beziehung zwischen Zen und Philosophie bei Nishida.

a) Die reine Erfahrung. — »Die reine Erfahrung« als solche, und zwar als eine Ganzheit schlechthin ohne weiteren Kontext bzw. aus dem oben zitierten, bei Nishida gegebenen Kontext abgelöst, wäre ein Zen-Ereignis. Wenigstens wird damit eine Zen-Dimension erschlossen. Die reine Erfahrung schlechthin ist analog zu einem Zen-Ereignis wie z. B. bei dem Meister Reiun, der beim unerwarteten plötzlichen Anblick der Pfirsichblüten auf einer Wanderung zur Wahrheit erwachte.

b) Der Kontext bei Nishida zeigt aber eine Entfaltung. Es heißt: »Die einzig wirkliche Wirklichkeit ist die reine Erfahrung.« Es handelt sich hier nicht mehr um die reine Erfahrung schlechthin als Ereignis, sondern um die Selbstbewährung der reinen Erfahrung als der einzig wirklichen Wirklichkeit. Die reine Erfahrung als Ereignis in der a-Dimension kommt jetzt zur Selbsterkenntnis, zur erkenntnismäßigen Realisierung dessen, was sie selber ist, und zwar in der Form eines *Ur-satzes*: »Die einzig wirkliche Wirklichkeit ist die reine Erfahrung.«

Die ereignishafte »reine Erfahrung« in der (a)-Dimension, die als solche unaussprechbar ist, ist erst in diesem Ur-satz der Erkenntnis überhaupt zu einem Wort »reine Erfahrung« geworden. Die reine Erfahrung schlechthin ereignet sich in der (a)-Dimension, während das Wort »die reine Erfahrung« zur (b)-Dimension gehört. Das ist die erste Selbsturteilung. Dieser Ur-satz alleine, als eine so in sich ohne weiteren Kontext entfaltete Ganzheit, eine so in sich erhellte, erfüllte Selbständigkeit, wäre ein Zen-Spruch, als welcher sich die Zen-Einsicht in einer ersten sprachlichen Fixierung niedergelassen hat. Wenigstens befindet sich dieser Ur-satz der Erkenntnis als solcher auf der gleichen Ebene mit der Zen-Einsicht und ist also analog zu Zen-Sprüchen wie z. B.: »Die Blumen blühen, wie sie von selbst her blühen. Der Fluß fließt, wie er von selbst her fließt«. »Unendliche Weite, nichts ist verborgen«. Nishida wußte seinerseits den betreffenden Ur-satz auf verschiedene Weise zu variieren: »Die Wahrheit ist die Wirklichkeit, so wie sie ist«.

c) Der ganze Kontext lautet nun aber: »Ich möchte versuchen, alles dadurch zu erklären, daß die einzig wirkliche Wirklichkeit die reine Erfahrung ist«. So steht Nishida mit seiner Methode, durch einen *Grundsatz*, daß die einzig wirkliche Wirklichkeit die reine Erfahrung ist (— Philosophie als Wissenschaft des Prinzips), alles zu erklären (— Philosophie als Wissenschaft des Ganzen), in der philosophischen Dimension. Diesem philosophischen Kontext einverleibt hat sowohl die reine Erfahrung als auch der Ur-satz der Erkenntnis keine Zen-Bestimmtheit mehr. In diesem vollen Kontext sind die Worte »reine Erfahrung« schon ein philosophischer Terminus, ja der Grundbegriff der Philosophie der Erfahrung Nishidas. Terminologisch hat sich Nishida mit dieser Bezeichnung wohl an W. James »pure experience« und G. Machs »reine Erfahrung« angeschlossen. In einer gewissen Sympathie für James' Begriff, an dem er doch ein Ungenügen findet, und in einer Kritik an Machs Begriff der Erfahrung wegen dessen Lehre der atomartigen Empfindungen, aber auch andererseits in einem Versuch der Anknüpfung an »die Transzendentale Philosophie seit Fichte« (— dies alles also im Bereich der philosophischen Problematik —) entfaltete Nishida seinen Begriff der reinen Erfahrung. Wenn es dann heißt: »Die einzig wirkliche Wirklichkeit ist die reine Erfahrung«, so ist dies in dem vollen Kontext nicht mehr ein *Ur-satz* der Erkenntnis, sondern ein philosophischer Grundsatz, das erste Prinzip, wodurch alles erklärt werden soll. »Erklärung« bedeutet dabei dies, einem jeden wie dem Denken, Willen, bzw. dem Geist, der Natur usw. je einen bestimmten Ort innerhalb des Selbstentfaltungsprozesses der reinen Erfahrung zu bestimmen. Die Erklärung des Alles, d. h. hier also die Darstellung des Selbstentfaltungsprozesses der reinen Erfahrung, findet sich in zusammenhängenden vier Kapiteln, die 1. die reine Erfahrung als solche, 2. die Wirklichkeit, 3. das Gute und 4. die Religion zum Thema haben.

Auf das dreifache Moment (a), (b) und (c), das in der philosophischen Einstellung Nishidas enthalten ist, wurde oben aufmerksam gemacht. Nun enthält dieser (a)-(b)-(c)-Zusammenhang zweierlei Bewegungen in zwei entgegengesetzten Richtungen, nämlich (a)-(b)-(c) und (c)-(b)-(a).

1. Die Bewegung (a)-(b)-(c). Diese Bewegungsrichtung entspricht dem Sachverhalt, daß Nishida, für den das Zen der Existenzgrund ist, philosophiert. Was diese Richtung anbelangt, so ist die Entfaltung von (a) zu (b) in der Geschichte des Zen nicht selten, gehört vielmehr zur inneren Entfaltung des Zen. Die zweite Entfaltung von (b) zu (c) ist keine Selbstentfaltung des Zen in sich mehr, sondern es geht um eine Umwandlung in die Philosophie über einen Sprung, was sich in der gesamten Geschichte des Zen erst bei Nishida und als die Philosophie Nishidas ereignete.

Philosophie der reinen Erfahrung versucht, alles zu erklären. In einer Hinsicht ist «alles« schon in der (b)-Dimension ergriffen. Aber dort ist innerhalb der Selbstentfaltung von (a) die Einheit die Urgegebenheit, so daß »alles« in seiner Einheit in der urgegebenen Einheit mit ergriffen ist. In der Realisierung des Ur-satzes, daß die einzig wirkliche Wirklichkeit die reine Erfahrung ist, ist alles Seiende in seinem Sein realisiert. Das Verhältnis der Einheit als Urgegebenheit mit allem, das darin enthalten ist, kann in der (b)-Dimension auch explizit entfaltet werden, wie wenn es in einem Zen-Spruch heißt: »Die Zen-Einheit ist alles, alles ist die Einheit.« Das ist aber nicht philosophisch gedacht, sondern analog zur Theologie, für die das erste Prinzip urgegeben ist und für die diese Urgegebenheit als Axiom auftritt. Wenn die Philosophie aber versucht, alles zu erklären, so ist für sie das Gegebene, alles in seiner gesonderten Mannigfaltigkeit, Verschiedenheit und Gegensätzlichkeit wie z. B. Natur und Geist, bzw. Reflexion und Anschauung, nicht alles in seiner Einheit wie in der (b)-Dimension. Dies alles in der Verschiedenheit und Gegensätzlichkeit einheitlich zu erklären, d. h. zugleich nach dem ersten

Prinzip zu suchen, das macht erst die Aufgabe der Philosophie aus. Das erste Prinzip ist erst ein Gegenstand der Untersuchung, nicht das Gegebene. Und ein mögliches Prinzip der Philosophie muß sich daran prüfen lassen (— eine unumgängliche Selbstkritik der Philosophie), ob es tatsächlich alles sachlich angemessen und systematisch konsequenterweise erklärt, wobei eine solche Prüfung zu keinem endgültigen Abschluß kommen kann, einfach weil alles in seiner Unterschiedenheit unerschöpflich ist. In dieser Hinsicht muß ein philosophisches Prinzip, das an sich von evidenter Gewißheit sein sollte, doch im gesamten philosophischen Denken von einem hypothetischen Charakter bleiben. Zur Philosophie gehört die Bereitschaft zum methodischen Umdenken, zum Nochmals-anders-Denken. In vollem Bewußtsein dieser Tatsache heißt es bei Nishida: »Ich möchte *versuchen*, alles dadurch zu erklären, daß ...«. Diese Umstände bedeuten aber nicht, daß die Realisierung und Bewährung des Ur-satzes der Erkenntnis in der (b)-Dimension bei Nishida ins Schwanken geraten wäre. Sie bleibt vielmehr. Nishida wußte aber, daß sich dieser Ursatz *nicht* direkt als der erste Grundsatz auf die philosophische Dimension übertragen läßt. Das Zen versteht, daß es sich hier in einem gewissen fremden Element befindet. Wenn es, das Zen, der philosophischen Dimension bei Nishida ein Prinzip zu vermitteln vermag, so nur als hypothetisches. Anders gesagt: Selbständigkeit des philosophischen Denkens wird bei Nishida auf diese Weise durch das Zen nicht beeinträchtigt.

2. Nun zur entgegengesetzten Bewegungsrichtung (c)–(b)–(a). Diese Richtung entspricht dem Sachverhalt, daß der Philosoph Nishida das Zen übt. In seinem Suchen nach dem ersten Prinzip der Philosophie denkt Nishida immer nach dem Ursprünglichen zurück. So fragt er nach dem Ur-satz der Erkenntnis (b) und weiter zurück bis zur Ereignis-Dimension (a). Der »Schritt zurück« des philosophischen Denkens von (c) zu (b) ist zwar selten, wenn man unter (b) die Zen-Einsicht im Auge hat, aber doch nicht ohne Beispiel. Zwischen dem philosophischen Prinzip und dem Ur-satz der Erkenntnis (b) besteht doch eine gewisse Affinität, schon dadurch, daß beide in einer Satzform ausgesprochen und so als gedachte denkbar sind. Dagegen ist in dieser Rückbewegung der Philosophie zu dem Ursprünglicheren, von (b) zu (c) eine Kluft, da das (a) als Ereignis undenkbar, nur demjenigen gegenwärtig ist, bei dem Es sich ereignet, obgleich (— oder gerade deswegen, weil —) es um das Letzte für einen jeden Menschen geht. Diese

Kluft zurück zu überspringen, d. h. das Undenkbare durch das Nicht-Denken zurückzudenken und auf diese Weise bei der Suche nach einem ursprünglicheren Prinzip auf die (a)-Dimension Rück-sicht zu nehmen, das geschieht in der Geschichte der Philosophie zum erstenmal bei Nishida und als die Philosophie Nishidas.

Oben wurden die beiden Bewegungsrichtungen je getrennt betrachtet. 1. vom Zen ausgehend in der Entfaltungsbewegung (a)–(b)–(c), wobei eine Kluft (b) und (c) trennt, die in der Geschichte des Zen erst Nishida als Philosoph übersprungen hat. 2. von der Philosophie ausgehend in der Rückbewegung zum Ursprünglicheren (c)–(b)–(a), wobei eine Kluft (b) und (a) trennt, die in der Geschichte der Philosophie erst Nishida als Zen-Übender übersprungen hat. Nun ist dabei das Wichtigste, daß die beiden Bewegungen in zwei entgegengesetzten Richtungen sich von vornherein gegenseitig durchdringen und erst dadurch je zum Letzten durchgebrochen sind.

Bei Nishida ist ein Philosoph gleichzeitig ein Zen-Übender, ein Zen-Übender gleichzeitig ein Philosoph. Im allgemeinen sind aber Zen und Philosophie, Nicht-Denken und Denken, so entgegengesetzt, daß man sagen muß, ein Zen-Übender sei nicht mehr ein Zen-Übender, wenn er denkend mit der Philosophie zu tun hat; und daß man andererseits sagen muß, ein Philosoph sei nicht mehr ein Philosoph, wenn er nicht-denkend das Zen übt. Gerade dieser Widerspruch wurde bei Nishida fruchtbar. Das ostasiatische Zen und die westliche Philosophie begegnen sich mit jeweiliger Realität und Gültigkeit in *einer* Person, in Nishida, da für diesen das Zen und die Philosophie mit gleicher Dringlichkeit Lebensanliegen sind. — Das ist ein eminentes Beispiel für die geistige Lebenssituation des modernen Japan, wo ein Japaner in verschiedenen Lebensbereichen gleichzeitig in zwei Welten, ostasiatisch und westlich, wohnt. — Das bedeutet zugleich, daß sich Nishida in einem Schmelztiegel der äußersten inneren Spannung befindet, welche die eine Person von innen zu entzweien droht. Diese Spannung wirkt sich bei ihm schöpferisch aus, und zwar wegen der gegenseitigen In-Frage-Stellung von Zen und Philosophie. Angesichts des Zen wird die Philosophie im Blick auf die Ursprünglichkeit des Prinzips in Frage gestellt. Angesichts der Philosophie wird umgekehrt das Zen im Blick auf die Möglichkeit von Weltentwurf und die Ausbildung einer Logik in Frage gestellt. Aus dieser Begegnung als einem gegenseitigen Sich-in-Frage-Stellen ergibt sich der oben erörterte (a)-(b)-(c)-Zusammenhang mit seiner Bewegtheit in den beiden entgegengesetzten Richtungen. Nishida sieht die Aufgabe der Philosophie darin, »alles durch das erste Prinzip zu erklären«. Die philosophische Arbeit ist für ihn beim Suchen nach dem Prinzip Kritik und Destruktion auf das Ursprünglichere hin und bei der weltentwerfenden Erklärung von allem Vermittlung und Konstruktion zur konkreten strukturierten Ganzheit. Beim Zen geht es um eine Zusammengehörigkeit der unendlichen Negation und der schlichten Bejahung[1]. Bei Nishida ergibt sich also durch die Begegnung von Zen und Philosophie, daß einerseits die philosophische Destruktion, von der unendlichen Negation des Zen geleitet, zum Ursprünglicheren zurückdrängt, und daß andererseits die schlichte Bejahung des Zen, von der Bemühung der Philosophie um das Konstruktive geleitet, bis zum konkret ausgeführten Weltentwurf vordringt. So hat sich das Zen in die Philosophie verwandelt, und zwar in eins damit, daß die Philosophie ihrerseits ihr Prinzip aus einem ursprünglichsten Ereignis geschöpft hat. Dies konnte nur in einer *Person* geschehen, d. h. auf Grund der lebendigen Einheit der einen Person, die ausharrt. Worin liegt aber *sachlich* gesehen, — also nicht nur persönlich, nicht nur geschichtlich —, überhaupt eine Verbindungsmöglichkeit zwischen Zen und Philosophie? Bei allem dimensionalen Unterschied geht es sowohl dem Zen als auch der Philosophie um *Erkenntnis*, um Erkenntnis des Selbst und der Wirklichkeit in einem und im ganzen. Obgleich beim Zen das Ereignis in der (a)-Dimension entscheidend ist, so entfaltet sich das Ereignis zu einem Ur-satz der Erkenntnis (b), ohne welche Entfaltung das Ereignis (a) wie ein nichts bliebe. In der selbsturteilenden Entfaltung zeigt sich das ursprüngliche Ereignis erst als das dynamische *Nichts*, das einerseits als Negation der Negation zur Entfaltung kommt und damit zusammenhängend andererseits als die unendliche Negation die betreffende Entfaltung zurücknimmt. Entfaltung »und zugleich« Zurücknahme der Entfaltung, Zurücknahme der Entfaltung »und zugleich« Entfaltung. Das ist höchst paradox »und zugleich« gar nicht paradox, da in der Zurücknahme ins Nichts auch ein Paradox mit zurückgenommen wird. Auf diese Weise entfaltet sich das Ereignis (a) des Zen zu einem Ur-satz (b). Dabei stellt der Zen-Buddhismus, was für ihn charakteristisch ist, keinen Glaubenssatz auf. Es geht ursprünglich in

---

[1] Vgl. u. a. Sh. Ueda, Das Nichts und das Selbst, Studia Philosophica 34, 1974, und Universitas, 1975,

der (a)-Dimension um das Nichts. Entfaltet geht es jetzt in der (b)-Dimension um die Erkenntnis der Wirklichkeit so, wie sie ist[2]. Deswegen kann es sich hier auch nicht um einen Glaubenssatz, sondern muß es sich um einen Ur-satz handeln in der Art der Zen-Sprüche »Die Blumen blühen, *wie* sie von selbst blühen«; oder: »Das Selbst und der Andere sind *nicht zwei.*« Aus dem Aufblitzen des Ereignisses (a) (— dies allein wäre wieder die dunkelste Finsternis —) wird mit einem solchen Ur-satz die Klarheit der Erkenntnis. Das Zen weiß sich in der (b)-Dimension so zu neutralisieren, daß ein Ur-satz eine mögliche Urform des philosophischen Grundsatzes darstellt. Allerdings ist es der Initiative der Philosophie überlassen, ob diese in ihrem Suchen nach dem Prinzip darauf Rück-sicht nimmt.

III

Die Philosophie der reinen Erfahrung ist aber für Nishida nur eine erste Antwort auf die Aufgabe, die er sich in der Begegnung gestellt hat. Er bleibt nicht an einem einmal erreichten Standort. Er begnügt sich nicht mit einer einmal gefundenen Antwort. Bei ihm fordert eine Antwort sofort wiederum eine weitere Frage heraus. Er prüft kritisch seine eigene Antwort, um zunächst als weitere Frage auszuarbeiten, was an dieser Antwort fragwürdig ist. Eine jeweilige Antwort wird dabei jedesmal in doppelter Hinsicht kritisch geprüft. Zunächst prüft Nishida ausdrücklich, ob diese Antwort philosophisch, d. h. als Antwort auf philosophisches Fragen zureichend ist[3]. Gleichzeitig aber ist es ihm hintergründig immer eine Frage, ob diese Antwort eine angemessene Transformation des Zen in die Philosophie ist. Die philosophische Prüfung und die Prüfung mit dem Zen-Auge gehen also zusammen. Bei der ersteren handelt es sich um eine mühsame Aneignung der westlichen Philosophie und um eine dauernde Auseinandersetzung mit dieser. Nishida vergleicht sich mit einem Bergmann. Bei der letzteren handelt es sich um eine reale Übersetzung von einer Welt zu einer anderen Welt, wobei eine dimensionale Kluft die beiden Welten trennt.

---

[2] Dieses »so-wie«, genauer das »so-sein-wie-es-von-selbst-her-ist« bzw. kurz die So-heit meint der buddhistische Begriff der Wahrheit, *Tathatā.*

[3] In diesem Zusammenhang sei hier nur am Rande bemerkt, daß Nishida seine Philosophie der reinen Erfahrung dann gleich im Licht des Neukantianismus und in Auseinandersetzung mit diesem prüft.

Außerdem ist das Zen selber eine solche Größe, die als Gegenstand nicht stehenbleibt, sondern in sich eine eigentümliche Bewegtheit hat. Nicht nur, daß das Zen in sich seine unendliche Tiefe besitzt, sondern auch daß das Zen verschwindet, wenn man es zum »Gegenstand« macht. Die Schwierigkeit bei der Prüfung in der genannten doppelten Hinsicht bedeutet für Nishida gerade *die* Aufgabe, die ihn immer von neuem zu einem Durchbruch treibt. Auf diese Weise entwickelt sich, d. h. in diesem Fall verwandelt sich seine Philosophie ohne Pause. Wir haben seine Sämtlichen Werke in 19 Bänden[4]. Von Aufsatz zu Aufsatz ist er immer unterwegs in der fragenden Bewegung nach einem immer ursprünglicheren Ursprung und einer immer konkreteren Gesamtwirklichkeit, und zwar, im Grunde genommen, nicht um des ostasiatischen Zen willen, nicht um der westlichen Philosophie willen, sondern *um der Sache selbst willen*. Er fragt z. B.: »Was ist das — das Wissen?« »Was für eine Struktur hat die Welt der Wirklichkeit?« Im großen sind vier Perioden in seiner Philosophie zu unterscheiden: Erfahrung, Erkenntnis des Selbst, Topos und Welt. Wir haben versucht, anhand seiner Frühphilosophie der reinen Erfahrung das Problem »Zen *und* Philosophie« bei Nishida zu erhellen. Die Erörterung des Problems in der weiteren Entwicklung seiner Philosophie bleibt einer anderen Gelegenheit vorbehalten.

---

[4] Iwanami-Verlag, Tokyo.

Zur Geschichte und zum gegenwärtigen Stand der Religionsgeographie

Manfred Büttner, Bochum
4630 Bochum, Kiefernweg 40

Was ist Religionsgeographie? Welche Aufgaben und Ziele hat der Religionsgeograph? Wo liegen die Grenzen des Faches? Kann man darauf eine bündige Antwort geben, die ein für allemal gilt, oder sollte man besser sagen: Die Religionsgeographie gibt es gar nicht! Religionsgeographie ist eine wissenschaftliche Disziplin, die (genau wie alle anderen) in ständigem Wandel begriffen ist, deren Wesen, Ziele und Aufgaben in jeder Epoche anders gesehen wurden, und die dementsprechend auch von Forschern unterschiedlichster Herkunft betrieben wurde bzw. wird. Oft gaben Geographen den Ton an, die sich dabei (aus heutiger Sicht gesehen) mehr mit religionswissenschaftlichen als mit geographischen Fragestellungen befaßten. Aber auch das Umgekehrte ist der Fall. Vielfach wandten sich Religionswissenschaftler bzw. Theologen, Philosophen, Historiker usw. der Religionsgeographie zu, und zwar der Seite dieses Faches, die wir heute als ausgesprochen geographisch bezeichnen können. Dazu kommt ein Zweites: Oft herrschen zur gleichen Zeit sehr unterschiedliche Auffassungen über Wesen und Aufgaben der Religionsgeographie, wie z. B. insbesondere zum gegenwärtigen Zeitpunkt, da sich wieder einmal starke Wandlungen vollziehen. Und zwar sind augenblicklich nicht nur Geographen und Religionswissenschaftler (Theologen, Philosophen usw.) unterschiedlicher Meinung, sondern auch die Geographen selbst haben durchaus verschiedene Vorstellungen darüber, nach welcher Methode man vorgehen solle, welches das Wesen der Religionsgeographie ist, ob sie unter kulturgeographischen oder sozialgeographischen Aspekten zu betreiben sei usw.[1]

---

[1] Vgl. dazu J. Sprockhoff, Zur Problematik einer Religionsgeographie. In: Mitt. d. Geogr. Ges. in München, Bd. 48 (1963); ders., Religiöse Lebensformen und Gestalt der Lebens-

Man kann daher nicht die für eine bestimmte Zeit gültige Definition des Begriffes Religionsgeographie zugrunde legen und alle gegenteiligen daran messen und gegebenenfalls kritisieren[2], sondern wird historisch vorgehen und gerade die unterschiedlichen Meinungen aufzeigen und vor allem die Wandlungen darstellen müssen, die das Fach Religionsgeographie bis heute durchgemacht hat. Nur auf diesem Hintergrund ist dann ein Verständnis für die Wandlungen möglich, die sich augenblicklich vollziehen[3]. Es sei daher in diesem Aufsatz zunächst auf die Geschichte der Religionsgeographie eingegangen und herauszustellen versucht, wie sich dieses Fach jeweils im Zusammenhang der Wandlung der gesamten Geisteshaltung mitverwandelte. Im zweiten Teil sei dann auf die gegenwärtigen Strömungen eingegangen.

---

räume. Über das Verhältnis von Religionsgeographie und Religionswissenschaft, Numen, 11, 1964, S. 85 ff.; H. Zimpel, Religionsgeographie, in: Westermann Lexikon der Geographie, Bd. III, Braunschweig 1970; M. Büttner, Neue Strömungen in der Religionsgeographie, ZM 1973, S. 39 ff.; M. Schwind, Religionsgeographie. Wege der Forschung. Bd. CCCXVII, Darmstadt 1975; M. Büttner, Religionsgeographie. Eine kritische Auseinandersetzung mit Martin Schwind, ZM (Im Druck).

[2] Schwind (vgl. Anm. 1) geht so vor. Er definiert: Religionsgeographie ist eine Teildisziplin der Kulturgeographie (S. 14). Die Erforschung und Interpretation der unmittelbaren und mittelbaren Erscheinungs- und Funktionsformen der Religion im geographischen Raum; das ist der Inhalt der Religionsgeographie (S. 25/26). Wer Religionsgeographie nicht nach dieser kulturgeographischen Konzeption betreibt, wird kritisiert oder ignoriert. Bis zu Hassinger hin befanden sich die Religionsgeographen nach Schwinds Meinung auf einem Irrweg (S. 5 ff.); denn sie untersuchten die Abhängigkeit der Religion von der Umwelt. Wer sich heute Problemen zuwendet, die auf religionswissenschaftlicher oder sozialgeographischer Seite liegen, hat das Wesen der Religionsgeographie nicht richtig erkannt (S. 23). Forscher, die der Religionsgeographie in jüngster Zeit wesentliche Impulse verliehen, wie z. B. Isaak, Meinig, Sprockhoff, Zelinsky u. a. werden ignoriert. Von Sopher erhält man ein sehr einseitiges Bild, da Schwind ein Kapitel aus dem Zusammenhang reißt, ohne auch nur andeutungsweise auf die Gesamtkonzeption Sophers einzugehen. Vgl. dazu weiter unten.

[3] Da diese jedem Theologen, Philosophen, Historiker usw. selbstverständliche Betrachtungsweise unter den Geographen (insbesondere in Deutschland) immer noch nicht allgemein gebilligt wird, halte ich es in diesem Aufsatz für wichtig, betont darauf hinzuweisen. Viele Geographen sind noch heute der Meinung, es sei die Aufgabe des Geographiehistorikers, herauszustellen, auf welchen Umwegen, Irrwegen usw. man endlich zu der heutigen Konzeption gekommen sei. Hier wirkt offenbar die Vorstellung nach, wie sie in der Günther-Nachfolge entwickelt wurde, daß der Geographiehistoriker vor allem diejenigen herauszustellen habe, die auf irgendeinem Gebiet als erste das »Richtige« erkannten, also in etwa Geographie schon so betrieben wie wir heute. Günthers Geographiegeschichte stand ja unter dem Leitgedanken: Die Entwicklung des

I

Der Beginn der Religionsgeographie fällt in das Reformationsjahrhundert, also in jene Zeit, da die Gesamtgeographie (so wie alle anderen Wissenschaften) jene Wendung von der im griechischen Geist betriebenen Philosophie zu einer theologisch gesteuerten Disziplin machte[4]. Melanchthon, der Begründer des Schul- und Hochschulwesens

Faches von der Kindheit zum Mannesalter. — Langsam bahnt sich jedoch ein Umdenken an. Die internationale geographische Union gibt demnächst ein Lexikon zur Geschichte des geographischen Denkens heraus, in dem dargestellt werden soll, inwieweit frühere Geographen im Zusammenhang der Geisteshaltung ihrer Zeit zu ihren jeweiligen Konzeptionen kamen, warum also die Mitte ihres geographischen Denkens früher ganz woanders lag als heute. Dabei gehen unsere Bochumer Beiträge von folgenden Überlegungen aus: Bis zu Kant hin haben vorwiegend »Nebenfach-Geographen« bzw. Nicht-Geographen, wie z. B. Philosophen, Theologen usw., dem Fach die Richtung gewiesen, also das geographische Denken wesentlich beeinflußt. Da diese Nebenfach- bzw. Nichtgeographen ihr Faktenmaterial vorwiegend nach theologischen oder philosophischen Gesichtspunkten behandelten, waren ihre entsprechenden Werke, aus heutiger Sicht gesehen, meist mehr Theologie, Philosophie usw. als Geographie. Trotzdem muß der Geographiehistoriker sie berücksichtigen. Von der Providentiaschrift Zwinglis z. B. gingen stärkere Impulse auf die Entwicklung des geographischen Denkens aus als von vielen der zeitgenössischen »Hauptfachgeographen«. Noch Kant dürfte mit seinen philosophischen und physikotheologischen Schriften mehr Einfluß auf die Entwicklung des geographischen Denkens ausgeübt haben als mit seiner Geographie-Vorlesung. — Vgl. dazu: M. Büttner, Die Geographia generalis vor Varenius. Geographisches Weltbild und Providentialehre (Habil.-Schrift), Erdwissenschaftliche Forschungen, hrsg. C. Troll, Bd. VII. Wiesbaden, 1973; ders., Kopernikus und die deutsche Geographie im 16. Jahrhundert, Philosophia naturalis 14, 1973, S. 353 ff.; ders., Kant und die Überwindung der physikotheologischen Betrachtung der geographisch-kosmologischen Fakten, Erdkunde 3, 1975, S. 53 ff.; ders., IGU-Kommission »History of Geographical Thought«. Ein Kurzbericht über die Ziele und den Stand der Arbeiten, Geograph. Z., 1974, S. 233 ff.; ders., Die Neuausrichtung der Geographie im 17. Jahrhundert durch Bartholomäus Keckermann. Ein Beitrag zur Geschichte der Geographie in ihren Beziehungen zur Theologie und Philosophie, Geograph. Z., 1975, S. 1 ff.; H. Suzuki, (Hrsg.): Manfred Büttners Arbeiten über die Beziehungen zwischen Geographie und Theologie (Arbeiten zur Geographiegeschichte und Religionsgeographie), übersetzt, zusammengestellt, herausgegeben und kommentiert von Hideo Suzuki, Geographical Review of Japan, Tokyo 1974, S. 653 ff.

[4] Auf Einzelnachweise wird hier und im folgenden verzichtet, da dadurch der Rahmen dieses Aufsatzes gesprengt würde. Außer auf Büttner, Geographia generalis (vgl. Anm. 3) sei noch verwiesen auf ders., Regiert Gott die Welt? Vorsehung Gottes und Geographie. Studien zur Providentialehre bei Zwingli und Melanchthon, Stuttgart 1975; ders., Die Bedeutung der Reformation für die Neuausrichtung der Geographie im protestantischen Europa, ARG (im Druck). Gewisse Anklänge an Religionsgeographie bei den klassischen

im lutherischen Europa, geht unter dem Eindruck der neuen Geisteshaltung von folgendem Grundgedanken aus: Es sollen vorwiegend nur solche Fächer gelehrt werden, die in den Dienst der evangelischen Lehre (der Doctrina Evangelica) gestellt werden können. Fächer, die diese Forderung nicht erfüllen, sind entweder aus dem Fächerkanon zu streichen oder so umzugestalten, daß sie der Forderung entsprechen[5]. Für die Geographie bedeutet das: Da die an Ptolemäus orientierte Geographie als Kartographie sich nicht dem lutherischen »Zentraldogma« von dem jetzt tätigen »nahen« Gott unterordnen läßt, muß sie

---

Geographen (Aristoteles, Strabo usw.) lasse ich hier unberücksichtigt, da sie für die Entwicklung der Religionsgeographie im nachreformatorischen Europa keine Bedeutung hatten.

Zum Beginn der Religionsgeographie ist folgendes zu sagen: Wenn man den Beginn dort ansetzt, wo der entsprechende Begriff zum erstenmal auftaucht, beginnt die Religionsgeographie erst im 18. Jahrhundert mit Kasche (vgl. Anm. 18). So geht Schwind vor. M. E. sollte man den Beginn dort sehen, wo die Sache, um die es geht, erstmals in den Blick kommt. Daher halte ich es z. B. für sehr mißlich, Kant nur deswegen auszuklammern, weil er statt des Begriffes Religionsgeographie die Bezeichnung ›Theologische Geographie‹ verwendet, obwohl er der Sache nach genau dasselbe meint und auch grundsätzlich dieselbe Methode zugrundelegt wie die Religionsgeographen des 18. Jahrhunderts (vgl. dazu unten S. 349). Wenn man so vorgeht wie Schwind, dann müßte man auch all die Geographen aus der Geschichte der Geographie streichen, die statt des Begriffes ›Geographie‹ einen anderen verwenden.

[5] Melanchthons Forderung muß vor folgendem Hintergrund gesehen werden: Vor der Reformation galt das Hauptinteresse der Theologen Gott dem Schöpfer. Das Lehrstück von der Creatio stand im Zentrum des Denkens. Nach der Reformation nahm diesen Platz das Lehrstück von der Providentia ein, oder anders ausgedrückt: Die im Zusammenhang der Reformation veränderte Geisteshaltung führte zur Entfaltung eines eigenen Providentia-Lehrstückes, das sich aus dem Creatio-Lehrstück emanzipierte. — Der Schöpfer-Gott, also derjenige, der die Welt damals geschaffen hat, ist zwar der allgewaltige, aber auch der »ferne« Gott. Es war einer der Hauptgründe, der die Reformation überhaupt in Gang brachte, daß man statt des »fernen« Gottes den »nahen« Gott suchte, denjenigen, der sich dem Menschen jetzt und hier in Gnade zuwendet. Man sehnte sich nach diesem »nahen« Gott, den man ohne Vermittlung durch die Priester zu erreichen hoffte. Man denke an den Ausspruch Luthers: Wie erlange ich einen gnädigen Gott? Und man denke weiter an Luthers Forderung nach dem allgemeinen Priestertum, wodurch jedem Christen der direkte Zugang zu diesem »nahen« Gott ermöglicht werden sollte. Der »nahe« Gott ist derjenige, der in seiner Vorsehung (Providentia) auch nach der Schöpfung am Werk ist und sich dem Menschen zuwendet. — Alle Wissenschaften haben für die in dieser Geisteshaltung lebenden Gelehrten dann nur das eine Ziel, einen primum iter (einen ersten Weg) zu diesem »nahen Gott« zu weisen. Vgl. dazu die Literaturhinweise in Anm. 4.

erweitert werden. Geographische Karten können zwar verdeutlichen, wie die von Gott geschaffene Welt bzw. Erdoberfläche aussieht, sie lassen aber keinen Schluß auf die Providentia zu. Also hat sich der Geograph vorwiegend dem Menschen zuzuwenden; denn hier läßt sich in besonders eindrucksvoller Weise die göttliche Weltregierung veranschaulichen[6].

Es ist dann Caspar Peucer[7], der — gemäß dem von Melanchthon geforderten Programm — das entfaltet, was man heute als Religionsgeographie bezeichnen kann. Er sagt in seinem Werk von 1556[8] zusammengefaßt folgendes: Es ist selbstverständlich, daß wir die Welt erforschen, in die uns Gott gesetzt hat; denn wir sind Kinder der Kirche Jesu Christi. Diese Welt ist nichts weiter als eine Serie von göttlichen Offenbarungen, die wir insbesondere durch die Betrachtung der geographischen Fakten erkennen. Geographie ist also eine Wissenschaft über die sichtbare Seite der Offenbarung. Da Gott seine Offenbarung in jenem kleinen Flecken des östlichen Mittelmeeres begann, gehört die Geographie Palästinas an den Anfang jeder Geographie. Vor allem

---

[6] Darüber hinaus erweitert Melanchthon die an Ptolemäus orientierte Geographie auch um das, was wir heute Physiogeographie nennen; denn auch in der Natur läßt sich — mit Hilfe der teleologischen Betrachtung der geographischen Fakten — die Providentia nicht nur verdeutlichen, sondern sogar beweisen. So wird Melanchthon unter dem Einfluß reformatorischen Denkens zum Begründer der modernen Geographie, die bis heute aus den beiden großen Teilbereichen Humangeographie und Physiogeographie besteht. Die Kartographie bildet nur noch eine untergeordnete Rolle. — Vgl. außer den bereits genannten Schriften dazu insbesondere M. Büttner, Zum Übergang von der teleologischen zur kausalmechanischen Betrachtung der geographisch-kosmologischen Fakten, Studia Leibnitiana 5, 1973, S. 177ff.

[7] Caspar Peucer, ein Schüler Melanchthons, führt diese Neuausrichtung der Geographie in engem Kontakt mit seinem Lehrer durch. Neander, ein anderer Schüler Melanchthons und ein Freund Peucers, verfaßt dann ein entsprechendes Geographielehrbuch für die Schulen, das bis weit ins 18. Jahrhundert hinein als das Standardwerk galt. Vgl. dazu unten S. 346f.

[8] C. Peucer, De Dimensione Terrae. Wittenberg 1556. Vgl. dazu Büttner, Geographia generalis, S. 139ff. Dort gehe ich auch auf den Kryptocalvinisten Peucer ein und stelle heraus, daß seine Gesamtgeographie einige »calvinistisch-reformierte« Züge trägt, die zu seiner theologischen Grundposition passen. Hier wird (wie auch bei Melanchthon, Münster, Mercator usw.) deutlich, daß man sein geographisches Denken (bewußt oder unbewußt) an seinem jeweiligen theologischen Denken ausrichtete. Eine Geschichte des geographischen Denkens kann daher nur (zumindest für die Zeit bis zu Kant hin) vor dem Hintergrund der Geschichte des theologischen (bzw. philosophischen) Denkens verständlich werden. Vgl. Anm. 3.

aber hat man die Ausbreitung des Christentums zu untersuchen; denn hier zeigt sich der Fortgang der Offenbarung, die Providentia[9]. Tertullian hat völlig recht, wenn er sagt, daß Gott die Menschen im Hinblick auf die Gründung der Kirche Christi geschaffen hat[10]. Wir haben also als Geographen zu untersuchen, in welcher Weise sich Gottes Offenbarung über die Welt ausbreitete.

Um den Überblick in etwa abzurunden, sei noch kurz auf das Geographie-Lehrbuch Neanders eingegangen. Man kann hier gut sehen, wie eine religionsgeographisch ausgerichtete Gesamtgeographie im einzelnen angelegt ist. Es seien dazu Beispiele aus dem länderkundlichen Teil gewählt[11]. Neander beginnt mit Spanien[12], doch erfährt man weder etwas über die physisch-morphologischen noch über die mathematisch-kartographischen Fakten dieses Gebietes. Es werden keine Berge, Flüsse usw. genannt (wie das bis dahin doch eigentlich üblich war), auch fehlen Karten. Für Neander ist Spanien das Land des Isidor und der Polyglottenbibel. Kapitel für Kapitel geht Neander diese Bibel durch. Seine Länderkunde Spaniens beendet er mit dem Hinweis auf Quintilianus und Ludovicus Vives, die dort gelebt haben. — Auf seinem Gang nach Osten weist Neander zwar kurz auf die Pyrenäen hin, wendet sich jedoch sofort Petrus Lombardus und der scholastischen Theologie zu, die von Frankreich ihren Ausgang nahm. (Der Versuch, in der Länderkunde die Ausbreitung des Christentums bzw. die Ausbreitung

---

[9] Zu den Beziehungen zwischen Geographie und Providentialehre im 16. Jahrhundert vgl. die in Anm. 4 genannten Schriften.

[10] Anklänge an reformiertes Denken sind hier nicht zu übersehen: Die Schöpfung als Zweck und Ermöglichung des Bundesschlusses. Melanchthon und Neander (vgl. unten Anm. 12) haben eine etwas andere theologische Grundposition und eine entsprechend andere geographische, speziell religionsgeographische, Konzeption.

[11] M. Neander, Orbis Terrae Partium Succincta Explicatio. Eisleben 1583. Vgl. dazu Büttner, Geographia generalis, S. 142 ff. Hager (Geographischer Büchersaal, Chemnitz 1764) bezeichnet ihn als den Geographielehrer Deutschlands.

[12] Neander setzt die Geographie Palästinas nicht an den Anfang, sondern geht in der zu dieser Zeit üblichen Reihenfolge von West nach Ost vor. Auf Palästina geht er dann aber entsprechend der Forderung Peucers ein. Vgl. dazu später. Ich sehe in dieser Umstellung den Einfluß theologischen Denkens. Die reformierten Geographen gehen wegen ihrer weiter »nach rückwärts« reichenden Providentiavorstellung auch geographisch weiter in die Vergangenheit zurück und beginnen meist mit dem Paradies, das ihrer Meinung nach in Palästina lag. Deswegen müssen sie mit Palästina beginnen. Für einen Lutheraner bestand dieser Zwang nicht. Ihn interessierte vorwiegend, wie Gott in seiner Nähe wirkte, deswegen konnte er als Geograph mit Europa beginnen.

christlichen Gedankengutes zum zentralen Thema zu machen, ist nicht zu übersehen.) Er berichtet über die Kämpfe zwischen den Anhängern Ockams und denen des Scotus und Thomas. Den Schluß bildet ein Hinweis darauf, welche Lehre sich durchsetzte und ausbreitete. — Von Germanien bringt er zwar einige neutrale geographische Fakten, doch Städte wie Basel, Ingolstadt, Heidelberg oder gar Wittenberg dienen dazu, als »Aufhänger« für eine regionale Kirchengeschichte zu fungieren, mit dem Scopus: Hier entwickelten sich die und die Ideen, die sich dann dort und dorthin ausbreiteten. Wittenberg ist selbstverständlich die Stadt Luthers und Melanchthons, von wo die Reformation ihren Ausgang nahm. In den Loci »Griechenland«, »Ägypten« usw. wird vorwiegend die frühe Dogmengeschichte behandelt, wiederum unter dem Gesichtspunkt: So wandelte sich das Christentum bei seiner Wanderung nach Westen unter dem Einfluß der göttlichen Providentia. — Palästina weitet er, entsprechend der Forderung Peucers, zu einer Geographia sacra aus. Von den restlichen Gebieten Asiens und Afrikas werden einige neutrale physiogeographische und historische Fakten genannt. Sie dienen jedoch in gewisser Weise nur als »Vorspann«, um dem Leser zu zeigen, wie die Gebiete beschaffen sind, in die dann das Christentum gelangte. Der Scopus ist klar zu erkennen: So geschah also die Ausbreitung des Christentums unter göttlicher Lenkung auch in diesen uns so fernen Gebieten und veränderte dort die gesamte Kultur. — Typisch ist die Behandlung Ägyptens. Zunächst wird mitgeteilt, was die alten Geographen über dieses Land berichtet haben. Dann folgt, welche kirchengeschichtlichen Ereignisse sich dort abgespielt haben und wie die gesamte Kultur sich dabei änderte. Neander beginnt mit der Scola Alexandrina, berichtet dann über Athanasius und dessen Bedeutung für die weitere Entwicklung des Christentums sowie über Origenes und Eusebius. Die Darstellung endet mit Gregor von Nyssa. Ganz am Rande, nur in sieben Zeilen, wird darauf verwiesen, daß in Alexandria Ptolemäus gelebt habe. Von der für einen Geographen alter Schule naheliegenden Möglichkeit, bei dieser Gelegenheit das Fach Geographie zu behandeln, macht er keinen Gebrauch.

Soviel zur Entstehung der Religionsgeographie. Man sieht, wie sich im Zusammenhang der Reformation die Geographie ändert und eine Erweiterung um den Aspekt der Humangeographie erfährt, den wir heute mit Religionsgeographie zu bezeichnen pflegen.

II

Die *zweite Epoche* der Religionsgeographie beginnt zu der Zeit, da Keckermann die Geographie aus der Theologie emanzipiert[13]. Jetzt wird auch die Religionsgeographie so etwas wie eine theologisch neutrale Disziplin. Man versucht erstmals, die verschiedenen Religionen systematisch zu unterteilen und beschreibt ihre Verbreitungsgebiete, liefert also die Anfänge dessen, was man heute vielleicht »Beschreibung der Religionsareale« nennen könnte[14]. Ja, es tauchen sogar erste Arbeiten über außerchristliche Religionen auf, jedoch läßt sich die ursprünglich theologische bzw. kirchliche Ausrichtung der Religionsgeographie noch erkennen. Das eigentliche Ziel der Arbeiten aus dieser Zeit war es, herauszustellen, welche Religionen die christlichen Missionare jeweils in welchen Gegenden vorfanden und wie die Mission dort voranschritt[15]. — Mit dem Aufkommen der Aufklärung setzt jene

---

[13] Zu dieser Emanzipation und ihren Folgen für den inneren Aufbau der Geographie sowie die Neuausrichtung des Lehrstücks von der Providentia vgl. außer der Anm. 3 genannten Arbeit von M. Büttner, Geographia generalis, auch ders., A Geographia generalis before Varenius, International Geography 1972, 2, Toronto 1972, S. 1229—1231; ders., Keckermann und die Begründung der allgemeinen Geographie. Das Werden der Geographia generalis im Zusammenhang der wechselseitigen Beziehungen zwischen Geographie und Theologie, in: Festschrift Plewe, Wiesbaden 1973, S. 63—69; ders., Die Emanzipation der Geographie im 17. Jahrhundert, Sudhoffs Archiv 26, 1975, S. 1—16; ders., Beziehungen zwischen Theologie und Geographie bei Bartholomäus Keckermann. Seine Sünden- und Providentialehre eine Folge der Emanzipation der Geographie aus der Theologie?, NZSTh (im Druck).

[14] Schwind, a. a. O., S. 2f., wehrt sich nachdrücklich dagegen, Varenius als Vorläufer der Religionsgeographie zu bezeichnen. Er gehört für ihn in den Bereich der Religionswissenschaft. M. E. gehört Varenius nicht nur zu den Vorläufern der Religionsgeographie, sondern sein diesbezügliches Werk, vgl. die folgende Anm., ist der Sache nach ein religionsgeographisches, auch wenn der entsprechende Begriff dort nicht vorkommt. Vgl. auch oben Anm. 4.

[15] Auch bei Varenius ist dieses Ziel zu erkennen. Man könnte ihn also auch mit gutem Recht zu den Vorläufern der Missionsgeographie bzw. Missionswissenschaft rechnen. Aber da die Spezialisierung der Wissenschaften im 17. Jahrhundert noch nicht so weit gediehen war, ist es müßig, darüber zu streiten. Es zeigt sich hier, wie unangemessen es ist, von der heutigen Fächeraufteilung und heutigen Begriffen bei der Einordnung früherer Werke auszugehen, vgl. oben Anm. 3. Geographie und Theologie hingen bis ins 17. Jahrhundert so eng zusammen, daß man ohne weiteres in einem nach heutiger Vorstellung geographischen Werk die Providentialehre entfalten konnte, wie es Melanchthon getan hat. Und umgekehrt betrieb man in manchen theologischen Werken nach heutiger

radikale Wendung in der Religionsgeographie ein, die den allgemeinen Trend in der Wissenschaft des 18. Jahrhunderts kennzeichnet. Die *dritte Epoche* beginnt und mit ihr die endgültige Trennung zwischen Theologie und Geographie[16]. Hier sind es vor allem Gedanken Montesquieus und Voltaires (Kant greift sie in seiner »theologischen Geographie« auf[17]), die dann bis weit ins 19. Jahrhundert für die Religionsgeographie richtunggebend waren. Es geht jetzt darum, herauszuarbeiten, inwieweit die Religion durch die Umwelt, vor allem das Klima, determiniert ist[18]. Ja, man versucht sogar, das eigentliche

---

Sicht mehr Geographie als Theologie, vgl. Zwinglis Providentia-Schrift. — Man wird also diese Werke sowohl in der Geschichte der Theologie als auch in der Geschichte der Geographie behandeln müssen. Dasselbe gilt für Schriften, die sowohl religionswissenschaftliche als auch geographische Aspekte behandeln. Wird Varenius hier in die Geschichte der Religionsgeographie eingeordnet, schließt das nicht aus, daß er zugleich auch in die Geschichte der Religionswissenschaft oder gar der Missionswissenschaft gehört oder dort als ein Vorläufer dieser Disziplinen aufgenommen wird.

[16] Nach Keckermann hatte eine erneute Indienstnahme der Geographie durch die Theologie stattgefunden, und zwar im Rahmen der Physikotheologie, die als Reaktion auf die kausalmechanische Betrachtung der geographischen Fakten im ausgehenden 17. Jahrhundert einsetzte. Sie wird dann durch Kant endgültig überwunden. Vgl. dazu außer den genannten Schriften auch M. Büttner, Theologie und Naturwissenschaft, insbesondere Geographie, Diss. theol. Münster 1963; ders., Theologie und Klimatologie, NZSTh 6, 1964, S. 154ff.; ders., Geographie und Theologie im 18. Jahrhundert, in: Verhandlungen des deutschen Geographentages 1965 Bochum, Wiesbaden 1966, S. 352ff.; ders., Zum Gegenüber von Naturwissenschaft (insbesondere Geographie) und Theologie im 18. Jahrhundert. Der Kampf um die Providentialehre innerhalb des Wolffschen Streites, Philosophia naturalis 14, 1973, S. 95ff.; ders., Das »physikotheologische« System Karl Heims. Einordnung und Kritik, KuD 1973, S. 267ff.; vgl. auch W. Philipp, Das Werden der Aufklärung in theologiegeschichtlicher Sicht, Göttingen 1957 und Tuan Yi Fu, The Hydrological Cycle and the Wisdom of God. A Theme in Geoteleology, Toronto 1968.

[17] Es würde den Rahmen dieses Aufsatzes sprengen, näher auf Kant einzugehen und nicht nur herauszustellen, wie er als Geograph im einzelnen vorgeht, sondern warum er dieses Fach so völlig neu ausrichtet, daß wir heute von den 2 Epochen in der Geographiegeschichte sprechen können, nämlich der Zeit vor und der Zeit nach Kant. Vgl. dazu die bereits genannten Schriften, vor allem den Aufsatz in Studia Leibnitiana (siehe Anm. 6).

[18] Kasche, der mit seinen »Ideen über religiöse Geographie«, Lübeck 1795, nach dem augenblicklichen Stand der Forschung als erster den Begriff der Religionsgeographie verwandt hat, berücksichtigt unter anderen Aspekten auch diesen, was von Schwind, a. a. O., S. 3, Anm. 7 ausdrücklich bestritten wird. Er findet es überraschend, daß Büttner davon spricht, Kasche habe es als Aufgabe des Religionsgeographen bezeichnet, »den Einfluß der geographischen Umwelt auf das Ideengut der Religionen zu untersuchen«. Bei Kasche finde sich kein Wort dieser Art, auch sei kein Satz in diesem Sinne deutbar. Vgl.

Wesen der verschiedenen Religionen, gerade auch des Christentums, aus der jeweiligen geographischen Umwelt heraus zu erklären. Die Werke von Friedrich und Gebel sind die letzten aus dieser Epoche der Religionsgeographie[19].

III

In den zwanziger Jahren unseres Jahrhunderts setzt dann eine erneute große Wende ein, die *vierte Epoche* beginnt. Der Materialismus und mit ihm die »natürliche« Erklärung aller geistigen Erscheinungen

---

dagegen, was Kasche S. 35 und 60 über den Einfluß des Klimas auf die religiöse Vorstellungswelt ausführt. Da Schwind Kasche als Begründer der Verbreitungslehre verzeichnet, ist es notwendig, hier seine Zielrichtung thesenartig zu referieren: Kasche ging 1. davon aus, daß der Geograph sich bei der Behandlung des Menschen in besonderer Weise auch seiner Religion zuwenden muß. Er weist 2. ausdrücklich darauf hin, daß der Geograph theologisch neutral vorzugehen hat und das Christentum nicht von vornherein als die einzig richtige und wahre Religion betrachten darf. Er fordert 3., man müsse auch die inzwischen von den Philosophen erkannten Einflüsse, die von der Umwelt, insbesondere aber vom Klima auf die Religion ausgehen, untersuchen. 4. mündet seine Darstellung dann allerdings wieder theologisch aus, wenn er erklärt, man müsse sich des hellen Lichtes freuen, welches das Christentum in die Welt gebracht habe. *Das* herauszuarbeiten sei die eigentliche Aufgabe des Religionsgeographen. Kasche beschreibt weder Areale noch zeichnet er Karten über die Verbreitung der einzelnen Religionen. Er knüpft vielmehr an das an, was andere erforscht und dargestellt haben. Unter diesen Umständen ist es mir unverständlich, wie Schwind dazu gekommen ist, ihn als Begründer der Verbreitungslehre zu charakterisieren. — Übrigens war Kasche nicht, wie Schwind unterstellt, Geograph, sondern Pastor an der Hauptkirche in Lübeck. Er gehört zu den Theologen, die mit Hilfe geographischen Faktenmaterials beweisen wollten, daß Gott am Werk ist und den Menschen durch seine Offenbarungen positiv lenkt. Er steht also in der lutherischen Tradition. Man darf freilich nicht übersehen, daß Kasche in einer Übergangszeit lebt, so daß sich altes und neues Gedankengut bei ihm findet. Läßt sein Hauptscopus altes Gedankengut erkennen, weist seine in der Durchführung freilich nicht durchgehaltene Forderung nach Neutralität und sein Hinweis auf die Bedeutung des Klimas in die Zukunft.

[19] E. Friedrich, Religionsgeographie Chiles, Petermanns Geographische Mitteilungen, 63, 1917, S. 183 ff.; W. Gebel, Der Islam — die Religion der Wüste, Beihefte z. d. Jahresberichten d. Schlesischen Ges. für vaterländische Kultur, Breslau 1922, S. 104 ff. — Das dilettantisch geschriebene Werk Gebels wurde von der Religionswissenschaft ignoriert. Daß es bis vor kurzem im Handbuch für die Geographielehrer an höheren Schulen noch als eines der Standardwerke zur Religionsgeographie genannt wurde, wirft ein bezeichnendes Licht auf den »Irrweg« dieser Disziplin. Vgl. dazu unten S. 359 sowie meine Ausführungen über das Niveau mancher religionsgeographischer Arbeiten ZM (im Druck), vgl. Anm. 1.

hatte sich totgelaufen. Die Zeit war für eine grundsätzliche Umkehr reif. Max Weber war dann wohl der erste, der nun in einem großangelegten Wurf die Gegenposition bezog und den Einfluß der Religion auf die Sozial- und Wirtschaftsstruktur herausstellte[20]. Doch im nationalsozialistischen Deutschland wurde diese Entwicklung von den auf dem Gebiet der Religionsgeographie arbeitenden Wissenschaftlern für kurze Zeit noch einmal aufgehalten[21].

Erst nach dem zweiten Weltkrieg gelang es dann dem Bonner Geographen Troll, in Kontakt mit seinem Freund Deffontaine stehend und an Max Weber anknüpfend, die Religionsgeographie umzuorientieren. Seiner Meinung nach, und mit dieser Meinung stand er nicht allein, war die materialistische Ausrichtung der Religionsgeographie ganz besonders insofern eine Fehlentwicklung, als sie die Geographen, die sich hier forschend betätigten, auf ein Gebiet geführt hatte, für das sie nicht zuständig sind. Ihnen fehlt die erforderliche religionswissenschaftliche bzw. theologische und philosophische Schulung, um in wissenschaftlich auch nur einigermaßen akzeptabler Form das Eingehen der Umwelt in das Ideengut der Religion zu untersuchen[22]. Also schlug er vor, der Religionsgeograph möge sich als Geograph fortan nur der rein geographischen Seite dieses Faches zuwenden und untersuchen, inwieweit von der Religion umweltprägende Kräfte ausgehen. Die Erforschung des Eingehens der Umwelt in das Ideengut der Religion sollte er dem Religionswissenschaftler überlassen[23]. Er drängte den

---

[20] Max Weber, Gesammelte Aufsätze zur Religionssoziologie, Tübingen 1920f., entschließt sich nebenbei nur langsam und zögernd zu dieser Wendung. Er versucht immer noch, auffallend viele Vorstellungen wie z. B. die der christlichen Demut aus der Umwelt unter Einschluß des Klimas abzuleiten. Erst in den späteren Aufsätzen tritt diese Betrachtung völlig hinter der neuen zurück. Vgl. dazu, was in diesem Aufsatz über Kasche und Fickeler ausgeführt wird.

[21] Zur Zeit des dritten Reiches spielte man die deterministische Betrachtung (in anachronistischer Weise und in Verbindung mit der Blut- und Boden-Ideologie) bis ins Peinliche hoch.

[22] Vgl. Anm. 19.

[23] Diesen Gedanken griffen dann Sprockhoff und Zimpel wieder auf. Ob sie dabei von Troll angeregt wurden, sei dahingestellt. Vgl. dazu außer den in Anm. 1 genannten Schriften auch H. Zimpel, Vom Religionseinfluß in den Kulturlandschaften zwischen Taurus und Sinai, Mitteilungen der Geographischen Gesellschaft in München 48, 1963, S. 123 ff. Gleich zu Beginn setzt sich Zimpel mit der religionswissenschaftlichen Seite der Religionsgeographie auseinander. Zu seinem Einfluß auf Sopher vgl. unten S. 355.

Privatgelehrten Fickeler dazu, in der »Erdkunde« in einem grundlegenden Aufsatz auszuführen, wie eine nach rein geographischen Prinzipien aufgebaute Religionsgeographie auszusehen habe[24]. Von nun an haben wir es also grundsätzlich mit zwei Sparten von Religionsgeographie zu tun, der geographischen und der religionswissenschaftlichen[25]. Fickeler sagt zwar ausdrücklich, daß die Beziehungen zwischen Religion und Umwelt wechselseitig sind, als Geograph beschränkt er sich dann jedoch auf die Untersuchung der obengenannten *einen* Beziehung, nämlich auf die von der Religion ausgehende Umweltprägung[26]. Trolls Schüler Hahn, Sievers u. a. griffen Fickelers Ansatz (wenn auch in stark abgewandelter Form) auf. Die neue »rein geographische Religionsgeographie« der Nachkriegszeit, ausgehend von der Bonner Schule, gewann Profil[27]. Es sei im folgenden nur auf diese Seite der Religionsgeographie eingegangen und kurz ihre weitere Entwicklung dargestellt[28].

Während Fickeler noch stark vom Kult ausging und die Religionsgeographie praktisch zu einer Kultgeographie ausbaute, richteten die

---

[24] So Troll mündlich. — Auch bei Fickeler, Grundfragen der Religionsgeographie, Erdkunde 1, 1947, S. 121 ff., läßt sich — ähnlich wie bei Kasche und Weber erkennen, daß er zwar am Beginn einer neuen Epoche steht, jedoch mit seinen Gedanken noch teilweise der vorhergehenden verbunden ist. So erklärt sich bei ihm die Diskrepanz zwischen der Einleitung und dem Haupttext.

[25] In der Religionssoziologie liegen die Dinge analog. Auch dort gibt es eine rein soziologische und eine religionswissenschaftlich orientierte Richtung. Für einen entsprechenden mündlichen Hinweis im Anschluß an seinen Vortrag über Metareligionswissenschaft auf dem diesjährigen Kongreß in Lancaster danke ich Herrn Poniatowski, Warschau.

[26] Offenbar ist Schwind nicht deutlich geworden, daß sich die ursprünglich *beide* Seiten umfassende Religionsgeographie nach dem zweiten Weltkrieg aufgespalten hat und es nicht angeht, die Lehre von der Umweltabhängigkeit grundsätzlich als einen Irrweg der Religionsgeographie zu bezeichnen. — Für die Zahl der Forscher, welche heute die Religionsgeographie aus religionswissenschaftlicher Sicht betreiben, seien stellvertretend die folgenden Autoren und Arbeiten genannt: A. Hultkrantz, An Ecological Approach to Religions, Ethnos 31, 1966, S. 131 ff.; vgl. dazu demnächst auch M. Büttner, Religionsökologie und Religionsgeographie; H. Klimkeit, Spatial Orientation in Mythical Thinking as Exemplified in Ancient Egypt. Considerations toward a Geography of Religions, History of Religions 64/66, 1975, S. 17 ff.; zu Sopher vgl. weiter unten.

[27] Es ist bedauerlich, daß Schwind keinen Aufsatz von Sprockhoff, der Wesentliches zur Verbreitung der geographischen Seite der Religionsgeographie beigetragen hat, in seinen Sammelband aufgenommen hat, vgl. Anm. 1.

[28] Zur Entwicklung der religionswissenschaftlichen Seite der Religionsgeographie vgl. künftig auch Hoheisel, Bonn.

jüngeren Fachvertreter immer stärker — dem Zuge der Zeit folgend — die Religionsgeographie sozialgeographisch aus[29]. Man hatte nämlich immer deutlicher erkannt, daß nicht von der Religion an sich landschaftsprägende Kräfte ausgehen, sondern daß jegliche Religion/Umwelt-Beziehung immer über die religiöse Gruppe, die Gemeinschaft (ich nenne sie »Religionskörper«) läuft. Dazu kam ein Zweites: Fickeler war ja Vertreter jener kulturgeographischen Schule, für die einzig und allein nur die Landschaft als Forschungsobjekt gilt. Für alles, was sich nicht in der Landschaft physiognomisch greifen läßt, fühlte er sich daher auch nicht als Religionsgeograph zuständig. Oder anders ausgedrückt: Er mußte aufgrund seines Ansatzes fordern, daß der Religionsgeograph alle von der Religion (vorwiegend vom Kult) ausgehenden Aktivitäten, die sich zwar im Raume abspielen bzw. raumwirksam sind, nicht jedoch die Landschaft prägen, auszuklammern habe. Was bei diesem Ansatz und der entsprechenden Forderung herauskam, war dann eine sehr spezielle Religionsgeographie. Streng genommen hätte man sich nämlich auf die Beschreibung von Kultstätten und die von diesen ausgehende Landschaftsprägung beschränken müssen. Ganz in diesem Sinne weist Fickeler denn auch darauf hin, daß es religionsgeographische Forschung in größerem Umfang eigentlich nur in Asien geben könne; denn nur dort seien ganze Landschaften vom Kult (Kultbauten usw.) so geprägt, daß man von Kultlandschaften sprechen könne[30].

Zusammenfassend läßt sich sagen: Seit Fickeler ist eine Schwerpunktverlagerung in der Religionsgeographie erfolgt, die (wie im Falle früherer Wandlungen) im Zusammenhang der Änderung der Geisteshaltung zu sehen ist. Stand zunächst die vom Kult geprägte Landschaft im Vordergrund des Interesses, so wendet man sich in den letzten Jahren immer stärker der religiösen Gruppe, also dem Religionskörper, zu. Zwar untersucht man auch heute noch, in welcher Weise von der Religion (allerdings über die Gruppe) prägende Kräfte ausgehen und

---

[29] Man wird heute die Religionsgeographie nicht mehr ohne weiteres mit Schwind zur Kulturgeographie rechnen können. Hottes rechnet sie in seinem Artikel »Sozialgeographie« im Westermann Lexikon der Geographie bereits voll zu dieser.

[30] Fickeler scheint selbst gefühlt zu haben, daß eine nur auf die Landschaft und den Kult ausgerichtete Religionsgeographie ungenügend ist. Er versuchte daher, zumindest theoretisch, auch solche Aktivitäten miteinzubeziehen, die, ohne die Landschaft zu prägen, raumwirksam vom Kult ausgehen. Doch überzeugen seine Beispiele wie Kultfarben und Kultmusik nicht.

die Landschaft gestalten; aber das macht man eigentlich nur noch an zweiter Stelle. An erster Stelle interessiert die Gruppe, die Gemeinschaft selbst, ihre Struktur im Raum (Siedlungsweise, Vermischung mit anderen Gruppen usw.), die von ihr ausgehenden Aktivitäten, die als gruppentypische Verhaltensweisen bestimmte Verortungserscheinungen bewirken (Schulen, Krankenhäuser, Altersheime usw.), ihre Geisteshaltung, ihre durch diese Geisteshaltung geprägte Wirtschaftsgesinnung und die damit zusammenhängende Berufs-, Sozialstruktur usw. Neuerdings interessierten sogar das religiös geprägte Freizeitverhalten und die religiös geprägte sogenannte Grunddaseinsfunktion »Sich-Bilden«. Diese Aktivitäten sind nicht mehr an bestimmte Verortungserscheinungen gebunden und mit diesen in Beziehung zu setzen[31]. Und schließlich interessiert die Wandlung dieses Religionskörpers, der ja ein Sozialkörper ist, selbst wenn sich diese Wandlung (beispielsweise im Zusammenhang der Säkularisation) zur Auflösung hinbewegt[32].

IV

Der *gegenwärtige Stand*[33] der Religionsgeographie ist vor allem dadurch gekennzeichnet, daß man eine neue Zusammenarbeit zwischen Geographen und Religionswissenschaftlern anstrebt[34]. Sopher, der

---

[31] Wenn z. B. Jugendgruppen heute hier und morgen dort zusammenkommen, um sich religiös zu bilden, oder in diesem Jahr hierhin und im nächsten Jahr dorthin reisen, um »Pilgerfahrt«, Freizeit und Erholung miteinander zu verbinden, handelt es sich dabei um Aktivitäten sozialer Gruppen, die geographisch relevant werden (Reichweiten, Innovationen), die aber nicht an bestimmte, nur diesen Gruppen zuzuordnende Verortungserscheinungen gebunden sind.

[32] Vgl. Anm. 31. Der Religionskörper kann sich äußerlich und innerlich wandeln. Beide Wandlungen sind geographisch relevant. Zur äußeren Wandlung gehören z. B. Zu- und Abnahme der Mitgliederzahlen durch Geburt oder Tod, Zu- oder Abwanderung von Einzelmitgliedern oder ganzer Gruppen, Ein-, Aus- und Übertritte. Innere Wandlungen sind z. B. Änderungen der Geisteshaltung und daraus folgende Änderung der Wirtschaftsgesinnung, der Berufsstruktur usw.

[33] Der vorliegende Aufsatz beschäftigt sich vorwiegend mit dem gegenwärtigen Stand und Neuansätzen in Deutschland. Auf ausländische Religionsgeographen wird nur insoweit eingegangen, als sie einen Einfluß auf die Entwicklung in Deutschland ausüben. Unter diesem Gesichtspunkt kommt derzeit als einziger nur Sopher in Frage.

[34] Daß man in den USA in Zusammenarbeit zwischen Geographen und Religionswissenschaftlern die Herausgabe eines religionsgeographischen Atlasses vorbereitet, sei angemerkt.

führende amerikanische Religionsgeograph geht breit auf die Frage nach der Abhängigkeit der Religion von der Umwelt ein. Sinngemäß sagt er: Es mag schon berechtigt sein, wenn Zimpel behauptet, derartige Dinge gehörten in den Kompetenzbereich des Religionswissenschaftlers; aber trotzdem sollte sie der Geograph nicht völlig unberücksichtigt lassen[35]. Die Beziehungen zwischen Religion und Umwelt bzw. Land oder Landschaft sind nun einmal wechselseitig, und es ist unbefriedigend, sich nur auf die Erforschung einer von diesen beiden Seiten zu beschränken. Ja, er geht sogar so weit, zu behaupten, daß der Religionsgeograph unter anderem auch die Aufgabe habe, herauszustellen, inwieweit die Religion durch die Umwelt geprägt ist und welche Bereiche des Religiösen diesem Einfluß nicht unterliegen[36]. Da Martin Schwind diese Seite der Religionsgeographie Sophers übergeht, scheint es geboten, mit besonderem Nachdruck darauf hinzuweisen[37]. — Mit Sopher beginnt der vorerst letzte Wendepunkt in der Religionsgeographie[38]. Sein Konzept stellt nicht nur eine Synthese zwischen der rein geographischen und der religionswissenschaftlichen Seite der Religionsgeographie dar, sondern er führt die Religionsgeographie — den Zeichen der Zeit folgend — zur Ideologiegeographie weiter, indem er betont herausstellt, daß man auch die quasi-religiösen bzw. postreligiösen Systeme, wie z. B. den Kommunismus, mit in die Untersuchungen einbeziehen müsse. — Unabhängig von ihm, dessen Buch erst um 1970 in Deutschland bekannt wurde, ist man in Bochum gegen Ende der sechziger Jahre zu ähnlichen Überlegungen gekommen. Die Zeit war offenbar reif dafür[39].

---

[35] D. Sopher, Geography of Religions, Foundation of Cultural Geography Series, Englewood Cliffs 1967. — S. 14, Anm. 1 heißt es: »Heinz Gerhard Zimpel is nevertheless justified in his opinion that the main task of ascertaining the effect of environment on religious forms devolves on the science of religion rather than on geography.«

[36] Vgl. S. 14: »Geography can help to determine to what extent religious systems or their component elements are an expression of ecological circumstances.«

[37] Schwind berücksichtigt leider nur das dritte Kapitel, nicht aber seine Gesamtkonzeption, und erweckt so den Anschein, Sopher betreibe Religionsgeographie im herkömmlichen Stil.

[38] Vgl. dazu M. Büttner, Religion and Geography, Numen 21, 1974, S. 163ff.; ders., Ein neuer Wendepunkt der Religionsgeographie, Temenos (im Druck).

[39] Die nach dem zweiten Weltkrieg in Deutschland zu beobachtende und von Schwind geteilte Zurückhaltung gegenüber der Umweltsabhängigkeitslehre in der Religionsgeographie geht nicht zuletzt auf die abschreckende Wirkung einer nationalsozialistisch aus-

V

Im Bochumer Konzept[40] geht man in einigen Punkten noch über Sopher hinaus. Hier hält man es für wichtig, auch den heute weltweit zu beobachtenden Prozeß der Säkularisierung, der sich oft im Gefolge von Industrialisierung und Technisierung einstellt, mit in die Untersuchungen einzubeziehen. Dieser Prozeß hat ja einerseits tiefgreifende Folgen für die Umstrukturierung der religiösen Gruppen selbst (im Extremfall führt er zur Auflösung), sowie andererseits für die von diesen sich ändernden Gruppen ausgehende neue Umweltprägung. Eine der Hauptthesen lautet: Religionsgeographie sollte keine Reliktgeographie sein, in der man sich auf die Untersuchung der immer mehr zusammenschrumpfenden Bereiche beschränkt, in denen die Religion *noch* umweltprägend wirkt. Die Religionsgeographie hat sich (wie alle anderen Disziplinen) entsprechend zu wandeln, wenn sich das Forschungsobjekt (in diesem Falle im übertragenen Sinne zu verstehen: die Religion/Umwelt-Beziehung) wandelt. Früher, als die Religion noch auf weite Strecken praktisch das ganze Leben prägte, war es sinnvoll, daß sich der Religionsgeograph diesem »Objekt« zuwandte. Heute, wo die von der modernen Umwelt ausgehenden Kräfte weitgehend zu einer Modifizierung bzw. sogar Auflösung von Religionen (genauer gesagt, von Religionsgemeinschaften) führen, was eine neue Umweltgestaltung nach sich zieht, gilt es auch, diesen Prozeß mit zu untersuchen[41].

Zum Grundsätzlichen seien einige Kernsätze genannt (vgl. Skizze 1). In der funktionalistischen Phase der Kulturgeographie untersuchte man vorwiegend die Beziehungen im zweidimensionalen »Raum«. Man sprach zwar von Raum, meinte aber (im übertragenen Sinne) nur die Ebene. Die Sozialgeographie erschloß eine neue Perspektive, indem sie das, was in der unteren Ebene zu sehen ist, als Indikator für das betrachtete, was sich in der höheren Ebene (der Sozialebene) abspielt. Als Sozial-

---

gerichteten Geopolitik und Religionsgeographie zurück. Vor allem bei den jüngeren Fachvertretern macht sich besonders seit dem Bekanntwerden der Sopherschen Arbeit ein zunehmendes Verständnis für eine Neukonzeption der Religionsgeographie bemerkbar.

[40] Erste, diesem Konzept folgende Untersuchungen sind abgeschlossen. Mit den Veröffentlichungen der entsprechenden Forschungsergebnisse ist ab 1976 zu rechnen.

[41] M. Büttner, Der dialektische Prozeß der Religion/Umwelt-Beziehung in seiner Bedeutung für den Religions- bzw. Sozialgeographen, Münchner Studien zur Sozial- und Wirtschaftsgeographie 8, 1972, S. 89 ff.

geograph interessiert man sich beispielsweise nicht mehr nur für die Siedlung und ihr Aussehen an sich, sondern für die sich in dieser Siedlung äußernden Grunddaseinsfunktionen des Menschen. Neuerdings geht man noch einen Schritt weiter und fragt über die Grunddaseinsfunktionen hinaus nach der geistigen Haltung, die für den Kanon der Grunddaseinsfunktionen konstituierend ist und deren Zahl sowie deren Rangfolge bestimmt. Für den frommen Herrnhuter steht bzw. stand z. B. nicht Arbeiten oder Wohnen usw. an erster Stelle, sondern Missionieren. Demzufolge ist das Beziehungsgeflecht zwischen Geisteshaltung, Sozialverfassung und Siedlungsweise bei ihm ganz anders als in einer normalen, nicht vom Missionsgedanken geprägten Siedlung[42].

Zur Betrachtung des Prozeßhaften: Bereits in der funktionalistischen Phase sprach man vom Prozeßhaften des Funktionierens, sah aber doch vorwiegend nur die Indikatoren dieses Prozesses bzw. die Endpunkte, weniger den Prozeß selbst. In der heutigen Sozialgeographie ist das anders. Man untersucht den Prozeß selbst, jedenfalls soweit er geographisch relevant ist, sich also im Raum abspielt.

Man kann nun noch einen Schritt weitergehen und die einzelnen Prozesse als Teil eines insgesamt dialektisch ablaufenden Gesamtprozesses betrachten. Es ist nicht eine einfache Wechselwirkung, die zu untersuchen ist, sondern das Wechselspiel der Beziehungen zwischen Religion (bzw. Geisteshaltung) und Umwelt verläuft dialektisch zielgerichtet. Der Mensch als geistiges Wesen ist in schöpferischer Anpassung an die Umwelt, rückgeprägt von dieser, zur Verwirklichung seiner selbst gekommen, die als Daseinsentfaltung weiter geht. Man kann auch sagen: Da Sein nur als Dasein (und das impliziert immer Sosein) in die Wirklichkeit treten kann, verwirklicht sich der Mensch (bzw. die Menschheit) durch Aufnahme von Umwelt bzw. Eingehen in die Umwelt. Diese ist also einerseits Ermöglichung des Verwirklichungsprozesses des Menschen, andererseits als geprägte Umwelt Indikator für den augenblicklich erreichten Verwirklichungsgrad des Menschen bzw. der Gruppe und damit des Geistes schlechthin.

Zu den Einzelabschnitten des Gesamtprozesses (vgl. Skizze 1): Da ist zunächst die Zeit der frühen Entwicklung, die man operationell

---

[42] Zum religiös geprägten Herrnhuter Siedlungstyp vgl. M. Büttner, Numen 21, 1974, S. 163 ff.

als Aufbauphase bezeichnen kann. Alles ist in statu nascendi und gewissermaßen »offen«. Die werdende Religion ist offen für die Aufnahme von Umwelteinflüssen, und die Umwelt, besonders die soziale, ist offen für die Prägung durch die Religion[43]. Am Ende dieser Aufbauphase steht ein Gleichgewicht zwischen Religion und Umwelt, das meist sehr stabil ist. Die von der Religion ausgehende Geisteshaltung sichert durch ihre Bewertungsmaßstäbe die Berufsstruktur, Wirtschaftsweise, Sozialstruktur, Siedlungsweise usw. wie ein fest verankertes Stützgerüst. Alles paßt zueinander. Eine Störung dieses Gleichgewichtes tritt erst ein, wenn Kräfte am Werk sind, deren Stärke so groß ist, daß sie von dem Stützgeflecht nicht mehr abgefangen werden können. Es entsteht eine Konfliktsituation, die einen Prozeß auslöst, der einem veränderten Gleichgewicht zwischen modifizierter Religion (im Extremfall säkularisierter Geisteshaltung) und dementsprechend anderer Prägung der Umwelt entgegenstrebt[44].

VI

Nachdem die Aufgaben des modernen Religionsgeographen dargelegt worden sind, sei noch kurz auf die Grenzen religionsgeographischer Forschung hingewiesen. Daß der Mensch Geist hat und daß dieser sich unter anderem als Gruppengeist in der Abfolge Magie, Religion, Ideologie (immer in Auseinandersetzung mit der Umwelt, also durch Prägung dieser Umwelt und Rückprägung) jeweils weiterentwickelt, ist ein Phänomen, welches der Religionsgeograph wohl beschreiben, nicht jedoch bis zum letzten erklären kann, auch wenn er als Religionswissenschaftler oder gar Religionsphilosoph Religionsgeographie betreibt. Er kann lediglich herausstellen, welche Bereiche des Religiösen

---

[43] Vgl. dazu ebenda.
[44] Schon jetzt läßt sich an der Gegenüberstellung von Waldensern und Herrnhutern erkennen, daß die gleiche Ursache durchaus verschiedene Wirkungen haben kann. Während sich die Religionsgemeinschaft der Waldenser im Zuge der modernen Umwelteinflüsse mehr und mehr auflöst, nehmen die Herrnhuter die von der Industrie-Umwelt ausgehende Herausforderung an und entwickeln dabei eine neue Geisteshaltung, die zu einem neuen Gleichgewicht zwischen Religion und Umwelt zu führen scheint. Ähnlich unterschiedliche Reaktionen religiöser Gruppen dürften global zu unterstellen sein. — Allerdings wird man mit der Prognose in jedem Fall vorsichtig sein und sie bis zur Verifikation oder Falsifikation lediglich als Arbeitsthese verwenden können.

einem Einfluß durch die Umwelt unterliegen bzw. unterlagen und welche nicht. Und die andere Seite: Er kann darstellen, welche Bereiche der Umwelt (Siedlung, Wirtschaft, Sozialstruktur usw.) durch die Religion geprägt wurden bzw. werden und welche nicht. Damit ist die eingangs gestellte Frage nach dem Wesen der Religionsgeographie erneut im Blick, und zwar in Verbindung mit der Frage, ob es sich um eine geographische oder religionswissenschaftliche Disziplin handelt. Die Antwort ergibt sich nun von selbst: Heute besteht die Religionsgeographie aus einem geographischen und einem religionswissenschaftlichen Zweig. Beide Zweige haben im Zuge der Spezialisierung facheigene Methoden entwickelt, die sich sehr gut ergänzen. So sollte es künftig auf eine Zusammenarbeit ankommen, in welcher die Vertreter beider Richtungen bereit sind, aufeinander zu hören und voneinander zu lernen, um so Irrwege zu vermeiden, die aus einer nur partiellen Beherrschung der Methoden stammen.

Dazu einige Beispiele: Gebel, Friedrich und andere Geographen, die den Einfluß der Umwelt auf die Religion untersuchten, wären sicherlich zu anderen Ergebnissen gekommen, wenn sie entweder selbst Religionswissenschaft studiert hätten oder zumindest ihre Forschungen in Teamarbeit mit den dafür zuständigen Fachleuten durchgeführt hätten. Und die andere Seite: Auch die Religionswissenschaftler, Alttestamentler usw. würden unter Umständen zu anderen Aussagen kommen, wenn sie durchgehend die neuesten Erkenntnisse der Geographen berücksichtigten. So darf der Geograph z. B. daran erinnern, daß man von heutigen Klimawerten, vom heutigen Relief oder dergleichen nur dann ausgehen darf, wenn man sich hinreichend über ihre Konstanz bis in die zur Untersuchung anstehende Epoche vergewissert hat. — Es war zwar sinnvoll, daß Troll anregte, der Religionsgeograph möge sich als Geograph auf die rein geographische Seite der Religionsgeographie beschränken; denn nur auf diese Weise war es möglich, eine fachspezifische Methode zu entwickeln. Aber es ist nun an der Zeit, daß beide Seiten, die sich inzwischen oft so weit auseinander entwickelt haben, daß kaum noch der Vertreter der einen Seite die Veröffentlichungen von Vertretern der anderen Seite kennt, wieder zusammenfinden. Nur dann ist es möglich, das Ganze des Wechselwirkungsprozesses zu überblicken. Dazu ist selbstverständlich erforderlich, daß der Geograph, sofern er religionsgeographisch forschen will, Religionswissenschaft usw. zumindest im Nebenfach belegt, während umgekehrt der in der Forschung tätige Religionswissenschaftler, historische Theologe usw. Geographie im Nebenfach studieren sollte[45].

Wer unter Berufung auf Zuständigkeiten fordert, der Geograph und der Religionswissenschaftler solle und könne sich als Religionsgeograph jeweils mit der Erforschung der Seite des Wechselwirkungsprozesses begnügen, für die er zuständig ist und die er nach seinen fachspezifischen Methoden durchführt, dem ist entgegenzuhalten, daß man in der Lage sein muß, seine Forschungen im größeren Rahmen zu sehen. Nur dann ergeben sich Einblicke in den Gesamtzusammenhang, im anderen Falle bleibt alles Stückwerk. Schon Aristoteles sagt in seiner Meteorologia, die man als das erste Lehrbuch der Geographie bezeichnen kann: Denen, die uns das Wesen nur einer Stadt oder die Gestalt nur eines Ortes beschreiben, kann man nur Mitleid entgegenbringen wegen ihrer Kurzsichtigkeit; denn sie vermögen nicht das Größere, das Ganze zu sehen in seinen Zusammenhängen[46].

---

[45] Für ihre Diskussionsbereitschaft in mündlichem oder schriftlichem Gedankenaustausch danke ich besonders den Herren Plewe, Heidelberg; Klimkeit, Bonn; Rudolph, Leipzig, sowie den Herren Isaak und Gurgel, beide USA.

[46] Zur Bedeutung des Aristoteles für die Geschichte der Geographie vgl. Büttner, Geographia generalis, S. 10ff. und S. 59ff.

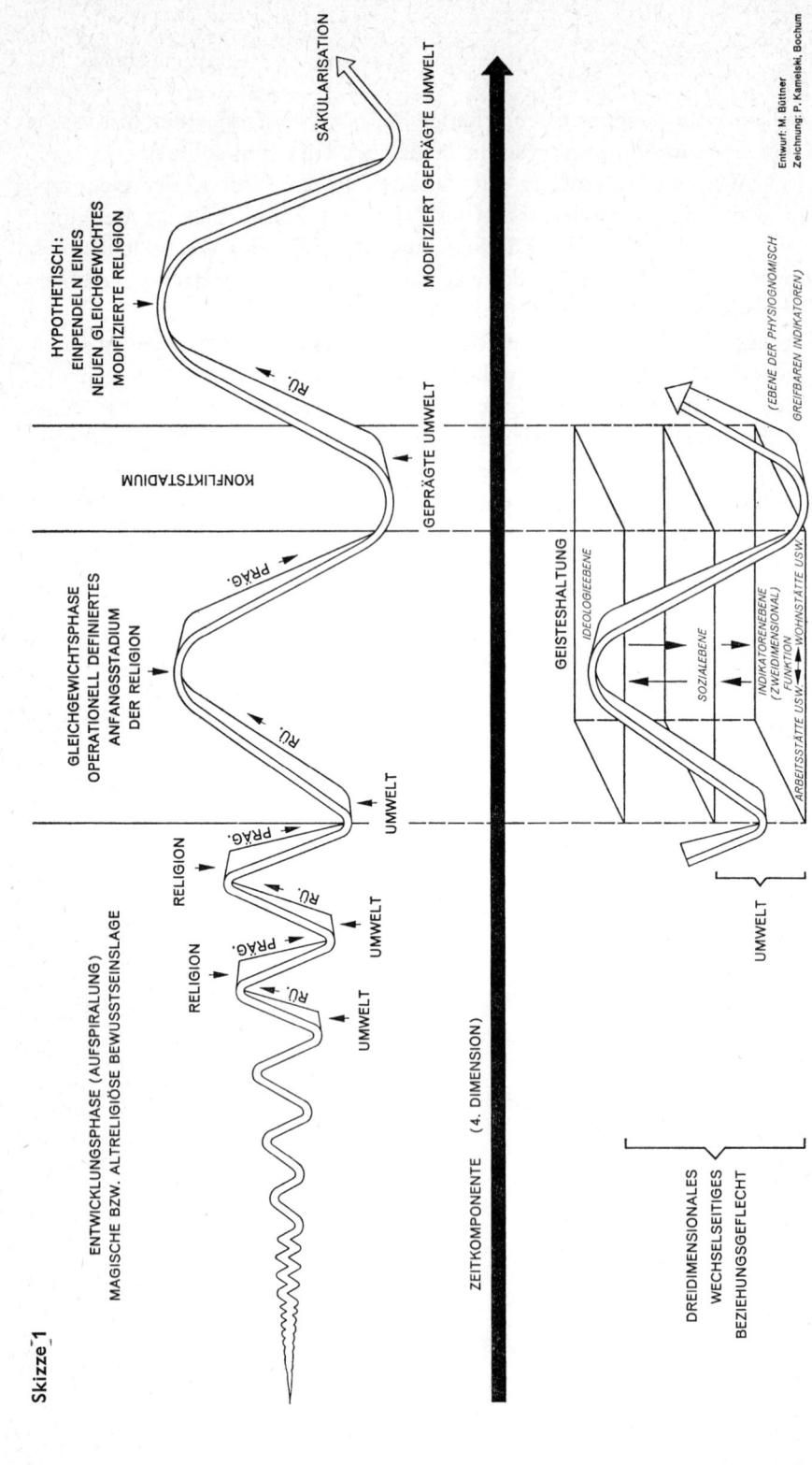

Nachwort

Es ist mir eine angenehme Pflicht, den Herren Mitarbeitern für ihre Bereitwilligkeit, zu dieser Festschrift beizutragen; dem Verlage, sie in seine bewährte Obhut zu nehmen; den Evangelischen Kirchen von Westfalen und von Kurhessen-Waldeck für namhafte Druckkostenzuschüsse und den Herren stud. theol. Stephan Schmidt, Bremen, und Christoph Schwöbel, Frankfurt, für Hilfe bei der Manuskriptgestaltung und den Korrekturen herzlich zu danken.

Marburg, im Frühjahr 1976

Der Herausgeber

Walter de Gruyter
Berlin · New York

THEOLOGISCHE REALENZYKLOPÄDIE

In Gemeinschaft mit
Horst Robert Balz · Richard P. C. Hanson · Sven S. Hartman ·
Richard Hentschke · Wolfgang Müller-Lauter ·
Carl Heinz Ratschow · Knut Schäferdiek · Martin Schmidt ·
Henning Schröer · Clemens Thoma · Gustaf Wingren

herausgegeben von
Gerhard Krause und Gerhard Müller

Einladung zur Subskription

25 Bände mit Registern
(Je Band 5 Lieferungen = 800 Seiten)

Subskriptionspreis je Lieferung: DM 38,—

Subskriptionspreis Band I: Halbleder DM 220,—

(Spätere Preisänderung vorbehalten)

Die THEOLOGISCHE REALENZYKLOPÄDIE (TRE) nimmt die Arbeit der vor 60 Jahren abgeschlossenen Realencyklopädie für protestantische Theologie und Kirche (RE³) auf und führt sie fort.
Die tiefgreifenden Veränderungen, die sich im wissenschaftlichen Denken — Methodenbewußtsein wie Inhaltsbewertung — in den vergangenen sechs Jahrzehnten vollzogen, machen eine erneute Repräsentation der theologischen Forschung im ganzen notwendig.
Bisher fehlte ein Werk, das in ausreichender Weise den Stand der theologischen Forschung in allen ihren Disziplinen im letzten Viertel des 20. Jahrhunderts wiedergibt. Mit dem Erscheinen der TRE wird diese Lücke geschlossen.

Band I, Lieferung 1: Erscheint im Herbst 1976

Die Subskription ermöglicht den Bezug des Gesamtwerkes zum Subskriptionspreis

Walter de Gruyter
Berlin · New York

THEOLOGISCHE BIBLIOTHEK TÖPELMANN

C. H. Ratschow	**Gott existiert** Eine dogmatische Studie Oktav. IV, 87 Seiten. 1968. Broschiert DM 12,— ISBN 3 11 005224 5 (Band 12)
W. Trillhaas	**Das Evangelium und der Zwang der Wohlstandskultur** Oktav. VIII, 82 Seiten. 1966. Kartoniert DM 12,— ISBN 3 11 005221 0 (Band 13)
H. Bornkamm	**Thesen und Thesenanschlag Luthers** Geschehen und Bedeutung Oktav. VIII, 70 Seiten. 1967. Kartoniert DM 6,80 ISBN 3 11 005223 7 (Band 14)
H.-W. Schütte	**Religion und Christentum in der Theologie Rudolf Ottos** Oktav. VIII, 160 Seiten. 1969. Ganzleinen DM 28,— ISBN 3 11 002643 0 (Band 15)
D. Offermann	**Schleiermachers Einleitung in die Glaubenslehre** Eine Untersuchung der „Lehnsätze" Oktav. VIII, 342 Seiten. 1969. Ganzleinen DM 58,— ISBN 3 11 002642 2 (Band 16)
H. Bintz	**Das Skandolon als Grundlagenproblem der Dogmatik** Eine Auseinandersetzung mit Karl Barth Oktav. VIII, 163 Seiten. 1969. Ganzleinen DM 32,— ISBN 3 11 002644 9 (Band 17)
R. Preul	**Reflexion und Gefühl** Die Theologie Fichtes in seiner vorkantischen Zeit Oktav. VIII, 164 Seiten. 1969. Ganzleinen DM 36,— ISBN 3 11 002645 7 (Band 18)
K. Krüger	**Der Gottesbegriff der spekulativen Theologie** Oktav. VIII, 185 Seiten. 1970. Ganzleinen DM 38,— ISBN 3 11 006355 7 (Band 19)

Preisänderungen vorbehalten